*MANUAL DIDÁTICO DE DIREITO DO TRABALHO*

*Adalberto Martins*

# *MANUAL DIDÁTICO DE DIREITO DO TRABALHO*

6ª edição, atualizada e ampliada
de acordo com a Reforma Trabalhista
(Lei n. 13.467/2017)

**MALHEIROS EDITORES**

*Manual Didático de Direito do Trabalho*
© Adalberto Martins

*1ª edição: 2003; 2ª edição: 2006; 3ª edição: 2009; 4ª edição: 2011; 5ª edição: 2015.*

*Direitos reservados desta edição por*
*MALHEIROS EDITORES LTDA.*
*Rua Paes de Araújo, 29, conjunto 171*
*CEP 04531-940 – São Paulo – SP*
*Tel.: (11) 3078-7205 – Fax: (11) 3168-5495*
URL: www.malheiroseditores.com.br
e-mail: malheiroseditores@terra.com.br

*Composição:* PC Editorial Ltda.
*Capa:*
*Criação:* Vânia Amato
*Arte:* PC Editorial Ltda.

Impresso no Brasil
*Printed in Brazil*
02.2019

**Dados Internacionais de Catalogação na Publicação (CIP)**

| | |
|---|---|
| M386m | Martins, Adalberto.<br>Manual didático de direito do trabalho / Adalberto Martins. – 6. ed., atual. e ampl. de acordo com a Reforma Trabalhista (Lei n. 13.467/2017). – São Paulo : Malheiros, 2019.<br>384 p. ; 21 cm.<br><br>Inclui bibliografia.<br>ISBN 978-85-392-0439-7<br><br>1. Direito do trabalho - Brasil. I. Título.<br><br>CDU 349.2(81)<br>CDD 344.8101 |

**Índice para catálogo sistemático:**
1. Direito do trabalho : Brasil 349.2(81)

(Bibliotecária responsável: Sabrina Leal Araujo – CRB 8/10213)

*À MARGOTH, esposa e companheira, sempre;
e aos nossos filhos (ANDRÉ, DIOGO e DAVID),
frutos do amor e causa de felicidade.*

*Aos meus alunos, que, com seus questionamentos,
me permitem alçar novos voos.*

*Aos amigos e professores, que, com suas críticas e sugestões,
permitem que eu melhore.*

# SUMÁRIO

**NOTA À 6ª EDIÇÃO** .................................................................. 17

**CAPÍTULO I – EVOLUÇÃO HISTÓRICA DO DIREITO DO TRABALHO**
1. Considerações iniciais ................................................... 19
2. Evolução do direito do trabalho
   2.1  Na Europa ............................................................... 19
   2.2  No Brasil ................................................................. 21
3. As tendências do direito do trabalho nesta fase de transição ..... 23

**CAPÍTULO II – DENOMINAÇÃO DA DISCIPLINA**
1. Considerações iniciais ................................................... 25
2. Direito operário ............................................................ 25
3. Direito industrial .......................................................... 26
4. Direito corporativo ....................................................... 26
5. Direito social ................................................................ 26
6. Direito do trabalho ....................................................... 27

**CAPÍTULO III – DEFINIÇÃO DE DIREITO DO TRABALHO**
1. Considerações iniciais ................................................... 29
2. Definições subjetivistas ................................................. 30
3. Definições objetivistas .................................................. 31
4. Definições mistas .......................................................... 32

**CAPÍTULO IV – POSIÇÃO ENCICLOPÉDICA DO DIREITO DO TRABALHO**
1. Considerações iniciais ................................................... 35
2. Direito público ............................................................. 37
3. Direito privado ............................................................. 38
4. Direito social ................................................................ 40
5. Direito misto ................................................................ 40
6. Direito unitário ............................................................ 41
7. Direito difuso ............................................................... 42

## Capítulo V – Relações entre o Direito do Trabalho e Outros Ramos da Ciência Jurídica

1. Considerações iniciais ............... 44
2. Direito constitucional ............... 45
3. Direito internacional público ............... 47
4. Direito internacional privado ............... 48
5. Direito penal ............... 49
6. Direito da seguridade social ............... 51
7. Direito civil ............... 52
8. Direito comercial ............... 53
9. Direito administrativo ............... 54
10. Direito tributário ............... 55
11. Direito processual do trabalho ............... 55

## Capítulo VI – Autonomia do Direito do Trabalho

1. Considerações iniciais ............... 56
2. Autonomia legislativa ............... 57
3. Autonomia doutrinária ............... 58
4. Autonomia didática ............... 59
5. Autonomia jurisdicional ............... 59

## Capítulo VII – Fontes do Direito do Trabalho

1. Diferença entre fontes materiais e fontes formais ............... 60
   1.1 A Constituição Federal ............... 62
   1.2 Leis federais ............... 62
   1.3 Atos do Poder Executivo ............... 63
   1.4 Sentenças normativas ............... 64
   1.5 Convenções e acordos coletivos ............... 64
   1.6 Regulamentos de empresa ............... 65
   1.7 Contratos de trabalho ............... 66
   1.8 Costumes ............... 66
   1.9 Jurisprudência ............... 67
   1.10 Sentença arbitral ............... 74

## Capítulo VIII – Princípios de Direito do Trabalho

1. Considerações iniciais ............... 75
2. Enumeração dos princípios de direito do trabalho ............... 77
   2.1 Princípio "in dubio pro operario" ............... 78
   2.2 Princípio da condição mais benéfica ............... 79
   2.3 Princípio da norma mais favorável ............... 80
   2.4 Princípio da irrenunciabilidade ............... 81

2.5   Princípio da continuidade da relação de emprego ............. 82
2.6   Princípio da primazia da realidade ................................. 83
2.7   Princípios da integralidade e intangibilidade ................... 83
2.8   Princípio da não discriminação ..................................... 84
2.9   Princípio da irredutibilidade do salário .......................... 85

Capítulo IX – Aplicação das Normas Trabalhistas

1. Considerações iniciais ...................................................... 87
2. Hermenêutica e interpretação ......................................... 88
   2.1   Formas de interpretação ............................................ 89
   2.2   Métodos tradicionais de interpretação ....................... 89
   2.3   Método teleológico .................................................... 90
   2.4   Efeitos do ato interpretativo ...................................... 90
3. Eficácia da norma trabalhista no tempo .......................... 91
   3.1   A irretroatividade e o direito adquirido ..................... 92
   3.2   A Constituição e o efeito das leis no tempo ............... 93
   3.3   A irretroatividade da norma trabalhista .................... 95
   3.4   Direito adquirido e normas coletivas ......................... 97
4. Eficácia da norma trabalhista no espaço ......................... 98

Capítulo X – Direito Internacional do Trabalho

1. Considerações iniciais ..................................................... 102
2. A Organização Internacional do Trabalho/OIT ............... 104
3. A atividade normativa da OIT ........................................ 107
   3.1   As convenções internacionais .................................. 107
   3.2   As recomendações ................................................... 108
   3.3   As resoluções .......................................................... 110
   3.4   Institutos correlatos ................................................ 110
4. Principais convenções ratificadas pelo Brasil ................. 111
5. As comunidades internacionais ..................................... 114
   5.1   A União Europeia .................................................... 115
   5.2   O Mercosul .............................................................. 116

Capítulo XI – Formação do Contrato de Trabalho

1. Natureza jurídica do contrato de trabalho ..................... 118
2. Requisitos de validade do contrato de trabalho ............. 120
3. Requisitos de existência do contrato de trabalho .......... 123
4. Contrato de trabalho e contratos afins
   4.1   O contrato de trabalho e a empreitada .................... 124
   4.2   O contrato de trabalho e a sociedade ...................... 124
   4.3   O contrato de trabalho e o mandato ....................... 125

## Capítulo XII – Sujeitos do Contrato de Trabalho

1. **Considerações iniciais** ................................................................. 128
2. **O empregado** .................................................................................. 128
3. **Empregado e figuras afins** ............................................................ 129
   - 3.1 O trabalhador autônomo ........................................................ 130
   - 3.2 O trabalhador temporário ....................................................... 130
   - 3.3 O trabalhador eventual ............................................................ 133
   - 3.4 O trabalhador avulso ............................................................... 134
   - 3.5 O trabalhador voluntário ........................................................ 135
   - 3.6 O estagiário ............................................................................. 136
4. **Figuras especiais de empregado**
   - 4.1 O empregado doméstico ......................................................... 138
   - 4.2 O empregado rural .................................................................. 141
   - 4.3 O empregado aprendiz ............................................................ 141
5. **O empregador** ............................................................................... 144
   - 5.1 Grupo de empresas ................................................................. 145
   - 5.2 Alterações na empresa ............................................................ 150
   - 5.3 Consórcio de produtores rurais .............................................. 152
6. **O teletrabalho** ............................................................................... 154

## Capítulo XIII – A Terceirização no Direito do Trabalho

1. **Conceito de terceirização** ............................................................. 159
2. **Hipóteses de terceirização de serviços** ....................................... 160
   - 2.1 Irretroatividade das Leis 13.429/2017 e 13.467/2017 ......... 164
3. **As cooperativas de trabalho** ........................................................ 165

## Capítulo XIV – Duração do Contrato de Trabalho

1. **Considerações iniciais** ................................................................. 169
2. **Contrato por prazo determinado** ............................................... 170
3. **A Lei 9.601/1998 e o "novo" contrato de trabalho por prazo determinado** ................................................................................... 171
4. **Contrato de trabalho intermitente** ............................................. 173
5. **O contrato de trabalho rural de curta duração** ........................ 175

## Capítulo XV – Suspensão e Interrupção do Contrato de Trabalho

1. **Considerações iniciais** ................................................................. 176
2. **Casos de interrupção do contrato de trabalho**
   - 2.1 Hipóteses do art. 473 da CLT ................................................ 178
   - 2.2 Aborto não criminoso ............................................................. 179
   - 2.3 Afastamento por doença ......................................................... 180
   - 2.4 Acidente de trabalho ............................................................... 181
   - 2.5 Prestação do serviço militar ................................................... 181

2.6   Licença-maternidade ............................................................. 181
2.7   Férias anuais remuneradas .................................................. 182
2.8   Repouso semanal remunerado ............................................ 182
2.9   Trabalho nas eleições (Lei 9.504/1997) .............................. 182
2.10  Intervalos para amamentação ............................................. 183
2.11  Intervalos computados na jornada de trabalho ................... 183
3. **Casos de suspensão do contrato de trabalho** ............................. 183
4. **Suspensão do contrato de trabalho para qualificação profissional** 184

CAPÍTULO XVI – ALTERAÇÕES DO CONTRATO DE TRABALHO

1. **Considerações iniciais** ..................................................................... 186
2. **O "jus variandi" do empregador e o "jus resistentiae" do empregado** ................................................................................................. 188
3. **Alterações que dependem da tutela sindical** ............................. 190
4. **Transferência de empregados** ..................................................... 190
5. **Alteração da jornada de trabalho** ............................................... 192
6. **Compensação de horários** ............................................................ 192

CAPÍTULO XVII – SALÁRIO E REMUNERAÇÃO

1. **Diferença entre salário e remuneração** ...................................... 193
2. **Formas especiais de salário** ........................................................ 194
   2.1  Comissões ..................................................................... 195
   2.2  Gratificações legais .................................................... 195
   2.3  Adicionais da remuneração ....................................... 196
       2.3.1  Adicional noturno ........................................... 196
       2.3.2  Adicional de insalubridade .......................... 197
       2.3.3  Adicional de periculosidade ........................ 200
       2.3.4  Adicional de transferência ........................... 201
       2.3.5  Adicional de horas extras ............................. 202
3. **Salário "in natura"** ......................................................................... 203
4. **Parcelas que não possuem natureza salarial**
   4.1  Ajudas de custo ........................................................... 205
   4.2  Diárias para viagem ................................................... 206
   4.3  Prêmios ........................................................................ 206
   4.4  Abonos ......................................................................... 207
   4.5  Vale-transporte ........................................................... 207
   4.6  Participação nos lucros ou resultados ..................... 209
   4.7  Direito de arena e direito de imagem do atleta profissional .. 210

CAPÍTULO XVIII – REGRAS DE PROTEÇÃO DO SALÁRIO

1. **Considerações iniciais** ................................................................... 211
2. **Proteção contra os abusos do empregador** ............................... 211

3. Proteção contra os credores do empregado ............................... 213
4. Proteção contra os credores do empregador ............................... 215

CAPÍTULO XIX – EQUIPARAÇÃO SALARIAL

1. Considerações iniciais ............................................................... 217
2. A equiparação salarial na Consolidação das Leis do Trabalho . 218

CAPÍTULO XX – JORNADA DE TRABALHO

1. Considerações iniciais ............................................................... 223
2. Limitação da jornada de trabalho ............................................. 225
   2.1 Jornadas de trabalho especiais ............................................ 227
       2.1.1 Bancários ................................................................... 227
       2.1.2 Advogados .................................................................. 228
       2.1.3 Jornada 12x36 ............................................................ 229
       2.1.4 Outras categorias ....................................................... 230
3. Empregados excluídos das regras de limitação da jornada ....... 230
4. Acordo de compensação de horário ........................................... 232
5. Acordo de prorrogação de horário ............................................ 234
6. Turnos ininterruptos de revezamento ........................................ 235
7. Horas de sobreaviso .................................................................. 236
8. Regime de tempo parcial ........................................................... 238
9. Jornada noturna ........................................................................ 238

CAPÍTULO XXI – PERÍODOS DE DESCANSO

1. Considerações iniciais ............................................................... 239
2. Intervalos legais ........................................................................ 239
   2.1 Intervalos intrajornadas ...................................................... 239
   2.2 Intervalos interjornadas ...................................................... 242
3. Repouso semanal remunerado ................................................... 243
4. Férias anuais remuneradas ....................................................... 244
   4.1 Natureza jurídica ................................................................ 245
   4.2 Período aquisitivo ............................................................... 245
   4.3 Período concessório ............................................................ 246
   4.4 Remuneração das férias ...................................................... 246
   4.5 Férias coletivas ................................................................... 247
   4.6 Efeitos da cessação do contrato de trabalho ....................... 248
   4.7 Prescrição do direito de reclamar as férias ........................ 249

CAPÍTULO XXII – AVISO PRÉVIO

1. Considerações iniciais ............................................................... 250
2. O aviso prévio e a Constituição Federal ................................... 251
3. Consequências da irregularidade ou ausência de aviso prévio .... 252
4. Aviso prévio e fatos supervenientes .......................................... 253

CAPÍTULO XXIII – EXTINÇÃO DO CONTRATO DE TRABALHO
1. Considerações iniciais .................................................................. 257
2. Extinção por iniciativa do empregador ....................................... 258
   2.1 Despedida sem justa causa ..................................................... 258
   2.2 Despedida por justa causa ...................................................... 259
       2.2.1 Figuras típicas de justa causa do empregado ......... 260
             2.2.1.1 Ato de improbidade ................................... 260
             2.2.1.2 Incontinência de conduta ou mau procedimento ...................................................... 261
             2.2.1.3 Negociação habitual por contra própria ou alheia sem permissão do empregador ...... 261
             2.2.1.4 Condenação criminal do empregado ........ 261
             2.2.1.5 Desídia no desempenho das funções ....... 262
             2.2.1.6 Embriaguez habitual ou em serviço ......... 263
             2.2.1.7 Violação de segredo da empresa .............. 264
             2.2.1.8 Ato de indisciplina ou de insubordinação 264
             2.2.1.9 Abandono de emprego .............................. 264
             2.2.1.10 Ofensas físicas ou ato lesivo da honra e da boa fama praticados no serviço contra qualquer pessoa ......................................... 265
             2.2.1.11 Ofensas físicas ou ato lesivo da honra ou boa fama praticados contra o empregador e superiores hierárquicos ............................ 265
             2.2.1.12 Prática constante de jogos de azar ........... 265
             2.2.1.13 Perda da habilitação ou dos requisitos estabelecidos em lei para o exercício da profissão, em decorrência de conduta dolosa do empregado ...................................... 266
             2.2.1.14 A hipótese do art. 482, parágrafo único, da CLT .......................................................... 266
3. Extinção por iniciativa do empregado ......................................... 267
   3.1 Pedido de demissão ................................................................ 267
   3.2 Rescisão indireta do contrato de trabalho ............................. 268
4. Extinção por acordo entre empregado e empregador ................ 269
5. Outras formas de extinção do contrato de trabalho
   5.1 Morte do empregado ............................................................... 270
   5.2 Morte do empregador (art. 483, § 2º, da CLT) ..................... 270
   5.3 Cessação das atividades do empregador .............................. 270
   5.4 Término do contrato por prazo determinado ....................... 271
   5.5 Aposentadoria espontânea ...................................................... 272
   5.6 Culpa recíproca ...................................................................... 273

6. Termo de quitação anual .................................................. 274

CAPÍTULO XXIV – ESTABILIDADE NO EMPREGO
1. Conceito ............................................................................ 276
2. Classificação das estabilidades ...................................... 276

CAPÍTULO XXV – FUNDO DE GARANTIA DO TEMPO DE SERVIÇO
1. Considerações iniciais .................................................... 280
2. Natureza jurídica ............................................................ 281
3. Hipóteses de levantamento dos depósitos ..................... 282

CAPÍTULO XXVI – SEGURANÇA E MEDICINA DO TRABALHO
1. Considerações iniciais .................................................... 285
2. O trabalho insalubre ....................................................... 288
3. O trabalho perigoso ........................................................ 293
4. Acidente do trabalho ...................................................... 296

CAPÍTULO XXVII – TRABALHO DE CRIANÇAS E ADOLESCENTES
1. Considerações iniciais .................................................... 298
2. A idade mínima para o trabalho .................................... 299
3. O trabalho insalubre ou perigoso .................................. 300
4. Consequências da inobservância do art. 7º, XXXIII, da CF ...... 302

CAPÍTULO XXVIII – TRABALHO DA MULHER
1. Considerações iniciais .................................................... 305
2. Fundamentos da proteção ao trabalho da mulher ....... 306
3. Jornada de trabalho, trabalho noturno e insalubre ..... 307
4. Trabalhos proibidos ........................................................ 308
5. Proteção à maternidade ................................................. 308
6. Proteção contra a discriminação ................................... 313

CAPÍTULO XXIX – PRESCRIÇÃO E DECADÊNCIA NO DIREITO DO TRABALHO
1. Diferença entre prescrição e decadência ...................... 316
2. A prescrição no direito do trabalho .............................. 319
   2.1 Prescrição parcial e prescrição total ...................... 320
   2.2 A renúncia da prescrição ........................................ 322
   2.3 Causas impeditivas e suspensivas da prescrição ... 322
   2.4 Interrupção da prescrição ....................................... 323
3. A decadência no direito do trabalho ............................. 324

CAPÍTULO XXX – O DANO MORAL NO DIREITO DO TRABALHO
1. Considerações iniciais .................................................... 325

2. *O problema da denominação* .................................................. 326
3. *Definição de dano moral* ....................................................... 327
4. *Evolução histórica* ................................................................ 330
5. *O dano moral e o contrato de trabalho* ................................ 333
   5.1 *Atos lesivos da honra ou boa fama* ............................... 333
   5.2 *O assédio sexual* ............................................................ 335
   5.3 *A despedida por justa causa sob falsa alegação de improbidade* ............................................................................. 337
   5.4 *O acidente de trabalho* .................................................. 338
   5.5 *Revistas pessoais* ........................................................... 339
   5.6 *O assédio moral* ............................................................. 341
   5.7 *Outras situações* ............................................................ 342
   5.8 *Dano moral na Reforma Trabalhista (Lei 13.467/2017)* ..... 342
6. *Fixação da indenização por dano moral* ............................. 344
7. *Responsabilidade por ato de terceiros* ................................ 346

Capítulo XXXI – A Flexibilização do Direito do Trabalho

1. *Considerações iniciais* .......................................................... 348
2. *Definição de flexibilização* ................................................... 350
3. *A flexibilização do direito do trabalho no Brasil* .................. 354
4. *A desregulamentação e a flexibilização do direito do trabalho* .. 355
5. *Flexibilização na Lei 13.467/2017* ........................................ 358
6. *Considerações finais* ............................................................. 361

Capítulo XXXII – Organização Sindical e Noções de Direito Coletivo

1. *Considerações iniciais* .......................................................... 363
2. *Princípios de direito coletivo do trabalho* ........................... 365
   2.1 *Princípios da livre associação e da autonomia sindical* ..... 365
   2.2 *Princípio da autonomia privada coletiva* ..................... 367
   2.3 *Princípio da lealdade entre as partes contratantes* ........... 367
   2.4 *Princípio da representação e participação dos trabalhadores na empresa* ............................................................. 368
   2.5 *Princípio da adequação das soluções dos conflitos coletivos* 368
3. *A organização sindical* ......................................................... 368
   3.1 *Os sindicatos* .................................................................. 369
   3.2 *As federações e confederações* ..................................... 371
   3.3 *As centrais sindicais* ...................................................... 371

Bibliografia ...................................................................................373

# NOTA À 6ª EDIÇÃO

É com grande satisfação que levamos ao público leitor esta 6ª edição do nosso *Manual Didático de Direito do Trabalho*. Nenhum novo capítulo foi acrescentado, mas houve atualização e acréscimos necessários aos capítulos existentes, em face da Lei Complementar 150 de 1.6.2015 – que disciplina o trabalho doméstico – e da Reforma Trabalhista trazida pela Lei 13.467, de 13.7.2017.

A Lei 13.467/2017, que também será referida ao longo desta obra como Reforma Trabalhista, trouxe inovações significativas em nossa disciplina, sendo algumas motivo de perplexidade. Introduziu-se a figura do contrato de trabalho para prestação de serviço intermitente como espécie de contrato de individual de trabalho (art. 443 da CLT), mas não houve alteração do conceito de empregado (art. 3º, CLT), consagrou-se a possibilidade do trabalho em condições insalubres para gestantes e lactantes (art. 394-A da CLT), prestigiou-se a negociação coletiva em matérias até então infensas a essa possibilidade (art. 611-A, CLT), além de disciplinar a figura do empregado em regime de teletrabalho (Título II – Capítulo II-A) e tratar expressamente do dano extrapatrimonial (Título II-A).

Houve a tentativa de promover a correção em algumas inconsistências por meio da Medida Provisória 808, de 14.11.2017, que terminou não convolada em Lei. Neste sentido, remanesce o desafio à doutrina e à Jurisprudência, que se encarregarão de estabelecer os contornos de tantas inovações, sem perder de vista os princípios que sempre nortearam o Direito do Trabalho, não obstante a maior flexibilidade atribuída por alguns dispositivos específicos, trazidos ao bojo da Consolidação das Leis do Trabalho.

A proposta de abordagem da disciplina não foi alterada, com incursões breves sobre os temas que compõem cada capítulo, com vistas a despertar o interesse pela disciplina e servir como referência rápida de consulta sobre os diversos temas que compõem o universo do Direito do Trabalho.

Agradecemos a todos que colaboraram para o sucesso da edição anterior e que possibilitaram a presente edição, de forma especial ao nosso Editor, Dr. Álvaro Malheiros, ao prezado amigo Bruno Narciso e a todos os professores e amigos que ajudaram e estimularam a atualização deste trabalho. Esperando que haja a mesma acolhida das edições anteriores, colocamo-nos à disposição para receber as críticas necessárias ao aperfeiçoamento desta obra.

O Autor
adalb2002@uol.com.br

*Capítulo I*
## *EVOLUÇÃO HISTÓRICA DO DIREITO DO TRABALHO*

*1. Considerações iniciais. 2. Evolução do direito do trabalho: 2.1 Na Europa – 2.2 No Brasil. 3. As tendências do direito do trabalho nesta fase de transição.*

### 1. Considerações iniciais

As raízes históricas do direito do trabalho estão atreladas aos aspectos econômicos, sociais, filosóficos e religiosos da história da humanidade.

O trabalho é inerente à condição humana – e daí a preocupação da Igreja Católica, por meio da Encíclica *Rerum Novarum*, do Papa Leão XIII[1] –, da mesma forma que pode ser objeto de exploração, de onde resultam as perspectivas de ordem filosófica, das quais seria exemplo o "Manifesto Comunista" (Karl Max e Friedrich Engels), de ordem econômica e também social.

### 2. Evolução do direito do trabalho

#### 2.1 Na Europa

As origens do direito do trabalho devem ser debitadas à questão social que, mais do que um fato econômico, também envolve a religião, a

---

1. O mencionado documento, publicado em 1891, apregoa a necessidade de união entre as classes trabalhadora e a do capital em face da "imperiosa necessidade uma da outra; não pode haver capital sem trabalho nem trabalho sem capital. A concorrência traz consigo ordem e beleza; ao contrário, de um conflito perpétuo, não podem resultar senão confusão e lutas selvagens" (Segadas Vianna, *Instituições de Direito do Trabalho*, 19ª ed., vol. 1, pp. 36 e 40).

filosofia, a ciência, a moral e a política, percebida a partir da Revolução Industrial. Numa síntese apertada, trata-se do próprio conflito entre capital e trabalho,[2] duas forças antagônicas e, ao mesmo tempo, dependentes entre si, motivo pelo qual o desequilíbrio entre ambas gera desemprego, pobreza e insatisfação no meio social. Não se resume, portanto, ao simples conflito entre trabalhadores e patrões, pois tem reflexos na estrutura social, política e econômica.

O direito do trabalho é um produto da Revolução Industrial do século XVIII, a partir da qual se fez sentir o conflito entre capital e trabalho, motivado pelas novas invenções (máquina a vapor, máquina de fiar, tear mecânico), as quais transformaram os mecanismos de produção, que passaram a se concentrar nos estabelecimentos industriais (fábricas), com o sistema de produção em série, em contraposição aos métodos artesanais até então existentes.

As consequências da Revolução Industrial foram imediatamente sentidas, tais como o desemprego e a redução de salários. Isto porque as máquinas substituíam grande parte da mão de obra e o custo da produção foi reduzido.

Trata-se, pois, da 1ª fase de evolução do direito do trabalho, chamada de *Apogeu do Liberalismo* por Octávio Bueno Magano, que se estende da Revolução Francesa (1789) até 1848, quando seus pressupostos (Igualdade, Fraternidade e Liberdade) foram contestados pela Revolução Popular ocorrida no mesmo ano, bem como pela publicação do "Manifesto Comunista" (Marx e Engels), quando os trabalhadores perceberam que já não desfrutavam da mesma importância social e se viam cada vez mais explorados (principalmente mulheres e crianças) pelos donos do capital, sem que o Estado estivesse presente para normatizar a relação jurídica de trabalho.

Diante do cenário supramencionado, seguiu-se uma fase de *Contestação ao Liberalismo*, e outra de *Intervencionismo Estatal*, verificada a partir do Tratado de Versalhes (1919). Nesse tratado (1919), que pôs fim à I Guerra Mundial, foi inserido o capítulo XIII, dedicado à proteção dos trabalhadores, aspecto que bem reforça a ideia de que a questão social extrapola os limites internos de um determinado país, apresentando contornos de ordem política e econômica que se estendem por toda a humanidade, aspecto que mais se acentua nestes tempos de globalização.

2. Cf. Octávio Bueno Magano, *Primeiras Linhas de Direito do Trabalho*, 3ª ed., São Paulo, Ed. RT, 2003, p. 7.

Atualmente, vivemos uma nova fase, denominada *Fase da Crise* ou de *Transição* por Maurício Godinho Delgado, e *Nouvelle Vague* por Octávio Bueno Magano, para a qual não é possível estabelecer o exato perfil do direito do trabalho contemporâneo, mas que apresenta alguns traços marcantes: novas formas de contratação, novas formas de organização do trabalho (*just in time*, toyotismo – multifuncionalidade, consórcio modular (rede tecnológica, na qual o *lay out* da planta fabril é preparado para receber partes e agregados dos fornecedores, de forma que sejam montados no próprio local – os insumos vêm acompanhados de trabalhadores para a montagem), flexibilização, terceirização e reflexos das novas tecnologias, mas sem perder de vista as normas de ordem pública que emergem do intervencionismo, mormente aquelas relacionadas com a medicina e segurança do trabalho, ganhando novo relevo as questões que envolvem o próprio ambiente do trabalho.

## 2.2 No Brasil

No Brasil, verificamos uma evolução histórica do direito do trabalho semelhante àquela do continente europeu, com algumas adaptações que decorrem do processo histórico e também pelo fato de que no auge da Revolução Industrial do século XVIII nosso país era essencialmente agrícola.

Socorremo-nos, ainda, de Octávio Bueno Magano, que divide em quatro fases a evolução da disciplina no Brasil: *Liberalismo monárquico*, *Liberalismo republicano*, *Intervencionismo estatal* e *Neoliberalismo*.

Assim, tem-se a fase liberal do direito do trabalho desde a proclamação da Independência do Brasil até a Revolução de 1930, que foi o movimento que depôs Washington Luiz e conduziu Getúlio Vargas à presidência da República em 3.11.1930.

A 3ª fase do direito do trabalho no Brasil (*Intervencionismo estatal*) deve ser dividida em três períodos, quais sejam:

*1º Período (1930 a 1945)*. Trata-se do período getulista, com intensa atividade legislativa (criação da Justiça do Trabalho em 1.5.1939; criação do salário-mínimo em 1940; promulgação da Consolidação das Leis do Trabalho/CLT em 1.5.1943; etc.). Nesta época observa-se a decadência do modelo liberal, em face da quebra da bolsa de Nova York (1929), o que contribuiu para a centralização do Poder nas mãos de Getúlio Vargas. Assim, verifica-se a atuação do governo federal em três frentes: a) econômica – industrialização do país, sem perder de vista a cultura agrícola, notadamente a cafeeira; b) social – proteção ao trabalhador; c) militar – para garantia da ordem. A partir desta época, sobrou muito pouco espaço para a negociação coletiva, já que a atuação de Getúlio Vargas foi no sentido de uma regulação detalhada das relações de trabalho, mediante o controle estatal da atividade sindical, conforme consagrado no Decreto 19.770/1931 (inclusive com a unicidade sindical obrigatória). A Constituição de 1934 consagrou a pluralidade sindical, mas com limitações, pois a criação de um sindicato dependia da reunião de, pelo menos, 1/3 dos trabalhadores locais, bem como o fato de que as assembleias deveriam contar com 1 delegado sindical. A unicidade sindical foi determinada na Constituição de 1937 e persiste até os dias de hoje (art. 8º, II, da CF/1988).

*2º Período (1946 a 5.10.1988)*. Neste período o direito do trabalho manteve-se, praticamente, inalterado, não obstante se ter experimentado um período de redemocratização e outro de ditadura. O modelo justrabalhista esteve apoiado em cinco grandes instituições: Justiça do Trabalho, estrutura sindical, legislação individual e protetiva, Ministério do Trabalho e antigo sistema previdenciário.

*3º Período (5.10.1988 até meados de 1990)*. Observa-se a consagração, em nível constitucional, de inúmeros direitos individuais trabalhistas, e introdução da noção coletiva e autônoma na busca de solução dos conflitos sociais, não obstante a manutenção do modelo intervencionista (contribuição sindical obrigatória, unicidade sindical e poder normativo da Justiça do Trabalho).

A 4ª fase da evolução histórica de nossa disciplina, referida como *Neoliberalismo* por Octávio B. Magano e *Fase de Transição*, por Maurício Godinho Delgado, inicia-se em 1990, com a posse do novo presidente da República (Fernando Collor), dando início a um novo plano econômico ("Plano Brasil Novo"). Neste período, surge a discussão em torno da reforma trabalhista, que deve atender à nova realidade do mundo globalizado e às especificidades da microempresa e de empresas de pequeno porte, nos exatos termos do art. 179 da CF.[3] Isto porque a partir dos anos 90 do século passado, com o declínio da atividade industrial nos moldes do *fordismo*, cresceram o chamado terceiro setor da economia e o de serviços, com a ampliação exacerbada do número de pequenas e microempresas no Brasil, hoje responsável por empregar 56,1% da

---

3. Art. 179 da CF: "A União, os Estados, o Distrito Federal e os Municípios dispensarão às microempresas e às empresas de pequeno porte, assim definidas em lei, tratamento jurídico diferenciado, visando incentivá-las pela simplificação de suas obrigações administrativas, tributárias, previdenciárias e creditícias, ou pela eliminação ou redução destas por meio de lei".

mão de obra, considerando o universo de ocupação na economia formal urbana.[4] Além disso, a mesma observação feita em relação à *Nouvelle Vague* do continente europeu vale para o Brasil, na medida em que a partir de 1990 foram iniciados processos de terceirização, bem como a discussão em torno de novas formas de contratação e flexibilização do direito do trabalho; e isto sem considerar os impactos das novas tecnologias nas relações de trabalho.

## 3. As tendências do direito do trabalho nesta fase de transição

As tendências do direito do trabalho, nesta nova fase, remetem-nos ao estudo da pós-modernidade e seus efeitos na própria sociedade.

Não há consenso entre os diversos autores sobre o alcance da expressão "pós-modernidade", sendo utilizada por Eduardo Bittar para designar "um contexto sócio-histórico particular, marcado pela transição",[5] e daí a afirmação que se trata de um processo, cujo "traço principal é a superação dos paradigmas erigidos ao longo da modernidade".[6]

Arion Sayão Romita observa que "a sociedade pós-moderna é uma sociedade de comunicação generalizada",[7] o que justifica a importância dos meios de comunicação de massa, que se apresentam, de forma bastante intensa, na sociedade pós-moderna. É, pois, a sociedade da informação.

Neste contexto, vemos a modificação dos paradigmas do direito do trabalho, dentre os quais, a grande indústria, a jornada de oito horas, o controle de jornada por cartão-ponto registrado por meio mecânico, a fiscalização do trabalho por recursos meramente visuais etc.

A grande indústria motivou o surgimento do direito do trabalho, mas não é, atualmente, a maior geradora de empregos. Curiosamente, já não se fala mais em sociedade industrial, e é possível conceber uma sociedade pós-industrial ou tecnológica, a qual, de forma paradoxal, jamais deixará de ser industrial.

4. Cf. Beatriz de Lima Pereira, "O princípio da proteção no direito do trabalho e sua dimensão civilizatória", in *Os Novos Horizontes do Direito do Trabalho*, São Paulo, LTr, 2005, p. 97.

5. Eduardo Bittar, *O Direito na Pós-Modernidade*, Rio de Janeiro, Forense Universitária, 2005, p. 96.

6. Idem, p. 97.

7. Arion Sayão Romita, *Globalização da Economia e Direito do Trabalho*, São Paulo, LTr, 1997, p. 25.

Romita[8] observa que o direito do trabalho está intimamente atrelado ao desenvolvimento do capitalismo, que pode ser dividido em três fases: 1) Revolução Industrial do século XVIII, com a exploração da máquina a vapor e modificação nos meios de produção; 2) fins do século XIX e início do século XX: desenvolvimento e aplicação do motor elétrico e do motor a explosão, também conhecida como Segunda Revolução Industrial;[9] 3) a partir do final da II Guerra Mundial (1945): automação por meio de aparelhos eletrônicos e que pode ser denominada Revolução Tecnológica ou Terceira Revolução Industrial.[10]

Vivemos, portanto, na Terceira Revolução Industrial ou Revolução Tecnológica, que imprime modificações na produção capitalista e que, a exemplo das anteriores, provoca reflexos nas relações de trabalho. Esta fase, segundo Joseph Finkelstein,[11] apresenta um núcleo gerador de transformação por meio de cinco áreas: 1) microprocessador; 2) manufatura, desenho e controle de estoques por computador integrado; 3) fibras óticas e telecomunicações; 4) biogenética e bioagricultura; 5) lasers e holografia.

As cinco áreas que formam o núcleo gerador das mudanças têm reflexos no direito do trabalho, seja porque contribuem para a menor oferta de postos de trabalho e até mesmo para o desemprego estrutural, seja por estabelecer novos mecanismos para fiscalização do trabalho, merecendo realce a conjugação e o uso intensivo dos equipamentos de informática e de telecomunicações, que se desdobra no uso da internet, no teletrabalho, no controle de ponto por meio eletrônico e demais consequências daí advindas.

---

8. Idem, pp. 16-18.
9. Cf. Pedro Proscurcin, *Compêndio de Direito do Trabalho*, São Paulo, LTr, 2007, p. 32.
10. Idem, p. 33.
11. Arion Sayão Romita, *Globalização da Economia e Direito do Trabalho*, cit., p. 20.

*Capítulo II*
## DENOMINAÇÃO DA DISCIPLINA

*1. Considerações iniciais. 2. Direito operário. 3. Direito industrial. 4. Direito corporativo. 5. Direito social. 6. Direito do trabalho.*

### 1. Considerações iniciais

Ao lado da atual denominação "direito do trabalho", a disciplina que ora abordamos contou com inúmeras denominações desde o surgimento, após a Revolução Industrial (século XIX).

Curiosamente, a nossa disciplina já foi denominada "legislação social"[1] e "legislação do trabalho".[2] Contudo, as denominações que mais se amoldam à disciplina devem ser precedidas pela expressão "direito". Afinal de contas, trata-se de ramo autônomo, com princípios próprios, cuja legislação não traduz a única fonte formal, como teremos a oportunidade de abordar em capítulos específicos.

Cesarino Júnior[3] elaborou um perfeito histórico das diversas denominações adotadas, e que objetivamos resumir nas linhas que seguem.

### 2. Direito operário

A expressão justificava-se à época do surgimento deste ramo do Direito, na medida em que objetivava resolver a chamada "questão so-

---

1. Assim o fizeram, por exemplo, o regulamento da Faculdade de Direito da USP (Decreto estadual 3.023, de 15.7.1937), e vários autores renomados – denominação que ainda persiste em algumas Faculdades de Ciências Contábeis, Administração de Empresas e Economia.

2. Denominação também adotada pela Constituição de 1934 (art. 121, § 1º).

3. Cesarino Júnior, *Direito Social Brasileiro*, 6ª ed., vol. I, São Paulo, Saraiva, 1970, pp. 3-13.

cial", retirando do desamparo oficial a classe trabalhadora, basicamente composta por operários das fábricas e usinas.

## 3. Direito industrial

A denominação "direito industrial" antecedeu a expressão "direito operário", e atualmente também se revela inadequada, já que restringe o âmbito de aplicação aos trabalhadores na indústria.

Por outro lado, a expressão "direito industrial" está, hodiernamente, reservada a uma parte do direito comercial, que trata das questões relacionadas com a propriedade industrial (patentes de invenção, marcas de fábrica etc.).

## 4. Direito corporativo

Trata-se de denominação que surgiu durante o regime fascista italiano (1922-1945), para designar, basicamente, a disciplina da organização sindical dos empregados e empregadores, objetivando harmonizar o capital e o trabalho, além de outras forças produtivas.

Esta denominação não se presta a designar a nossa disciplina, eis que restrita, tratando apenas de um aspecto da matéria.

Em verdade, o direito corporativo coincide com o atual direito sindical ou direito coletivo do trabalho, e traduz um capítulo da disciplina que estamos estudando.

## 5. Direito social

Trata-se de denominação defendida por Cesarino Júnior, pelos seguintes motivos: 1) o adjetivo "social" atende à característica filosófica da disciplina, a qual atribui maior enfoque ao aspecto social do fenômeno jurídico, em oposição ao aspecto lógico preconizado pela corrente individualista; 2) a expressão "social" abarca todos os aspectos da proteção ao trabalhador e seus dependentes; 3) a denominação está de acordo com as designações "política social", "serviço social", "assistência social", "previdência social", "seguro social", "segurança social" e "ação social"; 4) existe o reconhecimento universal de que a finalidade deste "novo" Direito é resolver a chamada "questão social", tanto que suas leis sempre foram denominadas "leis sociais"; 5) nossa legislação já reconheceu a expressão "direito social", a exemplo da lei orgânica da

Justiça do Trabalho (Decreto-lei 1.237, de 2.5.1939) e art. 693, "a", da CLT (atualmente revogado), e inúmeros congressos (no Brasil e Exterior) adotaram a denominação.

Com a devida vênia, parece-nos que o último argumento é o menos convincente. Pois se o fosse deveríamos defender a manutenção das denominações primitivas "direito operário" ou "legislação social", por exemplo.

No Direito estrangeiro encontramos um grande defensor desta denominação na pessoa de Mario L. Deveali,[4] para quem não procedem as críticas no sentido de que todo direito é social, já que semelhante objeção poderia ser feita ao "direito civil", na medida em que os demais ramos do Direito não podem ser tachados de "incivis".

Deveali entende que todas as denominações têm algo de convencional e que "direito social" merece aceitação, na medida em que serve para indicar, com exatidão, a última fase do desenvolvimento da disciplina e as notas características que a diferenciam dos demais ramos do Direito.

De nossa parte, temos dúvidas sobre se o próprio Cesarino Júnior, se vivo estivesse, continuaria a defender a denominação "direito social". Afinal de contas, a realidade atual contempla o surgimento de novos ramos da Ciência Jurídica que, com muito mais razão, mereceriam a denominação de "direito social". É o caso do direito ambiental e do direito do consumidor.

Por outro lado, não podemos deixar de concordar com Mario Deveali quando lembra o caráter convencional das denominações, as quais nem sempre agradam a todos e não necessariamente externam o verdadeiro caráter do objeto que é denominado. Nem mesmo a denominação atual (direito do trabalho) está isenta de críticas – o que será abordado no tópico seguinte.

### 6. Direito do trabalho

A expressão "direito do trabalho" surgiu na Alemanha (1912), quando foi empregada por Potthoff e Sinzheimer.[5]

---

4. Mario L. Deveali, *El Derecho del Trabajo en su Aplicación y sus Tendencias*, t. I, Buenos Aires, Astrea, 1983, pp. 28-30.

5. Cf. Amauri Mascaro Nascimento, *Curso de Direito do Trabalho*, 16ª ed., São Paulo, Saraiva, 1999, p. 144.

No Brasil, referida denominação passou a ser adotada com a Constituição Federal de 1946. E a Lei 2.724/1956 alterou a denominação na Faculdade de Direito da USP.[6]

Trata-se de expressão aceita pela doutrina ibero-americana atual. No Direito estrangeiro encontramos as seguintes expressões: *droit du travail* (França), *diritto del lavoro* (Itália), *Arbeitsrecht* (Alemanha), *labor law* (Estados Unidos da América), *derecho del trabajo* (países de língua espanhola).

Contudo, sem pretender diminuir o mérito de sua consagração, não estamos diante de uma denominação isenta de crítica. Isto porque possui espectro muito amplo, mas não abrange o estudo de todas as formas de trabalho, já que o trabalho autônomo é regulado pelo direito civil, e mesmo o trabalho subordinado prestado por um funcionário público *stricto sensu*[7] é regido pelo direito administrativo.

---

6. Cf. Sérgio Pinto Martins, *Direito do Trabalho*, 10ª ed., São Paulo, Atlas, 2000, p. 43.
7. Nesta oportunidade estamos aludindo ao servidor público regido por estatuto próprio. Se estivermos diante do servidor público regido pela Consolidação das Leis do Trabalho (funcionário público *lato sensu*) haverá espaço para aplicação do direito do trabalho, sem prejuízo das normas mais benéficas que possam ser atribuídas pelo Poder Público que o emprega.

*Capítulo III*
# DEFINIÇÃO DE DIREITO DO TRABALHO

*1. Considerações iniciais. 2. Definições subjetivistas. 3. Definições objetivistas. 4. Definições mistas.*

## 1. Considerações iniciais

Nos capítulos anteriores já nos ocupamos da evolução histórica e da denominação de nossa disciplina, mas não podemos desprezar sua definição, pois ela será responsável pela delimitação do espaço desta matéria. Por meio da definição é que podemos estabelecer o objeto do direito do trabalho, a fim de não nos deixarmos enganar pela atual denominação e concluir, de forma equivocada, que referida disciplina se ocuparia de todas as relações de trabalho.

"Definir" nada mais é do que dizer o que uma coisa é.[1]

No caso do direito do trabalho parece-nos mais adequada a adoção de uma definição real do tipo essencial, ou seja, aquela que explica uma ideia por meio da indicação do gênero próximo e da diferença específica. É o que tentaremos fazer, após uma breve análise de definições atribuídas por alguns doutrinadores.

A doutrina costuma dividir as definições de direito do trabalho em *subjetivistas*, *objetivistas* e *mistas*.[2]

---

1. Cf. Imídeo Giuseppe Nerici, *Introdução à Lógica*, 9ª ed., 2ª reimpr., 1988, p. 39.

2. Cf.: Amauri Mascaro Nascimento, *Curso de Direito do Trabalho*, 16ª ed., São Paulo, Saraiva, 1999, pp. 145-149; Evaristo de Moraes Filho e Antônio Carlos Flores de Moraes, *Introdução ao Direito do Trabalho*, 5ª ed., São Paulo, LTr, 1991, pp. 26-32; e Maurício Godinho Delgado, *Introdução ao Direito do Trabalho*, 2ª ed., São Paulo, LTr, 1999, pp. 85-87 – entre outros.

## 2. Definições subjetivistas

As definições subjetivistas são aquelas que levam em consideração os sujeitos ou pessoas às quais o direito do trabalho se aplica e que figuram nas relações jurídicas que são objeto de suas normas.

Se dissermos, por exemplo, que o direito do trabalho é o ramo do Direito que regula a proteção aos trabalhadores estaremos diante de uma definição subjetivista. Porém, completamente equivocada.

Amauri Mascaro Nascimento encarrega-se de indicar algumas definições consideradas subjetivistas, inclusive aquela concebida por Orlando Gomes e Elson Gottschalk,[3] segundo os quais o direito do trabalho pode ser definido como "o conjunto de princípios e regras jurídicas aplicáveis às relações individuais e coletivas que nascem entre os empregadores privados – ou equiparados – e os que trabalham sob sua direção e de ambos com o Estado, por ocasião do trabalho ou eventualmente fora dele". Contudo, parece-nos que esta última mais se aproxima de uma definição mista, o que veremos no tópico próprio.

Conforme ensinamento de Evaristo de Moraes Filho,[4] em face da história da luta social, os primeiros tratadistas brasileiros, e outros que vieram depois, foram subjetivistas, a exemplo de Evaristo de Moraes, Xavier Lopes, Waldyr Niemeyer, Buys de Barros, Tostes Malta e Bueno Magano.[5]

Contudo, em relação a Octávio Bueno Magano devemos fazer justiça. Isto porque reviu seu posicionamento, adotando uma definição mista, consoante veremos mais adiante.

Igualmente subjetivista é a definição de Cesarino Júnior, para quem o direito social no sentido estrito – ou seja, o direito do trabalho – é "a ciência dos princípios e leis imperativas, cujo objetivo imediato é, tendo em vista o bem comum, auxiliar as pessoas físicas, dependentes do produto de seu trabalho para a subsistência própria e de suas famílias, a

---

3. *Apud* Amauri Mascaro Nascimento, *Curso de Direito do Trabalho*, cit., 16ª ed., p. 146.
4. Evaristo de Moraes Filho e Antônio Carlos Flores de Moraes, *Introdução ao Direito do Trabalho*, cit., 5ª ed., p. 30.
5. "Direito do trabalho é o conjunto de princípios, normas e instituições que visam à melhoria da condição social do trabalhador" (Octávio Bueno Magano, *Lineamentos de Direito do Trabalho*, 2ª ed., São Paulo, LTr, 1972, p. 23).

satisfazerem convenientemente suas necessidades vitais e a terem acesso à propriedade privada".[6]

Em verdade, as definições subjetivistas revelam-se incompletas, pois persiste a necessidade de individualização das espécies de relações jurídicas que são objeto de nossa disciplina. Não basta a indicação dos sujeitos, mesmo porque nem toda relação havida entre empregado e empregador será objeto do direito do trabalho – a exemplo de um contrato de locação mantido entre ambos, independentemente do vínculo de emprego.

## 3. Definições objetivistas

Ao contrário das anteriores, as definições objetivistas prestigiam a matéria disciplinada pelo direito do trabalho, em detrimento dos sujeitos que figuram nas relações jurídicas. Em síntese, prestigiam a espécie de trabalho que é objeto de regulamentação.

São objetivistas as definições de La Loggia ("O direito do trabalho é aquela parte do Direito que tem por objeto as relações de trabalho subordinado"[7]) e Pergolesi ("O direito do trabalho é o ramo do ordenamento jurídico que regula as relações oriundas da prestação contratual retribuída em uma empresa privada"[8]).

No rol de definições objetivistas ainda encontramos as de Manuel Alonso García, para quem o direito do trabalho comporta uma definição em sentido amplo ou doutrinal e outra em sentido estrito ou jurídico-positivo.

No sentido amplo o direito do trabalho "é o conjunto de normas reguladoras das relações nascidas da prestação livre e por conta alheia de um trabalho remunerado que se realiza pessoalmente".[9] E no sentido estrito "é o conjunto de normas reguladoras das relações nascidas da prestação de serviços em caráter pessoal, livre, por conta alheia, remunerado e em situação de subordinação ou dependência".[10]

---

6. Cesarino Júnior, *Direito Social Brasileiro*, 6ª ed., vol. I, São Paulo, Saraiva, 1970, p. 20.
    7. *Apud* Evaristo de Moraes Filho e Antônio Carlos Flores de Moraes, *Introdução ao Direito do Trabalho*, cit., 5ª ed., p. 28.
    8. Idem, ibidem.
    9. Manuel Alonso García, *Curso de Derecho del Trabajo*, 8ª ed., Barcelona, Ariel, 1982, p. 86.
    10. Idem, ibidem.

No Brasil, são objetivistas as definições de Barreto Prado, uma sintética e outra analítica. Referido autor afirma que, em síntese, "o direito do trabalho é o ramo da Ciência Jurídica que estuda a atividade profissional integrada em um organismo econômico, em todas as suas modalidades e com todas as suas implicações, inclusive no tocante às suas reivindicações e às suas garantias";[11] e, analiticamente, seria "o conjunto de princípios coordenados entre si que regulam a prestação habitual de serviços integrada em um organismo econômico, a defesa dos interesses profissionais, a fiscalização das leis do trabalho, o processo judiciário das controvérsias de natureza trabalhista, e ainda o exercício por parte do Poder Público ou das próprias empresas do dever de assistência aos que trabalham".[12]

Com a devida vênia, as definições de Barreto Prado, apesar de sua percuciência, não atendem à realidade. Tanto uma quanto outra se revelam extremamente amplas, abarcando toda a atividade profissional; e a definição analítica, em particular, inclui o processo judiciário do trabalho, que constitui ramo autônomo do Direito.

Em verdade, as definições objetivistas também se revelam incompletas ou insuficientes, pois desconsideram os sujeitos da relação jurídica que é objeto do estudo.

## 4. Definições mistas

Finalmente, definições mistas são aquelas que conjugam o âmbito pessoal e material do direito do trabalho. São as definições que contam, atualmente, com maior número de adeptos. O próprio Octávio Bueno Magano adotava uma definição subjetivista (fato já mencionado anteriormente) e, posteriormente, reconheceu a necessidade de conjugação de ambos os critérios (subjetivo e objetivo) na conceituação de direito do trabalho.[13]

Octávio Bueno Magano é autor da seguinte definição: "conjunto de princípios, normas e instituições aplicáveis à relação de trabalho e situações equiparáveis, tendo em vista a melhoria da condição social do trabalhador, através de medidas protetoras e da modificação das es-

---

11. Roberto Barreto Prado, *Tratado de Direito do Trabalho*, 2ª ed., vol. I, São Paulo, Ed. RT, 1971, p. 15.
12. Idem, ibidem.
13. Octávio Bueno Magano, *Manual de Direito do Trabalho – Parte Geral*, 4ª ed., vol. I, São Paulo, LTr, 1993, p. 61.

truturas sociais".[14] Trata-se de definição mista, mas parece-nos que se revela abrangente, não correspondendo à realidade. Isto porque o direito do trabalho não se aplica a toda relação de trabalho, e sim à relação de emprego, espécie da primeira.

Evaristo de Moraes Filho, em edição posterior do livro *Introdução ao Direito do Trabalho*, estabeleceu a seguinte definição: "O direito do trabalho é o conjunto de princípios e normas que regulam as relações jurídicas oriundas da prestação de serviço subordinado, e excepcionalmente do autônomo, além de outros aspectos destes últimos como consequência da situação econômico-social das pessoas que o exercem".[15]

Com a devida vênia do autor supramencionado, entendemos que o trabalho autônomo é regulado pelo direito civil, e não pelo direito do trabalho; e não vislumbramos exceção à regra. É certo que o art. 652, "a", III, da CLT estabelece a competência da Justiça do Trabalho para dirimir as controvérsias "resultantes dos contratos de empreitadas em que o empreiteiro seja operário ou artífice"; mas isso não passa de uma norma processual, que não interfere na relação jurídica de direito material. Não é a competência do órgão jurisdicional que tem o condão de estabelecer se a matéria é trabalhista ou civil. A Emenda Constitucional 45/2004, ao promover alterações no art. 114 da CF, ampliou a competência da Justiça do Trabalho para processar e julgar todas as demandas que tenham origem em relações de trabalho; mas isso não significa dizer, por exemplo, que o trabalho autônomo esteja regulado pelo direito do trabalho.

Assim, parece-nos mais feliz a antiga definição de Evaristo de Moraes Filho, estampada em seu *Tratado Elementar de Direito do Trabalho* (Rio de Janeiro/São Paulo, Freitas Bastos, 1965, p. 24):[16] "o conjunto de princípios e de normas que regulam as relações jurídicas oriundas da prestação de serviço subordinado e outros aspectos deste último, como consequência da situação econômica das pessoas que o exercem".

Amauri Mascaro Nascimento concebe a seguinte definição: "Direito do trabalho é o ramo da Ciência do Direito que tem por objeto as normas que disciplinam as relações de trabalho subordinado, determinam seus sujeitos e as organizações destinadas à proteção desse trabalho, em

---

14. Idem, p. 59.
15. Evaristo de Moraes Filho e Antônio Carlos Flores de Moraes, *Introdução ao Direito do Trabalho*, cit., 5ª ed., p. 32.
16. *Apud* Amauri Mascaro Nascimento, *Curso de Direito do Trabalho*, cit., 16ª ed., p. 148.

sua estrutura e atividade".[17] Trata-se de uma definição mista, na qual o autor abarca todas as relações de trabalho subordinado (vínculo de emprego, trabalho temporário, trabalho avulso e trabalho eventual) e não exclui o trabalho subordinado prestado por funcionário público e sob a égide de estatuto próprio.

Pensamos que o trabalho eventual, apesar de subordinado, não é objeto do direito do trabalho. Igualmente, a relação entre o funcionário público *stricto sensu* e o Poder Público é regida pelo direito administrativo.

Sérgio Pinto Martins estabelece a seguinte definição: "é o conjunto de princípios, regras e instituições atinentes à relação de trabalho subordinado e situações análogas, visando a assegurar melhores condições de trabalho e sociais ao trabalhador, de acordo com as medidas de proteção que lhe são destinadas".[18] Não obstante o mérito do autor, parece-nos equivocada a expressão "trabalho subordinado e situações análogas", a qual atribui injustificável amplitude, podendo abarcar o trabalho eventual.

Feitas todas as considerações, ousamos contribuir, para o debate, com a seguinte definição: *direito do trabalho é o conjunto de princípios, institutos e regras jurídicas que disciplina as relações coletivas de trabalho, bem como a relação de trabalho entre empregado e empregador, e outras formas de trabalho não eventual e subordinado que não estejam sob a égide do direito administrativo, objetivando a proteção e melhoria das condições sociais dos trabalhadores.*

É certo que não pretendemos colocar um ponto final na questão, mesmo porque não acreditamos que a nossa própria definição esteja perfeita e acabada. E, neste particular, entendemos oportuno mencionar as lúcidas ponderações de Pedro Paulo Teixeira Manus: "(...) as definições da disciplina que são formuladas pelos doutrinadores têm estreita semelhança, daí por que, partindo dos elementos essenciais que caracterizam o contrato de trabalho, o que importa é que cada um de nós tenha todas as condições para formular um conceito próprio".[19]

---

17. Idem, p. 149.
18. Sérgio Pinto Martins, *Direito do Trabalho*, 10ª ed., São Paulo, Atlas, 2000, p. 49.
19. Pedro Paulo Teixeira Manus, *Direito do Trabalho*, 6ª ed., São Paulo, Atlas, 2002, p. 23.

*Capítulo IV*
# POSIÇÃO ENCICLOPÉDICA DO DIREITO DO TRABALHO

*1. Considerações iniciais. 2. Direito público. 3. Direito privado. 4. Direito social. 5. Direito misto. 6. Direito unitário. 7. Direito difuso.*

## 1. Considerações iniciais

No presente capítulo pretendemos estudar a taxionomia (ou taxinomia) do direito do trabalho, vale dizer, sua localização no conjunto do Direito, ou sua posição enciclopédica na Ciência Jurídica, à luz da clássica divisão do Direito em dois campos distintos. É certo que alguns autores aludem à "natureza jurídica" deste ramo do Direito, o que se revela equivocado, na medida em que não estamos lidando com um instituto jurídico, e sim com um ramo da Ciência Jurídica.[1]

Com efeito, é célebre a classificação dicotômica de Ulpiano, segundo a qual o Direito compreende dois ramos: o público e o privado.[2]

O critério da classificação romana era o caráter finalístico ou teleológico. Assim, o direito público compreendia a organização da República Romana, e o direito privado dizia respeito ao interesse dos particulares.

Muitos autores se ocuparam da tarefa de estabelecer a distinção entre direito público e privado, a qual pode ser levada a efeito com base

1. Neste mesmo sentido, convém transcrever o pensamento de José Martins Catharino: "O problema da taxinomia tem íntima conexão com o da autonomia, (...), a questão da taxinomia não é ontológica, de natureza jurídica, resolúvel por síntese conceitual, e sim, como o nome designa, de localização, que implica diferenciação, mesmo a externa, por exemplo, do Direito com as outras Ciências Sociais" (*Compêndio de Direito do Trabalho*, 3ª ed., vol. I, São Paulo, Saraiva, 1982, pp. 51-52).
2. *Publicum jus est quod ad statum rei romanae spectat; privatum quod ad singulorum utilitatem.*

em diversos critérios. O critério romano, como vimos, baseava-se na finalidade da norma.

André Franco Montoro optou pelo critério que se fundamenta no objeto material da Ciência Jurídica, afirmando que "o direito público regula as relações ou situações jurídicas em que o Estado é parte, como a competência dos Poderes Legislativo, Executivo e Judiciário, a elaboração do orçamento, a fixação dos impostos, o processo de punição dos criminosos pelo Estado etc.", enquanto "o direito privado regula as relações jurídicas entre particulares, como a compra e venda, a locação, o empréstimo e os contratos em geral, o casamento, a herança etc.".[3]

Semelhante é o posicionamento de Maria Helena Diniz: "O *direito público* seria aquele que regula as relações em que o Estado é parte, ou seja, rege a organização e atividade do Estado considerado em si mesmo (direito constitucional), em relação com outro Estado (direito internacional) e em suas relações com os particulares, quando procede em razão de seu poder soberano e atua na tutela do bem coletivo (direitos administrativo e tributário). O *direito privado* é o que disciplina as relações entre particulares, nas quais predomina, de modo imediato, o interesse de ordem privada, como compra e venda, doação, usufruto, casamento, testamento, empréstimo etc.".[4]

É certo, porém, que a expressão "Estado" deve ser entendida na acepção mais ampla, abarcando o Poder Público (União, Estados, Municípios e autarquias); e por "particular" devemos entender as pessoas físicas e jurídicas (de direito público e privado), pois há situações em que o Estado participa de uma relação jurídica na qualidade de simples particular (exemplo: quando aluga um imóvel ou compra máquinas).

A doutrina moderna é praticamente unânime em afirmar que a separação em direito público e privado é insuficiente, mormente quando consideramos o surgimento de novos ramos do Direito, tais como o ambiental e o do consumidor. E daí o surgimento de novas teorias para justificar a natureza do direito do trabalho.

Contudo, ousamos adotar posicionamento diverso, na mesma linha de pensamento de Mozart Víctor Russomano, resumido nas seguintes palavras:

---

3. André Franco Montoro, *Introdução à Ciência do Direito*, 21ª ed., São Paulo, Ed. RT, 1993, p. 405.

4. Maria Helena Diniz, *Compêndio de Introdução à Ciência do Direito*, 6ª ed., São Paulo, Saraiva, 1994, p. 232.

"Encontraríamos, como na verdade encontramos, dentro do direito do trabalho, ao mesmo tempo, normas públicas e normas privadas, o que revelaria, como na verdade revela, sua natureza mista.

"Devemos, porém, acentuar que isso não é motivo suficiente para que pretendamos quebrar a dicotomia tradicional, incluindo nela um *tertium genus*, porque, antes de mais nada, se conservamos a classificação romana é, como dissemos, pelo seu interesse prático, não pela sua precisão científica. Desse modo, se a vamos quebrar, sempre que aparecer alguma dificuldade, para nela incluir nova Ciência Jurídica particular, como também acontece, por exemplo, com o direito internacional privado, o melhor será que a abandonemos definitivamente."[5]

Pelo exposto, nos tópicos seguintes apresentaremos os argumentos para inclusão deste ramo da Ciência do Direito no direito público e no privado, revelando nosso posicionamento. E, finalmente, à guisa de curiosidade, mencionaremos algumas teorias que negam a possibilidade de inclusão do direito do trabalho num dos ramos da classificação dicotômica romana.

## 2. Direito público

Alguns autores sustentam que o direito do trabalho é ramo do direito público, erigindo, basicamente, quatro argumentos: 1) o fato de que a relação de emprego se assemelha à relação estatutária entre o funcionário público e o Poder Público, notadamente a impossibilidade de pactuação em sentido contrário ao disposto na lei; 2) a existência de normas de natureza administrativa, tais como as de fiscalização trabalhista e aquelas relativas à segurança e medicina do trabalho; 3) o intervencionismo estatal, que inviabiliza a autonomia da vontade das partes contratantes; 4) a irrenunciabilidade de direitos pelo trabalhador.

Quanto ao primeiro argumento, acreditamos que seja facilmente refutado, já que a relação existente entre empregado e empregador é contratual, restando superadas as teorias institucionalistas, cumprindo assinalar que a legislação objetiva o balizamento da relação e a garantia de direitos mínimos ao trabalhador. É certo que referidas normas legais são imperativas, ou de ordem pública, mas isso nada tem a ver com a natureza do direito do trabalho. O direito civil está repleto de normas de ordem pública – a exemplo daquelas relativas a casamento, sucessão,

---

5. Mozart Víctor Russomano, *O Empregado e o Empregador no Direito Brasileiro*, 6ª ed., São Paulo, LTr, 1978, p. 47.

testamentos etc. –, e nem por isso se ousa classificá-lo como ramo do direito público.

O segundo argumento também não oferece maiores dificuldades. Isto porque as normas de caráter administrativo se prestam a assegurar o fiel cumprimento das regras de proteção ao trabalho, não traduzindo um fim em si mesmas.

Finalmente, a intervenção do Estado nas relações de trabalho e a irrenunciabilidade de direitos trabalhistas, por si sós, não justificam a inclusão no ramo do direito público. A intervenção estatal também ocorre no direito civil, e neste ramo também encontramos direitos indisponíveis, sem que referidos aspectos prejudiquem o caráter de direito privado.

## 3. Direito privado

Alguns autores defendem que o direito do trabalho é ramo do direito privado, na medida em que envolve dois particulares agindo no interesse próprio e que o próprio contrato de trabalho, centro das atenções deste ramo do Direito, tem suas origens na locação de serviços, instituto do direito civil.

Quanto ao fato de se tratar de ramo do Direito que regula uma espécie de relação entre dois particulares, torna-se oportuno lembrar que a Administração Pública também pode contratar empregados sob a égide da Consolidação das Leis do Trabalho, desde que observe a obrigatoriedade do concurso público (art. 37, II, da CF).

São adeptos desta corrente: Amauri Mascaro Nascimento,[6] Maria Helena Diniz,[7] Sérgio Pinto Martins,[8] Pedro Paulo Teixeira Manus,[9]

---

6. Amauri Mascaro Nascimento, *Curso de Direito do Trabalho*, 16ª ed., São Paulo, Saraiva, 1999: "O direito do trabalho é portanto ramo do direito privado porque regula interesses imediatos dos particulares, é pluricêntrico, e tanto a convenção coletiva de trabalho como o contrato individual não se desvincularam do âmbito do direito privado".

7. Maria Helena Diniz, *Compêndio de Introdução à Ciência do Direito*, cit., 6ª ed., p. 233.

8. Sérgio Pinto Martins, *Direito do Trabalho*, 10ª ed., São Paulo, Atlas, 2000, p. 54.

9. Pedro Paulo Teixeira Manus, *Direito do Trabalho*, 6ª ed., São Paulo, Atlas, 2001, p. 41.

Hugo Gueiros Bernardes,[10] Maurício Godinho Delgado[11] e Orlando Gomes,[12] entre outros.

Também integramos esta corrente de pensamento. Isto porque o direito do trabalho objetiva regular relações entre particulares, e apenas incidentalmente – para assegurar o bom êxito de suas normas e a manutenção da fidelidade aos seus princípios – é que surgem, no seu bojo, algumas normas de direito público, a exemplo daquelas inerentes à fiscalização a cargo do Ministério do Trabalho e Emprego e as destinadas à segurança e medicina do trabalho.

Não mais se justifica a menor digressão em torno da possibilidade de inclusão no ramo do direito público, mormente quando se considera que o direito processual do trabalho e o direito previdenciário constituem ramos autônomos, e não capítulos do direito do trabalho, apesar da íntima relação entre eles.

As normas de direito privado preponderam no direito do trabalho, a exemplo do que ocorre no direito civil. Estamos, pois, autorizados a incluí-lo no ramo do direito privado; e, quando muito, poderíamos admitir que se trata de um direito privado "especial", a exemplo do que fizera André Franco Montoro.[13]

10. "O direito do trabalho no Brasil, a partir do direito positivo vigente, é fundamentalmente direito privado, como na maioria dos países, porque rege uma relação jurídica de direito privado, a relação de emprego" (Hugo Gueiros Bernardes, *Direito do Trabalho*, vol. I, São Paulo, LTr, 1989, p. 85).

11. "Enfocando a substância nuclear do direito do trabalho (relação de emprego) e seu cotejo comparativo com a substância dos demais ramos jurídicos existentes, não há como se escapar da conclusão de que o ramo justrabalhista se situa no quadro componente do direito privado" (Maurício Godinho Delgado, *Introdução ao Direito do Trabalho*, 2ª ed., São Paulo, LTr, 1999, pp. 95-96).

12. "O contrato de trabalho desligou-se da locação de serviços, distinguindo-se pelo vínculo de subordinação ou dependência pessoal em que se mantém, na vigência da relação, a parte que presta serviços. A proteção jurídica, amplamente dispensada a essa parte, não desfigura esse contrato entre particulares, nem o desloca para o âmbito do direito público. Permanece, em suas linhas gerais, sujeito à teoria geral dos contratos, construída pelo *Civilismo*, embora a consideração do fator humano do trabalho, imposta política e socialmente, determine a adoção de preceitos jurídicos inspirados em uma concepção humanizadora, que, todavia, não desarticula o esqueleto da relação, nem subverte sua natureza privada" (Orlando Gomes, *Introdução ao Direito Civil*, 10ª ed., Rio de Janeiro, Forense, 1990, pp. 23-24).

13. André Franco Montoro, *Introdução à Ciência do Direito*, cit., 21ª ed., p. 405.

## 4. Direito social

Segundo ensinamento de José Martins Catharino,[14] a proposta de divisão tripartida do Direito (público, privado e social), incluindo o direito do trabalho no ramo do direito social, foi concebida por Otto von Gierke em 1887. E posteriormente foi seguida por Gustav Radbruch e Georges Gurvitch.

No Brasil, Cesarino Júnior[15] procurou defender a denominação supra para a nossa disciplina e também entendeu que constituía um ramo à parte – direito social –, cuja finalidade é a proteção ao hipossuficiente.

As críticas a esta classificação são basicamente as mesmas que fizemos em relação à própria proposta de que a denominação da disciplina fosse "direito social".[16] Afinal de contas, todo direito é social.

## 5. Direito misto

Parece-nos que a classificação do direito do trabalho como direito misto é a mais cômoda, e parte da constatação de que se constitui de normas de direito público e de direito privado.

---

14. José Martins Catharino, *Compêndio de Direito do Trabalho*, cit., 3ª ed., vol. I, p. 53.

15. "(...) não pode o direito social pertencer a nenhum destes dois ramos, pois em relação a ele, como nota Radbruch, se deu uma penetração do direito público no campo do direito privado, como se vê com a crescente intervenção estatal no domínio econômico, educacional, familiar etc., e, por outro lado, do direito privado no direito público, como se verifica com a formação das autarquias e com o pluralismo jurídico tão bem tratado por Gurvitch.

"(...).

"Entendemos que o direito social, dados os seus característicos já enunciados, se opõe a todo Direito anterior, tanto público como privado, não sendo, portanto, nem público, nem privado, nem misto, mas um *tertium genus*, uma terceira divisão do Direito, que se deve colocar ao lado das outras duas conhecidas até aqui, e que chamamos de *direito social*" (Cesarino Júnior, *Direito Social Brasileiro*, 6ª ed., vol. I, São Paulo, Saraiva, 1970, pp. 67-68).

16. Neste ponto é oportuna a observação de Mario L. Deveali: "Cualquiera que sea la opinión sobre este punto, cabe destacar que una cosa es el derecho social, considerado como un nuevo esquema jurídico de carácter doctrinario, al lado de los dos esquemas tradicionales del derecho público y del derecho privado, y otra cosa el derecho social, considerado como sinónimo del derecho del trabajo o laboral" (*El Derecho del Trabajo en su Aplicación y sus Tendencias*, t. I, Buenos Aires, Astrea, 1983, p. 15).

Temos consciência de que no direito do trabalho convivem normas de direito privado (contratos de trabalho, convenções e acordos coletivos etc.) e de direito público (fiscalização a cargo do Ministério do Trabalho e Emprego, medidas de segurança e medicina do trabalho etc.), mas este fenômeno também ocorre no direito civil (a obrigatoriedade de que a exclusão do herdeiro ou legatário nos casos de indignidade seja declarada por sentença – art. 1.596 do CC de 1916; art. 1.815 do CC de 2002 – é exemplo de norma de direito público, mais precisamente direito processual civil).

Assim, também parece-nos inadequada referida classificação, não obstante tratar-se de teoria seguida por autores renomados, a exemplo de José Martins Catharino.[17]

## 6. Direito unitário

Trata-se de teoria que preconiza a unidade do direito do trabalho, por meio da fusão das normas de direito público e direito privado. E daí não se confundir com o direito misto. Foi idealizada por Hugo Sinzheimer.[18]

No Brasil a natureza unitária do direito do trabalho foi defendida pela primeira vez, em 1943, por Arnaldo Süssekind, segundo o qual o direito do trabalho "deveria ser entendido e aplicado de conformidade com a unidade emanada dos princípios doutrinários que o fundamentam e das diretrizes oriundas dos respectivos sistemas legais"[19] – posicionamento que não ousou abandonar mesmo passados quase 60 anos.[20]

Esta teoria também foi defendida por Evaristo de Moraes Filho: "Por tudo isso é que se apresenta uma nova corrente de ideias, de mais de 40 anos, à qual nos filiamos decididamente, que admite o direito do trabalho como um direito unitário, homogêneo, coerente, oriundo de ramos de direito público e de direito privado. Ao trazer para seu âmbito aquela matéria, primitivamente amorfa e heterogênea, fundiu-a o novo espírito jurídico num todo orgânico, diferenciado e tanto quanto possível

17. José Martins Catharino, *Compêndio de Direito do Trabalho*, cit., 3ª ed., vol. I, p. 53.
18. Cf. Evaristo de Moraes Filho e Antônio Carlos Flores de Moraes, *Introdução ao Direito do Trabalho*, 5ª ed., São Paulo, LTr, 1991, p. 111.
19. In Arnaldo Süssekind, Délio Maranhão e Segadas Vianna, *Instituições de Direito do Trabalho*, 11ª ed., vol. I, São Paulo, LTr, 1991, p. 123.
20. Cf. Arnaldo Süssekind, *Curso de Direito do Trabalho*, Rio de Janeiro, Renovar, 2002, p. 104.

autossuficiente (...). Não se trata de *tertium genus*, e sim de uma combinação orgânica dos caracteres do direito público e do privado".[21]

Conforme entendimento de Amauri Mascaro Nascimento,[22] o direito unitário é uma síntese do direito público e do direito privado.

## 7. Direito difuso

A divisão do direito em público, privado e difuso é a mais atual e cerebrina.

Trata-se de tripartição adotada por Luiz Antônio Rizzatto Nunes,[23] porquanto entende que existe uma nova concepção social do Direito, decorrente da intervenção estatal na órbita privada, seja para assegurar o cumprimento dos direitos ali estabelecidos, seja para impor normas de conduta ou rever cláusulas contratuais; fenômeno que teria atingido o direito do trabalho e teve seu ápice no direito do consumidor.

Assim, Rizzatto Nunes[24] abrigou numa mesma classificação todas os ramos do Direito, nos quais verificamos a intervenção estatal mais acentuada, objetivando regular cláusulas contratuais em áreas típicas do interesse privado, e adotou a denominação "direito difuso", com base na definição do art. 81, I, da Lei 8.078/1990 (Código de Defesa do Consumidor/CDC), segundo o qual são direitos difusos "os transindividuais de natureza indivisível, de que sejam titulares pessoas indeterminadas e ligadas por circunstâncias de fato".

Contudo, sem menosprezar os esforços empreendidos pelo autor mencionado, não podemos concordar com sua classificação. Isto porque, em verdade, a denominação "direito difuso" diz respeito à tripartição pelo próprio Código de Defesa do Consumidor (Lei 8.078/1990) em relação a direitos subjetivos que comportam a defesa coletiva: direitos difusos, direitos coletivos e direitos individuais homogêneos.

Vale dizer, a expressão "direito difuso" é alheia à dicotomia que se estabelece entre direito público e direito privado. É possível a identifi-

---

21. Evaristo de Moraes Filho e Antônio Carlos Flores de Moraes, *Introdução ao Direito do Trabalho*, cit., 5ª ed., p. 111.
22. Amauri Mascaro Nascimento, *Curso de Direito do Trabalho*, cit., 16ª ed., p. 186.
23. Luiz Antônio Rizzatto Nunes, *Manual de Introdução ao Estudo do Direito*, 3ª ed., São Paulo, Saraiva, 2000, pp. 121-122.
24. Idem, p. 123.

cação de direitos difusos, coletivos e individuais homogêneos em ramos do direito público tanto quanto em ramos do direito privado, na medida em que aqueles traduzem modalidades de direito subjetivo.[25]

---

25. "Direito subjetivo é a possibilidade de exigir-se, de maneira garantida, aquilo que as normas de Direito atribuem a alguém como próprio" (Miguel Reale, *Lições Preliminares de Direito*, 22ª ed., São Paulo, Saraiva, 1995, p. 258).

*Capítulo V*
# RELAÇÕES ENTRE O DIREITO DO TRABALHO E OUTROS RAMOS DA CIÊNCIA JURÍDICA

*1. Considerações iniciais. 2. Direito constitucional. 3. Direito internacional público. 4. Direito internacional privado. 5. Direito penal. 6. Direito da seguridade social. 7. Direito civil. 8. Direito comercial. 9. Direito administrativo. 10. Direito tributário. 11. Direito processual do trabalho.*

## 1. Considerações iniciais

O estudo de nossa disciplina não deve representar uma fragmentação do conhecimento da Ciência do Direito.

O direito do trabalho relaciona-se com várias Ciências, tais como a Sociologia, a Economia e a Medicina, e, particularmente, com vários outros ramos do Direito.

Ao contrário do que se poderia imaginar à primeira vista, o estudo das relações do direito do trabalho com os demais ramos do Direito se faz necessário, notadamente porque a tônica atual reside na interdisciplinaridade, aspecto que tem sido abordado nos exames nacionais de curso, promovidos pelo Ministério da Educação e Cultura, e também nos diversos concursos públicos para as carreiras jurídicas.

O estudante e os profissionais do Direito devem possuir uma compreensão interdisciplinar do direito do trabalho e também dos instrumentos técnicos para sua aplicação à realidade. Portanto, imbuídos deste propósito é que fizemos o presente estudo.

Sabemos que o desafio é grande, porquanto é difícil tratar de alguma questão, com a profundidade necessária, sem parecermos enfadonhos.

De qualquer sorte, lançamos nas linhas seguintes nossas considerações acerca dos aspectos que norteiam a inter-relação do direito do trabalho com os ramos mais tradicionais do Direito, também com espeque nos mais renomados estudiosos, e tentamos não fustigar o leitor.

## 2. Direito constitucional

Hodiernamente não é possível o estudo do direito do trabalho sem menção ao texto constitucional, a ponto de alguns doutrinadores afirmarem a existência de um ramo da Ciência Jurídica denominado "direito constitucional do trabalho".

A afirmação anterior decorre do fenômeno do Constitucionalismo Social, iniciado com a Constituição da Suíça (1874), posteriormente emendada em 1896.[1] Contudo, foi a partir da Constituição do México (1917) que houve alargamento do fenômeno, eis que seu art. 123 estabelecia a jornada diária de 8 horas, proibição de trabalho aos menores de 12 anos e limitação da jornada dos menores de 16 anos a 6 horas, dentre outros direitos que se tornaram universais após o término da I Guerra Mundial e a assinatura do Tratado de Versalhes.

O Constitucionalismo Social traduz-se na "inclusão nas Constituições de preceitos relativos à defesa social da pessoa, de normas de interesse social e de garantias de certos direitos fundamentais".[2]

Trata-se de teoria que se funda na ideia de que a inclusão dos direitos sociais na Constituição – e dentre eles os direitos dos trabalhadores – contribui para a realização da efetiva justiça social.[3]

O Constitucionalismo Social também desperta críticas, e nem todos os países incluem normas trabalhistas nas Constituições, a exemplo dos Estados Unidos da América, cuja Constituição data de 1787, e da Inglaterra, com sua Constituição não escrita.

Após a Constituição do México a mesma trilha foi seguida pela Constituição Alemã, promulgada pela Assembleia Nacional de Weimar no dia 11.8.1919, estabelecendo a limitação da jornada em oito horas, auxílio aos desempregados, regulamentação do contrato coletivo de trabalho e do trabalho no campo.

---

1. A Constituição Francesa (1848), de curtíssima duração, também mencionou o direito do trabalho, mas não especificou qualquer direito ao trabalhador.
2. Sérgio Pinto Martins, *Direito do Trabalho*, 8ª ed., São Paulo, Atlas, 1999, p. 35.
3. Cf. Amauri Mascaro Nascimento, *Direito do Trabalho na Constituição de 1988*, São Paulo, Saraiva, 1989, p. 2.

Nas palavras de Amauri Mascaro Nascimento, a Constituição de Weimar configura "documento no qual o trabalho recebe nova colocação no plano constitucional, daí o seu maior significado para a história do direito do trabalho".[4]

No Brasil, a Constituição Imperial, de 1824, apenas assegurou a liberdade de trabalho (art. 179, § 24) e aboliu as corporações de ofícios (art. 179, § 25); enquanto a Constituição Republicana, de 1891, limitou-se a assegurar a liberdade de associação (art. 72, § 8º).

Enfim, a Constituição de 1934 foi aquela que inaugurou o Constitucionalismo Social no Brasil, ao dispor sobre normas de direito do trabalho, procurando conjugar a "proteção social do trabalhador e os interesses econômicos do país" (art. 121) e se ocupando da proteção ao trabalho do menor, entre outros aspectos.

A Constituição de 1937, outorgada em 10.11.1937 pelo governo de Getúlio Vargas, marcou a fase intervencionista do Estado, tendo se inspirado na *Carta Del Lavoro* (1927) e na Constituição Polonesa – e daí seu caráter eminentemente corporativista.

O caráter intervencionista de referido diploma constitucional não passou despercebido dos estudiosos, chegando Amauri Mascaro Nascimento a afirmar que a Constituição de 1937 "foi altamente restritiva para as relações coletivas de trabalho, não só quanto à concepção de greve, como à de organização sindical".[5]

Por outro lado, não se ignora que assegurou alguns direitos no âmbito do direito tutelar do trabalho (repouso semanal, férias anuais remuneradas, salário-mínimo, jornada de oito horas e restrição do trabalho do menor, a exemplo do que fizera a Constituição anterior).

As Constituições posteriores mantiveram a tradição inaugurada pela Constituição de 1934. E a Constituição vigente (1988), fruto da Assembleia Nacional Constituinte convocada pela Emenda Constitucional 26, de 27.11.1985, ampliou o rol de direitos sociais dos trabalhadores e acentuou, sobremaneira, o Constitucionalismo Social no Brasil.[6]

O Constitucionalismo Social, como sabemos, recebe críticas de alguns setores, na medida em que representa uma "camisa de força" e di-

---

4. Amauri Mascaro Nascimento, *Compêndio de Direito do Trabalho*, São Paulo, LTr/EDUSP, 1976, p. 7.
5. Amauri Mascaro Nascimento, *Direito do Trabalho na Constituição de 1988*, cit., p. 9.
6. Remetemos o leitor a uma leitura atenta dos arts. 7º a 11 da atual CF e 10 do ADCT.

ficulta a flexibilização das normas trabalhistas, de maneira rápida, com vistas a atender às exigências da economia brasileira e do mundo globalizado. De nossa parte, consideramos benéfica a inserção de direitos mínimos do trabalhador no bojo da Constituição Federal, mormente o rol do art. 7º, que, em nosso entendimento, não comporta flexibilização, além das hipóteses ressalvadas no próprio texto, eis que cláusulas pétreas.

Em verdade, não somos refratários à flexibilização da legislação infraconstitucional, desde que se dê sob tutela sindical e que decorra de legislação especificamente destinada à hipótese, e não de regra genérica que autorize a flexibilização de forma ampla. Por ora, tranquilizamos o leitor em torno do assunto, já que a ele foi dedicado um capítulo específico.

## 3. Direito internacional público

Segundo Hildebrando Accioly: "O direito internacional público ou direito das gentes é o conjunto de princípios ou regras destinados a reger os direitos e deveres internacionais, tanto dos Estados ou outros organismos análogos, quanto dos indivíduos".[7]

Trata-se de ramo da Ciência do Direito surgido com o Tratado de Westefalia (1648), objetivando assegurar os direitos da pessoa humana em todo o Mundo, notadamente os direitos sociais.[8]

O estudo do direito internacional público torna-se cada vez mais importante, na medida em que as Nações intensificam as relações internacionais, a despeito da discussão que possa ser travada em torno de sua natureza de verdadeiro Direito, mormente em face da ausência de sanção para o descumprimento de suas normas.[9]

7. Hildebrando Accioly, *Manual de Direito Internacional Público*, 11ª ed., 3ª tir., São Paulo, Saraiva, 1980, p. 1.
8. Cf. José Martins Catharino, *Compêndio de Direito do Trabalho*, 3ª ed., vol. I, São Paulo, Saraiva, 1982, pp. 58-59.
9. Assinale-se, contudo, que a crítica provém daqueles que não concebem a existência do Direito sem sanção, concepção absolutamente superada, principalmente quando se considera a possibilidade da sanção moral. Miguel Reale assevera que "a sanção de natureza social tem força bem maior do que se supõe. Nós não vivemos apenas voltados para nós mesmos, mas também em função do meio, da sociedade em que agimos" (*Lições Preliminares de Direito*, 22ª ed., São Paulo, Saraiva, 1995, p. 73). E, ainda: "O que caracteriza o Direito não é a coação efetiva, real, concreta, mas a possibilidade de coação. Não se pode contestar a possibilidade de coação no

Observamos, pois, que o direito internacional público objetiva a organização jurídica da solidariedade entre as Nações, com vistas ao interesse público e à manutenção da ordem social que deve existir na comunidade internacional.[10]

Inicialmente o Direito Internacional Público deveria versar apenas as relações entre Estados ou, num sentido mais amplo, as relações entre os sujeitos internacionais. Contudo, houve alargamento de seu âmbito de atuação, de forma a abarcar a sociedade internacional e, posteriormente, certas formas de produção internacional de normas, independentemente de seu conteúdo.[11] Daí o fenômeno da internacionalização do direito do trabalho, ou seja, o fato de que passou a ser tratado, igualmente, em fontes internacionais.

A mencionada relação do direito internacional público com o direito do trabalho teve início com o Tratado de Versalhes, o qual criou a Organização Internacional do Trabalho/OIT (1919), e que justificou o reconhecimento do direito internacional do trabalho não como ramo autônomo, mas como capítulo ou segmento do direito internacional público, para o qual reservamos capítulo especial neste livro.

## 4. Direito internacional privado

O direito internacional privado envolve o estudo dos conflitos de leis no espaço, ou seja, coordena relações de direito civil, penal e trabalhista no território de um Estado estrangeiro.

plano do direito internacional, que já apresenta casos de coação até mesmo juridicamente organizada" (p. 345).

Neste mesmo sentido são os ensinamentos de Maria Helena Diniz: "As normas internacionais decorrem de uma força nascida dos Estados soberanos de se sujeitarem a elas por as considerarem obrigatórias, necessárias à paz universal. O autorizamento dessas normas funda-se na convicção das Nações civilizadas de que elas devem ser observadas. Se não o forem, o Estado lesado estará autorizado a coagir o Estado transgressor a cumpri-las. Tal coação se manifesta pela reprovação coletiva dos Estados, que exercem uma pressão moral incontestável sobre o lesante, mediante, por exemplo, o rompimento das relações diplomáticas; pelo pedido de explicações; pelos inquéritos abertos por organizações internacionais, como a ONU; pela aplicação de sanções econômicas como boicotes; pela guerra legítima etc." (*Compêndio de Introdução à Ciência do Direito*, 6ª ed., São Paulo, Saraiva, 1994, p. 239).

10. Cf. Maria Helena Diniz, *Compêndio de Introdução à Ciência do Direito*, cit., 6ª ed., pp. 239-240.

11. Cf. António Menezes Cordeiro, *Manual de Direito do Trabalho*, Coimbra, Livraria Almedina, 1991, p. 183.

Em síntese, trata-se de ramo do direito público[12] que disciplina as regras de eficácia das leis no espaço. Nas palavras de Miguel Reale,[13] o direito internacional privado situa-se como "metalinguagem jurídica", na medida em que não objetiva regular relações jurídicas, mas se destina a indicar as regras aplicáveis a essas relações, as quais se estabelecem entre particulares.

No direito do trabalho nos deparamos, ocasionalmente, com situações de empregados contratados no Brasil e transferidos para o Estrangeiro e vice-versa, ou até mesmo trabalhadores contratados em nosso país com a cláusula contratual de que a prestação de serviços será em país estrangeiro. Nas situações mencionadas é o direito internacional privado que vem em socorro para afirmar quais são as normas trabalhistas aplicáveis, se a brasileira ou a do país estrangeiro – aspectos que abordaremos com mais acuidade em capítulo próprio.

## 5. Direito penal

Nos ensinamentos de Miguel Reale, o direito penal "é o sistema de princípios e regras mediante os quais se tipificam as formas de conduta consideradas criminosas".[14]

A relação existente entre o direito do trabalho e o direito penal está cada vez mais acentuada, a ponto de alguns autores conceberem a existência de um ramo do direito público cuja denominação é "direito penal do trabalho". É o caso de Amauri Mascaro Nascimento, para quem "direito penal do trabalho é o ramo do direito público que tem por objeto as normas e princípios aplicáveis à punição das infrações penais previstas no âmbito das relações de trabalho",[15] cujas fontes formais são o próprio Código Penal e legislação ordinária extravagante, inclusive trabalhista.

Com efeito, o Código Penal possui uma parte especialmente destinada aos crimes contra a organização do trabalho (Título IV – arts. 197-207), onde vemos tipificadas algumas condutas que atentam contra os

---

12. Não há unanimidade no particular. André Franco Montoro (*Introdução à Ciência do Direito*, 21ª ed., São Paulo, Ed. RT, 1993, p. 427) e Maria Helena Diniz (*Compêndio de Introdução à Ciência do Direito*, cit., 6ª ed., p. 233) o situam no direito privado.
13. Miguel Reale, *Lições Preliminares de Direito*, cit., 22ª ed., p. 350.
14. Idem, p. 343.
15. Amauri Mascaro Nascimento, *Iniciação ao Direito do Trabalho*, 27ª ed., São Paulo, LTr, 2001, p. 626.

princípios e normas que regem o direito do trabalho, e que são o atentado contra a liberdade de trabalho (art. 197), o atentado contra a liberdade de contrato de trabalho e boicotagem violenta (art. 198), o atentado contra a liberdade de associação (art. 199), a paralisação de trabalho seguida de violência ou perturbação da ordem (art. 200), a paralisação de trabalho de interesse coletivo (art. 201), a invasão de estabelecimento industrial, comercial ou agrícola e sabotagem (art. 202), a frustração de direito assegurado por lei trabalhista (art. 203), a frustração de lei sobre a nacionalização do trabalho (art. 204), o exercício de atividade com infração de decisão administrativa (art. 205), o aliciamento para o fim de emigração (art. 206), o aliciamento de trabalhadores de um local para outro do território nacional (art. 207).

Além disso, a Lei 9.983/2000 acrescentou dispositivos ao Código Penal, de forma que se afiguram ilícitos penais a falta de anotação do contrato de trabalho na Carteira de Trabalho e Previdência Social/CTPS e o pagamento de salário por fora dos recibos de pagamento. Com efeito, dispõe o art. 337-A, I, do CP que se sujeita à pena de reclusão (dois a cinco anos) aquele que "omitir de folha de pagamento da empresa ou de documento de informações previsto pela legislação previdenciária segurados empregado, empresário, trabalhador avulso ou trabalhador autônomo ou a este equiparado que lhe prestem serviços".

A mesma lei mencionada atribuiu nova redação ao art. 297 do CP, também constituindo ilícitos penais a prática de inserir ou fazer inserir (a) em folha de pagamento ou documento de informações para prova perante o Instituto Nacional do Seguro Social/INSS pessoa que não possua a qualidade de segurado obrigatório; (b) na CTPS do empregado ou em documento para fazer prova perante a Previdência Social, declaração falsa ou diversa da que deveria ter sido escrita; (c) em documento contábil ou qualquer outro documento relacionado com as obrigações da empresa perante a Previdência Social, declaração falsa ou diversa da que deveria ter constado; e (d) omitir nos mesmos documentos nome do segurado ou seus dados pessoais, a remuneração, a vigência do contrato de trabalho ou de prestação de serviços.

Algumas leis ordinárias também tipificam ilícitos penais relacionados com o direito do trabalho, a exemplo da própria Lei de Greve (Lei 7.783/1989) nas hipóteses de atos abusivos e da Lei 9.029/1995, que objetiva coibir práticas discriminatórias contra a mulher (art. 2º). A própria Constituição Federal assegura que constitui crime a retenção dolosa do salário (art. 7º, X), o que ainda depende de regulamentação por lei ordinária.

Também digna de menção é a tipificação do assédio sexual, nos termos do art. 216-A do CP, dispositivo acrescentado pelo Lei 10.224, de 15.5.2001, cujo sujeito ativo é aquele que, possuindo grau de ascendência ou superioridade inerentes ao exercício de emprego, cargo ou função, constrange alguém com o objetivo de levar vantagem ou favorecimento sexual.

Devemos, ainda, lembrar que algumas condutas do empregado ou empregador que tipificam ilícitos penais poderão ensejar a despedida por justa causa ou a rescisão indireta do contrato de trabalho, com enquadramento em alguma modalidade dos arts. 482 ou 483 da CLT.

Finalmente, no que respeita às justas causas para a despedida do empregado, alguns princípios foram herdados do direito penal, tais como a proporcionalidade da pena e as regras *non bis in idem* e *nulla poena, nullum crimen sine lege*.

## 6. Direito da seguridade social

O direito da seguridade social, também denominado "direito previdenciário", traduziu, no passado, um capítulo do direito do trabalho. E não é incorreto afirmar que as primeiras normas de proteção aos trabalhadores, surgidas como resposta à exploração do trabalho pelo capital, foram normas de previdência social. Objetivavam proteger os trabalhadores em face dos infortúnios decorrentes de acidentes de trabalho.

Hoje se reconhece a autonomia do direito da seguridade social, com princípios e normas próprias. Mas não podemos perder de vista que os trabalhadores são, na grande maioria, os beneficiários diretos, como segurados obrigatórios, por força do contrato de trabalho.

Assim, verifica-se que é íntima a relação entre o direito do trabalho e o direito da seguridade social, sendo oportuno destacar: a) a filiação do trabalhador pela simples configuração da relação de emprego; b) a incidência da contribuição previdenciária sobre a remuneração paga ao empregado; c) a existência do mandato legal conferido ao empregador para descontar a contribuição previdenciária da remuneração do empregado, bem como atribuindo-lhe dever de recolhê-la em favor da instituição seguradora; d) a suspensão do contrato de trabalho durante o período de recebimento do auxílio-doença pago pelo órgão previdenciário ou de aposentadoria por invalidez, esta última nos termos do art. 475 da CLT e arts. 42 a 47 da Lei 8.213/1991; e) a extinção do contrato de trabalho quando o empregado é aposentado por idade (art. 51 da Lei 8.213/1991), em face de requerimento da empresa;[16] f) o art. 118 da Lei 8.213/1991 assegura estabilidade provisória no emprego, por 12 meses, a contar da cessação do benefício previdenciário, ao empregado vitimado por acidente de trabalho.

## 7. Direito civil

A doutrina costuma estabelecer a relação entre o direito do trabalho e o direito civil diante da afirmação de que o contrato de trabalho decorre de uma evolução da locação de serviços (*locatio operarum*), prevista no Código Civil de 1916 (arts. 1.216 e ss.)[17] e que persiste no atual Código Civil (Lei 10.406/2002), sob a forma de "prestação de serviços", nos arts. 593 a 609, e que não se confunde com a empreitada (*locatio operis*), que também continua disciplinada no atual Código Civil (arts. 610-626).

Contudo, a relação entre os dois ramos mencionados é mais acentuada do que parece. O próprio art. 8º, § 1º, da CLT arrola o direito comum[18] como fonte subsidiária do direito do trabalho na hipótese de omissão da legislação trabalhista, desde que haja a necessária compatibilidade, carecendo de relevância o fato de que a redação do dispositivo supramencionado, trazido com a Reforma Trabalhista (Lei 13.467/2017) tenha silenciado neste particular. Isto porque a omissão legal não nos permite inferir que seria possível aplicar normas em caráter subsidiário incompatíveis com o direito do trabalho.

Além disso, é possível arrolar vários institutos do direito civil aplicáveis ao direito do trabalho, muitos dos quais com a necessária adaptação. É o caso da Parte Geral do Código Civil, no que respeita a capaci-

---

16. O entendimento majoritário na doutrina e jurisprudência era no sentido de que a aposentadoria por tempo de contribuição também extinguia o contrato de trabalho. Contudo, a discussão perdeu intensidade após o julgamento das ADI ns. 1.721-3 e 1.770-4, que reconheceram a inconstitucionalidade dos §§ 1º e 2º do art. 453 da CLT, acrescentados pela Lei 9.528/1997, desautorizando a conclusão de que a aposentadoria espontânea extingue o contrato de trabalho, já que a Lei 8.213/1991 não exige o afastamento do empregado para que possa requerer o benefício previdenciário.

17. Cf. Orlando Gomes e Elson Gottschalk (*Curso de Direito do Trabalho*, 12ª ed., Rio de Janeiro, Forense, 1991, p. 31) e Sérgio Pinto Martins (*Direito do Trabalho*, 10ª ed., São Paulo, Atlas, 2000, p. 56), entre outros.

18. José Martins Catharino entende que o legislador trabalhista denomina "direito comum" o par formado pelo direito civil com o direito comercial (cf. *Compêndio de Direito do Trabalho*, cit., 3ª ed., vol. I, p. 76).

dade, domicílio, fatos jurídicos (negócio jurídico, atos jurídicos lícitos e atos ilícitos), prescrição e decadência, causas de interrupção e suspensão da prescrição etc.

Neste tópico realçamos a importância do estudo dos negócios jurídicos para o direito do trabalho, já que o contrato de trabalho é uma espécie desta modalidade, vale dizer, uma espécie de fato jurídico.

O professor Sílvio Rodrigues afirma que "a expressão 'fatos jurídicos', em seu sentido amplo, engloba todos aqueles eventos, provindos da atividade humana ou decorrentes de fatos naturais, capazes de ter influência na órbita do Direito, por criarem, ou transferirem, ou conservarem, ou modificarem, ou extinguirem, relações jurídicas".[19]

É certo, ainda, que os fatos provindos da Natureza são considerados fatos jurídicos *stricto sensu*, enquanto aqueles que são oriundos da atividade humana são denominados *atos jurídicos* (quando lícitos) ou atos ilícitos. Nem mesmo o atual Código Civil, apesar de fazer menção expressa ao negócio jurídico nos arts. 104 e ss. abandonou referida ideia. Isto porque o art. 185 alude aos "atos jurídicos lícitos, que não sejam negócios jurídicos" – vale dizer, o negócio jurídico continua sendo espécie do gênero *fato jurídico*.

Em verdade, o Código Civil anterior não fazia distinção entre o negócio jurídico (onde há o intuito negocial) e o ato meramente lícito (onde o intuito negocial não está presente, ou seja, o agente não persegue os efeitos jurídicos)[20] – situação que não persiste na Lei 10.406/2002, conforme já mencionado no parágrafo anterior.

O contrato de trabalho é espécie de negócio jurídico, e, como tal, se subordina aos requisitos de validade estampados no art. 104 do atual CC (agente capaz; objeto lícito, possível, determinado ou determinável; forma prescrita ou não defesa em lei) – aspectos que serão detalhados no capítulo próprio.

## 8. *Direito comercial*

José Martins Catharino enfatiza a estreita relação entre o direito comercial e o direito do trabalho, notadamente no que respeita à origem e desenvolvimento de ambas as disciplinas, a ponto de justificar a inte-

---

19. Sílvio Rodrigues, *Direito Civil*, 9ª ed., vol. I, São Paulo, Saraiva, pp. 147-148.
20. Seria exemplo de ato meramente lícito a descoberta casual de um tesouro.

gração de ambas no mesmo departamento, em qualquer Faculdade de Direito, ao lado do direito civil.[21]

Efetivamente, cuida-se de três ramos do direito privado – argumento que talvez fosse suficiente para que a ideia do nosso renomado autor pudesse ser seguida à risca.

Não obstante o fato de que o contrato de trabalho não se estabelece, tão somente, entre trabalhador e sociedades comerciais,[22] é certo que o direito do trabalho se desenvolveu em torno da indústria (a partir da Revolução Industrial), enquanto o direito comercial o foi a partir dos atos de comércio; mas ampliaram o âmbito de atuação, de tal forma que hoje a "empresa é o ponto de encontro das duas disciplinas, tanto que corrente ponderável de comercialistas procura conceituar o primeiro em função dela".[23]

A própria Consolidação das Leis do Trabalho reúne alguns dispositivos que impõem o conhecimento de institutos do direito comercial, a exemplo do grupo econômico (art. 2º, §§ 2º e 3º), falência e recuperação judicial (art. 449), alteração na propriedade ou estrutura jurídica da empresa (arts. 10, 10-A, 448 e 448-A).

## 9. Direito administrativo

A relação entre o direito do trabalho e o direito administrativo pode ser extraída da própria Consolidação das Leis do Trabalho, quando verificamos o capítulo destinado às normas de medicina e segurança do trabalho bem como as normas que disciplinam a fiscalização a cargo do Ministério do Trabalho e Emprego.

Além dos aspectos supramencionados, podemos lembrar o fato de que a Administração Pública pode contratar trabalhadores sob a égide da Consolidação das Leis do Trabalho, mas fica adstrita ao disposto no art. 37 da CF; vale dizer, deve observar os princípios da legalidade, impessoalidade, moralidade, publicidade e eficiência, estando obrigada a realizar concurso público – modalidade de seleção que até a promulgação da atual Constituição se destinava à admissão de funcionários públicos *stricto sensu* (aqueles regidos por estatuto próprio), ressalvadas as no-

---

21. José Martins Catharino, *Compêndio de Direito do Trabalho*, cit., 3ª ed., vol. I, p. 78.
22. O próprio art. 2º, § 1º, da CLT equipara os profissionais liberais e entidades sem fins lucrativos ao empresário, para fins de relação de emprego.
23. José Martins Catharino, *Compêndio de Direito do Trabalho*, cit., 3ª ed., vol. I, p. 78.

meações para cargo em comissão declarado em lei de livre nomeação e exoneração, conforme o art. 37, II, da CF, com redação da Emenda Constitucional 19/1998.

O art. 37, IX, da CF contempla a possibilidade de contratação por tempo determinado, nos termos estabelecidos em lei, para atender a necessidade temporária de excepcional interesse público, que, no âmbito da Administração Pública Federal, está regulada na Lei 8.745/1993, cujo recrutamento poderá ser feito por meio de processo seletivo simplificado (art. 3º) – situação que se assemelha ao contrato por prazo determinado previsto na Consolidação das Leis do Trabalho. Estados e Municípios também têm a faculdade de editar lei nos termos do dispositivo constitucional supramencionado, que não se destina apenas ao Poder Público Federal.

## 10. Direito tributário

A relação entre o direito tributário e o direito do trabalho externa-se, basicamente, na incidência do imposto de renda sobre os salários dos trabalhadores e até mesmo sobre a participação nos lucros ou resultados disciplinada na Lei 10.101/2000.

Dignos de menção são também os incentivos fiscais destinados ao empregador que proporciona programas de alimentação do trabalhador, nos termos da Lei 6.321/1976, e a própria natureza tributária do Fundo de Garantia do Tempo de Serviço/FGTS (Lei 8.036/1990).

## 11. Direito processual do trabalho

Revela-se íntima a relação entre o direito do trabalho e o direito processual do trabalho, já que a atividade jurisdicional exercida pela Justiça do Trabalho é uma das formas de heterocomposição dos conflitos trabalhistas (individuais e coletivos). E sabemos que os conflitos decorrem das controvérsias em torno da aplicação das regras de direito material que se encontram presentes na legislação trabalhista e também nas demais fontes formais do direito do trabalho.

Ademais, trata-se de ramo específico do Direito, que outrora foi incluído como capítulo do próprio direito do trabalho, notadamente porque as principais normas processuais trabalhistas se encontram no bojo da Consolidação das Leis do Trabalho, promulgada no dia 1.5.1943, e porque a Justiça do Trabalho só passou a integrar o Poder Judiciário com a Constituição de 1946, e somente a partir daí é que se pode falar, propriamente, em processo do trabalho.

*Capítulo VI*
# AUTONOMIA DO DIREITO DO TRABALHO

*1. Considerações iniciais. 2. Autonomia legislativa. 3. Autonomia doutrinária. 4. Autonomia didática. 5. Autonomia jurisdicional.*

## 1. Considerações iniciais

A doutrina é praticamente unânime em afirmar a autonomia do direito do trabalho. Contudo, trata-se de autonomia relativa, já que não existe a absoluta.[1]

Como bem lembra José Martins Catharino,[2] a autonomia é maior entre gêneros e menor entre as espécies de cada um. Assim, podemos afirmar que o Direito é mais autônomo em relação à Física e à Biologia do que em relação à Política e à Economia, por exemplo. E, quando consideramos o Direito como gênero, podemos asseverar que suas espécies ou ramos são ainda menos autônomos entre si.

Em síntese, é possível afirmar que a autonomia varia de um grau mínimo até o grau máximo, mas nunca chega a ser absoluta, de forma a se traduzir em independência. Referida observação justifica o estudo que fizemos anteriormente sobre as relações entre o direito do trabalho e os demais ramos da Ciência Jurídica, e mais reforça a ideia do necessário enfoque interdisciplinar para a perfeita compreensão do nosso objeto de estudo.

---

1. Cf. José Martins Catharino, *Compêndio de Direito do Trabalho*, 3ª ed., vol. I, São Paulo, Saraiva, 1982, p. 44; e Arnaldo Süssekind, Délio Maranhão e Segadas Vianna, *Instituições de Direito do Trabalho*, 11ª ed., vol. I, São Paulo, LTr, 1991, p. 131.

2. José Martins Catharino, *Compêndio de Direito do Trabalho*, cit., 3ª ed., vol. I, p. 44.

Os autores costumam citar lições de Alfredo Rocco (in *Principii di Diritto Commerciale*) para justificar a autonomia científica de uma Ciência Jurídica:[3] a) que sua matéria seja bastante vasta para merecer um estudo adequado e particular; b) que contenha doutrina homogênea, dominada por conceitos comuns e distintos dos gerais informativos de outra disciplina; c) que utilize um método próprio, ou que adote procedimentos especiais para o conhecimento da verdade, que constitui o objeto da sua investigação.

A exigência do método próprio de investigação encontra a crítica de José Martins Catharino, para quem "o método está para a verdade como o meio para um fim",[4] e também porque não há método particular, exclusivo e caracterizante para cada um dos ramos da Ciência Jurídica.

Os dois primeiros pressupostos contam com os aplausos de Martins Catharino, mormente em face dos princípios que são peculiares ao direito do trabalho e que o especializam.[5]

O direito do trabalho, sem dúvida alguma, é um ramo da Ciência Jurídica que comporta relativa autonomia em relação aos demais ramos, em face do seu desenvolvimento legal, doutrinário e didático. Por outro lado, não se lhe pode negar a autonomia científica, que decorre da peculiaridade de seus institutos, princípios e fontes normativas.

## 2. Autonomia legislativa

O desenvolvimento legislativo do direito do trabalho iniciou-se logo após seu surgimento, com a Revolução Industrial, e se acentuou após a assinatura do Tratado de Versalhes. Atualmente assistimos ao fenômeno do Constitucionalismo Social, verificado na Constituição do México (1917) e de Weimar (1919), e que se iniciou no Brasil com a Constituição de 1934.

A atual Constituição Brasileira dedica vários artigos à nossa disciplina, e que asseguram direitos mínimos ao trabalhador, sendo os arts. 7º e 8º os mais lembrados, além do art. 10 do ADCT.

---

3. Cf. José Martins Catharino, *Compêndio de Direito do Trabalho*, cit., 3ª ed., vol. I, p. 46; Sérgio Pinto Martins, *Direito do Trabalho*, 10ª ed., São Paulo, Atlas, 2000, p. 49; Arnaldo Süssekind, Délio Maranhão e Segadas Vianna, *Instituições de Direito do Trabalho*, cit., 11ª ed., vol. I, pp. 134-135.

4. José Martins Catharino, *Compêndio de Direito do Trabalho*, cit., 3ª ed., vol. I, p. 46.

5. Idem, ibidem.

Possuímos, igualmente, farta legislação ordinária, com vistas a justificar a autonomia já afirmada e o acentuado intervencionismo estatal nas relações de trabalho, a despeito de não possuirmos um Código do Trabalho, e sim uma consolidação de leis (Consolidação das Leis do Trabalho/CLT).

## 3. Autonomia doutrinária

A autonomia doutrinária do direito do trabalho é indiscutível e salta aos nossos olhos. São inúmeros os tratados, manuais e trabalhos monográficos de estudiosos e autores renomados, no Brasil e no Exterior.

No Brasil, diante das sucessivas edições, merecem destaque: *Curso de Direito do Trabalho* e *Iniciação ao Direito do Trabalho*, de Amauri Mascaro Nascimento; *Instituições de Direito do Trabalho*, de Arnaldo Süssekind, Délio Maranhão, Segadas Vianna e Lima Teixeira; *Direito do Trabalho*, de Délio Maranhão; *Compêndio de Direito do Trabalho*, de José Martins Catharino; *Manual de Direito do Trabalho* (4 vols.), de Octávio Bueno Magano; *Curso de Direito do Trabalho*, de Orlando Gomes e Elson Gottschalk; *Direito do Trabalho*, de Sérgio Pinto Martins; *Direito do Trabalho*, de Pedro Paulo Teixeira Manus; *Introdução ao Direito do Trabalho*, de Evaristo de Moraes Filho e Antônio Carlos Flores de Moraes; *Direito Social Brasileiro* (2 vols.), de Antônio Ferreira Cesarino Júnior – e muitos outros, de reconhecido valor.

Entre os autores estrangeiros merecem destaque: Mario de La Cueva (*Derecho Mexicano del Trabajo*, 2 vols., 1943); Ernesto Krotoschin (*Tratado Práctico de Derecho del Trabajo*, 2 vols., 1955); Mario L. Deveali (*El Derecho del Trabajo*, 2 vols., 1983); Alfredo J. Ruprecht (*Contrato de Trabajo, Empleo y Desocupación*, 1992); Manuel Alonso Olea e María Emilia C. Baamonde (*Derecho del Trabajo*, 15ª ed., 1997); António Menezes Cordeiro (*Manual de Direito do Trabalho*, 1991); Manuel Alonso García (*Curso de Derecho del Trabajo*, 8ª ed., 1982); António de Lemos Monteiro Fernandes (*Direito do Trabalho*, 2 vols.); Bernardo da Gama Lobo Xavier (*Curso de Direito do Trabalho*, 2ª ed., 1993) – e muitos outros.

A produção doutrinária que mencionamos é plenamente justificável, na medida em que o direito do trabalho possui princípios e fontes formais que lhe são peculiares – aspectos que serão abordados em capítulos específicos. Além das peculiaridades já mencionadas, também alinhavamos o fato de que alguns institutos do direito civil (nulidade dos contratos e autonomia da vontade) sofrem adaptações quando aplicados ao direito do trabalho, já que não se olvidam a regra de proteção ao trabalhador e o princípio geral de Direito que veda o enriquecimento sem causa.

## 4. Autonomia didática

A autonomia didática externa-se pela existência da disciplina "Direito do Trabalho" em todos os cursos de Direito no Brasil, bem como nos cursos de Administração, Ciências Contábeis e Economia, nos quais a denominação da disciplina costuma ser "Legislação Social" ou "Direito Social".

Assinale-se, contudo, que o direito da seguridade social (ou previdenciário) e o direito processual do trabalho não traduzem sub-ramo do direito do trabalho. Constituem ramos autônomos do direito público, não obstante estejam intimamente relacionados com a nossa disciplina.

## 5. Autonomia jurisdicional

Os autores costumam afirmar a autonomia jurisdicional do direito do trabalho, em face da existência de uma Justiça especializada (a Justiça do Trabalho) para dirimir os conflitos que decorrem das relações de trabalho.

Amauri Mascaro Nascimento[6] observa que, além do direito do trabalho, apenas o direito eleitoral e o direito penal militar são confiados a jurisdição especializada.

Contudo, parece-nos que a defesa da autonomia jurisdicional perdeu intensidade, em face da ampliação da competência material da Justiça do Trabalho, abarcando todos os conflitos que envolvem relações de trabalho, inclusive danos morais, e conflitos de representação entre as próprias entidades sindicais, questões que envolvem a aplicação de outros ramos do Direito, notadamente o direito civil.

---

6. Amauri Mascaro Nascimento, *Curso de Direito do Trabalho*, 16ª ed., São Paulo, Saraiva, 1999, p. 180.

*Capítulo VII*
## FONTES DO DIREITO DO TRABALHO

*1. Diferença entre fontes materiais e fontes formais: 1.1 A Constituição Federal – 1.2 Leis federais – 1.3 Atos do Poder Executivo – 1.4 Sentenças normativas – 1.5 Convenções e acordos coletivos – 1.6 Regulamentos de empresa – 1.7 Contratos de trabalho – 1.8 Costumes – 1.9 Jurisprudência – 1.10 Sentença arbitral.*

### 1. Diferença entre fontes materiais e fontes formais

Nas palavras de Délio Maranhão, *fonte do Direito* "significa a origem, o manancial de onde provém o Direito".[1]

Por outro lado, a doutrina é praticamente unânime em afirmar que as fontes podem ser estudadas do ponto de vista dos fatores que fazem surgir o Direito e do ponto de vista de sua manifestação. E, assim, afirma-se que as fontes do Direito dividem-se em *materiais* e *formais*.

As *fontes materiais* compreendem o conjunto de fenômenos sociais que contribuem para a formação do Direito. E no caso do direito do trabalho são exemplos marcantes o desemprego, as greves, a evolução tecnológica, a globalização e as reivindicações dos trabalhadores, entre outras.

Por sua vez, as *fontes formais* são os meios pelos quais se estabelecem as normas jurídicas; vale dizer, são os meios de exteriorização do Direito, e conferem à regra jurídica o caráter de direito positivo.

Durante muito tempo os juristas reduziram a duas as fontes formais do Direito: a lei e o costume – sendo a primeira entendida num contexto amplo, para abarcar a Constituição. Vale dizer, somente a norma estabelecida pelo legislador e aquela formada espontaneamente pela convivência social tinham o *status* de fonte formal do Direito.

1. Délio Maranhão, Arnaldo Süssekind e Segadas Vianna, *Instituições de Direito do Trabalho*, 11ª ed., vol. I, São Paulo, LTr, 1991, p. 148.

Todavia, os estudos posteriores levaram à conclusão de que existe mais de uma ordem jurídica na sociedade, ou seja, nem todo o Direito é legislado; e daí a teoria pluralista das fontes formais do Direito, que autoriza a inclusão dos negócios jurídicos, atos unilaterais da vontade, convenções coletivas de trabalho, dentre outras, como fontes formais do Direito.

E, ainda dentro do universo da classificação das fontes do Direito, há quem inclua a doutrina e jurisprudência como fontes indiretas, enquanto as leis e costumes seriam fontes diretas.

No entanto, vozes não menos abalizadas retiram da jurisprudência e doutrina a condição de fontes do Direito, e dentre elas as de Sérgio Pinto Martins[2] e Orlando Gomes.[3] Isto porque não traduzem normas de observância obrigatória aos juízes, apenas constituindo valioso critério para a análise e interpretação do direito do trabalho, argumento que é atenuado pelo efeito vinculante das súmulas do Supremo Tribunal Federal editadas a partir da promulgação da Emenda Constitucional 45/2004, que acrescentou o art. 103-A ao texto da Constituição Federal.

Todavia, quanto a este particular, torna-se oportuno mencionar o ensinamento de Délio Maranhão, para quem a jurisprudência poderá se tornar fonte do Direito, na medida em que se converta em costume.[4] No mais, parece-nos que observação semelhante poderia ser feita em relação à doutrina.

Em nosso ordenamento jurídico, o art. 8º da CLT consagrou a existência de fontes diversas da lei, ao asseverar que "as autoridades administrativas e a Justiça do Trabalho, na falta de disposições legais ou contratuais, decidirão, conforme o caso, pela jurisprudência, por analogia, por equidade e outros princípios e normas gerais de Direito, principalmente do direito do trabalho, e, ainda, de acordo com os usos e costumes, o direito comparado, mas sempre de maneira que nenhum interesse de classe ou particular prevaleça sobre o interesse público". E neste tópico não

---

2. Sérgio Pinto Martins, *Direito do Trabalho*, 3ª ed., São Paulo, Malheiros Editores, 1996, p. 61.

3. "A jurisprudência figura na escala acima não como fonte do Direito, mas sim como recurso ou método de interpretação. Grande é, entretanto, a sua influência nos pretórios trabalhistas. (...). A doutrina, embora não expressamente mencionada em nossa lei, ocupa um posto de relevo na interpretação do Direito" (Orlando Gomes e Elson Gottschalk, *Curso de Direito do Trabalho*, 12ª ed., Rio de Janeiro, Forense, 1991, pp. 36-37).

4. Délio Maranhão, Arnaldo Süssekind e Segadas Vianna, *Instituições de Direito do Trabalho*, cit., 11ª ed., vol. I, p. 158.

podemos deixar de mencionar que a norma consolidada mistura *fontes do Direito* e *métodos de integração das normas jurídicas* (meios para preenchimento das lacunas), além de confundir o direito comparado com direito estrangeiro, pois apenas este último é meio de integração.

Assim, no que respeita ao direito do trabalho, podemos identificar as seguintes fontes formais: a Constituição, as leis, os decretos, os costumes, as sentenças normativas da Justiça do Trabalho, os acordos coletivos, as convenções coletivas de trabalho, os regulamentos de empresa, os contratos de trabalho e a jurisprudência. Registre-se, finalmente, que a analogia, a equidade e o direito estrangeiro são meios de integração, e os princípios gerais de Direito podem funcionar como critérios de interpretação, meios de integração ou, ainda, inspirar a atividade legislativa, como veremos no capítulo próprio.

No contexto das fontes formais do direito do trabalho podemos estabelecer a divisão entre *fontes autônomas* e *heterônomas*. São *fontes formais autônomas* aquelas que se estabelecem pela vontade dos interessados aos quais se destinam (trabalhadores e empregadores), a exemplo do contrato de trabalho, convenção coletiva de trabalho, acordo coletivo de trabalho e regulamentos de empresa. E são *fontes formais heterônomas* aquelas que emanam de terceiros, tais como as leis, sentenças normativas, atos do Poder Executivo, jurisprudência e sentença arbitral, entre outras.

### 1.1 A Constituição Federal

A primeira Constituição Brasileira a tratar de questões relativas a direito do trabalho foi a de 1934. Mas a atual Carta Magna foi generosa aos trabalhadores neste particular, trazendo o elenco de direitos mínimos assegurados em seus arts. 7º a 11 e no art. 10 do ADCT.

Contudo, devemos atentar para o fato de que o direito do trabalho se pauta pela norma mais favorável ao trabalhador, a qual prevalece em detrimento da Constituição Federal, que apenas assegura o mínimo.

### 1.2 Leis federais

No sentido estrito, "a lei é a norma jurídica emanada do Poder Legislativo, sancionada e promulgada pelo Presidente da República".[5]

---

5. Délio Maranhão, Arnaldo Süssekind e Segadas Vianna, *Instituições de Direito do Trabalho*, cit., 11ª ed., vol. I, p. 154.

A competência para legislar em matéria trabalhista é da União, por força do art. 22, I, da CF. Contudo, devemos excepcionar o fato de que os Estados poderão instituir o piso salarial a que se refere o inciso V do art. 7º da CF, por força da Lei Complementar 103, de 14.7.2000. Referida lei complementar não é inconstitucional, eis que se encontra de conformidade com o parágrafo único do art. 22 da CF, cumprindo assinalar que o piso salarial não se confunde com o salário-mínimo nacionalmente unificado (art. 7º, IV, da CF).

No Brasil existem diversas leis que disciplinam questões relativas ao direito do trabalho, e a principal traduz uma compilação da legislação esparsa que existia antes de 1943, e que denominamos *Consolidação das Leis do Trabalho*, consubstanciada no Decreto-lei 5.452, de 1.5.1943.

Percebemos, pois, que o nosso direito do trabalho não está codificado. Um código importa criação de Direito novo e revogação do anterior. A Consolidação das Leis do Trabalho apenas organizou e sistematizou o Direito que já existia, abarcando a parte do direito individual, do direito coletivo e também normas processuais.

Além da Consolidação das Leis do Trabalho, outras leis também asseguram direitos aos trabalhadores, e dentre elas podemos mencionar: a) Lei 605/1949 (repouso semanal remunerado); b) Lei Complementar 150/2015 (empregado doméstico); c) Lei 5.889/1973 (trabalhador rural); d) Lei 6.019/1974 (trabalhador temporário); e) Lei 7.783/1989 (greve); f) Lei 8.036/1990 (FGTS); e várias outras.

## 1.3 Atos do Poder Executivo

Diante do ordenamento jurídico anterior à Constituição Federal de 1988 o Poder Executivo podia expedir decreto-lei, que posteriormente era ratificado pelo Congresso Nacional. Observe-se que a própria Consolidação das Leis do Trabalho é oriunda de um decreto-lei.

Com o advento da nova ordem constitucional o Poder Executivo deixou de expedir decretos-leis, mas edita medidas provisórias (art. 62 da CF) e tem competência para expedir decretos e regulamentos (art. 84, IV, da CF), os quais objetivam regulamentar as leis. É o caso do Decreto 27.048/1949 (repouso semanal remunerado) e do Decreto 57.155/1965 (13º salário), entre outros.

O Ministério do Trabalho também pode expedir portarias, que são fontes formais do Direito. Temos, por exemplo, a Portaria 3.214/1978, que disciplina questões sobre segurança e medicina do trabalho, que teve sua Norma Regulamentadora 17 (NR-17) alterada pelas Portarias 3.435/1990 (que consagra intervalo de 10 minutos a cada 50 trabalhados pelo digitador) e 3.751/1990 (que estende idêntico intervalo àqueles que trabalham nas atividades de processamento de dados).

### 1.4 Sentenças normativas

A sentença normativa é fonte peculiar do direito do trabalho e decorre do poder normativo da Justiça do Trabalho, exercido desde que as partes (empresa e sindicato de categoria profissional ou sindicatos de categoria profissional e de categoria econômica) estejam de comum acordo, nos termos do art. 114, § 2º, da CF, conforme redação da Emenda Constitucional 45/2004.

Denomina-se *sentença normativa* a decisão dos Tribunais Regionais do Trabalho ou do Tribunal Superior do Trabalho, no julgamento dos dissídios coletivos.

São fontes formais do direito do trabalho porque criam, modificam ou extinguem condições de trabalho, traduzindo obrigações a empregados e empregadores pertencentes à categoria profissional e econômica envolvida no dissídio coletivo de natureza econômica.

### 1.5 Convenções e acordos coletivos

A exemplo das anteriores, são também fontes formais peculiares ao direito do trabalho e decorrem da autonomia privada dos sindicatos nas negociações coletivas.

A diferença entre *acordo coletivo de trabalho* e *convenção coletiva* reside no âmbito de aplicação. A *convenção* é o pacto firmado entre dois ou mais sindicatos, estando de um lado o sindicato da categoria profissional e de outro o sindicato da categoria econômica (art. 611 da CLT); enquanto o *acordo* é o pacto celebrado entre uma ou mais empresas e o sindicato da categoria profissional, estabelecendo condições de trabalho (art. 611, § 1º, da CLT).

O art. 614, § 3º, da CLT, incluído pela Reforma Trabalhista (Lei 13.467/2017), estabelece que não será permitido estipular duração de convenção coletiva ou acordo coletivo de trabalho superior a dois anos, sendo vedada a ultratividade, ou seja, a aplicação de norma coletiva expirada enquanto não houver edição de outra superveniente. Com essa alteração legislativa, a Súmula 277 do TST deverá ser cancelada.

Finalmente, torna-se oportuno mencionar que nada obsta à pluralidade de sindicatos de categorias profissionais na celebração de acordo coletivo com uma ou mais empresas. Basta imaginarmos a hipótese de uma indústria que pretenda assegurar aos empregados da categoria diferenciada as mesmas vantagens ou restrições aplicáveis àqueles que integram a categoria preponderante.

### 1.6 Regulamentos de empresa

A doutrina diverge no que respeita à consideração do regulamento de empresa como fonte do direito do trabalho. Todavia, parece-nos que deve integrar o rol das fontes, na medida em que, por meio deste instrumento, o empregador estipula condições de trabalho que abarcam os empregados atuais e futuros.

Trata-se de mecanismo que impõe disciplina às relações de trabalho dentro de uma empresa, ao lado das fontes estatais, e suas cláusulas aderem ao contrato de trabalho. E neste sentido temos os pronunciamentos do Tribunal Superior do Trabalho, por meio das várias súmulas abaixo transcritas:

"*Súmula 51. Norma regulamentar. Vantagens e opção pelo novo regulamento. Art. 468 da CLT.* I – As cláusulas regulamentares, que revoguem ou alterem vantagens deferidas anteriormente, só atingirão os trabalhadores admitidos após a revogação ou alteração do regulamento.

"II – Havendo a coexistência de dois regulamentos da empresa, a opção do empregado por um deles tem efeito jurídico de renúncia às regras do sistema do outro."

"*Súmula 77. Punição.* Nula é a punição de empregado se não precedida de inquérito ou sindicância internos a que se obrigou a empresa por norma regulamentar."

"*Súmula 87. Previdência Privada.* Se o empregado, ou seu beneficiário, já recebeu da instituição previdenciária privada, criada pela empresa, vantagem equivalente, é cabível a dedução de seu valor do benefício a que faz jus por norma regulamentar anterior."

"*Súmula 186. Licença-prêmio. Conversão em pecúnia. Regulamento da empresa.* A licença-prêmio, na vigência do contrato de trabalho, não pode ser convertida em pecúnia, salvo se expressamente admitida a conversão no regulamento da empresa."

### 1.7 Contratos de trabalho

As disposições contidas nos contratos de trabalho também possuem a natureza de fontes do direito do trabalho, por força do art. 8º da CLT, na medida em que consagram direitos e deveres do empregado e empregador.

Nas palavras de Orlando Gomes, o contrato é "a única e exclusiva fonte voluntária da relação de emprego",[6] consubstanciando a fonte primária das obrigações essenciais de empregado e empregador.

### 1.8 Costumes

Os costumes traduzem importante fonte do direito do trabalho, e, diante de sua reiteração, muitas vezes dão origem à norma legal.

Há três espécies de costume: o *secundum legem*, o *praeter legem* e o *contra legem*. O costume *secundum legem* é aquele previsto no texto escrito, que a ele se refere e manda observá-lo em certos casos; o costume *praeter legem* é aquele que objetiva suprir as lacunas da lei, atuando no silêncio desta última; e o *contra legem* é o costume que se forma em sentido contrário ao das disposições escritas.

Em síntese, temos o costume *secundum legem* quando a lei faz expressa menção àquele com o objetivo de integração do conteúdo da norma; o *praeter legem* ocorre quando a lei silencia sobre determinado aspecto e existe a norma consuetudinária para supressão da lacuna; e, finalmente, o costume *contra legem* funciona como espécie de derrogação do Direito escrito, talvez pelo desuso da lei.[7]

No âmbito do direito do trabalho podemos destacar o fato de que a habitualidade no pagamento de horas extras enseja o direito à integração nas demais verbas (férias, 13º salário, FGTS e aviso prévio[8]) – entendimento cristalizado na jurisprudência e que decorre de costume *praeter*

---

6. Orlando Gomes e Elson Gottschalk, *Curso de Direito do Trabalho*, cit., 12ª ed., p. 39.

7. Pensamos que um bom exemplo de costume *contra legem* seja a emissão de cheques pré-datados, figura inexistente no mundo jurídico, porquanto a lei estabelece que cheque é ordem de pagamento à vista.

8. Atualmente, por força do § 5º (acrescentado pela Lei 10.218/2001) do art. 487 da CLT, está assegurada a integração do valor das horas extras habituais ao

*legem*, cumprindo assinalar que a integração nos descansos semanais remunerados decorre de preceito legal (art. 7º da Lei 605/1949).

Por outro lado, os valores pagos com habitualidade (costumeiramente) a título de utilidades (alimentação, vestuário, habitação etc.) integram o salário, nos termos do art. 458 da CLT. Trata-se de costume *secundum legem*.

Quanto ao costume *contra legem* reportamo-nos ao art. 462 da CLT, que veda a efetivação de desconto nos salários do empregado, salvo quando este resultar de adiantamentos, de dispositivos legais ou do contrato coletivo (acordo coletivo ou convenção coletiva de trabalho). Todavia, em que pese aos termos da norma supramencionada, muitos empregadores sempre impingiram descontos à guisa de seguro de vida em grupo, abrigados sob o manto de que o contrato de trabalho, na maioria das vezes, traduz um contrato de adesão.[9] Trata-se de um costume *contra legem* e que, atualmente, conta com o beneplácito da jurisprudência dominante, cristalizada na Súmula 342 do Tribunal Superior do Trabalho.

Por último, impõe-se a afirmação de que o costume é fonte do direito do trabalho, na medida em que a concessão habitual de uma determinada vantagem pelo empregador acarreta o direito do empregado de continuar a recebê-la, constituindo alteração ilegal do contrato eventual supressão – questão que será estudada oportunamente.

### 1.9 Jurisprudência

André Franco Montoro[10] lembra-nos que a palavra "jurisprudência" pode ter, na linguagem jurídica, três acepções distintas: 1) com o sentido de Ciência do Direito, também denominada "Dogmática Jurídica"; 2) pode referir-se ao conjunto de decisões dos tribunais, em sentido amplo, abrangendo tanto a jurisprudência uniforme como a contraditória; 3) em sentido estrito, abrange o conjunto de decisões uniformes dos tribunais a respeito de determinado assunto.

aviso prévio indenizado, revelando-se desnecessária a invocação do costume ou da jurisprudência.

9. *Contrato de adesão* é aquele no qual as cláusulas são preestabelecidas por uma das partes, restando à outra aderir, ou não, aos seus termos. Obviamente, se o empregado não adere às condições previamente estipuladas, não é admitido no emprego.

10. André Franco Montoro, *Introdução à Ciência do Direito*, 21ª ed., São Paulo, Ed. RT, 1993, p. 352.

Carlos Maximiliano, por seu turno, estabelece a diferença entre a *jurisprudência no sentido geral* e a *jurisprudência relativa a um caso particular*. Denomina *jurisprudência em sentido geral* ao conjunto de soluções dadas pelos tribunais às questões de Direito; e reserva a acepção no *sentido estrito* à "decisão constante e uniforme dos tribunais sobre determinado ponto de Direito".[11]

É na primeira acepção indicada por André Franco Montoro que vamos encontrar a expressão "jurisprudência" em consagrada obra de Karl Engish;[12] mas é no sentido estrito que vamos cogitar da jurisprudência como fonte do Direito.

Nas palavras de Miguel Reale, a jurisprudência (*stricto sensu*) é a "forma de revelação do Direito que se processa através do exercício da jurisdição, em virtude de uma sucessão harmônica de decisões dos tribunais".[13]

Assim, torna-se fácil concluir que uma decisão isolada não constitui jurisprudência.[14]

A doutrina não é unânime em reconhecer a jurisprudência como fonte formal do Direito. Dentre aqueles que a consideram fonte do Direito encontramos Machado Neto,[15] André Franco Montoro,[16] Maria He-

11. Carlos Maximiliano, *Hermenêutica e Aplicação do Direito*, 11ª ed., Rio de Janeiro, Forense, 1990, p. 176.

12. "Quem se proponha familiarizar o principiante ou o leigo com a Ciência do Direito (jurisprudência) e o pensamento jurídico, ao tentá-lo vê-se a braços com uma série de dificuldades e dúvidas que não encontraria noutros domínios científicos" (Karl Engish, *Introdução ao Pensamento Jurídico*, 6ª ed., Lisboa, Fundação Calouste Gulbenkian, 1988, p. 11).

13. Miguel Reale, *Lições Preliminares de Direito*, 22ª ed., São Paulo, Saraiva, 1995, p. 167.

14. "Para que se possa falar em jurisprudência de um tribunal, é necessário certo número de decisões que coincidam quanto à substância das questões objeto de seu pronunciamento" (Miguel Reale, *Lições Preliminares de Direito*, cit., 22ª ed., p. 168).

"Uma decisão isolada não constitui jurisprudência; é mister que se repita, e sem variações de fundo" (Carlos Maximiliano, *Hermenêutica e Aplicação do Direito*, cit., 11ª ed., p. 184).

15. "(...) a palavra 'jurisprudência' refere a reiterada repetição de uma dada solução judicial de casos análogos. É óbvio que apenas nesse último pode-se entender jurisprudência como fonte de Direito" (Machado Neto, *Compêndio de Introdução à Ciência do Direito*, 6ª ed., São Paulo, Saraiva, 1988, p. 212).

16. "Podemos, por isso, dizer que jurisprudência, como fonte formal do direito positivo, é o conjunto uniforme e constante das decisões judiciais sobre casos seme-

lena Diniz,[17] Washington de Barros Monteiro[18] e Carlos Maximiliano;[19] e no sentido contrário vamos encontrar Orlando Gomes[20] e Caio Mário da Silva Pereira,[21] entre outros.

Em síntese, aqueles que não reconhecem a jurisprudência como fonte do Direito entendem que os juízes apenas declaram o Direito existente, sem nada lhe acrescentar ou alterar.[22]

lhantes" (André Franco Montoro, *Introdução à Ciência do Direito*, cit., 21ª ed., p. 352).

17. "Logo, fácil é perceber que a fonte formal é o processo ou a atividade jurisdicional do Estado no exercício da função de aplicar o Direito, que se expressa na jurisprudência" (Maria Helena Diniz, *Compêndio de Introdução à Ciência do Direito*, 6ª ed., São Paulo, Saraiva, 1994, p. 266).

18. "Fontes diretas ou imediatas são aquelas que, por si sós, pela sua própria natureza, são suficientes para gerar a regra jurídica. São a lei e o costume.

"Fontes indiretas ou mediatas são as que não têm tal virtude, porém encaminham os espíritos, mais cedo ou mais tarde, à elaboração da norma. São a doutrina e a jurisprudência" (Washington de Barros Monteiro, *Curso de Direito Civil*, 14ª ed., vol. I, São Paulo, Saraiva, 1976, p. 12).

19. "A jurisprudência é a fonte mais geral e extensa de exegese, indica soluções adequadas às necessidades sociais, evita que uma questão doutrinária fique eternamente aberta e dê margem a novas demandas: portanto diminui os litígios, reduz o mínimo os inconvenientes da incerteza do Direito, porque de antemão faz saber qual será o resultado das controvérsias" (Carlos Maximiliano, *Hermenêutica e Aplicação do Direito*, 10ª ed., Rio de Janeiro, Forense, 1988, p. 179).

20. "Conceituada, porém, a fonte formal como forma de expressão do direito positivo, só o costume e a lei podem classificar-se, sem controvérsia, sob essa rubrica. Justificam-se, não obstante, referências à jurisprudência e à doutrina pela função colaboradora que exercem na elaboração do Direito" (Orlando Gomes, *Introdução ao Direito Civil*, 10ª ed., Rio de Janeiro, Forense, 1990, p. 40).

"(...), a jurisprudência, conquanto exerça função relevante na elaboração do Direito, concorrendo, frequentes vezes, para o seu aperfeiçoamento, não é propriamente uma de suas fontes" (Orlando Gomes, idem, p. 47).

21. "A função criadora da norma pertence ao Poder Legislativo. O Judiciário, cinge-se a aplicá-la ou interpretá-la, ou a verificar e declarar a existência do costume (...), razão por que se recusa aos arestos e decisões o caráter gerador de direito" (Caio Mário da Silva Pereira, *Instituições de Direito Civil*, 12ª ed., vol. I, Rio de Janeiro, Forense, 1990, p. 41).

"Entendemos, no entanto, não se possa qualificar cientificamente a jurisprudência como fonte formal porque, nos sistemas de Direito escrito, a repetição, ainda que iterativa e constante, do pronunciamento dos tribunais tem por base a regra legal, e não a decisão judiciária, em si mesma" (Caio Mário da Silva Pereira, idem, p. 42).

22. Vicente Ráo, *O Direito e a Vida dos Direitos*, 3ª ed., vol. I, São Paulo, Ed. RT, pp. 230-231.

Orlando Gomes assevera que os tribunais têm papel importante na formação do Direito, na medida em que se lhes reconhece o poder de preencher as lacunas do ordenamento jurídico no julgamento dos casos concretos; mas insiste no fato de que isto não equivale a admitir que a jurisprudência seja fonte do Direito. Afinal de contas, o juiz é escravo da lei, taxando de "aspiração doutrinária contestável e perigosa a tese de que deve ter o poder de julgar contra a lei".[23]

Na mesma linha de raciocínio encontramos Caio Mário da Silva Pereira, muito embora este último reconheça que "a jurisprudência atua como força científica, induzindo até o legislador a elaborar novas normas de disciplina e de solução de problemas que repercutem no pretório antes de nas Assembleias Legislativas, ao mesmo passo que opera como fator de humanização de leis votadas ao tempo em que vigorava um individualismo extremado, incompatíveis com as tendências socializantes de nosso tempo"[24] – afirmação que se coaduna com a classificação da jurisprudência como fonte indireta, lembrada por Washington de Barros Monteiro.[25]

Todavia, não podemos deixar de mencionar que se equivoca Caio Mário da Silva Pereira quando afirma que "a Lei de Introdução ao Código Civil (art. 4º) [*atualmente, Lei de Introdução às Normas do Direito Brasileiro, denominação dada pela Lei 12.376, de 30.12.2010*] declara que as fontes do Direito são a lei, a analogia, os costumes e os princípios gerais de Direito",[26] na medida em que confunde as fontes com os meios de integração do Direito, aos quais o magistrado se obriga a recorrer nas hipóteses de lacuna,[27] em face da proibição do *non liquet*, consagrada no art. 140 do CPC.

Por outro lado, os defensores da jurisprudência como fonte do Direito lembram que em muitos casos os tribunais inovam em matéria ju-

---

23. Orlando Gomes, *Introdução ao Direito Civil*, cit., 10ª ed., p. 47.
24. Caio Mário da Silva Pereira, *Instituições de Direito Civil*, cit., 12ª ed., vol. I, p. 42.
25. Washington de Barros Monteiro, *Curso de Direito Civil*, cit., 14ª ed., vol. I, p. 12.
26. Caio Mário da Silva Pereira, *Instituições de Direito Civil*, cit., 12ª ed., vol. I, p. 41.
27. "A vigente Lei de Introdução ao Código Civil pátrio (Decreto-lei 4.657, de 4.9.1942) [*atualmente, Lei de Introdução às Normas do Direito Brasileiro, denominação dada pela Lei 12.376, de 30.12.2010*], no seu art. 4º, reza: 'Quando a lei for omissa, o juiz decidirá o caso de acordo com a analogia, os costumes e os princípios gerais de Direito', apontando os mecanismos do preenchimento das lacunas" (Maria Helena Diniz, *Compêndio de Introdução à Ciência do Direito*, cit., 6ª ed., p. 409).

rídica, estabelecendo normas que não se contêm nos termos estritos da lei. E lembram, ainda, o fato de que aos juízes compete suprir as lacunas da lei, e em alguns casos julgam por equidade (art. 140, § 1º do CPC).

André Franco Montoro[28] ensina que muitas vezes a jurisprudência se antecipa ao próprio legislador, e cita os seguintes exemplos: a) a retomada do imóvel pelo compromissário comprador começou a ser admitida por juízes e tribunais, uniformemente, antes de ser consagrada em texto expresso da Lei 1.300, de 28.12.1950; b) a determinação de correção monetária dos débitos judiciais mesmo antes da promulgação de lei que a tornou obrigatória.

No direito do trabalho a questão não é menos controvertida, merecendo atenção as seguintes palavras de Antônio Lamarca: "O capítulo das fontes é, sem dúvida alguma, dos mais palpitantes da Ciência Jurídica. No que se refere particularmente às fontes formais, os escritores divergem conforme a escola a que se filiam; e, mesmo dentro de uma mesma escola, as opiniões se entrechocam, quando se pretende saber se a jurisprudência, por exemplo, constitui fonte de Direito, em relação à lei positiva; se há possibilidade de o costume revogar a lei etc.".[29]

Nas palavras de Délio Maranhão, "a jurisprudência será fonte do Direito, na medida em que se converta em verdadeiro costume. É um direito costumeiro de formação nova"[30] – afirmação que se justifica quando observamos que o mesmo autor reconhece como fontes formais do direito do trabalho a Constituição, a lei, o regulamento, a sentença normativa da Justiça do Trabalho, a convenção coletiva de trabalho e o costume.

José Martins Catharino, a despeito de realçar a importância da jurisprudência, a inclui no rol de métodos de integração das lacunas, ao asseverar que, "no nosso direito do trabalho, importante é a jurisprudência (regular e invariável) sobre casos particulares, a qual muito concorreu para sua formação e aperfeiçoamento. Além da sua função estrita, de aplicação nas normas existentes, reguladoras de situações concretas, a jurisprudência tem outra integrativa, mais ampla, qual seja, a de suprir as lacunas normativas".[31]

28. André Franco Montoro, *Introdução à Ciência do Direito*, cit., 21ª ed., p. 354.

29. Antônio Lamarca, *Contrato Individual de Trabalho*, São Paulo, Ed. RT, 1969, pp. 20-21.

30. Délio Maranhão, Arnaldo Süssekind e Segadas Vianna, *Instituições de Direito do Trabalho*, cit., 11ª ed., vol. I, p. 157.

31. José Martins Catharino, *Compêndio de Direito do Trabalho*, 3ª ed., vol. I, São Paulo, Saraiva, 1982, p. 95.

Neste mesmo diapasão, Sérgio Pinto Martins[32] não reconhece a jurisprudência como fonte do direito do trabalho, na medida em que não traduz norma de observância obrigatória,[33] apenas indicando o caminho predominante nos tribunais no que respeita à aplicação da lei; e se presta, igualmente, à integração das lacunas.

Em síntese, a discussão em torno do problema pode se resumir às lúcidas considerações de Amauri Mascaro Nascimento, as quais merecem transcrição:

"A função do Poder Judiciário é a de aplicar e não elaborar o direito positivo. No entanto, não pode ser vista desse modo simplista a questão.

"Para a teoria clássica a jurisdição é ato de mera aplicação do Direito, o juiz é o escravo da lei, dela não se podendo afastar. Cabe-lhe aplicá-la tal como está redigida, silogisticamente, com o quê, na expressão de Abelardo Torrè, o magistrado é uma 'máquina de subsumir'. Dessa teoria resulta que o juiz não pode ser elevado a órgão ordenador da ordem social e a jurisprudência não pode ser identificada como fonte do Direito. O juiz é mero intermediário que faz a passagem do texto legal para o caso concreto, não será considerado como investido de um *poder político*, e, em consequência, seria inadequado falar-se em *Poder Judiciário*, sendo mais próprio entender a atividade judiciária como função ou serviço.

"Para a teoria moderna a jurisdição é valorizada como fonte do Direito, o juiz é dotado de um poder criativo, para alguns fundamentado na lei, sendo exemplo a equidade, na qual se encontra, sem dúvida, uma transferência do poder de legislar do Legislativo para o Judiciário. No pensamento jurídico anglo-saxônio da Escola da Jurisprudência Sociológica e do Realismo Jurídico a função judicial é atribuída uma dimensão eminentemente prática, participando mais diretamente o juiz da edificação do direito positivo."[34]

Não obstante a controvérsia, entendemos que a jurisprudência se apresenta como fonte do direito do trabalho, à luz do próprio diploma consolidado. Com efeito, dispõe o art. 8º da CLT: "As autoridades admi-

---

32. Sérgio Pinto Martins, *Direito do Trabalho*, cit., 3ª ed., p. 61.

33. Pedro Paulo Teixeira Manus lembra, com propriedade, que esta não é uma característica obrigatória das fontes do Direito (*Direito do Trabalho*, 1995, pp. 30-31).

34. Amauri Mascaro Nascimento, *Curso de Direito do Trabalho*, 8ª ed., São Paulo, Saraiva, 1989, pp. 124-125.

nistrativas e a Justiça do Trabalho, na falta de disposições legais ou contratuais, decidirão, conforme o caso, pela jurisprudência, por analogia, por equidade e outros princípios e normas gerais de Direito, principalmente do direito do trabalho, e, ainda, de acordo com os usos e costumes, o direito comparado, mas sempre de maneira que nenhum interesse de classe ou particular prevaleça sobre o interesse público".

É certo que o dispositivo consolidado misturou as fontes do Direito com os meios de integração das lacunas; mas isto não lhe tira o mérito de haver incluído, expressamente, a jurisprudência como fonte do direito do trabalho. A jurisprudência não pode ser encarada como método de integração das lacunas, porquanto traduz criação dos tribunais, não se tratando de norma preexistente no ordenamento jurídico. Por isso mesmo, acreditamos que o acréscimo do § 2º ao art. 8º da CLT pela Lei 13.467/2017 não altera esse entendimento.

Igualmente, acompanhamos o pensamento de André Franco Montoro quando observa que existem situações em que os tribunais se antecipam ao próprio legislador, criando a norma aplicável ao caso concreto, até mesmo contra a lei existente. E no direito do trabalho podemos lembrar, à guisa de exemplo, a Súmula 342 do Tribunal Superior do Trabalho,[35] a despeito dos expressos termos do art. 462 da CLT.

Finalmente, acreditamos que as dúvidas suscitadas por aqueles que não reconhecem a jurisprudência como fonte do Direito perderam intensidade em face do art. 103-A da CF, acrescentado pela Emenda Constitucional 45/2004, que consagra o efeito vinculante das súmulas do Supremo Tribunal Federal. A jurisprudência trabalhista encontra-se cristalizada nas súmulas (denominação adotada pela Resolução 129, de 5.4.2005, do Pleno do TST, em substituição a "enunciados"), orientações jurisprudenciais (oriundas das subseções especializadas em dissídios individuais, SDI-1 e SDI-2) e precedentes normativos (da subseção especializada em dissídio coletivo, SDC) do Tribunal Superior do Trabalho e súmulas dos Tribunais Regionais do Trabalho.

---

35. "Súmula 342. Descontos salariais efetuados pelo empregador, com a autorização prévia e por escrito do empregado, para ser integrado em planos de assistência odontológica, médico-hospitalar, de seguro, de previdência privada ou de entidade cooperativa, cultural ou recreativa associativa dos seus trabalhadores, em seu benefício e dos seus dependentes, não afrontam o disposto pelo art. 462 da CLT, salvo se ficar demonstrada a existência de coação ou de outro defeito que vicie o ato jurídico" (Resolução 47/1995, *DJU* 20.4.1995).

## 1.10 Sentença arbitral

A arbitragem é uma forma de solução de conflitos, a teor da Lei 9.307/1996. Todavia, apesar da inclusão do art. 507-A à CLT pela Lei da Reforma Trabalhista (Lei 13.467/2017), remanesce a discussão acerca da possibilidade de solução de conflitos individuais de trabalho por meio da arbitragem, tendo em vista o caráter indisponível dos direitos trabalhistas – aspecto que impede referido mecanismo de solução de conflitos no âmbito do direito individual de trabalho. A questão da indisponibilidade dos direitos trabalhistas será melhor elucidada no capítulo destinado ao estudo dos princípios deste ramo do Direito.

Contudo, a própria Constituição Federal facultou a possibilidade de os conflitos coletivos de trabalho serem resolvidos por meio da arbitragem (art. 114, § 1º). Vale dizer, se a negociação coletiva não evoluiu para um acordo coletivo ou convenção coletiva de trabalho, as partes poderão eleger árbitros para a solução do conflito coletivo, cumprindo assinalar que a decisão do árbitro (ou colégio de árbitros) receberá a denominação de *sentença arbitral* (art. 23 da Lei 9.307/1996) e terá natureza constitutiva, a exemplo da própria sentença normativa, acordo ou convenção coletiva de trabalho. Pelo exposto, pode-se afirmar que a sentença arbitral também assume as vestes de fonte formal do direito do trabalho.

A questão da participação nos lucros ou resultados também é passível de solução pela via arbitral, a teor do art. 4º da Lei 10.101, de 19.12.2000. No entanto, o árbitro deve se restringir a optar pela proposta apresentada, em definitivo, por uma das partes (arbitragem de ofertas finais).

*Capítulo VIII*
# PRINCÍPIOS DE DIREITO DO TRABALHO

*1. Considerações iniciais. 2. Enumeração dos princípios de direito do trabalho: 2.1 Princípio "in dubio pro operario" – 2.2 Princípio da condição mais benéfica – 2.3 Princípio da norma mais favorável – 2.4 Princípio da irrenunciabilidade – 2.5 Princípio da continuidade da relação de emprego – 2.6 Princípio da primazia da realidade – 2.7 Princípios da integralidade e intangibilidade – 2.8 Princípio da não discriminação – 2.9 Princípio da irredutibilidade do salário.*

## 1. Considerações iniciais

Manuel Alonso García ensina que os princípios de direito do trabalho são "aquelas linhas diretrizes ou postulados básicos da tarefa interpretativa que inspiram o sentido das normas trabalhistas".[1]

O entendimento de Alonso García costuma ser lembrado pelos autores, tendo Américo Plá Rodriguez[2] afirmado tratar-se de uma das mais felizes definições.

Contudo, não podemos deixar de observar que a definição mencionada acabou resumindo os princípios de direito do trabalho a critérios de interpretação das normas trabalhistas, olvidando-se de que estes mesmos princípios têm função informadora e normativa, além da interpretativa.[3]

A função informadora reside no fato de que os princípios inspiram o legislador e fundamentam o ordenamento jurídico. Trata-se de função que justifica a afirmação de Miguel Reale segundo a qual "os princípios

1. Manuel Alonso García, *Curso de Derecho del Trabajo*, 8ª ed., Barcelona, Ariel, 1982, p. 250.
2. Américo Plá Rodriguez, *Princípios de Direito do Trabalho*, São Paulo, LTr, 1978, p. 14.
3. Cf. Federico de Castro, cit. por Américo Plá Rodriguez, *Princípios de Direito do Trabalho*, cit., p. 17.

são 'verdades fundantes' de um sistema de conhecimento, como tais admitidas, por serem evidentes ou por terem sido comprovadas, mas também por motivos de ordem prática de caráter operacional, isto é, como pressupostos exigidos pelas necessidades da pesquisa e da *praxis*".[4]

A função normativa decorre de sua aplicação supletiva, atuando nas hipóteses de lacunas e se equiparando aos meios de integração existentes, a exemplo da analogia e equidade.[5] Miguel Reale também não ignora a possibilidade de os princípios gerais de Direito atuarem com função normativa, ao afirmar: "O legislador, por conseguinte, é o primeiro a reconhecer que o sistema das leis não é suscetível de cobrir todo o campo da experiência humana, restando sempre grande número de situações imprevistas, algo que era impossível ser vislumbrado sequer pelo legislador no momento da feitura da lei. Para essas lacunas há a possibilidade do recurso aos princípios gerais de Direito, mas é necessário advertir que a estes não cabe apenas essa tarefa de preencher ou suprir as lacunas da legislação".[6]

Miguel Reale observa, ainda, que "nem todos os princípios gerais têm a mesma amplitude, pois há os que se aplicam apenas neste ou naquele ramo do Direito, sendo objeto de estudo da Teoria Geral do Direito Civil, do Direito Constitucional, do Direito Financeiro etc."[7] – ensinamento que nos deixa tranquilos para afirmar que os princípios de direito do trabalho são espécies de princípios gerais de Direito.

O art. 8º da CLT arrola os princípios gerais de Direito e, de forma especial, os princípios de direito do trabalho como meios de integração das lacunas, olvidando as outras tarefas que podem assumir referidos princípios. É o que se infere da dicção de referido dispositivo legal: "As autoridades administrativas e a Justiça do Trabalho, na falta de disposições legais ou contratuais, decidirão, conforme o caso, pela jurisprudência, por analogia, por equidade e outros princípios e normas gerais de Direito, principalmente do direito do trabalho, e, ainda, de acordo

---

4. Miguel Reale, *Lições Preliminares de Direito*, 22ª ed., São Paulo, Saraiva, 1995, p. 299.

5. "Quando a analogia e o costume falham no preenchimento da lacuna, o magistrado supre a deficiência da ordem jurídica adotando princípios gerais de Direito, que são cânones que não foram ditados explicitamente pelo elaborador da norma, mas que estão contidos de forma imanente no ordenamento jurídico" (Maria Helena Diniz, *Compêndio de Introdução à Ciência do Direito*, 6ª ed., São Paulo, Saraiva, 1994, pp. 418-419).

6. Miguel Reale, *Lições Preliminares de Direito*, cit., 22ª ed., p. 300.

7. Idem, p. 301.

com os usos e costumes, o direito comparado, mas sempre de maneira que nenhum interesse de classe ou particular prevaleça sobre o interesse público".

Finalmente, os princípios de direito do trabalho também se apresentam com função interpretativa, ou seja, funcionam como critério de interpretação das normas trabalhistas colocado à disposição dos aplicadores do Direito.

As três funções mencionadas podem ser, igualmente, sintetizadas nas seguintes palavras de Miguel Reale: "A nosso ver, princípios gerais de Direito são enunciações normativas de valor genérico, que condicionam e orientam a compreensão do ordenamento jurídico, quer para a sua aplicação e integração, quer para a elaboração de novas normas. Cobrem, desse modo, tanto o campo da pesquisa pura do Direito quanto o de sua atualização prática".[8]

No entanto, os princípios de direito do trabalho não apresentam as três funções mencionadas com a mesma intensidade. Alguns princípios se prestarão mais ao legislador, outros mais ao intérprete e aplicador do Direito – aspecto que será melhor entendido quando formos abordar alguns princípios. A propósito, esta mesma peculiaridade justifica eventual divergência doutrinária quanto ao alcance, ou mesmo divergência na exemplificação de alguns princípios.

## 2. Enumeração dos princípios de direito do trabalho

A enumeração dos princípios do direito do trabalho não é unânime na doutrina. Américo Plá Rodriguez[9] identifica os seguintes princípios: a) princípio da proteção, que se desdobra nas regras *in dubio pro operario*, norma mais favorável e condição mais benéfica; b) princípio da irrenunciabilidade; c) princípio da continuidade; d) princípio da primazia da realidade; e) princípio da razoabilidade; f) princípio da boa-fé.

Alfredo J. Ruprecht,[10] que também se ocupou do tema, identifica os seguintes princípios: a) princípio protetor, que corresponde ao princípio da proteção, e que também desdobrou nas três regras já mencionadas; b) princípio da irrenunciabilidade de direitos; c) princípio da continuidade do contrato; d) princípio da realidade (corresponde à primazia da rea-

8. Idem, ibidem.
9. Américo Plá Rodriguez, *Princípios de Direito do Trabalho*, cit., 1978.
10. Alfredo J. Ruprecht, *Os Princípios de Direito do Trabalho*, São Paulo, LTr, 1995.

lidade afirmada por Plá Rodriguez); e) princípio da boa-fé; f) princípio da racionalidade; g) princípio da colaboração; h) princípio da não discriminação; i) princípio da dignidade humana; j) princípio da equidade; l) princípio da gratuidade nos procedimentos judiciais e administrativos; m) princípio da colaboração.

No Brasil, Arnaldo Süssekind também menciona os princípios da integralidade e da intangibilidade do salário, da não discriminação e da irredutibilidade de salário.[11] E Maurício Godinho Delgado,[12] em minucioso estudo, menciona os seguintes princípios: a) princípio da proteção; b) princípio da norma mais favorável; c) princípio da imperatividade das normas trabalhistas; d) princípio da indisponibilidade dos direitos trabalhistas; e) princípio da condição mais benéfica; f) princípio da inalterabilidade contratual lesiva; g) princípio da intangibilidade salarial; h) princípio da primazia da realidade sobre a forma; i) princípio da continuidade da relação de emprego; além de identificar como controvertidos os princípios *in dubio pro operario* e do maior rendimento.

Como pudemos observar, a enumeração dos princípios de direito do trabalho está longe da pacificação, e não temos a mínima intenção de colocar um ponto final na questão. Nas linhas seguintes faremos breve digressão sobre os princípios que reputamos mais importantes e suficientes ao entendimento da nossa disciplina. Quanto ao rol indicado por Alfredo J. Ruprecht, acreditamos que o princípio da gratuidade nos procedimentos judiciais e administrativos não é, propriamente, princípio do direito do trabalho; além disso, parece-nos que a justiça social é um dos objetivos do direito do trabalho e que a equidade, longe de ser um princípio, traduz um meio de integração do direito do trabalho ou critério para sua aplicação. Finalmente, o princípio da boa-fé, mencionado por Ruprecht e Plá Rodriguez, também não é peculiar ao direito do trabalho, já que a exigência de boa-fé se aplica a todo e qualquer negócio jurídico.

## 2.1 Princípio "in dubio pro operario"

Trata-se de princípio que aconselha o intérprete a escolher, entre duas ou mais interpretações viáveis, aquela mais favorável ao trabalhador.

Registramos, todavia, que não se trata de princípio capaz de subverter as regras do ônus da prova no processo trabalhista. Vale dizer, na

---

11. Arnaldo Süssekind, Délio Maranhão e Segadas Vianna, *Instituições de Direito do Trabalho*, 11ª ed., vol. I, São Paulo, LTr, 1991, pp. 129-130.

12. Maurício Godinho Delgado, *Curso de Direito do Trabalho*, São Paulo, LTr, 2002, pp. 192-211.

Justiça do Trabalho o princípio não se presta a beneficiar o trabalhador quando o órgão julgador estiver em dúvida em face do conjunto probatório, hipótese em que a demanda é julgada contrariamente aos interesses de quem tinha o encargo probatório e deste não se desincumbiu.

Em verdade, o princípio só tem aplicabilidade no que respeita à interpretação das normas jurídicas trabalhistas, optando-se por aquela que melhor atende aos interesses do trabalhador. E isto se justifica na medida em que o direito do trabalho traduz um sistema legal de proteção dos economicamente fracos (hipossuficientes) – que, no caso, são os empregados.[13]

## 2.2 Princípio da condição mais benéfica

O princípio da condição mais benéfica objetiva assegurar a prevalência das condições mais vantajosas para o trabalhador, sejam aquelas ajustadas por ocasião da contratação ou existentes no regulamento da empresa, mesmo que sobrevenha norma jurídica prescrevendo menor nível de proteção e que seja incompatível com aquelas.

Em síntese, são esclarecedoras as palavras de Américo Plá Rodriguez: "A regra da condição mais benéfica pressupõe a existência de uma situação concreta, anteriormente reconhecida, e determina que ela deve ser respeitada, na medida em que seja mais favorável ao trabalhador que a nova norma aplicável".[14]

Referido princípio externa-se no ordenamento jurídico pátrio sob a forma de inalterabilidade das condições contratuais, nos termos do art. 468 da CLT, traduzindo uma restrição da autonomia da vontade do empregado.

As alterações contratuais são legítimas tão somente quando autorizadas pelo empregado e desde que não lhe tragam prejuízos. Do contrário a alteração será nula de pleno direito, nos termos do art. 9º da CLT.

São exceções à regra da inalterabilidade as alterações de funções (promoção[15] e reversão ao cargo efetivo quando o empregado se encontra no exercício de cargo de confiança), pequenas alterações de horário e

---

13. A. F. Cesarino Júnior, *Direito Social Brasileiro*, 6ª ed., vol. I, São Paulo, Saraiva, 1970, p. 65.
14. Américo Plá Rodriguez, *Princípios de Direito do Trabalho*, cit., p. 59.
15. Nada obsta a que o empregado recuse a promoção ofertada pelo empregador, tendo em vista a irreversibilidade e a possibilidade de não se adaptar às novas funções.

mudança de setor de trabalho, que podem ser efetuadas unilateralmente pelo empregador no exercício do *jus variandi*. Não se permitem o rebaixamento de função nem a alteração do turno noturno para o diurno e vice-versa, ressalvada com relação a esta última hipótese a existência de consentimento do empregado.

E ainda neste contexto da inalterabilidade das condições do contrato de trabalho se inserem as hipóteses de transferência do empregado. Nos termos do art. 469 da CLT, a transferência pressupõe a concordância do empregado, e para que seja considerada como tal deve ocorrer a mudança de domicílio do trabalhador.

Contudo, a anuência do empregado é dispensável quando se trata de empregado que exerce cargo de confiança ou quando exista, no contrato de trabalho, cláusula explícita ou implícita de transferência, e esta última decorra de real necessidade do serviço, fazendo jus o empregado ao adicional de transferência (art. 469, § 3º, da CLT) enquanto perdurar a situação.

Registramos, por último, que o disposto no art. 469, § 3º, da CLT vem permitindo à jurisprudência a afirmação de que o adicional não é devido nas transferências definitivas.

Contudo, é importante registrar que a Reforma Trabalhista mitigou referido princípio ao estabelecer a possibilidade de alterações contratuais, sob tutela sindical, nos termos do art. 611-A da CLT (acrescentado pela Lei 13.467/2017), e que abarca vários aspectos do contrato de trabalho, tais como jornadas, banco de horas, intervalos intrajornadas, teletrabalho, regime de sobreaviso, trabalho intermitente etc. E, mais grave ainda, para os empregados que ostentam diploma de curso superior e percebam salário mensal igual ou superior a duas vezes o limite máximo dos benefícios da Previdência Social, as questões disciplinadas no art. 611-A da CLT podem ser negociadas individualmente, conforme disposição do art. 444, parágrafo único, da CLT, acrescentado pela Lei 13.467/2017, inserção que nos parece de constitucionalidade duvidosa, por desprezar o princípio da igualdade.

## 2.3 Princípio da norma mais favorável

Trata-se de princípio que assegura ao trabalhador a aplicação da norma mais favorável, independentemente de sua colocação na escala hierárquica das normas jurídicas.

No entanto, trata-se de princípio que não pode ser entendido em termos absolutos. Com efeito, o princípio básico da hierarquia das normas trabalhistas é o da prevalência daquelas mais favoráveis ao trabalhador, salvo a existência de lei proibitiva do Estado ou normas coletivas supervenientes que estabeleçam a redução ou supressão de alguma vantagem outrora reconhecida.[16] Isto porque o interesse de classe ou particular não se sobrepõe ao interesse público, consoante se infere do art. 8º da CLT.

De qualquer sorte, por conta deste princípio, podemos afirmar que a Constituição Federal assegura direitos mínimos aos trabalhadores, nada obstando a que outros possam ser consagrados em leis ordinárias, respeitada a competência para legislar em questões trabalhistas (exclusiva da União Federal – art. 22, I, da CF) ou normas coletivas, com a ressalva do parágrafo único do art. 22 da CF, que consagra a possibilidade de lei complementar atribuir aos Estados a faculdade de legislar sobre questões específicas de direito do trabalho; e neste sentido temos a Lei Complementar 103/2000, que autoriza a instituição do piso salarial de que trata o art. 7º, V, da CF mediante lei de iniciativa do Poder Executivo dos Estados ou do Distrito Federal, desde que os empregados não tenham piso salarial estabelecido em lei federal, convenção ou acordo coletivo de trabalho.

## 2.4 Princípio da irrenunciabilidade

A renúncia traduz ato unilateral e voluntário pelo qual alguém se desliga de um direito reconhecido a seu favor.

Por outro lado, a renúncia a direitos trabalhistas não encontra eco na doutrina e na jurisprudência, tendo em vista as peculiaridades que norteiam este ramo do Direito.

Prevalece a irrenunciabilidade dos direitos do trabalhador por diversos aspectos: seja porque as normas que consagram direitos mínimos ao empregado são de ordem pública, seja porque a autonomia da vontade do empregado se encontra mitigada durante a relação de emprego, tudo a evidenciar a indisponibilidade de direitos do trabalhador.

Em verdade, trata-se de princípio que decorre do caráter protetivo do direito do trabalho. Afinal de contas, não teria sentido o Estado tutelar a relação de emprego se o empregado pudesse dispor livremente dos direitos assegurados por esta mesma tutela, mormente em face da conjuntura econômica e consequente desemprego que possa reinar no país. Contudo, não se trata de regra absoluta, pois são aceitas algumas

---

16. Amauri Mascaro Nascimento, *Compêndio de Direito do Trabalho*, São Paulo, LTr/EDUSP, 1976, p. 231.

situações de renúncia pelo empregado, a exemplo daquela consagrada na Súmula 276 do Tribunal Superior do Trabalho ("O direito ao aviso prévio é irrenunciável pelo empregado. O pedido de dispensa de cumprimento não exime o empregador de pagar o respectivo valor, salvo comprovação de haver o prestador dos serviços obtido novo emprego"), e também não se pode negar ao trabalhador o direito de se desligar do emprego mesmo quando se encontra protegido por alguma estabilidade provisória.

Ademais, alguns dispositivos acrescentados à Consolidação das Leis do Trabalho pela Reforma Trabalhista implicam mitigação do princípio da irrenunciabilidade, a exemplo do acordo extrajudicial disciplinado no art. 855-B e seguintes da CLT, extinção do contrato de trabalho por acordo entre empregado e empregador (art. 484-A da CLT), efeitos da adesão ao plano de demissão voluntária previsto em convenção ou acordo coletivo de trabalho (art. 477-B) e à própria enumeração das hipóteses do art. 611-A da CLT.

### 2.5 Princípio da continuidade da relação de emprego

Trata-se do princípio que recomenda preferência legal aos contratos de trabalho por prazo indeterminado, e segundo o qual a relação de emprego prolonga-se indefinidamente até que alguma formulação expressa em sentido contrário estabeleça a extinção do contrato.

É também por força deste princípio que ao empregador se impõe o ônus de provar em juízo que o empregado abandonou o emprego ou solicitou demissão.[17] Pois do contrário se admitirá que o empregado foi despedido, já que se trata de princípio estabelecido em favor do trabalhador.

De qualquer sorte, trata-se de princípio que não é inflexível, já que a Constituição Federal não consagrou a estabilidade absoluta do trabalhador no emprego – tanto que faz menção à indenização devida nas hipóteses de despedida arbitrária (art. 7º, I), o que ainda depende de regulamentação, e prevê aviso prévio proporcional ao tempo de serviço (art. 7º, XXI), o que acabou regulamentado pela Lei 12.506/2011.

Algumas estabilidades provisórias foram contempladas no diploma constitucional, quais sejam: a) do empregado dirigente sindical, desde

---

17. Tribunal Superior do Trabalho, Súmula 212: "O ônus de provar o término do contrato de trabalho, quando negados a prestação de serviço e o despedimento, é do empregador, pois o princípio da continuidade da relação de emprego constitui presunção favorável ao empregado".

a candidatura e, se eleito, até um ano após o término do mandato, salvo se cometer falta grave (art. 8º, VIII, da CF); b) a do empregado eleito para cargo de direção de Comissões Internas de Prevenção de Acidentes/ CIPAs, desde o registro da candidatura até um ano após o término do mandato (art. 10, II, "a", do ADCT); c) a da empregada gestante, desde a confirmação da gravidez até cinco meses após o parto (art. 10, II, "b", do ADCT). Também existem estabilidades consagradas na legislação ordinária, tais como a do representante dos empregados perante a comissão de conciliação prévia (art. 625-B, § 1º, da CLT) e a do empregado que sofre acidente de trabalho, nos termos do art. 118 da Lei 8.213/1991.

## 2.6 Princípio da primazia da realidade

O princípio em epígrafe assegura que a relação jurídica estipulada pelos contratantes é definida pela relação objetiva que emerge dos fatos, ainda que haja simulação de relação diversa e que não corresponde à realidade.

Em síntese, significa que, na hipótese de haver "discordância entre o que ocorre na prática e o que emerge de documentos ou acordos, deve-se dar preferência ao primeiro, isto é, ao que sucede no terreno dos fatos".[18] E isto justifica a afirmação de que o contrato de trabalho é um contrato-realidade, na medida em que sua existência não reside no acordo de vontades, mas na realidade da prestação do serviço. Vale dizer, é a forma de prestação de serviços que poderá traduzir a relação de emprego, e não a vontade das partes, mormente quando se considera que o contrato de trabalho pode se estabelecer até mesmo de forma tácita (art. 442 da CLT). Neste sentido, o art. 442-B da CLT, acrescentado pela Lei 13.467/2017, não inviabiliza o reconhecimento do vínculo de emprego quando se tratar de trabalhador autônomo, desde que presentes todos os requisitos do art. 3º da CLT.

## 2.7 Princípios da integralidade e intangibilidade

A integralidade e a intangibilidade traduzem dois princípios intimamente relacionados e que objetivam a proteção do salário, impedindo os descontos abusivos, preservando sua impenhorabilidade e assegurando-lhe posição privilegiada no caso de insolvência do empregador. Assim, constituem créditos privilegiados na falência a totalidade dos salários e

18. Américo Plá Rodriguez, *Princípios de Direito do Trabalho*, cit., p. 210.

verbas trabalhistas a que o empregado tiver direito (art. 449 da CLT) até o limite de 150 salários-mínimos (art. 83, I, da Lei 11.101/2005); o art. 462 veda a ocorrência de descontos abusivos nos salários do empregado – dispositivo que foi contemporizado com a aprovação da Súmula 342 do Tribunal Superior do Trabalho: "Descontos salariais efetuados pelo empregador, com a autorização prévia e por escrito do empregado, para ser integrado em planos de assistência odontológica, médico-hospitalar, de seguro, de previdência privada, ou de entidade cooperativa, cultural ou recreativa associativa dos seus trabalhadores, em seu benefício e dos seus dependentes, não afrontam o disposto no art. 462 da CLT, salvo se ficar demonstrada a existência de coação ou de outro defeito que vicie o ato jurídico".

Os danos causados pelo empregado ao empregador no curso do contrato de trabalho poderão ser descontados, se houver previsão contratual, quando decorrentes de culpa; e independentemente de previsão contratual se houver dolo do trabalhador (art. 462, § 1º, da CLT).

## 2.8 Princípio da não discriminação

Trata-se de princípio que proíbe diferença de critério de admissão, de exercício de funções e de salário por motivo de raça, estado civil, idade e sexo (art. 7º, XXX, da CF), bem como por motivo de deficiência física (art. 7º, XXXI); e o mesmo se diga, em relação às normas gerais, entre o trabalho manual, técnico e intelectual ou entre os respectivos profissionais (art. 7º, XXXII).

De qualquer sorte, torna-se oportuno assinalar que se trata de um corolário do princípio da isonomia, e que este último não pode ser entendido sob um enfoque absoluto. Afinal de contas, não viola o princípio da isonomia o tratamento desigual em situações desiguais; ao contrário, o tratamento desigual na medida das desigualdades é que traduz o princípio da igualdade (isonomia).

Apenas a título exemplificativo, parece-nos inconcebível que um cego trabalhe em hospital e exerça as funções de cirurgião. E ninguém, em sã consciência, dirá que houve discriminação ao se preterir um cego em relação a outro profissional que não tenha a mesma deficiência, quando se cogitar do exercício das funções mencionadas. Em síntese, não se cogita de discriminação quando a deficiência física inviabiliza o exercício de uma determinada atividade. O art. 93 da Lei 8.213/1991 obriga as empresas com 100 ou mais empregados a preencher de 2% a

5% dos seus cargos com beneficiários reabilitados ou pessoas portadoras de deficiência habilitadas, inclusive condicionando a dispensa ao final do contrato de prazo determinado superior a 90 dias, bem como a despedida sem justa causa, no contrato por prazo indeterminado, à contratação de substituto de condição semelhante.

Por outro lado, a Lei 9.029, de 13.4.1995, veda algumas práticas discriminatórias e tipifica como crimes aquelas realizadas contra a mulher. Nos termos da lei mencionada, fica proibida "a adoção de qualquer prática discriminatória e limitativa para efeito de acesso à relação de trabalho, ou de sua manutenção, por motivo de sexo, origem, raça, cor, estado civil, situação familiar, deficiência, reabilitação profissional, idade, entre outros, ressalvadas, nesse caso, as hipóteses de proteção à criança e ao adolescente previstas no inciso XXXIII do art. 7º da Constituição Federal" (art. 1º, com redação da Lei 13.146/2015), autorizando o pedido de reintegração no emprego ou indenização em dobro do período de afastamento pelo empregado que for vítima de referidas práticas (art. 4º da Lei 9.029/1995, com redação da Lei 13.146/2015).

Quanto à proteção dispensada ao trabalho da mulher, o art. 2º da Lei 9.029/1995 estabelece que constituem crimes as seguintes práticas discriminatórias: 1) exigência de teste, exame, perícia, laudo, atestado, declaração ou qualquer outro procedimento relativo a esterilização ou a estado de gravidez; 2) adoção de quaisquer medidas, por parte do empregador, que induzam ou instiguem a esterilização genética, ou mesmo promovam o controle da natalidade. No que respeita ao controle da natalidade fica excepcionado da conduta delituosa o oferecimento de serviços e de aconselhamento ou planejamento familiar, realizados por meio de instituições públicas ou privadas, submetidas às normas do Sistema Único de Saúde/SUS.

## 2.9 Princípio da irredutibilidade do salário

O princípio da irredutibilidade do salário tem assento constitucional em nosso ordenamento jurídico (art. 7º, VI, da CF) e também decorre do princípio da proteção.

De qualquer sorte, não se trata de princípio absoluto, na medida em que o diploma constitucional consagrou algumas hipóteses de flexibilização,[19] e dentre elas a possibilidade de redução salarial desde

---

19. "O termo *flexibilização* vincula-se à necessidade de conceder às regras obreiras maior plasticidade, maleabilidade, destituindo-as da rigidez tradicional"

que haja a participação do sindicato profissional (art. 7º, VI, da CF). É o que Arnaldo Süssekind denomina "flexibilização sob tutela sindical".[20] Observa-se, ainda, que o art. 611-A, § 3º, da CLT, acrescentado pela Lei 13.146/2017, na hipótese de redução do salário ou da jornada de trabalho, convenção ou acordo coletivo de trabalho deverão prever a proteção dos empregados contra a dispensa imotivada durante o prazo de vigência do respectivo instrumento coletivo.

Finalmente, entendemos que o art. 503 da CLT se encontra revogado tacitamente pelo dispositivo constitucional já mencionado. A ocorrência de força maior ou prejuízos devidamente comprovados, por si só, não autoriza a redução salarial, já que deve ser perseguida a tutela sindical. Por outro lado, o art. 7º, VI, da CF não restringe a possibilidade de redução às hipóteses do art. 503 da CLT, não estabelece limitação ao percentual de redução e nem mesmo consagra que a redução deve se dar por tempo determinado. Tudo fica na dependência da negociação coletiva.

(Rosita de Nazaré Sidrim Nassar, *Flexibilização do Direito do Trabalho*, São Paulo, LTr, 1991, p. 15).

20. Arnaldo Süssekind, Délio Maranhão e Segadas Vianna, *Instituições de Direito do Trabalho*, cit., 11ª ed., vol. I, p. 130.

*Capítulo IX*
# APLICAÇÃO DAS NORMAS TRABALHISTAS

*1. Considerações iniciais. 2. Hermenêutica e interpretação: 2.1 Formas de interpretação – 2.2 Métodos tradicionais de interpretação – 2.3 Método teleológico – 2.4 Efeitos do ato interpretativo. 3. Eficácia da norma trabalhista no tempo: 3.1 A irretroatividade e o direito adquirido – 3.2 A Constituição e o efeito das leis no tempo – 3.3 A irretroatividade da norma trabalhista – 3.4 Direito adquirido e normas coletivas. 4. Eficácia da norma trabalhista no espaço.*

## 1. Considerações iniciais

Uma vez conhecidas as normas de direito do trabalho e os princípios que regem este ramo da Ciência Jurídica, impõe-se o estudo de sua aplicação aos casos concretos.

A aplicação das normas de direito do trabalho[1] é realizada pelos órgãos do Poder Judiciário no julgamento dos conflitos trabalhistas que lhe são submetidos; pelo legislador, ao editar leis, já que aplica a Constituição Federal (e esta é fonte formal do direito do trabalho); pelos órgãos da fiscalização do Ministério do Trabalho e Emprego; e até mesmo por particulares, na celebração de contratos de trabalho, a exemplo do que ocorre com empregados e empregadores.

É certo, no entanto, que as normas se destinam a uma série de casos indefinidos, a uma generalidade, e não a casos concretos,[2] competindo ao aplicador do Direito promover a subsunção, ou seja, a adaptação da norma às situações individuais.

---

1. "A aplicação das normas jurídicas consiste na técnica de adaptação dos preceitos nelas contidos, e assim interpretados, às situações de fato que se lhe subordinam" (Vicente Ráo, *O Direito e a Vida dos Direitos*, 3ª ed., vol. I, São Paulo, Ed. RT, p. 413).

2. Cf. Maria Helena Diniz, *Compêndio de Introdução à Ciência do Direito*, 6ª ed., São Paulo, Saraiva, 1994, p. 374.

Nesta tarefa surgem algumas dificuldades, e dentre elas as que decorrem da interpretação e dos conflitos de normas (no tempo e no espaço). No caso de aplicação pelo magistrado do trabalho seria possível, ainda, arrolar a falta de informações sobre o caso concreto – dificuldade que deve ser superada pela produção de provas no processo, aplicação dos princípios de direito do trabalho, presunções legais etc.

## 2. Hermenêutica e interpretação

Não devemos confundir a hermenêutica com a interpretação, apesar de reconhecermos que ambas estão intimamente relacionadas, já que a primeira diz respeito à teoria científica e a segunda à prática.[3]

Nos ensinamentos de Carlos Maximiliano, a hermenêutica jurídica "tem por objeto o estudo e a sistematização dos processos aplicáveis para determinar o sentido e o alcance das expressões do Direito".[4] E acrescenta que a hermenêutica "é a teoria científica da arte de interpretar",[5] na medida em que descobre e fixa os princípios que regem esta última.

Com a interpretação descobrimos o sentido e o alcance da norma, e estabelecemos seu conteúdo.[6]

Ensina-nos Machado Neto[7] que três são as funções da interpretação: a) viabilizar a aplicação da norma jurídica às relações sociais que

3. Cf. Vicente Ráo, *O Direito e a Vida dos Direitos*, cit., 3ª ed., vol. I, p. 413.
4. Carlos Maximiliano, *Hermenêutica e Aplicação do Direito*, 10ª ed., Rio de Janeiro, Forense, 1988, p. 1.
5. Idem, ibidem.
6. Cf. Maria Helena Diniz, *Compêndio de Introdução à Ciência do Direito*, cit., 6ª ed., p. 381.

"Interpretar é explicar, esclarecer, dar o significado de vocábulo, atitude ou gesto; reproduzir por outras palavras um pensamento exteriorizado; mostrar o sentido verdadeiro de uma expressão; extrair, de frase, sentença ou norma, tudo o que na mesma se contém.

"Pode-se procurar definir a significação de conceitos e intenções, fatos e indícios; porque tudo se interpreta; inclusive o silêncio" (Carlos Maximiliano, *Hermenêutica e Aplicação do Direito*, cit., 10ª ed., p. 9).

Vicente Ráo afirma que "interpretação é a operação lógica que, obedecendo aos princípios e leis científicas ditados pela Hermenêutica e visando a integrar o conteúdo orgânico do Direito, apura o sentido e os fins das normas jurídicas, ou apura novos preceitos normativos, para o efeito de sua aplicação às situações de fato incidentes na esfera do Direito" (*O Direito e a Vida dos Direitos*, cit., 3ª ed., vol. I, pp. 420-421).

7. *Apud* Maria Helena Diniz, *Compêndio de Introdução à Ciência do Direito*, cit., 6ª ed., pp. 381-382.

lhe deram origem; b) estender o sentido da norma a novas relações, não previstas pelo legislador à época de sua elaboração; c) valorar o conteúdo normativo, de forma a adaptá-lo à realidade social existente no momento de sua aplicação.

## 2.1 Formas de interpretação

Dependendo de onde se originou, a interpretação se diz *autêntica*, *doutrinária* e *judiciária*.

A *interpretação autêntica* é aquela que emana do próprio legislador, por meio de uma lei interpretativa; a *interpretação doutrinária* é conferida aos juristas, através de artigos em revistas especializadas, livros jurídicos e outras formas de comunicação; a *interpretação judiciária* é aquela realizada por juízes e tribunais. Entendemos, por outro lado, que a denominada "interpretação jurisprudencial" seria uma espécie de interpretação judiciária, pois a interpretação não está a cargo exclusivo dos tribunais, no exercício da uniformização de sua jurisprudência, mas compete a todo magistrado. No Direito do Trabalho, em especial, ainda é possível identificar a interpretação administrativa, realizada pelos órgãos do Ministério do Trabalho e Emprego, por meio de portarias e instruções normativas, e que não necessariamente coincide com a interpretação jurisprudencial.

## 2.2 Métodos tradicionais de interpretação

Os métodos tradicionais de interpretação são aqueles que objetivam descobrir a vontade do legislador. São eles: a) *gramatical*, *filológico* ou *literal*; b) *lógico-sistemático*; c) *histórico*.

No *método gramatical* buscam-se o sentido de cada palavra e demais pormenores do texto, objetivando descobrir a vontade do legislador.

O *método lógico-sistemático* parte da premissa de que o ordenamento jurídico é um edifício sistematicamente concebido, e se estuda o texto normativo em conjunto com outras normas, de forma a evitar o conflito.

Finalmente, a *interpretação histórica* pressupõe o exame dos fatores que influenciaram a elaboração da norma (conjuntura econômica e social, entre outros), bem como dos trabalhos e discussões que precederam a elaboração da norma, na tentativa de descobrir a efetiva vontade do legislador.

## 2.3 Método teleológico

Os métodos tradicionais de interpretação (gramatical, lógico-sistemático e histórico) apresentam alguns inconvenientes, na medida em que a lei disciplina relações que se estendem no tempo e florescerão em condições necessariamente desconhecidas do legislador.

Pelo motivo supramencionado, a doutrina moderna tece algumas críticas àqueles métodos de interpretação, porquanto na interpretação da norma não se pode buscar apenas a intenção do legislador.

Diante disto, sem abandonar completamente os métodos tradicionais, surgiu a ideia de se procurar interpretar a lei de acordo com o fim a que ela se destina – e nisto consiste a *interpretação teleológica*, também denominada *sociológica*, e que é recomendada pelo art. 5º da Lei de Introdução às Normas do Direito Brasileiro[8] (Decreto-lei 4.657/1942) e art. 8º da CLT.

Assim, o intérprete, na procura do sentido da norma, deve inquirir qual o efeito que ela busca, qual o problema que ela almeja resolver.

## 2.4 Efeitos do ato interpretativo

Quanto aos resultados, a interpretação pode ser *declarativa*, *extensiva* e *restritiva*.

A interpretação é *declarativa* quando se afirma que a letra da lei corresponde ao exato pensamento do legislador.

A interpretação é *extensiva* quando se considera que a lei abrange casos não expressamente previstos (o legislador disse menos do que queria).[9] O art. 611, § 1º, da CLT, por exemplo, comporta interpretação extensiva, com vistas a abarcar a possibilidade de mais de um sindicato de categoria profissional (atividade preponderante e categoria diferenciada) negociando o acordo coletivo com determinada empresa.

Finalmente, a interpretação é *restritiva* quando se considera que a lei abrange um círculo mais estrito de casos do que aqueles expressamente previstos na letra da lei (o legislador disse mais do que queria). Exemplifique-se com o disposto no art. 732 da CLT, que prevê a hipótese de perda do direito de reclamar, pelo prazo de seis meses, quando

---

8. A antiga ementa ("Lei de Introdução ao Código Civil") foi substituída por "Lei de Introdução às Normas do Direito Brasileiro", por força da Lei 12.376, de 30.12.2010, para consagrar o fato de que o Decreto-lei 4.657/1942 sempre teve um campo de atuação muito mais amplo.

9. As leis penais e tributárias não comportam interpretação extensiva.

o empregado der causa a dois arquivamentos seguidos na forma do art. 844 do diploma consolidado. No entanto, não se cogita da aplicação dessa penalidade se o arquivamento se deu por um julgamento sem resolução do mérito pela desistência do pedido em audiência, mas tão somente quando os arquivamentos ocorrem pela ausência injustificada do reclamante à audiência.

## 3. Eficácia da norma trabalhista no tempo

Sabemos que o direito positivo não é fixo, imutável ao longo do tempo, sujeitando-se às mesmas transformações decorrentes da evolução histórica e que atingem as instituições. Vale dizer, a eficácia das normas obrigatórias de Direito é limitada, sendo certo que têm um período de vigência determinado pelo começo e fim de sua obrigatoriedade.

Constata-se que as normas jurídicas nascem, vivem e se sucedem e, não raro, as novas normas vêm dispor acerca da mesma matéria – e daí a existência de conflitos, cuja solução se traduz no objeto do direito intertemporal.

Poderíamos dizer, numa síntese apertada, que o direito intertemporal consiste nas regras que disciplinam a retroatividade ou não retroatividade das normas jurídicas. Isto porque sabemos que a entrada em vigor de uma lei nova, revogando ou modificando outra, implica sua aplicação para o presente e para o futuro, e não para o passado.

Neste contexto, o direito do trabalho não se traduz numa exceção à regra, vez que sujeito à mesma temporalidade das leis, convenções coletivas, tratados etc.; motivo pelo qual muitas vezes necessitamos indagar acerca da norma aplicável a determinado caso concreto.

Para alguns países a proibição da retroatividade das normas jurídicas é absoluta, a exemplo da Constituição dos Estados Unidos da América (1787), que prescreve em seu art. 1º, Seção 5ª, que "o Congresso não poderá editar lei alguma com efeito retroativo",[10] e estendendo igual proibição aos Estados; da Constituição Francesa de 1795 ("Lei alguma, nem criminal nem civil, pode ter efeito retroativo"[11]); e, ainda, da Constituição da Noruega de 1814, cujo art. 97 disciplinava: "Não se fará retroagir lei alguma".[12]

---

10. *Apud* Vicente Ráo, *O Direito e a Vida dos Direitos*, cit., 3ª ed., vol. I, p. 325.
11. Idem, ibidem.
12. Idem, ibidem.

No ordenamento jurídico brasileiro o princípio da irretroatividade também tem sede constitucional (art. 5º, XXXVI: "a lei não prejudicará o direito adquirido, o ato jurídico perfeito e a coisa julgada"; art. 5º, XL: "a lei penal não retroagirá, salvo para beneficiar o réu").

Observamos, pois, que a nossa Constituição Federal estabelece os limites para que a norma infraconstitucional possa retroagir. O legislador constituinte não pretendeu que houvesse a irretroatividade absoluta.

Por esse motivo, entendemos que a Reforma Trabalhista, cuja vigência se iniciou em 11 de novembro de 2017, pode ser aplicada aos contratos de trabalho em curso, desde que respeitadas as referidas balizas constitucionais.

Ao contrário de alguns ordenamentos jurídicos estrangeiros, no Brasil a lei penal pode retroagir para beneficiar o réu. No mais, a retroatividade não está obstada pelo diploma constitucional, desde que não sejam afrontados o direito adquirido, a coisa julgada e o ato jurídico perfeito.

A eficácia da norma trabalhista no tempo está intimamente relacionada com a discussão em torno da retroatividade da norma. Todavia, não devemos ficar adstritos à norma legal, já que também integram a categoria de normas trabalhistas as normas coletivas (convenções coletivas, acordos coletivos e sentenças normativas).

### 3.1 A irretroatividade e o direito adquirido

Desde o século XIX e começos do século XX até nossos dias vem predominando, na maioria das legislações, o preceito de que as novas normas jurídicas devem respeitar os direitos adquiridos sob a vigência das normas anteriores.

Por outro lado, o conceito de *direito adquirido* ainda não se encontra uníssono na doutrina e na jurisprudência. De qualquer sorte, não podemos nos distanciar da opinião de Gabba para orientar a noção do instituto mencionado, segundo o qual direito adquirido "é todo direito resultante de um fato capaz de produzi-lo segundo a lei em vigor ao tempo em que este fato se verificou; embora a ocasião de fazê-lo valer se não haja apresentado antes da atuação de uma lei nova sobre o mesmo direito; direito, este, que, de conformidade com a lei sob a qual aquele fato foi praticado, passou, imediatamente, a pertencer ao patrimônio de quem o adquiriu".[13]

---

13. *Apud* Vicente Ráo, *O Direito e a Vida dos Direitos*, cit., 3ª ed., vol. I, p. 330.

Pelo exposto, torna-se fácil concluir que o art. 6º, § 2º, da Lei de Introdução às Normas do Direito Brasileiro se mostra consentâneo com a definição de Gabba ao estatuir que: "Consideram-se adquiridos assim os direitos que o seu titular, ou alguém por ele, possa exercer, como aqueles cujo começo do exercício tenha termo pré-fixo, ou condição preestabelecida inalterável, a arbítrio de outrem". Vale dizer, no patrimônio do respectivo titular se incorporam não só os direitos que podem ser desde logo exercidos, mas também aqueles que dependem de um termo ou condição suspensiva, desde que não alterável a arbítrio de outrem.

### 3.2 A Constituição e o efeito das leis no tempo

Não temos dúvidas em afirmar que uma Constituição pode criar uma ordem jurídica, política e social totalmente diversa daquela até então vigente. Neste sentido, é a Constituição que pode dizer se seus preceitos serão ou não retroativos. E daí a afirmação de que inexiste direito adquirido em face da Constituição.

Igualmente, ouvimos dizer, não muito raro, que o direito público retroage, o que, na verdade, não passa de uma impropriedade técnica. E neste sentido torna-se oportuna a transcrição das seguintes palavras de Pontes de Miranda: "A cada passo se diz que as normas de direito público – administrativo, processual e de organização judiciária – são retroativas, ou contra elas não se podem invocar direitos adquiridos. Ora, o que acontece é que tais normas, nos casos examinados, não precisam retroagir, nem ofender direitos adquiridos, para que incidam desde logo. E o efeito que se lhes reconhece é normal, o efeito no presente, o efeito imediato, pronto, inconfundível com o efeito no passado, o efeito retroativo, que é anormal. Já no direito privado o efeito imediato nos deixa, por vezes, a ilusão da retroatividade. O que se passa no direito público é que esses casos de só aparente retroatividade são a regra".[14]

Nas palavras de José Afonso da Silva: "(...) não corre direito adquirido contra o interesse coletivo, porque aquele é manifestação de interesse particular que não pode prevalecer sobre o interesse geral"[15] – afirmação que reputamos exagerada e, certamente, deve ter sido inspirada na corrente doutrinária que procura fazer a distinção entre normas de direito público e normas de direito privado, e de que nas primeiras

---

14. Pontes de Miranda, *Comentários à Constituição de 1946*, t. III, Rio de Janeiro, Borsói, 1947, p. 38.
15. José Afonso da Silva, *Curso de Direito Constitucional Positivo*, 38ª ed., São Paulo, Malheiros Editores, 2015, p. 438.

prevalece o interesse do Estado, daí se justificando a retroatividade decorrente. Isto porque a imperatividade mais intensa das normas de direito público exige que a nova lei se apodere das relações e dos fatos anteriores, enquanto o princípio da irretroatividade deve prevalecer na esfera do direito privado.

Diante disso, torna-se oportuno registrar as lições de Caio Mário da Silva Pereira no sentido de que a afirmação de que as leis de ordem pública são retroativas é sempre válida nos sistemas jurídicos em que a regra da irretroatividade é de mera política legislativa, sem fundamento constitucional, e onde o legislador que tem o poder de votar leis retroativas não encontra limites ultralegais à sua ação, e, portanto, tem a liberdade de estatuir o efeito retro-operante para a norma de ordem pública, sob o fundamento de que esta se sobrepõe ao interesse individual.

No direito positivo brasileiro o princípio da não retroatividade é dirigido ao próprio legislador (art. 5º, XXXVI, da CF), marcando as fronteiras da atividade legislativa, sendo atentatória à Constituição a lei que venha a ferir direitos adquiridos, ainda que sob inspiração de ordem pública. E daí a possibilidade do controle da constitucionalidade pelo Poder Judiciário, controle que é exercido, em princípio, de forma difusa, ou seja, por qualquer juiz no exercício da jurisdição e diante do caso concreto, e, em última análise, de forma concentrada, no julgamento de ações diretas de inconstitucionalidade pelo Supremo Tribunal Federal.

Em verdade, a tese de que inexiste direito adquirido em face das normas de ordem pública é defendida por escritores franceses e italianos, e isto porque naqueles sistemas jurídicos o princípio da não retroatividade é dirigido ao juiz, e não ao legislador.

Conclui-se, pois, que a lei, seja dispositiva ou de ordem pública, não se aplica às controvérsias que se relacionam com situações jurídicas definitivamente constituídas antes de sua entrada em vigor e, "também dentro de certos limites, aos fatos verificados posteriormente, quando sejam consequências de fatos anteriores"[16] – entendimento sufragado pelo Supremo Tribunal Federal no julgamento da ADI 493-0-DF, onde funcionou como relator o Min. Moreira Alves: "O disposto no art. 5º, XXXVI, da Constituição Federal se aplica a toda e qualquer lei infraconstitucional, sem qualquer distinção entre lei de direito público e lei de direito privado, ou entre lei de ordem pública e lei dispositiva (...)".[17]

16. Délio Maranhão, Arnaldo Süssekind e Segadas Vianna, *Instituições de Direito do Trabalho*, 11ª ed., vol. I, São Paulo, LTr, 1991, p. 169.

17. In *Revista Lex de Jurisprudência do Supremo Tribunal Federal* 168/70, dezembro/1992.

## 3.3  A irretroatividade da norma trabalhista

O princípio da irretroatividade da lei também se aplica no campo do direito do trabalho, tornando-se oportuno mencionar a distinção entre efeito imediato e retroatividade, já consagrada por Paul Roubier, em face da importância para o estudo deste ramo do Direito, porquanto o efeito imediato reveste-se de significado especial nos contratos de trato sucessivo, dos quais o contrato de trabalho é espécie.

Já mencionamos que no direito positivo brasileiro existem três obstáculos intransponíveis à retroatividade da lei, quais sejam: o ato jurídico perfeito, a coisa julgada e o direito adquirido. Vale dizer, nada obsta à edição de leis retroativas, desde que não afrontem os institutos mencionados. É o que se infere do art. 5º, XXXVI, da atual Constituição Federal.

Percebemos, pois, que no ordenamento jurídico pátrio o princípio da irretroatividade é dirigido ao próprio legislador, o qual terá que observar o preceito constitucional ao editar leis, sob pena de estas últimas serem maculadas de inconstitucionalidade.

Segundo o entendimento de Paul Roubier e Planiol, a lei retroage se aplicada aos fatos consumados sob o império de uma lei anterior (*facta praeterita*) ou às situações jurídicas em curso, mas sempre em relação aos efeitos realizados antes de se iniciar a vigência da nova lei (*facta pendentia*). Difere, portanto, da aplicação imediata, segundo a qual a lei nova incide sobre as consequências ainda não realizadas e decorrentes de um fato ocorrido na vigência da norma precedente, cujos exemplos são inúmeros, e se inserem dentro dos contratos de trato sucessivo (locação de imóvel, arrendamento etc.).

Em relação ao contrato de trabalho a teoria de Roubier possui importância ímpar, e daí a necessidade de maior reflexão em torno da diferença entre retroatividade e efeito imediato. O efeito imediato traduz-se na aplicação da norma ao presente, às situações que se desenvolvem à época da vigência da lei; enquanto o efeito retroativo traduz aplicação no passado, fazendo incidir a lei sobre situações consumadas.

Os conflitos de leis no tempo em direito do trabalho são resolvidos segundo o princípio do efeito imediato. Vale dizer, a lei nova tem aplicabilidade imediata, recaindo, desde logo, sobre os contratos em curso à data de início de sua vigência, carecendo de maior relevância o fato de que foram constituídos anteriormente. O pressuposto básico é o de que estejam em plena vigência à época da edição da lei nova.

Assim, podemos afirmar que seria retroativa a lei trabalhista que disciplinasse ou dispusesse algo acerca de contratos de trabalho já extintos à data de início de sua vigência, o que implicaria manifesta inconstitucionalidade, à luz do art. 5º, XXXVI, da atual Carta Magna, já que o contrato de trabalho extinto se traduz num ato jurídico perfeito (lembre-se que o comando constitucional se destina ao legislador, e não ao Poder Judiciário).

Cesarino Júnior afirma que as leis trabalhistas – as quais prefere denominar *leis sociais* – devem ter efeito retroativo em alguns casos, sendo dignas de transcrição as seguintes palavras: "pessoas mal-intencionadas poderiam facilmente, e a coberto de qualquer responsabilidade, anular completamente as finalidades protetoras dos hipossuficientes que tem a legislação social. É o que acontece, por exemplo, com as leis que criaram para os empregados o direito à estabilidade no emprego (...), normas estas que se tornariam inoperantes se não se lhes desse um certo efeito retroativo. Com efeito, dispondo elas que, após um certo lapso de tempo de serviço, o empregador não poderá mais despedi-los sem ocorrer falta grave devidamente comprovada em inquérito judicial, é evidente que não se contando, para esse fim, aos empregados o tempo de serviço anterior à obrigatoriedade da lei o resultado seria anulá-la completamente, por isso que os empregadores maliciosos poderiam dispensar o empregado antes que ele completasse o decênio assegurador da estabilidade, o que, aliás, não é mera hipótese, mas se verificou no início da estabilidade entre nós e se verifica atualmente, noutras condições, na chamada despedida obstativa (...)".[18]

Todavia, parece-nos que o autor mencionado ficou a nos dever um bom exemplo da efetiva retroatividade das chamadas "leis sociais", na medida em que o exemplo sugerido mais se aproxima da hipótese de efeito imediato, que não é vedado pelo ordenamento jurídico. E, neste particular, torna-se oportuno lembrar as seguintes palavras de Délio Maranhão: "As leis de proteção ao trabalho são de aplicação imediata e atingem os contratos em curso".[19]

E, como já dissemos alhures, não há que se cogitar de inexistência do direito adquirido em face das normas de ordem pública. A Constituição Federal não faz distinção no particular, não se permitindo ao intérprete fazê-lo. A controvérsia reside na diferença entre *efeito imediato* e *retroatividade*.

18. Cesarino Júnior, *Direito Social Brasileiro*, 6ª ed., vol. I, São Paulo, Saraiva, 1970, p. 66.
19. Délio Maranhão, Arnaldo Süssekind e Segadas Vianna, *Instituições de Direito do Trabalho*, cit., 11ª ed., vol. I, p. 171.

## 3.4 Direito adquirido e normas coletivas

Raciocínio análogo deve ser aquele realizado em face de eventual conflito entre norma coletiva e legislação superveniente.

Parece-nos óbvio que a norma coletiva se sujeita à regra *rebus sic stantibus* em detrimento do *pacta sunt servanda*, questão abordada, com muita propriedade, por Sérgio Pinto Martins[20] e Renato Rua de Almeida,[21] mas daí a afirmar que inexiste direito adquirido às disposições normativas em face da lei de ordem pública, mormente aquelas de direito econômico, existe uma grande distância.

As normas coletivas devem ser interpretadas da mesma forma como se interpretam as leis, e isto porque tanto umas quanto outras contém regras de Direito. Vale dizer, são fontes formais do Direito, leis no sentido material.

Carece de maior relevância o fato de que as normas coletivas possuem extensão menor que a norma legal. Trata-se de diferença que não tem o condão de afastá-las do rol das normas jurídicas, cumprindo registrar a lição de Carnelutti no sentido de que a Nação é o limite máximo e não o limite mínimo da extensão da norma. E daí a justificativa para a existência de normas, inclusive consuetudinárias, aplicáveis somente a determinada região ou pequena comunidade.

Neste diapasão, a norma coletiva cede lugar às disposições legais supervenientes de caráter imperativo e que lhe sejam contrárias, desde que estas últimas estejam consentâneas com a Constituição Federal. É o fenômeno do efeito imediato da norma, à luz do art. 2º da Lei de Introdução às Normas do Direito Brasileiro.

Em verdade, a norma de ordem pública superveniente e que venha a dispor sobre condições de trabalho ou reajuste salarial se sobrepõe à norma coletiva anterior, abarca as situações ainda não consumadas.

Alguns autores defendem o fato de que deve ser invocada a cláusula *rebus sic stantibus* sempre que o cumprimento da norma coletiva se tornar juridicamente impossível ou demasiadamente oneroso ao empregador. E isto para fugir da afirmação de que a norma coletiva teria

---

20. Sérgio Pinto Martins, "Conflito entre norma coletiva do trabalho e legislação superveniente", *Revista do Advogado* 39, São Paulo, Associação dos Advogados de São Paulo, maio/1993.

21. Renato Rua de Almeida, "Das cláusulas normativas das convenções coletivas de trabalho: conceito, eficácia e incorporação nos contratos individuais de trabalho", *LTr* 60, n. 12, dezembro/1996, pp. 1.602-1.605.

sido revogada pela norma legal, expressão que não parece tecnicamente acertada, na medida em que lei revoga lei.

Adotamos, todavia, o entendimento de Roubier, citado por Délio Maranhão, segundo o qual "o estabelecimento de um novo estatuto legal pode afetar os contratos em curso: isto se deve a que o estatuto constitui a situação jurídica primária, enquanto que o contrato é a situação jurídica secundária, construída sobre a base da primeira. Assim, quando a lei modifica os institutos jurídicos, quando estabelece um novo estatuto legal, os contratos, que estavam apoiados sobre um estatuto diferente, perdem sua base: terão, fatalmente, de ser modificados".[22]

Ora, sob certo aspecto a norma coletiva integra o contrato de trabalho, não sendo incorreto o raciocínio supramencionado em face da relação empregatícia. No mais, é certo que um dos princípios do direito do trabalho é a aplicação da norma mais favorável ao trabalhador – um desdobramento do princípio da proteção –, desde que não seja contrária às normas de ordem pública.

Conclui-se, pois, que mesmo em face da norma coletiva deverá ser observado o direito adquirido. A norma legal tem efeito imediato mas não abarca as situações definitivamente consumadas ou aquelas pendentes de termo ou condição, desde que inalterável a arbítrio de outrem. Vale dizer: não pode afrontar o direito adquirido.

## 4. Eficácia da norma trabalhista no espaço

Existem situações que colocam o aplicador do direito do trabalho diante de conflito entre a lei nacional e a estrangeira. São os *conflitos de leis no espaço*, sendo necessário perquirir sobre a lei trabalhista aplicável, à luz do direito internacional privado.

Em matéria processual prevalece o princípio da territorialidade, a teor do art. 16 do CPC ("A jurisdição civil é exercida pelos juízes e pelos tribunais em todo o território nacional, conforme as disposições deste Código"), ficando ressalvada a hipótese do art. 13 da Lei de Introdução às Normas do Direito Brasileiro (Decreto-lei 4.657, de 4.9.1942, c/c Lei 12.376/2010), segundo o qual "a prova dos fatos ocorridos em país estrangeiro rege-se pela lei que nele vigorar, quanto ao ônus e aos meios de produzir-se, não admitindo os Tribunais Brasileiros provas que a lei brasileira desconheça". Referido dispositivo legal revela-se plena-

---

22. Délio Maranhão, Arnaldo Süssekind e Segadas Vianna, *Instituições de Direito do Trabalho*, cit., 11ª ed., vol. I, p. 171.

mente aplicável ao processo do trabalho, já que o art. 651, § 2º, da CLT consagra a competência da Justiça do Trabalho para dirimir conflitos trabalhistas ocorridos em agência ou filial do empregador em país estrangeiro, "desde que o empregado seja brasileiro e não haja convenção internacional dispondo em contrário".

Quanto ao direito material aplicável ao caso concreto, quando envolvido trabalhador estrangeiro ou prestação de serviços de brasileiro em país estrangeiro não existe solução única. Será sempre necessário verificar a questão, a existência de lei específica, indagar sobre a existência de algum tratado internacional e, muitas vezes, sobre o pactuado pelas partes, notadamente quando se tratar de trabalhador estrangeiro.

O art. 9º da Lei de Introdução às Normas do Direito Brasileiro estabelece que, "para qualificar e reger as obrigações, aplicar-se-á a lei do país em que se constituem" – solução que não se revela adequada para os conflitos que envolvem aplicação do direito do trabalho, tendo em vista seu caráter protecionista.[23] Assim, prevalece o princípio da territorialidade (*lex loci executionis*), mesmo porque o Código Bustamante, com vigência no Brasil através do Decreto 18.871/1929, estabelece que "é territorial a legislação sobre acidentes do trabalho e proteção social ao trabalhador" (art. 198).

A Súmula 207 do Tribunal Superior do Trabalho abrigou o princípio da territorialidade, consoante se infere de sua transcrição: "A relação jurídica trabalhista é regida pelas leis vigentes no país da prestação de serviço e não por aquelas do local da contratação". No entanto, referida Súmula foi cancelada pela Resolução 181, de 16.4.2012, do TST, pois não se harmoniza com a atual redação da Lei 7.064, de 6.12.1982, conforme veremos a seguir.

E mesmo antes do cancelamento da Súmula 207 do TST já era possível identificar duas exceções ao princípio da territorialidade, quais sejam: a) relação de trabalho entre as Embaixadas e funcionários diplomáticos (cf. Convenção de Viena de 1961, Decreto 56.435/1966);[24] b) quando o trabalhador está subordinado a matriz ou filial no Estrangeiro e desenvolve trabalho esporádico no Brasil, até mesmo em diversos outros países. São hipóteses em que prevalecerá a autonomia da vontade dos contratantes ou a legislação do país de origem. Igualmente, poderá

---

23. Cf. Valentin Carrion, *Comentários à Consolidação das Leis do Trabalho*, 25ª ed., São Paulo, Saraiva, 2000, p. 22.

24. Por outro lado, os funcionários e empregados nacionais do país acreditado têm suas relações de trabalho regidas pela lei do mencionado país (Súmula 207 do TST).

existir caso de não observância da *lex loci executionis* por iniciativa das próprias partes, desde que a lei estrangeira seja mais favorável ao trabalhador.

A redação antiga da Lei 7.064, de 6.12.1982, disciplinava a relação de trabalho dos empregados contratados no Brasil para prestar serviços no Exterior ou que fossem transferidos para país estrangeiro, desde que se tratasse de empresas prestadoras de serviços de Engenharia, inclusive consultoria, projetos e obras, montagens, gerenciamento e congêneres. No entanto, a nova redação de seu art. 1º, modificado pela Lei 11.962, de 3.7.2009, consagra sua aplicabilidade aos "trabalhadores contratados no Brasil ou transferidos por seus empregadores para prestar serviço no exterior", a qual tornou inviável o entendimento sumulado, e daí o cancelamento da Súmula 207 do TST.

Para efeitos da Lei 7.064/1982, será considerada transferência quando o período for superior a 90 dias (art. 1º, parágrafo único), não se permitindo que seja superior a 3 anos, salvo quando for assegurado ao empregado e seus dependentes o direito de gozar férias anuais no Brasil, com despesas de viagem pagas pela empresa (art. 16).

Durante o período de transferência o empregado continua vinculado à Previdência Social, FGTS e PIS (art. 3º, parágrafo único, da Lei 7.064/1982), e, além dos direitos previstos na Lei 7.064/1982, tem assegurada a aplicação da legislação brasileira de proteção ao trabalho, naquilo que não for incompatível com referida lei, "quando mais favorável do que a legislação territorial, no conjunto de normas e em relação a cada matéria" (art. 3º, II, da Lei 7.064/1982).

Percebe-se, pois, que a Lei 7.064/1982 afastou o critério da *lex loci executionis*, na medida em que prevê a aplicação da lei brasileira de proteção ao trabalho, desde que mais favorável, cumprindo assinalar que mesmo antes da atual redação de seu art. 1º já comportava a aplicação analógica para outras categorias profissionais (setor financeiro e turismo, por exemplo), naquilo em que houvesse compatibilidade, como gozo de férias e despesas de retorno ao Brasil.[25]

O Decreto-lei 691, de 18.7.1969, disciplina os contratos de técnicos estrangeiros domiciliados ou residentes no Exterior para execução de serviços especializados no Brasil, os quais devem ser celebrados por prazo determinado. Referido decreto-lei objetivou assegurar aos técnicos estrangeiros alguns direitos mínimos, tais como salário-mínimo,

---

25. Cf. Maurício Godinho Delgado, *Curso de Direito do Trabalho*, São Paulo, LTr, 2002, p. 1.027.

limitação da jornada, descansos semanais remunerados, férias, seguro contra acidentes de trabalho e previdência social, sem prejuízo das vantagens previstas em contrato, e que decorram da autonomia da vontade. Contudo, a referidos profissionais ficou vedada a participação nos lucros da empresa (art. 2º, parágrafo único, do Decreto-lei 691/1969) – disposição de constitucionalidade duvidosa, tendo em vista o art. 7º, XI, da CF.

Finalmente, quanto aos marítimos e aeronautas que participam de viagens internacionais, desde que o empregador seja empresa brasileira aplica-se a legislação nacional, sem prejuízo de estipulações contratuais mais vantajosas.[26]

---

26. Cf. Amauri Mascaro Nascimento, *Curso de Direito do Trabalho*, 17ª ed., São Paulo, Saraiva, 2001, p. 299.

*Capítulo X*
# DIREITO INTERNACIONAL DO TRABALHO

*1. Considerações iniciais. 2. A Organização Internacional do Trabalho/ OIT. 3. A atividade normativa da OIT: 3.1 As convenções internacionais – 3.2 As recomendações – 3.3 As resoluções – 3.4 Institutos correlatos. 4. Principais convenções ratificadas pelo Brasil. 5. As comunidades internacionais: 5.1 A União Europeia – 5.2 O Mercosul.*

## 1. Considerações iniciais

Segundo Hildebrando Accioly: "O direito internacional público ou direito das gentes é o conjunto de princípios ou regras destinados a reger os direitos e deveres internacionais, tanto dos Estados ou outros organismos análogos, quanto dos indivíduos".[1]

O estudo do direito internacional público torna-se cada vez mais importante, na medida em que as Nações intensificam as relações internacionais, a despeito da discussão que possa ser travada em torno de sua natureza de verdadeiro Direito, mormente em face da ausência de sanção para o descumprimento de suas normas.[2]

---

1. Hildebrando Accioly, *Manual de Direito Internacional Público*, 11ª ed., 3ª tir., São Paulo, Saraiva, 1980, p. 1.
2. Assinale-se, contudo, que a crítica provém daqueles que não concebem a existência do Direito sem sanção – concepção absolutamente superada, principalmente quando se considera a possibilidade da sanção moral. Miguel Reale assevera que "a sanção de natureza social tem força bem maior do que se supõe. Nós não vivemos apenas voltados para nós mesmos, mas também em função do meio, da sociedade em que agimos" (*Lições Preliminares de Direito*, 22ª ed., São Paulo, Saraiva, 1995, p. 73). E, ainda: "O que caracteriza o Direito não é a coação efetiva, real, concreta, mas a possibilidade de coação. Não se pode contestar a possibilidade de coação no plano do direito internacional, que já apresenta casos de coação até mesmo juridicamente organizada" (idem, p. 345).

O direito internacional público objetiva a organização jurídica de solidariedade entre as Nações, com vistas ao interesse público e à manutenção da ordem social que deve existir na comunidade internacional.[3]

Observamos que inicialmente o direito internacional público deveria versar apenas as relações entre Estados, ou, num sentido mais amplo, as relações entre os sujeitos internacionais. Contudo, houve alargamento de seu âmbito de atuação, de forma a abarcar a sociedade internacional e, posteriormente, certas formas de produção internacional de normas, independentemente de seu conteúdo.[4] Daí o fenômeno da internacionalização do direito do trabalho, ou seja, o fato de que passou a ser tratado, igualmente, em fontes internacionais.

Todavia, o direito internacional do trabalho, longe de constituir um ramo autônomo do Direito,[5] traduz-se num capítulo do direito internacional público que trata da proteção ao trabalhador.[6]

Arnaldo Süssekind ensina que três são os objetivos do direito internacional do trabalho, quais sejam: "a) universalizar os princípios da justiça social e, na medida do possível, uniformizar as correspondentes

   Neste mesmo sentido são os ensinamentos de Maria Helena Diniz: "As normas internacionais decorrem de uma força nascida dos Estados soberanos de se sujeitarem a elas por as considerarem obrigatórias, necessárias à paz universal. O autorizamento dessas normas funda-se na convicção das Nações civilizadas de que elas devem ser observadas. Se não o forem, o Estado lesado estará autorizado a coagir o Estado transgressor a cumpri-las. Tal coação se manifesta: pela reprovação coletiva dos Estados, que exercem uma pressão moral incontestável sobre o lesante, mediante, por exemplo, o rompimento das relações diplomáticas; pelo pedido de explicações; pelos inquéritos abertos por organizações internacionais, como a ONU; pela aplicação de sanções econômicas como boicotes; pela guerra legítima etc." (*Compêndio de Introdução à Ciência do Direito*, 6ª ed., São Paulo, Saraiva, 1994, p. 239).
   3. Cf. Maria Helena Diniz, *Compêndio de Introdução à Ciência do Direito*, cit., 6ª ed., pp. 239-240.
   4. Cf. António Menezes Cordeiro, *Manual de Direito do Trabalho*, Coimbra, Livraria Almedina, 1991, p. 183.
   5. Mario de La Cueva afirma a autonomia do direito internacional do trabalho, na medida em que objetiva a regulamentação internacional das condições de trabalho: "3. El derecho internacional del trabajo no será ni derecho internacional público, ni derecho internacional privado, sino un tipo nuevo. Su misión, según queda expresada en las líneas anteriores, consistirá en regular universalmente los principios fundamentales de las legislaciones internas del trabajo" (*Derecho Mexicano del Trabajo*, 2ª ed., t. I, México, Librería de Porrúa Hnos. y Cia., 1943, p. 274).
   6. Délio Maranhão alude ao direito internacional do trabalho como sendo "a parte do direito internacional público que trata das relações entre os Estados, em função dos problemas do trabalho"; ou "um direito do trabalho internacionalmente unificado" (*Direito do Trabalho*, 15ª ed., Rio de Janeiro, FGV, 1988, p. 404).

normas jurídicas; b) estudar as questões conexas das quais depende a consecução dos referidos ideais; c) incrementar a cooperação internacional para a melhoria das condições de vida do trabalhador".[7]

Por conseguinte, três são os objetos do direito internacional do trabalho: "a) as relações não só dos Estados entre si, mas, igualmente, entre eles e os organismos internacionais competentes na matéria; b) a atividade normativa tendente a incorporar direitos e obrigações aos sistemas jurídicos nacionais; c) programas de assistência técnica destinados a harmonizar o desenvolvimento econômico com o progresso social".[8]

As lições de Arnaldo Süssekind reforçam a ideia de que as fontes internacionais ocuparam-se da matéria trabalhista por razões de ordem econômica, social e humanitária.[9]

## 2. A Organização Internacional do Trabalho/OIT

A Organização Internacional do Trabalho/OIT foi criada por força do Tratado de Versalhes (1919), firmado com a Alemanha, que pôs fim à I Guerra Mundial e do qual o Brasil foi um dos 29 signatários. "É a única organização internacional em que a representação dos Estados é tripartida: representantes do governo, dos empregados e dos empregadores."[10]

A Parte XIII do referido Tratado é considerada a constituição jurídica da OIT, cujo "Preâmbulo" é o seguinte:

"Considerando que a Sociedade das Nações tem por fim estabelecer a paz universal e que tal paz só pode ser fundada sobre a justiça social;

"Considerando que existem condições de trabalho que implicam para grande número de indivíduos miséria e privações, o que gera tal

7. Arnaldo Süssekind, Délio Maranhão e Segadas Vianna, *Instituições de Direito do Trabalho*, 11ª ed., vol. II, São Paulo, LTr, 1991, p. 1.235.

8. Idem, ibidem.

9. "Os progressos da legislação social de alguns Estados, pela inevitável repercussão de aumento sobre o custo dos produtos, punham os mais adiantados nela em condições de difícil concorrência com os menos adiantados, de modo que, nas competições econômicas internacionais, aqueles progressos podiam redundar em prejuízo econômico dos que os tinham realizado. Assim se tornou necessário que eles se reunissem para promover e realizar providências a favor dos trabalhadores segundo normas uniformes ou estipulando, diretamente, tratados ou cooperando na Organização Internacional do Trabalho, instituída junto à Organização das Nações Unidas. Tem-se assim um direito internacional do trabalho, ou, melhor, um direito social do trabalho" (Antônio Ferreira Cesarino Júnior, *Direito Social Brasileiro*, 6ª ed., vol. I, São Paulo, Saraiva, 1970, p. 72).

10. Délio Maranhão, *Direito do Trabalho*, cit., 15ª ed., p. 405.

descontentamento que a paz e a harmonia universais entram em perigo, e considerando que é urgente melhorar essas condições: por exemplo, no que se refere à regulamentação das horas de trabalho, a fixação de uma duração máxima do dia e da semana de trabalho, o recrutamento da mão de obra, a luta contra a paralisação do trabalho, a garantia de um salário que assegure condições de existência convenientes, a proteção dos trabalhadores contra as doenças graves ou profissionais e os acidentes do trabalho, a proteção das crianças, dos adolescentes e das mulheres, as pensões de velhice e de invalidez, a defesa dos interesses dos trabalhadores empregados no Estrangeiro, a afirmação do princípio da liberdade sindical, a organização do ensino profissional e técnico, e outras medidas análogas;

"Considerando que a não adoção por qualquer Nação de um regime de trabalho realmente humano cria obstáculos aos esforços das outras Nações desejosas de melhorar a sorte dos trabalhadores nos seus próprios territórios (...)."[11]

O "Preâmbulo" da constituição da OIT reforça a ideia de que o direito internacional do trabalho se justifica em face de aspectos sociais (assegurar bases sólidas para a paz universal), humanitários (preocupação com existência de condições dignas de trabalho) e econômicos (o fato de que a concorrência internacional dificulta a melhoria das condições sociais em nível interno), e justifica a existência do próprio órgão.

O referido "Preâmbulo" foi complementado pela Declaração de Filadélfia, adotada pela OIT em 10.5.1944, a qual reiterou os princípios e objetivos nos quais se pauta sua atuação, afirmados em sua constituição, e na qual se propôs às seguintes finalidades: a) a plenitude do emprego e a elevação do nível de vida; b) o emprego de trabalhadores em atividades que possam lhes dar a satisfação de utilizar da melhor maneira possível suas habilidades e conhecimentos e de contribuir ao máximo com o bem-estar; c) formação profissional adequada e emprego de acordo com as aptidões de cada um e transferência de trabalhadores, incluindo as migrações de mão de obra; d) justa participação de todos nos frutos do trabalho, salário-mínimo vital e melhoria das condições de trabalho; e) reconhecimento efetivo do direito às negociações coletivas e cooperação entre trabalhadores e empregadores na contínua melhoria da produção; f) extensão das medidas de seguridade social e proteção

---

11. Cf. *Tratado de Paz*, trad. de Gustavo Barroso, Rio de Janeiro, Leite Ribeiro & Maurillo, 1919, pp. 348-349. V. também Arnaldo Süssekind, *Convenções da OIT*, São Paulo, LTr, 1994, p. 17.

adequada da vida e saúde dos trabalhadores; g) proteção à infância e à maternidade; h) nível adequado de alimentação, habitação e meios de lazer e cultura; i) garantia de igualdade de oportunidades na área profissional e acesso à educação.[12]

Observa-se, pois, que a OIT é o principal fator da internacionalização do direito do trabalho.[13] Possui a seguinte estrutura: a) Conferência ou Assembleia-Geral; b) Conselho de Administração; c) Repartição Internacional do Trabalho.

A Conferência-Geral é composta pelos representantes dos Estados-membros, com observância da composição tripartite, e daí a existência de representantes do governo, dos trabalhadores e dos empregadores.[14] É o órgão deliberativo da OIT, e se reúne pelo menos uma vez por ano, em local designado pelo Conselho de Administração.

O Conselho de Administração exerce a função administrativa da Organização e tem composição colegiada (membros designados pelo governo, representantes de trabalhadores e empregadores) de cada país-membro. Por se tratar do órgão diretivo da OIT, é responsável pela fixação de datas, locais e horários das reuniões da Conferência-Geral, eleição do Diretor-Geral da Repartição Internacional e fiscalização desta última, além de atividades relacionadas com a aprovação e fiscalização do orçamento da OIT, bem como julgamento das reclamações e queixas contra Estados-membros. Reúne-se de 3 a 4 vezes por ano,[15] possui 56 integrantes, dos quais 10 em caráter permanente, sendo designados pelos governos dos Estados de importância industrial mais considerável,[16] 18 representantes governamentais eleitos trienalmente pelos delegados governamentais presentes à Conferência, além de 14

12. Cf. Arnaldo Süssekind, Délio Maranhão e Segadas Vianna, *Instituições de Direito do Trabalho*, cit., 11ª ed., vol. II, pp. 1.246-1.247, e Manuel Alonso García, *Curso de Derecho del Trabajo*, 8ª ed., Barcelona, Ariel, 1982, p. 133.

13. Cf. José Martins Catharino, *Compêndio de Direito do Trabalho*, 3ª ed., vol. I, São Paulo, Saraiva, 1982, p. 59.

14. Cada Estado-membro pode levar quatro delegados (dois representantes do governo, um dos empregados e um dos empregadores).

15. Cf. Sérgio Pinto Martins, *Direito do Trabalho*, 10ª ed., São Paulo, Atlas, 2000, p. 81, e Amauri Mascaro Nascimento, *Curso de Direito do Trabalho*, 16ª ed., São Paulo, Saraiva, 1999, p. 83.

16. Atualmente têm assento permanente no Conselho de Administração os seguintes países: Alemanha, Brasil, China, Estados Unidos da América, França, Índia, Itália, Japão, Reino Unido e Rússia (cf. Arnaldo Süssekind, Délio Maranhão e Segadas Vianna, *Instituições de Direito do Trabalho*, 19ª ed., vol. II, São Paulo, LTr, 2000, p. 1.475).

representantes dos trabalhadores e 14 representantes dos empregadores eleitos por seus respectivos países, presentes à mesma Conferência.

A Repartição Internacional do Trabalho está sob direção do Conselho de Administração, o qual elege seu Diretor-Geral e tem como função precípua a documentação e divulgação das atividades da OIT, inclusive das convenções e recomendações aprovadas pela Conferência-Geral. É responsável pelas publicações da OIT, a exemplo da *Revista Internacional do Trabalho*, da *Série Legislativa* e do *Código Internacional do Trabalho* (uma espécie de sistematização das convenções e recomendações aprovadas).

## 3. A atividade normativa da OIT

Como bem lembra Amauri Mascaro Nascimento,[17] a OIT não é um parlamento internacional ou uma organização supranacional com total força de determinação sobre os Estados-membros, e daí justificar-se o fato de que suas decisões dependem da concordância dos participantes – decisões que se materializam sob a forma de convenções, recomendações e resoluções.

### 3.1 As convenções internacionais

Segundo Arnaldo Süssekind: "As convenções da Organização Internacional do Trabalho (OIT) são tratados multilaterais abertos, de caráter normativo".[18] São abertos porque podem ser ratificados, a qualquer tempo, pelos países-membros da OIT, inclusive pelos países que não integravam a Organização na época em que as convenções foram aprovadas; e são multilaterais porque não há limite ao número de partes.

António Menezes Cordeiro afirma que "as convenções são acordos internacionais aprovados pela Conferência-Geral e que devem ser ratificados pelos diversos Estados-membros".[19]

As convenções não se confundem com os tratados internacionais, vez que as primeiras permanecem abertas à ratificação pelos Estados-membros, enquanto os tratados traduzem acordo firmado entre dois ou mais países determinados.[20] São exemplos de tratados internacionais:

17. Amauri Mascaro Nascimento, *Curso de Direito do Trabalho*, 8ª ed., São Paulo, Saraiva, 1989, p. 64.
18. Arnaldo Süssekind, *Convenções da OIT*, cit., p. 29.
19. António Menezes Cordeiro, *Manual de Direito do Trabalho*, cit., p. 186.
20. "Tratados internacionais trabalhistas são normas jurídicas constituídas por meio de negociações diretas de Estado para Estado, destinadas a resolver ou prevenir

a) o Tratado de Itaipu, sobre questões de natureza trabalhista e previdenciária no âmbito da usina hidrelétrica do mesmo nome, firmado entre Brasil e Paraguai; b) o Tratado de Assunção, firmado entre Brasil, Argentina, Paraguai e Uruguai, e que deu origem ao Mercosul, com finalidade de integração econômica desses países.

No Brasil as convenções da OIT são submetidas a ratificação do Congresso Nacional (art. 49, I, da CF), a exemplo dos tratados e acordos internacionais. A ratificação deve ser comunicada à Repartição Internacional do Trabalho; via de regra, entram em vigor 12 meses após referida aprovação pelo Estado-membro, cuja validade é de 10 anos, podendo ser denunciadas após esse prazo ou ser prorrogadas automaticamente por mais 10 anos.

A aprovação se dá por meio de decreto legislativo e a publicação se dá através de decreto do Presidente da República, no *Diário Oficial da União*, sem o quê a norma internacional não entra em vigor no país (art. 1º da Lei de Introdução às Normas do Direito Brasileiro).

A convenção internacional ratificada tem *status* de lei ordinária e se sobrepõe às leis internas, desde que mais favorável ao trabalhador e não importe violação de normas de ordem pública, proibitivas, do Estado. A exceção fica por conta da hipótese contemplada no art. 5º, § 3º, da CF, acrescentado pela Emenda 45/2004, segundo o qual "os tratados e convenções internacionais sobre direitos humanos que forem aprovados, em cada Casa do Congresso Nacional, em dois turnos, por três quintos dos votos dos respectivos membros, *serão equivalentes às emendas constitucionais*" (grifos nossos).

Nesta linha de raciocínio, é possível afirmar que a convenção internacional pode se sobrepor à própria Constituição Federal, já que esta última objetiva, via de regra, direitos mínimos ao trabalhador. Contudo, a convenção não prevalecerá quando afrontar norma constitucional de índole imperativa.

## 3.2 As recomendações

As recomendações são também aprovadas pela Conferência Internacional da OIT e não estão abertas à ratificação dos países-membros,

situações ou estabelecer regras sobre condições de trabalho que servirão de modelo para a solução de casos futuros" (Amauri Mascaro Nascimento, *Curso de Direito do Trabalho*, cit., 8ª ed., p. 68).

sendo utilizadas quando "o tema não é apropriado ou conveniente para ser, no momento, objeto de convenção".[21]

Nas palavras de Grasiele Augusta Ferreira Nascimento: "A recomendação destina-se apenas a sugerir normas que podem ser adotadas no Direito nacional, por qualquer das fontes formais do direito do trabalho, tendo em vista que o assunto tratado não permite a imediata adoção de uma convenção".[22]

Como bem lembra Sérgio Pinto Martins,[23] a recomendação da OIT tem duas características: a) é facultativa, ou seja, serve apenas como indicação e não obriga os Estados-membros; b) normalmente tem a finalidade de complementar as disposições de uma convenção da própria OIT.

Assim, torna-se fácil concluir que as recomendações são fontes materiais do direito do trabalho,[24] ficando a critério de cada Estado-membro incluí-las no seu ordenamento jurídico, valendo-se dos mecanismos jurídicos existentes no país.[25]

21. Délio Maranhão, *Direito do Trabalho*, cit., 15ª ed., p. 407.
22. Grasiele Augusta Ferreira Nascimento, *A Proteção ao Trabalho da Criança e do Adolescente no Brasil*, dissertação de Mestrado apresentada à Banca Examinadora da PUC/SP, 1997, p. 13.
23. Sérgio Pinto Martins, *Direito do Trabalho*, cit., 10ª ed., p. 83.
24. "Os autores costumam distinguir as fontes formais, isto é, os fatos que dão a uma regra o caráter de direito positivo e obrigatório, das fontes materiais, representadas pelos elementos que concorrem para a formação do conteúdo ou matéria da norma jurídica. (...). Como fontes materiais podem ser mencionadas: a) a realidade social, isto é, o conjunto de fatos sociais que contribuem para a formação do conteúdo do Direito; b) os valores que o Direito procura realizar, fundamentalmente sintetizados no conceito amplo de justiça" (André Franco Montoro, *Introdução à Ciência do Direito*, 21ª ed., São Paulo, Ed. RT, 1993, p. 323).

Miguel Reale, por seu turno, critica a expressão "fonte material", cujo conteúdo não pertenceria à Ciência Jurídica: "O que se costuma indicar com a expressão 'fonte material' não é outra coisa senão o estudo filosófico ou sociológico dos motivos éticos ou dos fatos econômicos que condicionam o aparecimento e as transformações das regras de Direito. Fácil é perceber que se trata do problema do fundamento social das normas jurídicas, situando-se, por conseguinte, fora do campo da Ciência do Direito" (*Lições Preliminares de Direito*, cit., 22ª ed., p. 140).

25. "Há porém instrumentos que são o fruto da negociação entre Estados soberanos (no âmbito da OIT, no caso) e que não se incluem na definição de tratado, *lato sensu*, porque lhes falta o *animus contrahendi*: ali não há o objetivo de produzir efeitos jurídicos e, por isso, não se caracteriza o tratado 'na sua dupla qualidade de *ato jurídico* e de *norma*' (Rezek, ob. cit., p. 722): é o caso das recomendações da OIT, de grande importância para a promoção do aperfeiçoamento do Direito interno dos países, mas que não obrigam a nada senão a submeter o seu texto à autoridade nacional competente para legislar, a qual fará a lei equivalente ou não, a seu inteiro

## 3.3 As resoluções

As resoluções prestam-se a regular matéria *interna corporis* da própria OIT, motivo pelo qual seu estudo não tem a mesma importância das anteriores. Funcionam como decisões ordinatórias, prestando-se a dar seguimento aos procedimentos das normas internacionais.[26] Não possuem o *status* de fontes do direito do trabalho.

## 3.4 Institutos correlatos

Ao lado das convenções, recomendações e resoluções, o direito internacional do trabalho abriga outros institutos correlatos, quais sejam: a) denúncia; b) revisão; c) reclamação; d) queixa.

A *denúncia* é o ato pelo qual o Estado-membro comunica ao Diretor-Geral da Repartição Internacional do Trabalho, após o período de 10 anos da vigência no plano nacional, que deixará de aplicar a norma internacional. É a hipótese de denúncia voluntária ou expressa. No entanto, poderá ocorrer a denúncia tácita, que decorre de eventual ratificação de uma convenção revisora daquela anteriormente ratificada.

A *revisão* de uma convenção internacional está relacionada com a vigência no plano internacional. É sabido que a vigência nacional, ou subjetiva, pressupõe a vigência no âmbito internacional (objetiva),[27] mas a convenção pode ser objeto de revisão pela Conferência-Geral. E, nesta hipótese, a convenção primitiva não mais permanece aberta à ratificação dos Estados-membros, mas continua vigorando em relação aos países que a ratificaram e não aderiram ao instrumento de revisão.

Normalmente a revisão decorre de solicitação de algum Estado--membro, de forma que a norma internacional possa se adaptar à sua realidade econômica e social.

Para evitar discussões insípidas, a Conferência-Geral tem inserido regras de direito intertemporal nas convenções aprovadas quando impliquem revisão total ou parcial de uma convenção anterior, a menos que o instrumento contenha disposições no sentido contrário: a) a ratificação da convenção revisora implica denúncia da revisada a partir da data em que a primeira entrar em vigor; b) a partir da ratificação da convenção revisora por um Estado-membro a convenção anterior deixa

---

alvedrio" (Hugo Gueiros Bernardes, *Direito do Trabalho*, vol. I, São Paulo, LTr, 1989, p. 118).

26. Cf. Sérgio Pinto Martins, *Direito do Trabalho*, cit., 10ª ed., p. 83.

27. Cf. Arnaldo Süssekind, *Convenções da OIT*, cit., pp. 32-33.

de estar aberta a ratificação; c) a convenção revista continua em vigor para os países-membros que a tiverem ratificado e não tenham interesse na ratificação da revisora.

A *reclamação* consiste no mecanismo colocado à disposição das entidades representativas dos trabalhadores e de empregadores para noticiar ao Conselho de Administração da OIT quanto ao descumprimento ou cumprimento insatisfatório, pelo Estado-membro, de uma convenção ratificada.

Finalmente, a *queixa* é procedimento instaurado contra um Estado--membro que não tenha adotado os mecanismos necessários ao cumprimento de uma convenção ratificada. Trata-se de procedimento instaurado por qualquer Estado-membro que tenha ratificado a convenção, por iniciativa do próprio Conselho de Administração (*ex officio*) ou por qualquer delegação presente à Conferência-Geral.

Compete ao Conselho de Administração processar (inclusive promover as investigações necessárias) e julgar as reclamações e queixas contra os Estados-membros.

## 4. Principais convenções ratificadas pelo Brasil

O Brasil, como já observamos alhures, foi um dos países fundadores da OIT. Contudo, isto não significa que tenha ratificado todas as convenções aprovadas desde 1919. Já assinalamos que as convenções internacionais só obrigam os países-membros após a ratificação.

Nas linhas seguintes relacionamos as principais convenções da OIT ratificadas pelo Brasil, com apoio no estudo percuciente de Arnaldo Süssekind.[28]

*Convenção 5* (idade mínima de admissão nos trabalhos industriais): foi aprovada na 1ª Reunião da Conferência Internacional do Trabalho (Washington, 1919), entrou em vigor no plano internacional em 13.6.1921; ratificada pelo Brasil em 26.4.1934, foi promulgada pelo Decreto 423, de 12.12.1935, e entrou em vigor em 26.4.1935.

*Convenção 6* (trabalho noturno dos menores na indústria): foi aprovada na 1ª reunião da Conferência Internacional do Trabalho (Washington, 1919); entrou em vigor no plano internacional em 13.6.1921; ratificada pelo Brasil em 26.4.1934, foi promulgada pelo Decreto 423, de 12.12.1935, e entrou em vigor em 26.4.1935.

28. Arnaldo Süssekind, *Convenções da OIT*, cit., 1994.

*Convenção 11* (direito de sindicalização na agricultura): foi aprovada na 3ª reunião da Conferência Internacional do Trabalho (Genebra, 1921), entrou em vigor no plano internacional em 11.5.1923; ratificada pelo Brasil em 25.4.1957, foi promulgada pelo Decreto 41.721, de 25.6.1957, com vigência nacional a partir de 25.4.1958.

*Convenção 12* (indenização por acidente do trabalho na agricultura): foi aprovada na 3ª reunião da Conferência Internacional do Trabalho (Genebra, 1921), entrou em vigor no plano internacional em 26.2.1923; ratificada pelo Brasil em 25.4.1957, foi promulgada pelo Decreto 41.721, de 25.6.1957, com vigência nacional a partir de 25.4.1958.

*Convenção 19* (igualdade de tratamento entre estrangeiros e nacionais em acidentes do trabalho): foi aprovada pela 7ª reunião da Conferência Internacional do Trabalho (Genebra, 1925), entrou em vigor no plano internacional em 8.9.1926; ratificada pelo Brasil em 25.4.1957, foi promulgada pelo Decreto 41.721, de 25.6.1957, com vigência nacional a partir de 25.4.1958.

*Convenção 26* (métodos de fixação de salários-mínimos): aprovada pela 11ª reunião da Conferência Internacional do Trabalho (Genebra, 1928), entrou em vigor no plano internacional em 14.6.1930; ratificada pelo Brasil em 25.4.1957, foi promulgada pelo Decreto 41.721, de 25.6.1957, com vigência nacional a partir de 25.4.1958.

*Convenção 42* (indenização por enfermidade profissional): aprovada na 18ª reunião da Conferência Internacional do Trabalho (Genebra, 1934), entrou em vigor no plano internacional em 17.6.1936; ratificada pelo Brasil em 8.6.1936, foi promulgada pelo Decreto 1.361, de 12.1.1937, com vigência nacional a partir de 8.6.1937.

*Convenção 81* (inspeção do trabalho na indústria e no comércio): aprovada na 30ª reunião da Conferência Internacional do Trabalho (Genebra, 1947), entrou em vigor no plano internacional em 7.4.1950; ratificada pelo Brasil em 25.4.1957, foi promulgada pelo Decreto 41.721, de 25.6.1957, com vigência nacional a partir de 25.4.1958.

*Convenção 95* (proteção do salário): aprovada na 32ª reunião da Conferência Internacional do Trabalho (Genebra, 1949), entrou em vigor no plano internacional em 24.9.1952; ratificada pelo Brasil em 25.4.1957, foi promulgada pelo Decreto 41.721, de 25.6.1957, com vigência nacional a partir de 25.4.1958.

*Convenção 98* (direito de sindicalização e de negociação coletiva): aprovada na 32ª reunião da Conferência Internacional do Trabalho (Genebra, 1949), entrou em vigor no plano internacional em 18.7.1951; ratificada pelo Brasil em 18.11.1952, foi promulgada pelo Decreto 33.196, de 29.6.1953, com vigência nacional a partir de 18.11.1953.

*Convenção 100* (salário igual para trabalho de igual valor entre homem e mulher): aprovada na 34ª reunião da Conferência Internacional do Trabalho (Genebra, 1951), entrou em vigor no plano internacional em 23.5.1953; ratificada pelo Brasil em 25.4.1957, foi promulgada pelo Decreto 41.721, de 25.6.1957, com vigência nacional a partir de 25.4.1958.

*Convenção 118* (igualdade de tratamento entre nacionais e estrangeiros em previdência social): aprovada na 46ª reunião da Conferência Internacional do Trabalho (Genebra, 1962), entrou em vigor no plano internacional em 25.4.1964; ratificada pelo Brasil em 24.3.1968, foi promulgada pelo Decreto 66.497, de 27.4.1970, com vigência nacional a partir de 24.3.1969.

*Convenção 122* (política de emprego): aprovada na 49ª reunião da Conferência Internacional do Trabalho (Genebra, 1965), entrou em vigor no plano internacional em 17.7.1966; ratificada pelo Brasil em 24.3.1969, foi promulgada pelo Decreto 66.499, de 27.4.1970, com vigência nacional a partir de 24.3.1970.

*Convenção 131* (fixação de salários-mínimos, especialmente nos países em desenvolvimento): aprovada na 54ª reunião da Conferência Internacional do Trabalho (Genebra, 1970), entrou em vigor no plano internacional em 29.4.1972; ratificada pelo Brasil em 4.5.1983, foi promulgada pelo Decreto 89.686, de 25.5.1984, com vigência nacional a partir de 4.5.1984.

*Convenção 132* (férias remuneradas – revisão): aprovada na 54ª reunião da Conferência Internacional do Trabalho (Genebra, 1970), entrou em vigor no plano internacional em 30.6.1973; aprovada pelo Congresso Nacional através do Decreto Legislativo 47, de 23.9.1981 (*DOU* 29.9.1981), foi promulgada pelo Decreto 3.197, de 5.10.1999 (*DOU* 6.10.1999).

*Convenção 135* (proteção de representantes de trabalhadores): aprovada na 56ª reunião da Conferência Internacional do Trabalho (Genebra, 1971), entrou em vigor no plano internacional em 30.6.1973; foi ratificada pelo Brasil em 18.5.1990, promulgada pelo Decreto 131, de 22.5.1991, com vigência nacional a partir de 18.5.1991.

*Convenção 136* (proteção contra os riscos da intoxicação pelo benzeno): aprovada na 56ª reunião da Conferência Internacional do Trabalho (Genebra, 1971), entrou em vigor no plano internacional em 27.7.1973; foi aprovada pelo Decreto Legislativo 76, de 19.11.1992, do

Congresso Nacional, e ratificada em 24.3.1993, com vigência nacional a partir de 24.3.1994.

*Convenção 138* (idade mínima para admissão em emprego): aprovada na 58ª reunião da Conferência Internacional do Trabalho (Genebra, 1973), entrou em vigor no plano internacional em 19.6.1976; foi aprovada pelo Brasil através do Decreto Legislativo 179, de 15.12.1999, juntamente com a Recomendação 146, e promulgada pelo Decreto 4.134, de 15.2.2002.

*Convenção 139* (prevenção e controle de riscos profissionais causados por substâncias ou agentes cancerígenos): aprovada na 59ª reunião da Conferência Internacional do Trabalho (Genebra, 1974), entrou em vigor no plano internacional em 10.6.1976; ratificada pelo Brasil em 27.6.1990, foi promulgada pelo Decreto 157, de 2.6.1991, com vigência nacional a partir de 27.6.1991.

*Convenção 168* (promoção do emprego e proteção contra o desemprego): aprovada na 75ª reunião da Conferência Internacional do Trabalho (Genebra, 1988), entrou em vigor no plano internacional em 17.10.1991; aprovada pelo Decreto Legislativo 89, de 10.12.1992, do Congresso Nacional, foi ratificada em 24.3.1993, com vigência nacional a partir de 24.3.1994.

*Convenção 182* (piores formas de trabalho infantil e a ação imediata para sua eliminação): aprovada na 87ª reunião da Assembleia-Geral da OIT, no dia 1.6.1999; aprovada no Brasil pelo Decreto Legislativo 178, de 15.12.1999, e promulgada pelo Decreto 3.597, de 12.9.2000.

## 5. As comunidades internacionais

O surgimento de comunidades internacionais, formadas por países geograficamente próximos, tem sido a tônica moderna, e vem justificando o reconhecimento de uma ramificação do Direito conhecida como "direito comunitário", que decorre da harmonização das normas existentes nos diversos países que compõem uma comunidade internacional ou até mesmo uniformização, com a criação de normas aplicáveis no âmbito desta última.

A criação de comunidades internacionais é influenciada por diversos fatores, os quais mais se acentuam em face das exigências do mundo globalizado. O instrumento da mencionada criação é um tratado internacional, obrigando os países signatários.

## 5.1 A União Europeia

A Comunidade Europeia do Carvão e do Aço/CECA surgiu com o Tratado de Paris (1951), cujos signatários foram Bélgica, Países Baixos, Luxemburgo, França, Alemanha e Itália – Tratado que foi o embrião do direito comunitário e da própria União Europeia, conforme verificaremos.

Ao Tratado que criou a CECA seguiram-se os Tratados de Roma, em 25.3.1957, que criaram a Comunidade Europeia de Energia Atômica/ EURATOM e a Comunidade Econômica Europeia/CEE, ambos entrando em vigor no dia 1.1.1958, obrigando Alemanha Ocidental, Bélgica, França, Itália, Luxemburgo e Países Baixos.

Com o passar dos anos, outros países europeus aderiram à Comunidade Econômica Europeia, e por ocasião da assinatura do Ato Único Europeu (fevereiro/1986) já eram 12 os Estados-membros da CEE (Grã--Bretanha, Dinamarca e Irlanda, admitidos em 1.1.1973; Grécia, admitida em janeiro/1981; Espanha e Portugal, admitidos em janeiro/1986; além dos seis países fundadores).

O Ato Único Europeu representou uma espécie de atualização do Tratado de Roma (1957), tendo entrado em vigor em 1.7.1987, com a "finalidade de construir antes de 1º de janeiro de 1993 um grande mercado interior, sem fronteiras físicas, técnicas ou fiscais, que continuavam obstaculizando a circulação de pessoas, capitais, bens e serviços".[29]

Na mesma época da adoção do Ato Único Europeu objetivou-se a livre circulação das pessoas dos países-membros da CEE, com a assinatura do Tratado de Schengen (Luxemburgo, junho/1985), o qual não teve a adesão dos 12 países, mas tão somente da França, Alemanha, Países Baixos, Bélgica e Luxemburgo. Somente em junho/1990 se contou com a adesão da Itália, Espanha, Portugal e Grécia, através de uma convenção complementar, de aplicação do Tratado de Schengen.[30]

Finalmente, a CEE evoluiu para União Europeia, com a assinatura do Tratado da União Europeia, em Maastricht (Holanda), em 7.2.1992.

Com o Tratado de Maastricht se busca a integração total, com unidade monetária e econômica e política exterior comum. "É uma união política, com Parlamento, leis próprias e moeda única, o Euro."[31]

---

29. Ari Possidônio Beltran, *Os Impactos da Integração Econômica no Direito do Trabalho – Globalização e Direitos Sociais*, São Paulo, LTr, 1998, p. 35.
30. Idem, ibidem.
31. Amauri Mascaro Nascimento, *Iniciação ao Direito do Trabalho*, 27ª ed., São Paulo, LTr, 2001, p. 135.

A União Europeia possui estrutura semelhante à de um Estado, incluindo o Parlamento Europeu, o Conselho, a Comissão, o Tribunal de Justiça e o Tribunal de Contas.

O Parlamento Europeu e a Comissão são órgãos com função legislativa, responsáveis pela aprovação das Diretivas da União Europeia, além de intervirem na celebração de acordos internacionais, revisão de tratados, que são as normas do direito comunitário e prevalecem sobre as normas internas de cada Estado-membro, em nome do "princípio da primazia das normas jurídicas comunitárias",[32] a menos que se trate de norma constitucional.

## 5.2 O Mercosul

O Mercado Comum do Sul/Mercosul originou-se do Tratado de Assunção, de 26.3.1991, do qual fazem parte Brasil, Argentina, Chile, Paraguai e Uruguai. O Chile foi autorizado a participar das reuniões pela Decisão 12/1997 do Conselho do Mercosul,[33] e idêntica autorização foi dada à Bolívia pelo Acordo de Complementação Econômica 36/1998.

No Brasil o Tratado do Mercosul foi aprovado pelo Congresso Nacional em 25.9.1991, e promulgado pelo Decreto 350, de 21.11.1991, tendo entrado em vigor no plano internacional na data de sua publicação (22.11.1991). No entanto, a aquisição de personalidade jurídica internacional só veio com o acordo final, assinado em Ouro Preto/MG pelos Presidentes do Brasil, Argentina, Paraguai e Uruguai, que ficou conhecido como "Protocolo de Ouro Preto" e justificou a incorporação definitiva ao nosso ordenamento jurídico através do Decreto 1.901, de 9.5.1996.

A exemplo da União Europeia, o Mercosul também possui suas raízes embrionárias. Antes do Tratado de Assunção tivemos a criação da União Aduaneira Brasil/Argentina em 1940, a criação da Associação Latino-Americana de Livre Comércio/ALALC, em 1960, pelo Tratado de Montevidéu, e até mesmo a Associação Latino-Americana de Desenvolvimento e Integração, pelo Tratado de Montevidéu, de 1980.

---

32. Cf. Amauri Mascaro Nascimento, *Curso de Direito do Trabalho*, cit., 16ª ed., p. 95.

33. A participação restringe-se às reuniões da estrutura institucional do Mercosul, do Mecanismo de Consulta e Concertação Política e dos Subgrupos de Trabalho (cf. Amauri Mascaro Nascimento, *Iniciação ao Direito do Trabalho*, cit., 27ª ed., p. 138).

Contudo, o Mercosul ainda não atingiu o mesmo grau de sofisticação da União Europeia. Enquanto esta última se assemelha a um Estado, com Parlamento próprio e preocupações com as questões socais, o Mercosul se encontra, atualmente, no estágio de união aduaneira, com mera harmonização das leis trabalhistas dos países integrantes.

*Capítulo XI*
# FORMAÇÃO
# DO CONTRATO DE TRABALHO

*1. Natureza jurídica do contrato de trabalho. 2. Requisitos de validade do contrato de trabalho. 3. Requisitos de existência do contrato de trabalho. 4. Contrato de trabalho e contratos afins: 4.1 O contrato de trabalho e a empreitada – 4.2 O contrato de trabalho e a sociedade – 4.3 O contrato de trabalho e o mandato.*

## 1. Natureza jurídica do contrato de trabalho

Vários autores criticam a definição de contrato individual de trabalho estampada no art. 442 da CLT,[1] na medida em que confunde o elemento subjetivo (contrato ou pacto) com o elemento objetivo (que seria a relação jurídica).

Trata-se de conceito tecnicamente insustentável, segundo Orlando Gomes e Elson Gottschalk,[2] notadamente porque se reveste de uma tautologia. Contudo, tem o mérito de haver adotado, de forma pioneira, o contrato-realidade. Isto porque afastou as formalidades próprias de outros negócios jurídicos, para abrigar a existência do contrato individual de trabalho sempre que a relação fática externar a figura do empregador (art. 2º da CLT) e a do empregado (art. 3º da CLT).[3]

---

1. Art. 442 da CLT: "Contrato individual de trabalho é o acordo tácito ou expresso, correspondente à relação de emprego".

2. Orlando Gomes e Elson Gottschalk, *Curso de Direito do Trabalho*, 12ª ed., Rio de Janeiro, Forense, 1991, p. 130. Na verdade, o contrato de trabalho cria a relação de emprego (cf. Délio Maranhão, *Direito do Trabalho*, 15ª ed., Rio de Janeiro, FGV, 1988, p. 36).

3. Cf. Arnaldo Süssekind, Délio Maranhão e Segadas Vianna, *Instituições de Direito do Trabalho*, 19ª ed., vol. I, São Paulo, LTr, 2000, pp. 67-68.

Para a teoria contratualista o contrato de trabalho tem natureza jurídica contratual, ainda que seja de adesão;[4] e para as teorias acontratualistas o empregado se incorpora à comunidade de trabalho, sem a possibilidade de discutir cláusulas contratuais, sujeitando-se ao poder de direção e disciplina do empregador. A propósito, como bem lembra Arnaldo Süssekind, os arts. 444 e 468 da CLT realçam a natureza contratual da relação de emprego.[5]

As teorias acontratualistas asseveram que o trabalhador se incorpora à comunidade de trabalho, objetivando os fins da produção nacional, sem a possibilidade de discutir cláusulas do contrato de trabalho, na medida em que a empresa seria equiparada a uma instituição.[6]

Dentre os adeptos das teorias acontratualistas existem aqueles que, inspirados na classificação dos atos jurídicos concebida por Léon Duguit,[7] afirmam que o contrato de trabalho traduz um ato-condição, na medida em que a admissão do empregado atrai a aplicação de um verdadeiro arcabouço de normas que se externam sob as diferentes fontes formais então existentes. Este posicionamento encontra a crítica fervorosa de Délio Maranhão, já que todo e qualquer contrato pressupõe a aplicação de um estatuto legal previamente estabelecido.[8]

Para Dorval Lacerda[9] o instituto da estabilidade é o que realça a teoria institucionalista da relação de emprego, porquanto resta assegurada a

4. Na maioria das vezes o contrato de trabalho reveste a forma de adesão, modalidade na qual o empregado adere às condições estabelecidas pelo empregador, sem a menor possibilidade de discuti-las (cf. Amauri Mascaro Nascimento, *Compêndio de Direito do Trabalho*, São Paulo, LTr/EDUSP, 1976, p. 284).

5. Arnaldo Süssekind, Délio Maranhão e Segadas Vianna, *Instituições de Direito do Trabalho*, cit., 19ª ed., vol. I, p. 68.

6. Cf. Sérgio Pinto Martins, *Direito do Trabalho*, 10ª ed., São Paulo, Atlas, 2000, p. 94.

7. Duguit afirma que os atos jurídicos podem ser classificados em ato-regra, ato-condição e ato jurídico subjetivo. O ato-regra implica alteração da ordem jurídica (exemplo: acordo coletivo de trabalho, convenção coletiva de trabalho etc.); o ato-condição traduz a aplicação de norma preexistente; enquanto o ato jurídico subjetivo tem por escopo a satisfação de situações específicas.

8. Délio Maranhão, Arnaldo Süssekind e Segadas Vianna, *Instituições de Direito do Trabalho*, cit., 19ª ed., vol. I, p. 239.

9. *Apud* Délio Maranhão, Arnaldo Süssekind e Segadas Vianna, *Instituições de Direito do Trabalho*, cit., 19ª ed., vol. I, p. 240. Contudo, parece-nos que a promulgação da Constituição Federal de 1988 – e a consequente adoção do sistema do FGTS – colocou um balde de água fria nesta argumentação, já que a estabilidade no emprego traduz exceção à regra e, normalmente, é apenas provisória.

manutenção do trabalhador no emprego. Outros adeptos da teoria institucionalista negam a existência do contrato de trabalho, afirmando tratar-se de relação de trabalho, porquanto a autonomia se encontra absolutamente mitigada, tendo em vista a acentuada intervenção estatal ou a regulamentação que decorre de fontes formais autônomas e preexistentes à admissão do trabalhador. Contudo, referida teoria não resiste a uma análise mais cuidadosa, já que o fenômeno por ela denunciado também se faz presente nos contratos de transporte e locação de imóveis, por exemplo.[10]

Não obstante as críticas que possam ser atribuídas ao art. 442 do diploma consolidado, o qual traduz um misto de contratualidade e institucionalismo, a teoria predominante é aquela que consagra a natureza jurídica contratual, haja vista o *animus contrahendi*. Vale dizer, ninguém será empregado ou empregador de outrem se não for por sua própria vontade.

Registre-se, todavia, que o contrato de trabalho não tem forma especial, ressalvando as exceções legais. Poderá ser expresso (escrito ou verbal) e tácito. E mesmo o contrato de trabalho tácito não elide a natureza contratual, na medida em que pressupõe o consentimento silencioso.[11]

## 2. Requisitos de validade do contrato de trabalho

Diante da definição e natureza jurídica do contrato de trabalho – aspectos já abordados anteriormente –, podemos afirmar que o contrato de emprego é um *ato jurídico bilateral* (*negócio jurídico*), motivo pelo qual sua validade pressupõe a livre manifestação de vontade de ambas as partes, o que justifica a aplicação dos ensinamentos da teoria geral dos contratos do direito comum, exceto naquilo em que houver incompatibilidade com os princípios de direito do trabalho.[12]

---

10. Cf. Délio Maranhão, Arnaldo Süssekind e Segadas Vianna, *Instituições de Direito do Trabalho*, cit., 19ª ed., vol. I, p. 236.

11. "A simples tolerância de alguém permitindo e usufruindo o trabalho alheio terá os mesmos efeitos jurídicos do pacto expresso, se o esforço humano desenvolvido estiver cercado das mesmas características do contrato de emprego" (Valentin Carrion, *Comentários à Consolidação das Leis do Trabalho*, 18ª ed., São Paulo, Ed. RT, 1994, p. 268).

"A existência do contrato de trabalho ocorrerá com a prestação de serviços sem que o empregador a ela se oponha, caracterizando o ajuste tácito" (Sérgio Pinto Martins, *Direito do Trabalho*, cit., 10ª ed., p. 93).

12. Art. 8º, § 1º, da CLT: "O direito comum será fonte subsidiária do direito do trabalho.

Impõe-se, destarte, a observância dos requisitos de validade estampados no art. 104 do CC, quais sejam: a) agente capaz; b) objeto lícito, possível, determinado ou determinável; c) forma prescrita ou não defesa em lei.

No entanto, essa regra do art. 104 do CC, no que respeita à capacidade das partes, deve ser harmonizada com as regras que disciplinam o contrato de trabalho.

Assim, ao menor de idade que conte menos de 16 anos não está permitido firmar contrato de trabalho, por força do art. 7º, XXXIII, da CF.[13] E dos 16 à véspera de completar 18 anos de idade o adolescente necessita de autorização do representante legal para trabalhar – autorização que se presume em face da posse da CTPS, muito embora a presença do representante legal seja indispensável por ocasião da rescisão contratual, à guisa de assistência na quitação (art. 439 da CLT).

A partir dos 18 anos de idade não se cogita de incapacidade no direito do trabalho, regra também adotada no Código Civil (art. 5º), restando abandonada a maioridade civil que se estabelecia aos 21 anos.

Pelo exposto, conclui-se que o menor de 16 anos é absolutamente incapaz para firmar contrato de trabalho; e o mesmo se diga daqueles que, por enfermidade ou deficiência mental, não tiverem o necessário discernimento para a prática dos atos da vida civil e daqueles que não puderem exprimir sua vontade, mesmo transitoriamente, nos termos do art. 3º do mesmo CC. Serão nulos, portanto, os contratos de trabalho por eles firmados. Ressalva-se, contudo, a possibilidade do contrato de aprendizagem a partir dos 14 anos de idade (art. 7º, XXXIII, da CF).

Todavia, no direito do trabalho os efeitos da nulidade não têm o mesmo alcance indicado na teoria civilista; ou seja, não se pode cogitar da retroatividade que decorre dos efeitos da nulidade. Isto porque o empregador jamais poderia devolver ao empregado a força de trabalho despendida ao longo da relação jurídica nula que se estabeleceu entre as partes.

E, assim, a despeito da nulidade absoluta que cerca o contrato de trabalho firmado por absolutamente incapaz, temos que são devidos salários e demais direitos trabalhistas, em face dos princípios que vedam o enriquecimento ilícito.[14] Neste sentido, o art. 83 do CC de 1916 também

---

13. "Proibição de trabalho noturno, perigoso ou insalubre aos menores de 18 (dezoito) e de qualquer trabalho a menores de 14 (quatorze) anos, salvo na condição de aprendiz."

14. Cf. Orlando Gomes e Elson Gottschalk, *Curso de Direito do Trabalho*, cit., 12ª ed., p. 137.

militava em favor do trabalhador, ao estabelecer que a incapacidade de uma das partes não poderia ser invocada pela outra em proveito próprio – regra que sofreu alteração no Código Civil de 2002, ao dispor, no art. 105, que "a *incapacidade relativa* de uma das partes não pode ser invocada pela outra em benefício próprio, nem aproveita aos cointeressados capazes, salvo se, neste caso, for indivisível o objeto do direito ou da obrigação comum" (grifamos).

Por outro lado, raciocínio totalmente diverso vamos empreender na hipótese do contrato de trabalho com objeto ilícito, já que o Direito não compactua com a ilicitude do objeto.

Clóvis Beviláqua, ao comentar o art. 145 do CC de 1916, chegou a afirmar, *ipsis litteris*: "O Dircito, organização da vida social, não pode dar apoio e firmeza à pratica de atos imorais, que são elementos desorganizadores da ordem social; contrários aos fins de aperfeiçoamento cultural, (...)". E arremata dizendo que: "O objeto imoral vicia, fundamentalmente, o ato. O Direito declara-o absolutamente nulo".[15]

Todavia, entendemos que deve ser feita perfeita distinção entre a atividade ilícita do empregador e a ilicitude do trabalho desenvolvido pelo empregado. Neste sentido, será nulo o contrato de trabalho que envolva a venda de entorpecentes, de cambistas do "jogo do bicho", da prostituta, entre outros; mas não vemos óbice algum a que a recepcionista ou a faxineira do prostíbulo sejam reconhecidamente empregadas, com todos os direitos assegurados.[16]

Por último, torna-se oportuna a distinção entre trabalho ilícito e trabalho proibido. O trabalho ilícito pressupõe a ilicitude do objeto e nenhum efeito produz na órbita do direito do trabalho; enquanto o trabalho proibido decorre de alguma restrição decorrente da condição específica do empregado.

É proibido o trabalho noturno, perigoso ou insalubre ao menor de 18 anos (art. 7º, XXXIII, da CF), da mulher em serviços que demandem força física superior a 20kg para o trabalho contínuo e 25kg para o trabalho ocasional (art. 390 da CLT), entre outros.

15. Clóvis Beviláqua, *Codigo Civil dos Estados Unidos do Brasil*, 3ª ed., vol. I, São Paulo, Francisco Alves, 1927, p. 401.

16. Este é o posicionamento de Pontes de Miranda, citado por Antônio Lamarca in *Contrato Individual de Trabalho*, São Paulo, Ed. RT, 1969, p. 118. No entanto, o próprio Antônio Lamarca tem entendimento diverso, ou seja, a ilicitude da atividade do empregador acarreta a nulidade dos contratos de trabalho de todos os empregados.

Finalmente, observamos que o Código Civil revogado se limitava a exigir, para validade do ato jurídico, a capacidade do agente, a licitude do objeto e a forma prescrita ou não defesa em lei. O atual, como vimos, estabelece os requisitos no art. 104, exigindo que o objeto seja possível, determinado ou determinável – os quais já existiam em sede doutrinária. Assim, nenhuma validade será atribuída ao contrato de trabalho cujo objeto, apesar de lícito, seja impossível ou indeterminado. Afinal de contas, não teria sentido algum a contratação de empregado para empreender a faxina do espaço lunar, ou qualquer outro absurdo.

## 3. Requisitos de existência do contrato de trabalho

Já mencionamos alhures que o conceito legal estampado no art. 442 da CLT buscou harmonizar a teoria contratualista (acordo de vontades) com a teoria institucionalista (relação de emprego), haja vista as posições divergentes entre os membros que elaboraram a Consolidação das Leis do Trabalho.[17]

Dentre os vários doutrinadores que concebem uma definição de contrato de trabalho, lembramos Evaristo de Moraes Filho, segundo o qual o contrato de trabalho traduz "o acordo pelo qual uma pessoa natural se compromete a prestar serviços não eventuais a outra pessoa natural ou jurídica, em seu proveito e sob suas ordens, mediante salário".[18] Conclui-se, pois, que o contrato de trabalho possui cinco características básicas (requisitos de existência): a) continuidade; b) subordinação; c) onerosidade; d) pessoalidade; e) alteridade (trabalho por conta alheia).

Assim, é possível afirmar que a relação de emprego traduz um pacto de trato sucessivo, vale dizer, aquele cuja execução se protrai no tempo, e que possui, ao lado dos requisitos que decorrem da sua própria definição (continuidade, subordinação, onerosidade, pessoalidade e alteridade), as seguintes características: a) comutatividade; b) bilateralidade; c) consensualidade.

A comutatividade e a bilateralidade decorrem do fato de que a cada dever do empregado corresponde um dever do empregador. Ao dever de prestar o trabalho corresponde o dever do empregador de pagar o salário, o que traduz um direito do empregado.

17. Sérgio Pinto Martins, *Direito do Trabalho*, 3ª ed., São Paulo, Malheiros Editores, 1996, p. 91.
18. Evaristo de Moraes Filho e Antônio Carlos Flores de Moraes, *Introdução ao Direito do Trabalho*, 5ª ed., São Paulo, LTr, 1991, p. 214.

A consensualidade decorre do fato de que ninguém será empregado ou empregador de outrem se não o quiser. Todavia, já mencionamos que o contrato de trabalho não requer formalidade especial, bastando o consentimento verbal ou até mesmo tácito para que a relação de emprego se estabeleça.

### 4. Contrato de trabalho e contratos afins

#### 4.1 O contrato de trabalho e a empreitada

O contrato de trabalho foi inspirado na locação de serviços prevista no Código Civil de 1916 e traduz contrato de atividade, com pagamento por unidade de tempo e, raramente, por peça ou tarefa. A empreitada, por sua vez, é um contrato de resultado, sendo o preço ajustado em face da obtenção deste resultado, cuja disciplina atual se encontra nos arts. 610 a 626 do CC de 2002.

O empreiteiro não está subordinado ao tomador dos serviços e assume os riscos da sua atividade. O empregado, por sua vez, está subordinado juridicamente ao empregador e não assume os riscos da atividade exercida.

A empreitada pode ser mista ou de lavor. Na empreitada mista o empreiteiro também fornece os materiais, enquanto na empreitada de labor o empreiteiro fornece apenas o trabalho, ficando o contratante obrigado a pagar os materiais utilizados na obra.

Em síntese, a empreitada deriva da *locatio operis*, onde o que importa é o resultado do trabalho; ao passo que o contrato de trabalho deriva da *locatio operarum*, na qual a força de trabalho é que importa. Releva, ainda, notar que o empreiteiro pode ser uma pessoa física ou jurídica, enquanto o empregado só pode ser pessoa física (art. 3º da CLT); bem como que o contrato de trabalho se extingue com a morte do trabalhador (*intuitu personae*), enquanto o contrato de empreitada não se extingue, necessariamente, com a morte do empreiteiro (art. 626 do CC).

#### 4.2 O contrato de trabalho e a sociedade

A diferença básica entre o contrato de trabalho e a sociedade é que na sociedade existe a assunção dos riscos da atividade e o sócio não está subordinado juridicamente. Além disso, a *affectio societatis* é um dos critérios mais seguros para a diferenciação que pretendemos.[19] Nas palavras de Orlando Gomes e Elson Gottschalk, trata-se da "comum intenção dos sócios de compartilhar dos lucros e perdas, de assumir as responsabilidades e os riscos do empreendimento, de, em síntese, partilhar da sorte da empresa".[20]

A distinção que se estabelece entre o contrato de trabalho e a sociedade também se aplicava às sociedades de capital e indústria consagradas nos arts. 317 a 324 do CComercial, hoje revogados pelo Código Civil, nas quais o sócio não capitalista se assemelhava ao empregado.

Parecem-nos equiparáveis às sociedades de capital e indústria as diversas formas de parceria e até mesmo de sociedades de fato, sendo necessário uma certa dose de sensibilidade para não confundir mencionadas relações com o contrato de trabalho. Isto porque a própria realidade atual tem revelado situações inusitadas, de sociedades de fato, as quais devem ser toleradas, em detrimento de uma aplicação irrefletida da legislação trabalhista. Exemplo típico são os cabeleireiros, que percebem cerca de 40 e 50% de comissões sobre o valor dos serviços que executam, situação que não se compatibiliza com a existência do vínculo de emprego.

Como bem assevera Francisco Antônio de Oliveira: "O protecionismo exacerbado é desaconselhável. Sempre que o raciocínio interpretativo levar ao impasse, ao absurdo, deve o intérprete desconfiar de si. O razoável não leva ao impasse".[21]

### 4.3 O contrato de trabalho e o mandato

O mandato é modalidade contratual segundo a qual uma pessoa se obriga a praticar um ou mais atos jurídicos em nome de outra. E para tanto torna-se necessário um instrumento que comprove o poder de representação do mandatário pelo mandante (instrumento de mandato ou procuração).

---

19. Art. 981 do CC de 2002: "Celebram contrato de sociedade as pessoas que reciprocamente se obrigam a contribuir, com bens ou serviços, para o exercício de atividade econômica e a partilha,entre si, dos resultados".

20. Orlando Gomes e Elson Gottschalk, *Curso de Direito do Trabalho*, cit., 12ª ed., p. 170.

21. Francisco Antônio de Oliveira, *Manual de Direito Individual e Coletivo do Trabalho*, 2ª ed., revista, atualizada, ampliada e reordenada, da obra *Direito do Trabalho em Sintonia com a Nova Constituição*, São Paulo, Ed. RT, 2000, p. 216.

O art. 653 do CC estabelece o seguinte: "Opera-se o mandato quando alguém recebe de outrem poderes para, em seu nome, praticar atos ou administrar interesses. A procuração é o instrumento do mandato". Assim, podemos afirmar que o mandatário é procurador do mandante.

Algumas semelhanças existem entre o mandato e contrato de trabalho, e daí a necessidade prática da distinção, mormente porque será possível a coexistência de ambos.

O mandato, a exemplo do contrato de trabalho, via de regra, não requer forma especial. Pode ser verbal, escrito ou tácito (art. 656 do CC). Será exigível o mandato escrito quando o ato a ser praticado deva ser escrito (art. 657 do CC).

Na busca da efetiva distinção entre os dois institutos, a doutrina procurou eleger critérios, dos quais os mais difundidos são: a) gratuidade; b) natureza da atividade; c) representação; d) grau de subordinação.[22]

O critério da gratuidade não se revela muito seguro. Isto porque, não obstante o art. 658 do CC estabelecer que o mandato presume-se gratuito, o fato é que na prática, geralmente, é oneroso, aspecto que coincide com o contrato de trabalho.

Segundo os adeptos do critério da natureza da atividade, o mandatário realizaria atos jurídicos, enquanto o empregado realizaria atos materiais. Trata-se de critério igualmente impreciso, já que para a realização dos atos jurídicos o mandatário também realiza atos materiais, e a própria legislação civil afirma que o mandatário pode praticar atos ou administrar interesses (art. 653 do CC); vale dizer, não veda o mandato para a prática de atos materiais.

Pelo critério da representação alguns estudiosos entenderam que estaria evidenciada a perfeita distinção entre o mandato e contrato de trabalho, já que a representação é traço característico essencial daquele. Afinal de contas, o mandatário será sempre um representante. Contudo, Orlando Gomes[23] alerta para o fato de que a representação pode ser direta (própria) ou indireta (imprópria), e que apenas a direta é típica do mandato, enquanto a indireta ocorre quando alguém age em seu próprio nome, mas no interesse de outrem. Além disso, existem situações em que o empregado representa o empregador, e nem por isso o contrato de trabalho se convola em mandato.

22. Cf. Orlando Gomes e Elson Gottschalk, *Curso de Direito do Trabalho*, cit., 12ª ed., pp. 165-166.

23. Idem, pp. 167-168.

Finalmente, o critério do grau de subordinação é aquele que mais se presta ao socorro da doutrina e da jurisprudência, não obstante a falta de precisão do próprio conceito de "subordinação". O fato é que o mandatário está subordinado juridicamente ao mandante, da mesma forma que o empregado está subordinado ao empregador; contudo, a subordinação jurídica que decorre de uma relação de emprego é mais pronunciada.

O representante comercial autônomo disciplinado na Lei 4.886, de 9.12.1965, é espécie de mandatário. Contudo, sob o véu do contrato de representação comercial autônoma poderá estar um verdadeiro contrato de trabalho, mormente quando se constatar a obrigatoriedade de comparecimento diário na sede do representado, prestação dos serviços com exclusividade, obediência a regulamentos e orientações do representado – traços que denunciam subordinação jurídica incompatível com a prestação autônoma de trabalho.

Por último, digno de nota é o art. 442-B da CLT, acrescentado pela Lei 13.467/2017, estabelecendo que a contratação de trabalho autônomo, ainda que o trabalho seja contínuo, afasta a qualidade de empregado, desde que sejam cumpridas todas as "formalidades legais". Contudo, referido dispositivo legal não tem o condão de afastar o princípio da primazia da realidade, merecendo interpretação extensiva; vale dizer, ainda que sob o aspecto formal não se trate de empregado, não se pode chancelar uma situação de fraude, que objetive mascarar o liame empregatício entre as partes. Neste sentido, invoca-se o disposto no art. 9º da CLT ("Serão nulos de pleno direito os atos praticados com o objetivo de desvirtuar, impedir ou fraudar a aplicação dos preceitos contidos na presente Consolidação"), que não foi alterado a partir da Reforma Trabalhista.

*Capítulo XII*
# SUJEITOS DO CONTRATO DE TRABALHO

*1. Considerações iniciais. 2. O empregado. 3. Empregado e figuras afins: 3.1 O trabalhador autônomo – 3.2 O trabalhador temporário – 3.3 O trabalhador eventual – 3.4 O trabalhador avulso – 3.5 O trabalhador voluntário – 3.6 O estagiário. 4. Figuras especiais de empregado: 4.1 O empregado doméstico – 4.2 O empregado rural – 4.3 O empregado aprendiz. 5. O empregador: 5.1 Grupo de empresas – 5.2 Alterações na empresa – 5.3 Consórcio de produtores rurais. 6. O teletrabalho.*

## 1. Considerações iniciais

No capítulo anterior vimos que o contrato de trabalho é um negócio jurídico bilateral – afirmação que não contradiz nem mesmo a ideia dos contratos de equipe, já que estes nada mais representam senão um feixe de contratos individuais de trabalho. Vale dizer, trata-se de uma relação jurídica que pressupõe a existência de dois sujeitos – quais sejam, o empregado e o empregador. É o que buscaremos detalhar nas linhas seguintes.

## 2. O empregado

Diante dos expressos termos do art. 3º da CLT,[1] é possível afirmar que *empregado* é espécie do gênero *trabalhador*. Vale dizer, todo empregado é trabalhador, mas nem todo trabalhador é empregado.

Observa-se, desde logo, que não pode ser empregado a pessoa jurídica – e isto significa afirmar que os serviços prestados por pessoa

---

1. "Considera-se empregado toda pessoa física que prestar serviços de natureza não eventual a empregador, sob a dependência deste e mediante salário."

jurídica são regidos pelo direito civil, e não pelo direito do trabalho. *Empregado* é, pois, o sujeito de uma relação de trabalho subordinado, protegido pelo direito do trabalho.[2]

Assim, poderão ser empregados tanto o brasileiro quanto o estrangeiro, maior ou menor, homem ou mulher, apenas observando-se as proibições e restrições legais. A Constituição Federal veda, por exemplo, que o menor de 16 anos seja empregado,[3] ficando ressalvada a hipótese de aprendizagem a partir dos 14 anos.

Para que se verifique a condição de empregado há a necessidade de satisfação de um elemento subjetivo, qual seja, o *animus contrahendi*, ou seja, a intenção de trabalhar para outrem na condição de empregado e não com outra finalidade. Vale dizer, não será empregado aquele que presta serviços por mera amizade ou caráter filantrópico; e o mesmo se diga do trabalho cívico e religioso.

Igualmente, à luz do diploma consolidado (art. 3º), impõe-se o preenchimento dos requisitos de ordem objetiva – quais sejam, a onerosidade (pagamento de salário), a prestação de serviços de forma contínua (não eventualidade), a pessoalidade e a subordinação (trabalho sob dependência do empregador).

Observados todos os requisitos mencionados, é possível render homenagens a Amauri Mascaro Nascimento quando afirma: "Empregado é a pessoa física que com ânimo de emprego trabalha subordinadamente e de modo não eventual para outrem, de quem recebe salário".[4]

## 3. *Empregado e figuras afins*

Como já dissemos anteriormente, nem todo trabalhador é empregado. Vejamos quais são as diferenças entre o empregado e outras figuras de trabalhadores.

2. Valentin Carrion, *Comentários à Consolidação das Leis do Trabalho*, 18ª ed., São Paulo, Ed. RT, 1994, p. 32.

3. "Art. 7º. São direitos dos trabalhadores urbanos e rurais, além de outros que visem à melhoria de sua condição social: (...) XXXIII – proibição de trabalho noturno, perigoso ou insalubre a menores de 18 (dezoito) anos e de qualquer trabalho a menores de 16 (dezesseis) anos, salvo na condição de aprendiz, a partir de 14 (quatorze) anos."

4. Amauri Mascaro Nascimento, *Curso de Direito do Trabalho*, 8ª ed., São Paulo, Saraiva, 1989, p. 293.

## 3.1 O trabalhador autônomo

A diferença básica entre o trabalho prestado na condição de empregado e o trabalho autônomo reside no fato de que no primeiro o empregador contrata o trabalho (a atividade humana), enquanto no segundo (trabalho autônomo) o contrato recai sobre o resultado do trabalho humano.

Todavia, ao lado da característica supramencionada, poderíamos acrescentar que o trabalhador autônomo, normalmente, assume os riscos da atividade que exerce, enquanto isto não ocorre com o empregado. Na verdade, a assunção dos riscos do empreendimento é uma consequência do verdadeiro trabalho autônomo, e não um requisito. Não se pode perder de vista que em situações de fraude não é incomum tentar impor o risco da atividade ao trabalhador apenas para mascarar o liame empregatício.

Em síntese, o empregado trabalha por conta alheia, e o trabalhador autônomo trabalha por conta própria. Este último não se sujeita a horários ou ordens, nem se sujeita à fiscalização daquele a quem seu trabalho aproveita; não recebe salários, e sim honorários (se for profissional liberal) ou outra forma de contraprestação ajustada, e suas relações com o tomador de serviços não são regidas pela legislação trabalhista.

Apesar disso, a Reforma Trabalhista incluiu o art. 442-B à CLT, prevendo que a "contratação do autônomo, cumpridas por este todas as formalidades legais, com ou sem exclusividade, de forma contínua ou não, afasta a qualidade de empregado prevista no art. 3º" da CLT. Consoante já afirmado no capítulo anterior, entendemos que, a nova disposição legal não prevalece sobre a primazia da realidade, pelo que, se o trabalhador autônomo, a despeito das formalidades legais, possuir os requisitos de empregado previstos no art. 3º da CLT, sobretudo o da subordinação, deve ser reconhecido como empregado.

## 3.2 O trabalhador temporário

O trabalho temporário foi instituído pela Lei 6.019/1974, regulamentada pelo Decreto 73.841, de 13.3.1974. Para alguns, traduziu a primeira forma de terceirização da mão de obra expressamente admitida no ordenamento jurídico pátrio. Esse entendimento ganhou novo reforço, pois a Lei 6.019/1974, com as recentes modificações legislativas promovidas pelas Leis 13.429/2017 e 13.467/2017, passou a dispor sobre o trabalho temporário e também a disciplinar a terceirização em geral. Em linhas gerais, o trabalho temporário envolve a oferta de mão de obra, enquanto a terceirização, propriamente dita, trata da oferta de serviços especializados. Neste tópico, trataremos apenas do trabalho temporário, que pode ser considerado uma espécie de "terceirização de mão de obra", enquanto a terceirização de serviços, ou terceirização propriamente dita, será analisada em capítulo próprio.

O trabalhador temporário não se confunde com o empregado, regido pela Consolidação das Leis do Trabalho, a despeito de gozar de muitos direitos assegurados aos empregados.

Na relação de trabalho temporário estão envolvidos três sujeitos: o trabalhador, a empresa tomadora dos serviços (empresa-cliente) e a empresa de trabalho temporário (fornecedora de mão de obra). Trata-se de relação jurídica triangular.

Todavia, as empresas não possuem a faculdade de se utilizar da mão de obra temporária na medida exclusiva de suas conveniências. A Lei 6.019/1974 arrola taxativamente as hipóteses em que é possível a existência de trabalho temporário.

O contrato de trabalho temporário é celebrado entre a empresa tomadora de serviços e a empresa de trabalho temporário, em relação a determinado trabalhador, para atender à necessidade de substituição transitória de pessoal permanente ou à demanda complementar de serviços. O art. 2º, § 2º, da Lei 6.019/1974 estabelece que, demanda complementar de serviços é a "que seja oriunda de fatores imprevisíveis ou, quando decorrente de fatores previsíveis, tenha natureza intermitente, periódica ou sazonal".

O art. 4º da Lei 6.019/1974 define empresa de trabalho temporário como "a pessoa jurídica, devidamente registrada no Ministério do Trabalho, responsável pela colocação de trabalhadores à disposição de outras empresas temporariamente", enquanto o art. 5º define empresa tomadora de serviços como a "pessoa jurídica ou entidade a ela equiparada que celebra contrato de prestação de trabalho temporário com a empresa definida no art. 4º" e que possui responsabilidade subsidiária pelo pagamento das obrigações trabalhistas, a teor do art. 10, § 7º, da mesma lei. O contrato entre ambas deverá ser por escrito, conforme art. 9º da Lei 6.019/1974, assim como o contrato entre a empresa de trabalho temporário e o trabalhador, em consonância com o art. 11 da referida lei.

O prazo máximo de duração de um contrato de trabalho temporário com o mesmo tomador de serviços é de 180 dias, consecutivos ou não. Apenas quando terminado esse prazo, o contrato poderá ser prorrogado por mais 90 dias, consecutivos ou não, quando comprovada a manutenção das condições que o ensejaram. Como o trabalhador temporário não é um empregado, não há contrariedade dessas disposições com o art. 452 da CLT. O trabalhador temporário que cumprir os 270 dias só poderá prestar serviços temporários novamente para a mesma empresa após 90 dias do término do contrato anterior, ou terá reconhecido seu vínculo de emprego diretamente com a tomadora.

A Lei 6.019/1974 proíbe a contratação de trabalho temporário para a substituição de trabalhadores em greve, salvo nos casos previstos em lei, e não proíbe a contratação de trabalhadores temporários rurais. Ainda, o art. 9º, § 3º, da referida lei, deixa claro que o "contrato de trabalho temporário pode versar sobre o desenvolvimento de atividades-meio e atividades-fim a serem executadas na empresa tomadora de serviços". A inclusão desse dispositivo pela Lei 13.429/2017 não trouxe novidades para o trabalho temporário, pois o contrato de trabalho temporário sempre se destinou ao fornecimento de mão de obra nas hipóteses legalmente estabelecidas, sem qualquer restrição à atividade, vale dizer, já era permitida a contratação de trabalho temporário para suprir mão de obra na atividade-fim.

O trabalhador temporário não é empregado da empresa de trabalho temporário, nem da empresa tomadora de serviços. Simplesmente, não é empregado. A relação de trabalho temporário é anômala, e se dá entre o trabalhador e a empresa de trabalho temporário. No entanto, a empresa tomadora dos serviços será responsável pelos direitos oriundos da contratação na hipótese de falência da empresa de trabalho temporário (art. 16 da Lei 6.019/1974).[5]

Os direitos do trabalhador temporário são aqueles indicados nos parágrafos do art. 9º e no art. 12 da Lei 6.019/1974, mas também devem ser observadas as alterações introduzidas pelo art. 7º da CF no que respeita ao adicional de horas extras e jornada de trabalho. Também é beneficiário do FGTS, a teor da Lei 8.036/1990. Por disposição do art. 10 da Lei 6.019/1974, não existe vínculo empregatício entre a empresa tomadora e os trabalhadores temporários. Além disso, na hipótese de posterior admissão pela empresa tomadora dos serviços, não se aplicará ao trabalhador temporário o contrato de experiência previsto no art. 443, § 2º, "c", c/c art. 445, parágrafo único, ambos da CLT, por expressa disposição do art. 10, § 4º, da Lei 6.019/1974, acrescentado pela Lei 13.429/2017. Em verdade, mesmo antes dessa inovação expressa da Lei 13.429/2017, já

5. Por expressa disposição da Lei 6.019/1974, a empresa de trabalho temporário é empresa comercial. E, diante disto, a conclusão é que o objeto que comercializa é o trabalho humano.

entendíamos que não era possível que, terminado o período de trabalho temporário, a empresa tomadora firmasse, com o mesmo trabalhador, contrato de experiência para contratação direta no exercício das mesmas atividades, por incompatibilidade dos institutos. Não vemos óbice, no entanto, que a empresa tomadora contrate diretamente o trabalhador temporário, firmando contrato de experiência, para o exercício de outras atividades.

Finalmente, cumpre-nos registrar que o trabalhador temporário não goza de qualquer espécie de estabilidade provisória (gestante, acidente do trabalho – prevista no art. 118 da Lei 8.213/1991 etc.). Na hipótese de acidente do trabalho a empresa tomadora dos serviços ou cliente deve comunicar o fato à empresa de trabalho temporário, competindo a esta última a emissão da guia de Comunicação de Acidente do Trabalho/CAT, não obstante a própria tomadora dos serviços possa encaminhar o trabalhador à Previdência Social.

### 3.3 O trabalhador eventual

Segundo Amauri Mascaro Nascimento, o trabalho eventual traduz forma de trabalho subordinado,[6] ao lado da relação de emprego; contudo, não induz a sujeição do trabalhador ao poder disciplinar do tomador dos serviços, mas apenas ao poder de controle e organização. Nos termos da alínea "g" do inciso V do art. 12 da Lei 8.212/1991, trabalhador eventual é "aquele que presta serviço de natureza urbana ou rural em caráter eventual, a uma ou mais empresas, sem relação de emprego".

E, como lembra Sérgio Pinto Martins,[7] trata-se da pessoa física contratada para trabalhar numa certa ocasião, para uma tarefa específica: trocar a instalação elétrica, consertar o encanamento, construir um muro ou efetuar uma pintura, entre outras.

Observa-se, pois, que o traço característico do trabalhador eventual é a não fixação em determinada empresa.

Também são considerados eventuais os denominados "chapas", ou seja, aqueles trabalhadores que prestam serviços para diversas empresas, carregando e descarregando caminhões; e o mesmo se diga dos "boias-frias", que um dia trabalham para uma fazenda e outro dia para outra, e assim sucessivamente.

6. Amauri Mascaro Nascimento, *Curso de Direito do Trabalho*, cit., 8ª ed., p. 312.

7. Sérgio Pinto Martins, *Direito do Trabalho*, 3ª ed., São Paulo, Malheiros Editores, 1996, p. 134.

## 3.4 O trabalhador avulso

O trabalhador avulso não se confunde com o trabalhador eventual. A Lei 8.212/1991 definiu o trabalhador avulso no inciso VI de seu art. 12, com a redação atribuída pela Lei 9.876/1999: "quem presta, a diversas empresas, sem vínculo empregatício, serviços de natureza urbana ou rural definidos em regulamento". E o Decreto 3.048, de 12.5.1999, que aprovou o Regulamento da Previdência Social, ocupou-se do trabalhador avulso no seu art. 9º, VI: "trabalhador avulso – aquele que, sindicalizado ou não, presta serviço de natureza urbana ou rural, a diversas empresas, sem vínculo empregatício, com a intermediação obrigatória do órgão gestor de mão de obra, nos termos da Lei n. 8.630, de 25 de fevereiro de 1993, ou do sindicato da categoria profissional, assim considerados: a) o trabalhador que exerce atividade portuária de capatazia (serviço braçal), estiva (movimentação de mercadorias nos navios, arrumação nos porões etc.), conferência e conserto de carga, vigilância de embarcação e bloco; b) o trabalhador de estiva de mercadorias de qualquer natureza, inclusive carvão e minério; c) o trabalhador em alvarenga (embarcação para carga e descarga de navios); d) o amarrador de embarcação; e) o ensacador de café, cacau, sal e similares; f) o trabalhador na indústria de extração de sal; g) o carregador de bagagem em porto; h) o prático de barra em porto; i) o guindasteiro; e j) o classificador, o movimentador e o empacotador de mercadorias em portos".

O trabalho avulso na orla marítima está consagrado na Lei 12.815/2013, a qual revogou a Lei 8.630/1993, e passou a disciplinar o trabalho portuário marítimo. Contudo, referida lei não exclui a possibilidade de o trabalho ser desenvolvido por trabalhadores portuários com vínculo empregatício por prazo indeterminado; mas quanto aos *trabalhadores portuários avulsos* existe a exigência de que a contratação seja feita por meio de um órgão de gestão de mão de obra do trabalho portuário, que deve ser constituído pelo operador portuário. Já, o trabalho avulso desenvolvido em áreas urbanas e rurais, está disciplinado na Lei 12.023, de 27.8.2009, devendo ocorrer a intermediação obrigatória do sindicato da categoria profissional.

O trabalhador avulso tem todos os direitos trabalhistas assegurados (art. 7º, XXXIV, da CF[8]) – direitos que são repassados pelo sindicato profissional ou pelo órgão de gestão de mão de obra.

---

8. "XXXIV – igualdade de direitos entre o trabalhador com vínculo empregatício permanente e o trabalhador avulso."

É importante atentar para o fato de que, diversamente do avulso, o trabalhador eventual não tem todos os direitos trabalhistas assegurados, mas tão somente o valor do preço dos serviços e eventual multa em face do descumprimento contratual. E, ao contrário do trabalhador avulso, executa tarefas que não se inserem na vida normal da empresa.[9]

### 3.5 O trabalhador voluntário

Conforme já mencionamos alhures, a onerosidade é um dos requisitos do contrato de trabalho. Assim, o trabalho gratuito (por benemerência, altruísmo etc.) não atrai as regras do diploma consolidado.

O art. 1º da Lei 9.608/1998, com redação da Lei 13.297/2016, consagra o trabalho voluntário nos seguintes termos: "Considera-se serviço voluntário, para os fins desta Lei, a atividade não remunerada prestada por pessoa física a entidade pública de qualquer natureza ou a instituição privada de fins não lucrativos que tenha objetivos cívicos, culturais, educacionais, científicos, recreativos ou de assistência à pessoa".

A prestação de serviços nesta modalidade não gera obrigações trabalhistas nem previdenciárias, e o prestador do serviço voluntário pode ser ressarcido pelas despesas que comprovadamente realizar no desempenho das atividades voluntárias (art. 3º da Lei 9.608/1998); pressupõe a celebração de termo de adesão entre a entidade pública ou privada e o prestador do serviço voluntário, constando o objeto e as condições de exercício do serviço voluntário. A possibilidade do recebimento de auxílio financeiro custeado pela União, órgão público ou entidades privadas, sem fins lucrativos, previamente cadastradas no Ministério do Trabalho e Emprego, destinado ao trabalhador voluntário com idade entre 16 e 24 anos, integrante de família com renda mensal *per capita* de até meio salário-mínimo, deixou de existir com a Medida Provisória 11, de 28.12.2007, posteriormente convolada na Lei 11.692/2008, que revogou o art. 3º-A da Lei 9.608/1998.

Finalmente, observamos que o desvirtuamento da Lei 9.608/1998 poderá acarretar o reconhecimento do vínculo de emprego pela Justiça do Trabalho, parecendo-nos incensuráveis as considerações de Valentin Carrion neste particular: "A lei é generosa para o nosso meio, tão carente... Haverá necessidade de pesquisar o elemento subjetivo, a intenção

---

9. Por este motivo, reputamos equivocado o entendimento externado por Pedro Paulo Teixeira Manus no sentido de que "trabalhador eventual" e "trabalhador avulso" são expressões sinônimas (*Direito do Trabalho*, 7ª ed., São Paulo, Atlas, 2002, p. 71). As diferenças entre as duas figuras decorrem da própria Lei 8.212/1991.

das partes; e também o elemento objetivo, a admissibilidade ou não da efetiva voluntariedade de quem, não tendo meios de subsistência, não pode dar-se ao luxo de trabalhar com o caráter de filantropia e altruísmo ocupando toda a jornada útil de trabalho".[10]

Conclui-se, destarte, que a existência do trabalho voluntário pressupõe a conjugação dos elementos subjetivo (*animus contrahendi*) e objetivo, mormente em face do princípio da primazia da realidade, que norteia o direito do trabalho.

Por último, observa-se que não se encontra ao abrigo da Lei 9.608/1998 a possibilidade de uma empresa oferecer "trabalho voluntário" em troca de moradia, com vistas a recrutar trabalhadores estrangeiros, que acabam aceitando referidas condições para se estabelecer no Brasil. Referida hipótese poderá configurar trabalho análogo à condição de escravo, cuja tipificação está no art. 149 do Código Penal.

## 3.6 O estagiário

A prestação de serviços na modalidade de estágio esteve regulada, por mais de 30 anos, pela Lei 6.494/1977, a qual jamais obrigou a concessão de bolsa-auxílio ou qualquer contraprestação em favor do estagiário, salvo a contratação do seguro contra acidentes pessoais. Contudo, a matéria está atualmente regulada pela Lei 11.788, de 25.9.2008, em vigor desde a publicação (*DOU* 26.9.2008), e que revogou expressamente a lei anterior.

O art. 1º da Lei 11.788/2008 conceitua o estágio como "ato educativo escolar supervisionado, desenvolvido no ambiente de trabalho, que visa à preparação para o trabalho produtivo de educandos que estejam frequentando o ensino regular em instituições de educação superior, de educação profissional, de ensino médio, da educação especial e dos anos finais do ensino fundamental, na modalidade profissional da educação de jovens e adultos". Assim, deve proporcionar a aquisição de habilidades próprias ao exercício de determinada profissão e também objetiva preparar o estudante para o trabalho e exercício da cidadania (art. 1º, § 2º, da Lei 11.788).

Ao contrário da lei anterior, a Lei 11.788 consagra a possibilidade de estágio obrigatório ou não obrigatório, dependendo das diretrizes curriculares ou projeto pedagógico do curso. Ao contrário do não obrigatório, que é opcional, o estágio obrigatório é aquele definido como

10. Valentin Carrion, *Comentários à Consolidação das Leis do Trabalho*, 25ª ed., São Paulo, Saraiva, 2000, p. 37.

tal no projeto pedagógico do curso e cuja carga horária é requisito para aprovação e obtenção do diploma (art. 2º, § 1º, da Lei 11.788).

A prestação de serviços na modalidade de estágio, obrigatório ou não obrigatório, não gera vínculo empregatício, desde que ausentes os requisitos do art. 3º da CLT, e observadas as exigências do art. 3º da Lei 11.788/2008: a) matrícula e frequência do estagiário em alguma modalidade de curso mencionada no art. 1º da lei; b) celebração do termo de compromisso de estágio entre o educando, a parte concedente do estágio e a instituição de ensino; c) compatibilidade entre as atividades desenvolvidas no estágio e aquelas previstas no termo de compromisso.

O descumprimento de algum dos requisitos do art. 3º da Lei 11.788 caracteriza vínculo de emprego entre o educando e a parte concedente do estágio (art. 3º, § 2º, da lei), a menos que a parte concedente seja órgão da Administração Pública direta, autárquica ou fundacional de qualquer dos Poderes da União, dos Estados, do Distrito Federal ou dos Municípios (art. 7º da Lei 11.788), eis que a existência do vínculo de emprego com a Administração Pública depende de prévia aprovação em concurso público de provas ou de provas e títulos (art. 37, II, da CF). Em síntese, é preciso admitir que o legislador disse mais do que queria ao não excepcionar os órgãos da Administração Pública no art. 3º, § 2º, da Lei 11.788/2008, cabendo a interpretação de que o reconhecimento do vínculo poderá ocorrer apenas quando a parte concedente for pessoa jurídica de direito privado ou profissional liberal de nível superior devidamente registrado em seu respectivo conselho de fiscalização profissional, excepcionando, inclusive, as empresas públicas e sociedades de economia mista, que integram a Administração Pública indireta, e também só podem contratar empregados mediante concurso público.

A jornada de trabalho será definida de comum acordo entre a instituição de ensino, a parte concedente do estágio e o estagiário ou seu representante legal (art. 10 da Lei 11.788/2008), mas deve se compatibilizar com a frequência às aulas e não ser superior: a) a 4 horas diárias e 20 horas semanais nos casos de estudante de educação especial e dos anos finais do ensino fundamental, na modalidade profissional de educação de jovens e adultos; b) 6 horas diárias e 30 horas semanais no caso de estudantes do ensino superior, da educação profissional de nível médio e do ensino médio regular.

A duração do estágio será de, no máximo, 2 anos, não se admitindo o prazo indeterminado, como ocorria na vigência da lei anterior, a menos que o estagiário seja portador de deficiência (art. 11 da Lei 11.788/2008).

O recebimento de bolsa-auxílio ou qualquer outra forma de contraprestação poderá ser acordado entre as partes, mas será compulsório quando se tratar de estágio não obrigatório. E como não terá natureza salarial, não se cogita da garantia do salário-mínimo ou de qualquer garantia que vise à proteção específica do salário.

O estagiário terá, ainda, direito a um período de recesso de 30 dias quando o estágio tiver duração igual ou superior a um ano, gozado preferencialmente durante as férias escolares (art. 13 da Lei 11.788), e será obrigatoriamente remunerado quando o estagiário receber bolsa-auxílio ou alguma outra forma de contraprestação (art. 13, § 1º, da Lei 11.788/2008), tendo direito ao gozo proporcional quando o estágio tiver duração inferior a um ano. Além disso, é forçoso reconhecer que não haverá direito ao acréscimo do terço constitucional (art. 7º, XVII, da CF), pois o recesso destinado ao estagiário não tem a mesma natureza jurídica das férias dos empregados.

Por último, observamos que o estágio profissional de advocacia tem disciplina específica na Lei 8.906/1994 que deve se harmonizar com a lei de caráter geral (Lei 11.788/2008), podendo ser realizado nos dois últimos anos do curso de bacharelado em Direito (art. 9º, § 1º, da Lei 8.906/1994).

## 4. Figuras especiais de empregado

### 4.1 O empregado doméstico

Considera-se empregado doméstico a pessoa física que presta serviços de forma contínua, subordinada, onerosa e pessoal e de finalidade não lucrativa à pessoa ou à família, no âmbito residencial destas, por mais de dois dias por semana.

A Constituição Federal estende aos domésticos alguns direitos, consoante se infere do parágrafo único de seu art. 7º, modificado pela Emenda Constitucional 72/2013. Trata-se de rol taxativo, não competindo ao intérprete estender os benefícios. Como se observa da leitura desse parágrafo, alguns desses direitos possuem eficácia contida, ou seja, a eficácia desses direitos pode ser restringida por lei. Em 2015, foi publicada a Lei Complementar 150/2015, que dispôs sobre o contrato de trabalho dos empregados domésticos e sobre esses direitos constitucionais de eficácia contida. Todos os direitos versados neste tópico estão disciplinados na referida lei complementar.

Vale dizer, o empregado doméstico não goza de todos os direitos assegurados aos empregados regidos pela Consolidação das Leis do Trabalho, muito embora o diploma consolidado possa ser aplicado subsidiariamente, assim como as leis que tratam do repouso semanal remunerado (Lei 605/1949), da gratificação natalina (Leis 4.090/1962 e 4.749/1965) e do vale-transporte (Lei 7.418/1985), por força do art. 19 da Lei Complementar 150/2015.

A duração semanal do trabalho do empregado doméstico será de 44h, de modo que a remuneração da hora extraordinária será, no mínimo, 50% superior ao valor da hora normal, facultando-se a compensação de horas mediante acordo escrito entre empregador e empregado. É obrigatório o registro do horário de trabalho do empregado doméstico por qualquer meio manual, mecânico ou eletrônico, desde que idôneo.

Também é obrigatória a concessão de intervalo para repouso ou alimentação pelo período de, no mínimo, 1 hora e, no máximo, 2 horas, admitindo-se, mediante prévio acordo escrito entre empregador e empregado, sua redução a 30 minutos. Caso o empregado resida no local de trabalho, o período de intervalo poderá ser desmembrado em 2 períodos, desde que cada um deles tenha, no mínimo, 1 hora, até o limite de 4 horas ao dia. Esse desmembramento deve ser obrigatoriamente anotado no registro diário de horário, vedada a prenotação.

O empregado doméstico possui direito ao adicional noturno, hora noturna reduzida, intervalo interjornada de 11h, descanso semanal remunerado de 24h, de um dia por semana, preferencialmente aos domingos, e em feriados, e férias, sendo lícito ao empregado que reside no local de trabalho nele permanecer durante as férias.

Em relação ao empregado responsável por acompanhar o empregador prestando serviços em viagem, serão consideradas apenas as horas efetivamente trabalhadas no período, podendo ser compensadas as horas extraordinárias em outro dia. O acompanhamento do empregador pelo empregado em viagem será condicionado à prévia existência de acordo escrito entre as partes. A remuneração-hora do serviço em viagem será, no mínimo, 25% superior ao valor do salário-hora normal e poderá ser, mediante acordo, convertido em acréscimo no banco de horas, a ser utilizado a critério do empregado. É vedado ao empregador doméstico efetuar descontos no salário do empregado por fornecimento de alimentação, vestuário, higiene ou moradia, bem como por despesas com transporte, hospedagem e alimentação em caso de acompanhamento em viagem.

É possível a contratação de empregado doméstico em regime de tempo parcial, considerado aquele que não exceda de 25h semanais. Nesse caso, o salário será proporcional à jornada, em relação ao empregado que cumpra, nas mesmas funções, tempo integral. Em regime parcial não é permitida a prestação de serviços em horas extras, salvo mediante acordo escrito, admitindo-se, nessa hipótese, 1h extra diária e 6h máximas para compensação. O empregado doméstico em regime de tempo parcial terá direito a férias, conforme proporção estabelecida no § 3º do art. 3º da Lei Complementar 150/2015.

É possível também a contratação de empregado doméstico por prazo determinado nas hipóteses de contrato de experiência ou de necessidades familiares de natureza transitória e para substituição temporária de empregado doméstico com contrato de trabalho interrompido ou suspenso. Em relação a esta segunda hipótese, a duração do contrato de trabalho é limitada ao término do evento que motivou a contratação, obedecido o limite máximo de dois anos. O contrato de experiência não poderá exceder 90 dias e poderá ser prorrogado uma vez, desde que a soma dos dois períodos não ultrapasse os 90 dias. Se, havendo continuidade do serviço, não for prorrogado após o decurso de seu prazo previamente estabelecido ou a prestação de serviços por prazo determinado ultrapassar o período de 90 dias, o contrato passará a vigorar por prazo indeterminado. O empregador que, sem justa causa, despedir o empregado por prazo determinado é obrigado a pagar-lhe, a título de indenização, metade da remuneração a que teria direito até o termo do contrato. Da mesma forma, o empregado não poderá se desligar do contrato sem justa causa, sob pena de ser obrigado a indenizar o empregador dos prejuízos que desse fato lhe resultarem, mas essa indenização não poderá exceder aquela a que teria direito o empregado em idênticas condições. Por fim, na vigência de contrato por prazo determinado, não será exigido aviso prévio, que é necessário se o contrato se der por prazo indeterminado, nos moldes dos arts. 23 e 24 da Lei Complementar 150/2015.

Está autorizada a adoção de jornada 12x36 para o empregado doméstico, mediante acordo escrito, observados ou indenizados os intervalos para repouso e alimentação.

É garantido à empregada doméstica gestante o direito à licença-maternidade de 120 dias e à estabilidade à gestante prevista na alínea "b" do inciso II do art. 10 do Ato das Disposições Constitucionais Transitórias, mesmo em contratos por prazo determinado.

O empregado doméstico é segurado obrigatório da Previdência Social e é devida sua inclusão no Fundo de Garantia do Tempo de Serviço

(FGTS), na forma da Resolução 780 do Conselho Curador do FGTS. Possui, também, direito ao seguro-desemprego, que deverá ser requerido entre 7 e 90 dias contados da data de dispensa.

Por último, impõe-se observar que essas disposições não se aplicam às chamadas "faxineiras diaristas", pois estas não preenchem todos os requisitos do art. 1º da Lei Complementar 150, sobretudo no que se refere à prestação de serviços por mais de dois dias na semana (art. 1º, da Lei Complementar 150/2015). Verifica-se, pois, uma distinção em relação ao art. 3º da CLT, que alude a trabalho "não eventual", e contempla a possibilidade do trabalhador ser considerado empregado mesmo trabalhando um ou dois dias por semana.

### 4.2 O empregado rural

Ao lado do empregado doméstico, o empregado rural também traduz modalidade específica de trabalhador empregado, ao qual, em princípio não se aplicam as disposições consolidadas, por expressa disposição do art. 7º, "b", da CLT.

Com efeito, o trabalho rural encontra-se regido pela Lei 5.889/1973, e no seu art. 2º encontramos a definição de empregado rural: "Empregado rural é toda pessoa física que, em propriedade rural ou prédio rústico, presta serviços de natureza não eventual a empregador rural, sob a dependência deste e mediante salário".

A disciplina específica do trabalho rural decorre das peculiaridades da atividade rural, as quais não foram consagradas no diploma consolidado.

De qualquer sorte, inúmeros direitos sociais conferidos ao empregado urbano foram estendidos ao empregado rural, consoante se infere do *caput* do art. 7º da CF.

### 4.3 O empregado aprendiz

Octávio Bueno Magano[11] ensina que a aprendizagem traduz um processo, na medida em que se projeta no tempo e objetiva a capacitação do trabalhador para um ofício, arte ou função, no qual preponderam os conhecimentos técnicos e profissionais em detrimento daqueles de natureza puramente teórica.

---

11. Octávio Bueno Magano, *Manual de Direito do Trabalho*, vol. IV, "Direito Tutelar do Trabalho", São Paulo, LTr, 1987, p. 121.

Oris de Oliveira adotou idêntico posicionamento, ao afirmar: "A aprendizagem se conceitua como forma de aquisição de capacidades que faz de seu detentor um profissional, devendo, para tanto, ser alternada (conjugam-se ensino teórico e prático), metódica (operações de conformidade com um programa em que se passa do menos para o mais complexo), sob orientação de um responsável (pessoa física ou jurídica), em ambiente adequado (condições objetivas: pessoal, docente, aparelhagem)".[12]

Dispõe o art. 428 da CLT, com redação determinada pela Lei 11.180, de 23.9.2005: "Contrato de aprendizagem é o contrato especial, ajustado por escrito e por prazo determinado, em que o empregador se compromete a assegurar ao maior de 14 (quatorze) e menor de 24 (vinte e quatro) anos, inscrito em programa de aprendizagem, formação técnico-profissional metódica, compatível com o seu desenvolvimento físico, moral e psicológico, e o aprendiz, a executar, com zelo e diligência, as tarefas necessárias a essa formação". A idade máxima de 24 anos não se aplica aos aprendizes com deficiência (art. 428, § 5º, da CLT).

Por outro lado, a validade do contrato de aprendizagem pressupõe a anotação na CTPS, bem como a matrícula e frequência do aprendiz à escola, caso não tenha concluído o ensino médio, e a inscrição em programa de aprendizagem desenvolvido sob a orientação de entidade qualificada em formação técnico-profissional metódica (art. 428, § 1º, da CLT, com redação determinada pela Lei 11.788/2008).

No Brasil foram criados, inicialmente, dois órgãos que objetivam a formação profissional e que mantêm cursos de aprendizagem: o Serviço Nacional de Aprendizagem Industrial/SENAI, criado pelo Decreto-lei 4.048, de 22.1.1942, e o Serviço Nacional de Aprendizagem Comercial/SENAC, criado pelo Decreto-lei 8.621, de 10.1.1946 – os quais perderam o monopólio dos cursos de aprendizagem com o advento da Lei 10.097/2000.

Por força da atual redação do art. 430 da CLT, na hipótese de os Serviços Nacionais de Aprendizagem não oferecerem cursos ou vagas suficientes para atender às demandas dos estabelecimentos, a aprendizagem poderá ser suprida por outras entidades qualificadas em formação técnico-profissional metódica, tais como: a) escolas técnicas de educação; b) entidades sem fins lucrativos que tenham por objetivo a assistência ao adolescente e a educação profissional, registradas no Conselho Municipal dos Direitos da Criança e do Adolescente.

12. Oris de Oliveira, "O trabalho da criança e do adolescente no setor rural", *Síntese Trabalhista* 102/151, Ano VIII, Porto Alegre, Síntese, dezembro/1997.

O art. 429 da CLT, na sua redação primitiva, estabelecia a obrigatoriedade de admissão de aprendizes, no percentual de 5%, no mínimo, a 15%, no máximo, do total de trabalhadores nos estabelecimentos industriais de qualquer natureza (inclusive de transportes, comunicações e pesca), com a consequente matrícula no SENAI.

A Lei 5.274/1967, por seu turno, consagrou a obrigatoriedade de todas as empresas terem a seu serviço o mínimo de 5% e o máximo de 10% de menores de 18 anos – percentual calculado sobre o total de empregados que se encontravam em funções compatíveis com o trabalho do menor – e proporcionar a estes menores a aprendizagem nas funções que demandassem formação profissional. Ao contrário do que sustentava Valentin Carrion,[13] entendemos que referida lei não revogou tacitamente o dispositivo consolidado (art. 429 e sua alínea "a"; a alínea "b" já se encontrava revogada desde 1946, em face do Decreto-lei 9.576), havendo perfeita compatibilidade entre ambos.

No entanto, a atual redação do mesmo dispositivo consolidado (art. 429), concebida pela Lei 10.097/2000, estabelece a obrigatoriedade de admissão de aprendizes, no percentual de 5%, no mínimo, a 15%, no máximo, dos trabalhadores existentes em cada estabelecimento, exigência destinada a "estabelecimentos de qualquer natureza", desde que haja trabalhadores cujas funções demandem formação técnico-profissional metódica. Isto porque nem todas as atividades comportam aprendizagem no emprego; e entre aquelas que comportam este tipo de formação profissional o tempo de duração é variável. As microempresas e as empresas de pequeno porte estão dispensadas de empregar aprendizes e, se o fizerem, estarão dispensadas de matriculá-los nos Serviços Nacionais de Aprendizagem (art. 51 da Lei Complementar 123/2006). Por força do art. 429, § 1º-B, da CLT, acrescentados pela Lei 13.420/2017, esses estabelecimentos obrigados a contratar aprendizes poderão destinar o equivalente a até 10% de sua cota à formação técnico-profissional metódica em áreas relacionadas a práticas de atividades desportivas, à prestação de serviços relacionados à infraestrutura, incluindo as atividades de construção, ampliação, recuperação e manutenção de instalações esportivas e à organização e promoção de eventos esportivos.

Diante deste quadro, a Portaria 43/1953 do Ministério do Trabalho e Emprego estabeleceu uma relação de ofícios e ocupações com os prazos de aprendizagem no emprego a serem observados. Contudo, o

---

13. Valentin Carrion, *Comentários à Consolidação das Leis do Trabalho*, 19ª ed., São Paulo, Ed. RT, 1995, p. 264.

prazo máximo não poderá superar dois anos, salvo quando se tratar de aprendiz portador de deficiência, conforme o art. 428, § 3º, da CLT, com redação da Lei 11.788/2008.

Finalmente, a jornada de trabalho do aprendiz não excederá de seis horas diárias – não se permitindo prorrogação e compensação da jornada –, limite que poderá ser de até oito horas se o aprendiz já tiver completado o ensino fundamental, sempre computando as horas destinadas à aprendizagem teórica; e não mais se têm dúvidas quanto à garantia do salário-mínimo/hora (art. 428, § 2º, da CLT).[14]

## 5. O empregador

O art. 2º da CLT estabelece que "considera-se empregador a empresa, individual ou coletiva, que, assumindo os riscos da atividade econômica, admite, assalaria e dirige a prestação pessoal de serviço". Vale dizer: nos termos da norma consolidada, empregador é a *empresa* – afirmação que encontra críticas na doutrina, na medida em que a empresa é objeto de direito, e não sujeito de direitos e obrigações.

Com propriedade, Sérgio Pinto Martins lembra-nos que "empresa é a atividade organizada para a produção de bens e serviços para o mercado, com fito de lucro"[15] – motivo pelo qual *empregador* seria a pessoa física ou jurídica.

De qualquer sorte, não se pode olvidar que muitas vezes o empregador não é dotado de personalidade jurídica, mas não perde a qualidade de empregador.[16] Basta que imaginemos uma sociedade de fato, por exemplo.

No mais, a norma consolidada não obriga a que o empregador exerça alguma atividade econômica. As entidades sem fins lucrativos e os profissionais liberais também podem ter empregados, consoante se infere do § 1º do art. 2º da CLT.

---

14. Não mais se cogita de pagamento de meio salário-mínimo ao menor durante a primeira metade da duração máxima prevista para o aprendizado e dois terços do salário-mínimo na segunda metade. A Lei 10.097/2000 revogou expressamente o art. 80 da CLT. De nossa parte, já entendíamos pela revogação tácita, por força do art. 7º, XXX, da CF, que proíbe a diferença de salários por motivo de sexo, idade, cor ou estado civil.

15. Sérgio Pinto Martins, *Direito do Trabalho*, cit., 3ª ed., p. 139.

16. "Empregador é todo ente, dotado ou não de personalidade jurídica, como também o será tanto a pessoa física como a pessoa jurídica" (Amauri Mascaro Nascimento, *Iniciação ao Direito do Trabalho*, 23ª ed., São Paulo, LTr, 1997, pp. 188-189).

Algumas figuras de empregador foram acrescentadas pela doutrina e pela jurisprudência, tais como: o condomínio, a massa falida, o espólio, os Estados-membros, os Municípios, as autarquias, as fundações etc. Também poderá ser empregador a pessoa física ou jurídica que explore atividades agrícolas, pastoris ou de indústria rural (empregador rural – Lei 5.889/1973); e também o empregador doméstico – este último com obrigações trabalhistas limitadas pela Lei Complementar 150/2015 e parágrafo único do art. 7º da CF.[17]

### 5.1 Grupo de empresas

O art. 2º, § 2º, da CLT, modificado pela Reforma Trabalhista, dispõe sobre a responsabilidade solidária das empresas integrantes do mesmo grupo econômico do empregador, para fins trabalhistas, cuja redação é a seguinte: "Sempre que uma ou mais empresas, tendo, embora, cada uma delas, personalidade jurídica própria, estiverem sob a direção, controle ou administração de outra, ou ainda quando, mesmo guardando cada uma sua autonomia, integrem grupo econômico, serão responsáveis solidariamente pelas obrigações decorrentes da relação de emprego".

A Reforma Trabalhista ainda acrescentou o § 3º ao art. 2º da CLT, com a seguinte redação: "Não caracteriza grupo econômico a mera identidade de sócios, sendo necessárias, para a configuração do grupo, a demonstração do interesse integrado, a efetiva comunhão de interesses e a atuação conjunta das empresas dele integrantes".

Em relação ao conceito anterior de grupo econômico, temos que a Lei 13.467/2017 ampliou expressamente a possibilidade de solidariedade, visto que passam a ser solidárias, também, as empresas em grupo econômico por coordenação, ou seja, as que, guardando cada qual a sua autonomia, atuam conjuntamente, em relação horizontal, independentemente da existência de controle, desde que possuam interesse integrado e efetiva comunhão de interesses. Não obstante a alteração legislativa, essa ampliação da solidariedade já era aplicada pela jurisprudência e por nós defendida, por aplicação analógica da Lei 5.889/1973, que disciplina o trabalho rural.

Exemplo flagrante de grupo econômico pode ser encontrado no caso da *holding*, situação em que uma empresa-mãe controla as em-

---

17. Atente-se para o fato de que o empregador doméstico não pode ser pessoa jurídica. Assim, o empregado de uma chácara de recreio será empregado doméstico se o proprietário for pessoa física; mas será empregado regido pela Consolidação das Leis do Trabalho se o proprietário for pessoa jurídica.

presas-filhas. Mas é também possível identificar a existência de grupo econômico quando as empresas são comandadas por pessoas físicas que detêm o controle acionário de diversas empresas, havendo um controle comum.[18] Assim, pessoas de uma mesma família que controlam e administram várias empresas formam grupo econômico.[19]

Como dissemos, para os fins da relação de emprego, não se deve abarcar tão somente as hipóteses de existência de direção, controle ou administração entre as empresas (relações de subordinação), mas devemos incluir as relações de coordenação entre elas, a exemplo do que ocorre no art. 3º, § 2º, da Lei 5.889/1973, que disciplina o trabalho rural.

Apenas a título exemplificativo, podemos visualizar a situação de duas empresas que possuem sócios comuns, sendo que uma delas foi criada tão somente para suprir a necessidade de matéria-prima da outra, embora isto não conste expressamente de seu contrato social.

Outra questão tormentosa reside no fato de a solidariedade disciplinada no art. 2º, § 2º, da CLT ser ativa e passiva ou apenas passiva – ou seja, discute-se acerca de o grupo econômico ser empregador único (solidariedade passiva e ativa), ou não (solidariedade meramente passiva).

Antes de iniciarmos a discussão, tendo em vista o caráter didático desta obra, devemos lembrar o conceito de solidariedade indicado no art. 264 do CC: "Há solidariedade, quando na mesma obrigação concorre

---

18. "Contudo, o grupo empregador de que trata a Consolidação das Leis do Trabalho não corresponde apenas ao *grupo de sociedades* a que se refere o Capítulo XXI da Lei das Sociedades Anônimas. A responsabilidade solidária das empresas componentes de um grupo econômico, para os efeitos da relação de emprego, *independe de formalização*. Na verdade, o conceito de grupo empregador adotado pela Consolidação das Leis do Trabalho traduz uma tomada de posição do Direito diante do fenômeno da concentração econômico-financeira. O propósito do legislador foi sobrepor ao formalismo jurídico a evidência de uma realidade social. Aliás, a lei trabalhista não condiciona a configuração do grupo empregador, para os efeitos da relação de emprego, à circunstância de serem as empresas componentes do grupo econômico controladas, dirigidas ou administradas por uma sociedade-*mater* ou por uma *holding company*. A expressão 'empresa principal' pode significar uma pessoa natural, um grupo de acionistas ou uma pessoa jurídica. O preceituado no art. 5º da Lei de Introdução ao Código Civil, [*Lei de Introdução às Normas do Direito Brasileiro, nova denominação dada pela Lei 12.376, de 30.12.2010*] no sentido de que, na aplicação da lei, cumpre ao intérprete atender aos seus fins sociais, impõe esta conclusão" (Arnaldo Süssekind, *Curso de Direito do Trabalho*, Rio de Janeiro, Renovar, 2002, pp. 192-193).

19. Cf. Sérgio Pinto Martins, *Direito do Trabalho*, cit., 3ª ed., p. 148.

mais de um credor, ou mais de um devedor, cada um com direito, ou obrigado, à dívida toda".

Ocorre a solidariedade ativa entre credores e solidariedade passiva entre devedores. O contrato de trabalho, como sabemos, traduz negócio jurídico que pressupõe a existência de dois sujeitos (empregado e empregador), com obrigações recíprocas. A principal obrigação do empregado é a prestação dos serviços, e uma das principais obrigações do empregador é o pagamento de salários – fato que deixa evidente as situações de credor e devedor tanto do empregado quanto do empregador. O empregador é devedor dos salários e demais obrigações trabalhistas, por exemplo; mas é credor da prestação de serviços.

A discussão em torno do alcance do art. 2º, § 2º, da CLT resume-se à seguinte questão: todas as empresas do mesmo grupo econômico podem exigir a prestação de serviços do trabalhador (solidariedade ativa), já que o grupo seria empregador único, ou são apenas responsáveis solidárias pela satisfação das obrigações trabalhistas (solidariedade passiva)?

Carine Murta Nagem[20] lembra-nos que a solidariedade nos grupos de empresas foi regulada pela primeira vez através da Lei 435, de 17.5.1937, cujo projeto tinha como justificativa "resguardar os empregados de grupos industriais de possíveis perdas de direitos ou vantagens que a legislação social lhes confere, tais como férias, contagem de tempo etc.", e que teve a seguinte redação:

"Art. 1º. Sempre que uma ou mais empresas, tendo, embora, cada uma delas personalidade jurídica própria, estiverem sob a direção, controle ou administração de outra, constituindo grupo industrial ou comercial, para efeitos da legislação trabalhista serão solidariamente responsáveis a empresa principal e cada uma das subordinadas.

"Parágrafo único. Essa solidariedade não se dará entre as empresas subordinadas, nem diretamente, nem por intermédio da empresa principal, a não ser para o fim único de se considerarem todas como um mesmo empregador."

Contudo, cerca de seis anos mais tarde, a Consolidação das Leis do Trabalho foi aprovada, e a questão foi tratada no art. 2º, § 2º, com redação que não sofreu modificação até a presente data, não tendo repetido a expressão "mesmo empregador". E daí se iniciou a controvérsia:

20. Carine Murta Nagem, "Caracterização do grupo econômico justrabalhista", *LTr* 66/551-552, São Paulo, LTr, maio/2002.

houve ou não abandono da ideia do grupo econômico como empregador único?

A própria articulista mencionada anteriormente entende que não houve revogação do conceito de empregador único, entendimento defendido por Octávio Bueno Magano[21] e Evaristo de Moraes Filho.[22]

Com a devida vênia – e sem pretender tirar o brilho da autora –, acreditamos que Carine Murta Nagem não revelou coerência lógica na sequência de seu artigo. Isto porque, com vistas à defesa de que devem ser considerados os grupos que se estabelecem por coordenação, acolheu a interpretação conjugada do art. 2º, § 2º, da CLT com o art. 3º, § 2º, da Lei 5.889/1973.[23] Contudo, não adotou idêntico procedimento para concluir que o grupo econômico não é empregador único – vale dizer, olvidou que o dispositivo que assegura a responsabilidade solidária do grupo econômico rural (art. 3º, § 2º, da Lei 5.889/1973) dispõe, textualmente, que as empresas que integram grupo econômico ou financeiro rural "serão responsáveis solidariamente nas obrigações decorrentes da relação de emprego". Ora, se a responsabilidade solidária é quanto às obrigações, parece-nos óbvio que seja apenas a solidariedade passiva, salvo ajuste em contrário que pudesse abrigar também a solidariedade ativa (art. 265 do mesmo CC: "A solidariedade não se presume; resulta da lei ou da vontade das partes").

Não se têm dúvidas de que o art. 2º, § 2º, da CLT consagra a solidariedade passiva das empresas que integram o mesmo grupo econômico, subsistindo apenas a dúvida quanto à solidariedade ativa.

Somos de opinião que o dispositivo consolidado não abriga a solidariedade ativa, pelo simples fato de que alude à *responsabilidade* das empresas do grupo, e não a direitos subjetivos destas ("... serão *responsáveis solidariamente pelas obrigações decorrentes* da relação de emprego" – grifamos).[24] Ora, se houve alusão a responsabilidade solidária é porque a solidariedade se restringe às obrigações, mais precisamente às trabalhistas, de acordo com o texto legal. A solidariedade é passiva e,

---

21. Octávio Bueno Magano, *Os Grupos de Empresas no Direito do Trabalho*, São Paulo, Ed. RT, 1979, p. 239.
22. Evaristo de Moraes Filho e Antônio Carlos Flores de Moraes, *Introdução ao Direito do Trabalho*, 8ª ed., São Paulo, LTr, 2000, p. 260.
23. Carine Murta Nagem, "Caracterização do grupo econômico justrabalhista", cit., *LTr* 66/553.
24. Neste sentido, foi mais feliz a Lei 5.889/1973 ao afirmar que "serão responsáveis solidariamente nas obrigações (...)" (art. 3º, § 2º).

excepcionalmente, ativa (desde que haja a vontade das partes – art. 265 do CC de 2002).

São adeptos da corrente doutrinária que apregoa tão somente a solidariedade passiva das empresas que integram o grupo econômico: Amauri Mascaro Nascimento,[25] Antônio Lamarca[26] e Pedro Paulo Teixeira Manus.[27]

Os autores que adotam a corrente diversa costumam citar a Súmula 129 do Tribunal Superior do Trabalho, que teria acenado com a existência de solidariedade ativa entre as empresas do grupo, cuja redação é a seguinte: "A prestação de serviços a mais de uma empresa do mesmo grupo econômico, durante a mesma jornada de trabalho, não caracteriza a coexistência de mais de um contrato de trabalho, salvo ajuste em contrário".

Pessoalmente, não vemos como prestigiar o argumento de que referida súmula teria inspirado a corrente doutrinária que consagra a solidariedade ativa das empresas que integram o mesmo grupo econômico, mesmo porque nunca é demais lembrar que a solidariedade decorre de lei ou da vontade das partes (art. 265 do CC).

Igualmente, a Súmula 129 do Tribunal Superior do Trabalho não autoriza a transferência do empregado de uma empresa para outra, do mesmo grupo econômico, e tampouco afirma que todas as empresas do grupo podem exigir a prestação de serviços do empregado. Afinal de contas, todo caso concreto deve ser analisado individualmente, sempre à luz do art. 468 da CLT; vale dizer, não está vedada a transferência do empregado, ou mesmo a prestação de serviços para mais de uma empresa do grupo, desde que haja aquiescência do trabalhador e que a alteração contratual não lhe traga prejuízos. Por outro lado, nada obsta a que seja pactuada a prestação de serviços, simultaneamente, para todas as empresas do grupo, por ocasião da contratação – hipótese em que

25. "O grupo de empresas, em face da nossa lei, não é empregador único, a menos que se sustente que o grupo de empresas é, por sua vez, uma empresa. Esse raciocínio seria de difícil aceitação para o caso, porque a lei expressamente declara que no grupo as empresas devem ser autônomas, cada uma tendo personalidade jurídica própria (CLT, art. 2º, § 2º)" (Amauri Mascaro Nascimento, *Iniciação ao Direito do Trabalho*, 27ª ed., São Paulo, LTr, 2001, p. 201).

26. Antônio Lamarca, *Contrato Individual de Trabalho*, São Paulo, Ed. RT, 1969, pp. 87-88.

27. "Não há solidariedade ativa, no sentido de as demais empresas poderem exigir do empregado de uma delas a prestação de serviços às demais, (...)" (Pedro Paulo Teixeira Manus, *Direito do Trabalho*, cit., 7ª ed., p. 87).

haverá solidariedade ativa (além da passiva), por vontade das partes (art. 265 do CC de 2002).

Em síntese, a responsabilidade solidária das empresas do grupo pressupõe que a reclamação trabalhista seja ajuizada em face do empregador e das demais empresas que o empregado pretende ver responsabilizadas. Vale dizer, uma empresa do grupo econômico não pode ser surpreendida em execução trabalhista se não integrou a relação jurídica processual na fase de conhecimento, ficando ressalvados os casos de desconsideração da personalidade jurídica, por aplicação do art. 28, § 5º, da Lei 8.078/1990 (Código de Defesa do Consumidor/CDC) ou do art. 50 do CC, situação em que os sócios do executado (pessoa física ou jurídica) acabam respondendo pela satisfação do crédito exequendo, bem como nas situações em que as empresas integrantes do grupo se comportam como empresa única, e também quando se verifica práticas fraudulentas.

5.2  Alterações na empresa

As alterações na empresa podem se verificar em duas hipóteses: a) alteração na estrutura jurídica; b) alteração na propriedade da empresa.

A CLT cuidou das alterações na empresa nos arts. 10 e 448. Com a Reforma Trabalhista, foram acrescentados à CLT os arts. 10-A e 448-A.

O art. 10 consagra a alteração na estrutura jurídica da empresa, e o faz nos seguintes termos: "Qualquer alteração na estrutura jurídica da empresa não afetará os direitos adquiridos por seus empregados".

São exemplos de alteração na estrutura jurídica da empresa a transformação de sociedade anônima (S/A) para sociedade por cotas de responsabilidade limitada (Ltda.), e vice-versa, ou qualquer alteração de uma forma de sociedade para outra (empresa individual para sociedade, por exemplo).

Nos termos do art. 10-A da CLT, o sócio retirante será responsável subsidiário pelas obrigações trabalhistas da sociedade relativas ao período em que figurou como sócio, mas somente em ações ajuizadas até dois anos depois de averbada a modificação do contrato, observada a seguinte ordem de preferência: a) a empresa devedora; b) os sócios atuais; e c) os sócios retirantes. No entanto, o sócio retirante responderá solidariamente com os demais quando ficar comprovada fraude na alteração societária decorrente da modificação do contrato.

O art. 448 da CLT, por sua vez, estabelece que: "A mudança na propriedade ou na estrutura jurídica da empresa não afetará os contratos de trabalho dos respectivos empregados". O art. 448-A da CLT define que, caracterizada a sucessão empresarial ou de empregadores prevista nos arts. 10 e 448 da CLT, as obrigações trabalhistas, inclusive as contraídas à época em que os empregados trabalhavam para a empresa sucedida, são de responsabilidade do sucessor, mas a empresa sucedida responderá solidariamente com a sucessora quando ficar comprovada fraude na transferência.

A mudança na propriedade da empresa traduz a alienação da empresa a outro(s) empresário(s) e também o fenômeno que a doutrina denomina "sucessão de empresas", que ocorre no caso de absorção de uma empresa por outra (fusão, incorporação etc.).[28]

O disposto no diploma consolidado acerca da manutenção dos direitos adquiridos pelos empregados no curso do contrato de trabalho reside no princípio da continuidade da relação de emprego e no fato de que empregador é a empresa, e não seus titulares. Ademais, o contrato de trabalho é *intuitu personae* em relação ao empregado, e não em relação ao empregador, motivo pelo qual a sucessão de empresas não é justa causa para que o empregado dê o contrato de trabalho por rescindido, nem para pleitear indenizações.[29]

Não seria lógico nem justo admitir que o empregado pudesse ser prejudicado com as alterações na empresa, mesmo porque não é consultado nem dá causa às possíveis alterações. E, assim, os direitos trabalhistas são assegurados, devendo o empregado se voltar contra o atual empregador na hipótese de inadimplemento das obrigações trabalhistas.

Conclui-se, pois, que nos casos de sucessão de empresas o novo proprietário sub-roga-se nos direitos e obrigações do anterior, desenvolvendo-se o contrato de trabalho sem prejuízo algum para o trabalhador. O sucessor responde por todos os débitos trabalhistas, inclusive aqueles oriundos do período anterior à sucessão, restando-lhe, tão somente, o direito de regresso contra o antigo proprietário. Nenhum efeito produz em

---

28. Na *fusão* ocorre a união de duas ou mais empresas, dando origem a uma empresa nova; na *incorporação* ocorre a absorção de uma ou mais empresas por uma outra, a qual assume todas as obrigações trabalhistas, comerciais e fiscais, extinguindo-se as empresas absorvidas.

29. A exceção à regra consiste no § 2º do art. 483 da CLT, ao estatuir que: "No caso de morte do empregador constituído em empresa individual, é facultado ao empregado rescindir o contrato de trabalho". Vale dizer, no caso de morte do empregador individual o empregado não está obrigado a prosseguir na execução do contrato de trabalho, ou seja, não está obrigado a aceitar a condição de empregado dos herdeiros do patrão falecido.

relação ao empregado eventual cláusula contida no contrato de compra e venda da empresa na qual o atual proprietário se exime das obrigações trabalhistas do período anterior à sucessão.

Registre-se, finalmente, que a sucessão de empresas pode ser apenas parcial, como, por exemplo, na hipótese de a empresa possuir vários estabelecimentos e transferir um deles para terceiros. No caso, os empregados do estabelecimento transferido teriam um novo empregador.

## 5.3 Consórcio de produtores rurais

O consórcio de produtores rurais revela solução alternativa para contratação de trabalhadores nos meios rurais, com vistas a evitar a precarização do emprego.

O embrião de referida modalidade residiu na concessão de segurança (MS 98.0004018-2), pela Justiça Federal (12.4.1999), a um grupo de produtores rurais de Rolândia/PR que pretendia matrícula coletiva no Instituto Nacional do Seguro Social com vistas a regularizar a situação de seus trabalhadores rurais, para atender aos termos do ajuste de conduta firmado com o Ministério Público do Trabalho, no qual se obrigaram a constituir um grupo exclusivo de produtores rurais para recrutamento e administração da mão de obra necessária às colheitas dos produtos agrícolas de suas fazendas. A impetração do mandado de segurança foi necessária porque o órgão previdenciário insistia em considerá-los como nova empresa.

Diante do precedente mencionado, a questão passou a ser melhor estudada, e o Ministério do Trabalho e Emprego editou a Portaria 1.964, de 1.12.1999 (DOU 2.12.1999), com vistas a orientar os auditores fiscais e estimular o referido modelo de contratação:

"O Ministro de Estado do Trabalho e Emprego, no uso das atribuições que lhe confere o inciso I do parágrafo único do art. 87 da Constituição Federal, tendo em vista o disposto no art. 7º dessa Carta e, ainda, considerando a necessidade de orientação aos Auditores-Fiscais do Trabalho quanto à fiscalização de trabalho subordinado a um 'Condomínio de Empregadores' (ou 'Pluralidade de Empregadores Rurais', ou 'Registro de Empregadores em Nome Coletivo de Empregadores', ou 'Consórcio de Empregadores Rurais'), resolve:

"Art. 1º. As Delegacias Regionais do Trabalho deverão dar ampla divulgação ao modelo de contratação rural denominado 'Consórcio de Empregadores Rurais', estimulando, para tanto, o debate entre produtores e trabalhadores rurais, por meio de suas entidades associativas ou sindicais."[30]

Pouco mais de um ano após a edição da referida portaria foi sancionada a Lei 10.256, de 9.7.2001, que acrescentou o art. 25-A à Lei 8.212, de 24.7.2001, com a seguinte redação:

"Art. 25-A. Equipara-se ao empregador rural pessoa física o consórcio simplificado de produtores rurais, formado pela união de produtores rurais pessoas físicas, que outorgar a um deles poderes para contratar, gerir e demitir trabalhadores para prestação de serviços, exclusivamente, aos seus integrantes, mediante documento registrado em cartório de títulos e documentos.

"§ 1º. O documento de que trata o *caput* deverá conter a identificação de cada produtor, seu endereço pessoal e o de sua propriedade rural, bem como o respectivo registro no Instituto Nacional de Colonização e Reforma Agrária – INCRA ou informações relativas a parceria, arrendamento ou equivalente e matrícula no Instituto Nacional do Seguro Social – INSS de cada um dos produtores rurais.

"§ 2º. O consórcio deverá ser matriculado no INSS em nome do empregador a quem hajam sido outorgados os poderes, na forma do regulamento.

"§ 3º. Os produtores rurais integrantes do consórcio de que trata o *caput* serão responsáveis solidários em relação às obrigações previdenciárias."

Verifica-se que o art. 25-A da Lei 8.212/1991 reforça a exigência do órgão previdenciário, prevista na Circular do INSS 56/1999 (editada após a Portaria 1.964/1999, do Ministério do Trabalho e Emprego), em torno do "pacto de solidariedade" devidamente registrado em Cartório de Títulos e Documentos. Além disso, os produtores rurais devem ser pessoas físicas e a regularização do consórcio pressupõe a matrícula coletiva no Cadastro Específico do INSS/CEI, sob a qual os empregados são registrados.

Em síntese, o consórcio de produtores rurais consiste na união de produtores rurais, pessoas físicas, com o objetivo único de contratar, diretamente, empregados rurais e no qual a contratação e gerência da mão de obra de referidos trabalhadores ficam a cargo de um dos produtores.

30. Cf. Edna Ferreira Maia, *Consórcio de Empregadores Rurais: Aspectos Sociais, Econômicos e Jurídicos*, dissertação de Mestrado apresentada à Banca Examinadora da PUC/SP, 2002, p. 67.

Vale dizer, o consórcio não poderá utilizar mão de obra terceirizada, seja através de empresas ou cooperativas de trabalho.

Para todos os fins de direito, o consórcio de empregadores rurais é considerado empregador único (solidariedade ativa e passiva), não se confundindo com o grupo econômico rural, já que todos os consorciados continuam exercendo sua própria atividade, sem a ocorrência dos requisitos do art. 3º, § 2º, da Lei 5.889/1973.[31]

O consórcio de empregadores rurais também não se confunde com sociedade, eis que ausente o elemento subjetivo da *affectio societatis* (intenção de criar a pessoa jurídica), já que as atividades de cada consorciado permanecem distintas das dos demais e cada um continua assumindo os riscos de sua própria atividade e auferindo os lucros.

Igualmente, não se confunde com o condomínio, já que este último pressupõe a existência de propriedade comum, e no consórcio de empregadores rurais ficam mantidas a propriedade individual e respectiva utilização das glebas; e também não se confunde com o consórcio econômico de empresas urbanas, nos termos do art. 278 da Lei 6.404/1976. Isto porque o primeiro decorre de aplicação da Lei 8.212/1991, é formado apenas por pessoas físicas e se destina tão somente à contratação de trabalhadores; enquanto o segundo é formado por pessoas jurídicas e tem objetivos econômicos, já que se consorciam para execução de algum empreendimento.

## 6. O teletrabalho

A Reforma Trabalhista acrescentou os arts. 75-A até 75-E à CLT, dispondo sobre o teletrabalho.

---

31. "Do ponto de vista do direito do trabalho, o consórcio de empregadores cria, por sua própria natureza, *solidariedade dual* com respeito a seus empregadores integrantes: não apenas a responsabilidade solidária passiva pelas obrigações trabalhistas relativas a seus empregados, mas, também, sem dúvida, solidariedade ativa com respeito às prerrogativas empresariais perante tais obreiros. Trata-se, afinal, de situação que não é estranha ao ramo justrabalhista do país, já tendo sido consagrada em contexto congênere, no qual ficou conhecida pelo epíteto de *empregador único* (Enunciado 129 do TST). O consórcio é o empregador único de seus diversos empregados, sendo que seus produtores rurais integrantes podem se valer dessa força de trabalho, respeitados os parâmetros justrabalhistas, sem que se configure contrato específico e apartado com qualquer deles: todos eles são as diversas dimensões desse mesmo *empregador único*" (Maurício Godinho Delgado, *Curso de Direito do Trabalho*, São Paulo, LTr, 2002, p. 415).

Várias são as definições de *teletrabalho*. Sônia Mascaro Nascimento colacionou as definições de oito autores distintos, todas retiradas do trabalho de Patrizio Di Nicola.[32]

Amauri Mascaro Nascimento[33] cita a definição de Domenico de Masi (extraída do livro *Ócio Criativo*, tradução de *Ozio Creativo*, p. 204), segundo o qual teletrabalho é "um trabalho realizado longe dos escritórios empresariais e dos colegas de trabalho, com comunicação independente com a sede central do trabalho e com outras sedes, através de um uso intensivo das tecnologias da comunicação e da informação, mas que não são, necessariamente, sempre de natureza informática".

Pinho Pedreira também afirma serem numerosas as definições de *teletrabalho*, e que ele designou como "fenômeno social e jurídico".[34] E, após mencionar as definições de Olson,[35] Thierry Breton,[36] Paola Borgna[37] e Paolo Pizzi,[38] promove críticas a cada uma delas – já que a de Olson não deixa claro que o trabalho é desenvolvido à distância; a de Breton permite inferir que o teletrabalho é aquele desenvolvido unicamente com aparelhos de comunicação pré-informáticos; e as definições de Paolo Pizzi e Paola Borgna ignoram que o teletrabalho pode ser prestado à distância da sede principal da empresa, e não propriamente distante de todos os locais da empresa – e oferece sua própria definição: "teletrabalho é atividade do trabalhador desenvolvida total ou parcialmente em locais distantes da sede principal da empresa, de forma telemática.

32. Patrizio Di Nicola, "Telelavoro, ripensamenti ravvicinati del terzo tipo", disponível em *www.lex.unict.it/eurolabor/default.htm*, acesso em 18.12.2000 (*apud* Sônia A. C. Mascaro Nascimento, *Flexibilização do Horário de Trabalho*, São Paulo, LTr, 2002, p. 175).
33. Amauri Mascaro Nascimento, *Iniciação ao Direito do Trabalho*, cit., 27ª ed., p. 126.
34. Pinho Pedreira, "O teletrabalho", *LTr* 64/583, São Paulo, LTr, maio/2000.
35. Para Olson o teletrabalho realiza uma "expansão da organização do trabalho empregatício mediante a tecnologia do escritório".
36. Para este autor a definição de teletrabalho abrange três aspectos, quais sejam: a) o trabalho se efetua à distância, ou seja, fora dos locais onde seu resultado é esperado; b) quem dá as ordens não pode, fisicamente, fiscalizar a execução do trabalho; c) a fiscalização do trabalho se realiza por meio do equipamento de informática e ou dos aparelhos de telecomunicações.
37. "Quando a atividade é desenvolvida à distância da empresa (de modo estável ou móvel), com o suporte do computador (ligado em rede ou *stand alone*)."
38. Para referido autor a expressão é utilizada para individualizar o trabalho desenvolvido através da telemática, em lugar distante dos locais da empresa.

Total ou parcialmente, porque há teletrabalho exercido em parte na sede da empresa e em parte em locais dela distantes".[39]

A definição de Pinho Pedreira justifica-se na medida em que se concebe, basicamente, três modalidades de teletrabalho: a) teletrabalho em telecentros; b) teletrabalho em domicílio; c) teletrabalho nômade.

O teletrabalho em telecentros consubstancia, verdadeiramente, uma espécie de descentralização da própria empresa, já que os telecentros seriam locais daquela, mas distantes da sede principal.

Por sua vez, o teletrabalho em domicílio se assemelha ao trabalho em domicílio do trabalhador ou em qualquer local por este livremente escolhido.

Finalmente, o teletrabalho nômade, como o próprio nome sugere, indica que o trabalhador não tem local fixo para desenvolver o trabalho.

A CLT reformada, no entanto, traz em seu art. 75-B a definição de teletrabalho: "Considera-se teletrabalho a prestação de serviços preponderantemente fora das dependências do empregador, com a utilização de tecnologias de informação e de comunicação que, por sua natureza, não se constituam como trabalho externo". O parágrafo único do mencionado artigo estabelece que o comparecimento às dependências do empregador para a realização de atividades específicas que exijam a presença do empregado no estabelecimento não descaracteriza o regime de teletrabalho. Entendemos que a definição trazida com a reforma trabalhista é falha, pois não leva em consideração o teletrabalho em telecentros, que são dependências descentralizadas do empregador ou a serviço do empregador.

Por determinação do art. 75-C da CLT, a prestação de serviços na modalidade de teletrabalho deverá constar expressamente do contrato individual de trabalho, que especificará as atividades que serão realizadas pelo empregado. Os §§ 1º e 2º do mencionado dispositivo cuidaram da alteração do regime de teletrabalho e presencial. Poderá ser realizada a alteração entre regime presencial e de teletrabalho desde que haja mútuo acordo entre as partes, registrado em aditivo contratual. Poderá, ainda, ser realizada a alteração do regime de teletrabalho para o presencial por determinação do empregador, garantido prazo de transição mínimo de 15 dias, com correspondente registro em aditivo contratual. Nota-se que os parágrafos são confusos, pois, ao mesmo tempo em que permitem

---

39. Pinho Pedreira, "O teletrabalho", cit., *LTr* 64/584.

a alteração unilateral de regime pelo empregador no § 2º, exige mútuo consentimento no § 1º.⁴⁰

O art. 75-D da CLT determina que as disposições relativas à responsabilidade pela aquisição, manutenção ou fornecimento dos equipamentos tecnológicos e da infraestrutura necessária e adequada à prestação do trabalho remoto, bem como ao reembolso de despesas arcadas pelo empregado, serão previstas em contrato escrito, deixando claro que essas utilidades mencionadas não integram a remuneração do empregado.

Por fim, o art. 75-E da CLT determina que o empregador deverá instruir os empregados, de maneira expressa e ostensiva, quanto às precauções a tomar a fim de evitar doenças e acidentes de trabalho, devendo o empregado assinar termo de responsabilidade comprometendo-se a seguir as instruções fornecidas pelo empregador. Como é difícil a vigilância do empregador no regime de teletrabalho, sobretudo no teletrabalho em domicílio e no teletrabalho nômade, acreditamos que a intenção do legislador, aqui, foi a de isentar de culpa o empregador caso o empregado sofra um acidente do trabalho ou contraia alguma doença relacionada ao trabalho. A jurisprudência ainda discutirá o tema, mas, de plano, entendemos que se as formalidades do art. 75-E não forem cumpridas, a responsabilidade subjetiva do empregador passa a ser presumida.

Por disposição do art. 611-A, VIII, da CLT, acrescentado pela Lei 13.467/2017, a convenção coletiva e o acordo coletivo de trabalho têm prevalência sobre a lei quando dispuserem sobre teletrabalho. Como última alteração da Reforma Trabalhista sobre o tema, houve a exclusão dos teletrabalhadores do controle de jornada, pela inclusão do inciso III ao art. 62 da CLT. No entanto, a despeito do que ocorre com os demais incisos desse artigo, entendemos que se a realidade mostrar que havia efetivo controle de jornada, mesmo à distância, a exceção legal fica descaracterizada.

Em verdade, a ocorrência do teletrabalho, por si só, jamais implicou ausência de relação de emprego. O teletrabalho, em qualquer de suas modalidades (em telecentros, em domicílio ou nômade), pode ser prestado de forma autônoma ou subordinada.

O teletrabalho em telecentros implica maior possibilidade de controle da atividade do trabalhador, inclusive com a possibilidade de fis-

---

40. Vólia Bomfim Cassar e Leonardo Dias Borges, *Comentários à Reforma Trabalhista – De acordo com a Lei 13.467/2017 e a MP 808/2017*, 2ª ed., Rio de Janeiro, Forense/São Paulo, Método, 2018, p. 52.

calização direta e pessoal do serviço e até mesmo controle de jornada, sendo de fácil configuração a relação de emprego.

Por outro lado, o teletrabalho em domicílio pode acarretar maior autonomia na execução das tarefas do trabalhador, havendo até mesmo comprometimento da pessoalidade na prestação dos serviços; mas a subordinação jurídica pode se fazer presente, inclusive com controle de jornada, mormente se o trabalho for desenvolvido em conexão direta com o computador central (empresa *on line*). Se o trabalho for desenvolvido sem referida conexão (empresa *off line*) o controle de horário fica praticamente inviabilizado, mas isso não significa afirmar a inexistência da relação de emprego. Será necessário perquirir sobre a existência ou não da relação de emprego, à luz do art. 3º da CLT, atentando para o fato de que o art. 6º do diploma consolidado dispõe que "não se distingue entre o trabalho realizado no estabelecimento do empregador, o executado no domicílio do empregado e o realizado à distância, desde que estejam caracterizados os pressupostos da relação de emprego" – com redação determinada pela Lei 12.551, de 15.12.2011.

Em relação ao trabalho nômade, ou seja, aquele que não se desenvolve em local fixo, podemos fazer observação idêntica à anterior, notadamente porque o trabalho externo, por si só, não afasta a possibilidade de existência do liame empregatício ou de controle de jornada.

Por todo o exposto, é pela aplicação do princípio da primazia da realidade que se verificará se a relação de teletrabalho é de emprego ou autônoma ou se é lícita a exclusão do trabalhador do controle de jornada.

Finalmente, as dúvidas que poderiam existir em relação à possibilidade de configuração da relação de emprego nas situações de teletrabalho foram extirpadas com a Lei 12.551, de 15.12.2011, ao acrescentar o parágrafo único ao art. 6º da CLT: "Os meios telemáticos e informatizados de comando, controle e supervisão se equiparam, para fins de subordinação jurídica, aos meios pessoais e diretos de comando, controle e supervisão do trabalho alheio", tendo apenas a Lei 13.467/2017, por meio dos acréscimos já mencionados, disciplinado alguns aspectos da referida modalidade de organização do trabalho, sob o manto da legislação trabalhista. O teletrabalho, sob a égide do vínculo de emprego, é campo fértil para a negociação coletiva, a qual poderá suprir as lacunas que emergem da inovação legislativa.

*Capítulo XIII*
# A TERCEIRIZAÇÃO NO DIREITO DO TRABALHO

*1. Conceito de terceirização. 2. Hipóteses de terceirização de serviços: 2.1 Irretroatividade das Leis 13.429/2017 e 13.467/2017. 3. As cooperativas de trabalho.*

## 1. Conceito de terceirização

A terceirização é um fenômeno econômico que aos poucos vinha sendo assimilado pelos profissionais do Direito. Apenas recentemente, com as alterações promovidas na Lei 6.019/1974, pelas Leis 13.429/2017 e 13.467/2017, a terceirização passou a ter regulamentação legal. Como já tivemos oportunidade de mencionar, a Lei 6.019/1974 passou a dispor sobre a intermediação de mão de obra por meio do trabalho temporário e a terceirização de serviços. O trabalho temporário já era regulamentado pela referida lei, mas a terceirização de atividades permanentes carecia de regulamentação legal, motivo pelo qual a jurisprudência se orientava pela Súmula 331 do TST.

A terceirização de serviços pode objetivar a redução de custos com a mão de obra, pois os empregados da empresa contratada não integram a mesma categoria profissional dos empregados da contratante, mas também pode objetivar a realização de alguma atividade especializada. Com as alterações legislativas, não mais prevalece o conceito de que se trata da entrega a terceiros de atividades não essenciais da empresa, a fim de que possa se concentrar na sua atividade-fim, pois o art. 5º-A da Lei 6.019/1974 autoriza a terceirização de qualquer atividade da empresa, inclusive sua atividade principal, restando superado o entendimento anteriormente sumulado pelo Tribunal Superior do Trabalho.

Sendo assim, a terceirização de serviços é uma relação trilateral, por meio da qual uma empresa contratante de serviços firma um contrato civil com uma empresa prestadora de serviços que, por sua vez, contrata os trabalhadores. O trabalhador é empregado da empresa prestadora, mas trabalha para a empresa tomadora dos serviços, em quaisquer de suas atividades.

Acreditamos que mesmo com as alterações legislativas, o trabalho desenvolvido para a empresa contratante não poderá se dar com pessoalidade e subordinação, pois, como se disse, este trabalhador não é empregado da empresa contratante. Neste sentido, impõe-se observar a diferença básica entre a intermediação de mão de obra que ocorre no trabalho temporário e a terceirização de serviços, que é a ausência de subordinação direta e pessoalidade nesta última hipótese, pois o art. 4º-A, § 1º, da Lei 6.019/1974, assevera que a empresa prestadora de serviços é que dirige o trabalho realizado por seus trabalhadores.

## 2. Hipóteses de terceirização de serviços

Inicialmente a jurisprudência relutou em aceitar as formas de terceirização, tanto que o Tribunal Superior do Trabalho editou a Súmula 256, nos seguintes termos: "Salvo os casos de trabalho temporário e de serviço de vigilância, previstos nas Leis 6.019, de 3 de janeiro de 1974, e 7.102, de 20 de junho de 1983, é ilegal a contratação de trabalhadores por empresa interposta, formando-se o vínculo empregatício diretamente com o tomador dos serviços".

Diante do entendimento jurisprudencial supramencionado, inúmeras foram as decisões que negaram validade a contratos de prestação de serviços entre empresas e reconheceram o vínculo empregatício diretamente com a empresa tomadora dos serviços. Afinal de contas, as empresas prestadoras de serviços na área de limpeza (só para citar um exemplo) não estavam excepcionadas.

Todavia, com o advento da atual Constituição Federal acirraram-se as discussões e as disputas judiciais para que a revisão do entendimento jurisprudencial mencionado fosse cancelado. Isto porque os incisos II e XIII do art. 5º da CF disciplinam, respectivamente, que: "ninguém será obrigado a fazer ou deixar de fazer alguma coisa senão em virtude da lei" e que "é livre o exercício de qualquer trabalho, ofício ou profissão, atendidas as qualificações profissionais que a lei estabelecer".

Além disso, o parágrafo único do art. 170 da Carta Magna consagra que "é assegurado a todos o livre exercício de qualquer atividade econômica, independentemente de autorização de órgãos públicos, salvo nos casos previstos em lei".

E, assim, tivemos o cancelamento da Súmula 256 e a edição da Súmula 331 do Tribunal Superior do Trabalho, com redação alterada pela Resolução 96, de 11.9.2000 (*DJU* 18.9.2000), e que orientava a questão no âmbito trabalhista, à míngua de uma disciplina legal.

O entendimento jurisprudencial da Súmula 331 do Tribunal Superior do Trabalho restringia a validade da terceirização às atividades-meio do tomador de serviços, e desde que inexistissem pessoalidade e subordinação direta. De qualquer sorte, o tomador de serviços jamais poderia sustentar sua absoluta irresponsabilidade no que respeitasse ao cumprimento das obrigações trabalhistas da empresa contratada, já que responderia *subsidiariamente* na hipótese de inadimplemento desta última, ou mesmo solidariamente, em caso de fraude.

No entanto, com as alterações legislativas mencionadas, a empresa pode transferir a um terceiro, pessoa jurídica de direito privado, a execução de quaisquer de suas atividades, inclusive sua atividade principal.

Conforme art. 4º-A, § 1º, da Lei 6.019/1974, a empresa prestadora de serviços contrata, remunera e dirige o trabalho realizado por seus trabalhadores, ou subcontrata outras empresas para realização desses serviços. A parte final do referido artigo autoriza a quarteirização, relação quadrangular na qual uma empresa tomadora de serviços firma um contrato civil com uma empresa prestadora de serviços que, por sua vez, subcontrata para outra empresa prestadora de serviços o trabalho de indicar mão de obra para a empresa tomadora. Nessa hipótese, o trabalhador é empregado da empresa subcontratada.

Em qualquer caso, seja de terceirização de serviços ou de quarteirização, não se configura vínculo empregatício entre os trabalhadores, ou sócios das empresas prestadoras de serviços, qualquer que seja o seu ramo, e a empresa contratante.

O art. 4º-B da Lei 6.019/1974 estabelece os requisitos para o funcionamento da empresa de prestação de serviços a terceiros, quais sejam: a) prova de inscrição no Cadastro Nacional da Pessoa Jurídica (CNPJ); b) registro na Junta Comercial; c) capital social compatível com o número de empregados, observando-se os seguintes parâmetros: para empresas com até dez empregados, capital mínimo de R$ 10.000,00 (dez mil reais); para empresas com mais de dez e até vinte empregados, capital mínimo de R$ 25.000,00 (vinte e cinco mil reais); para empresas com mais de vinte e até cinquenta empregados, capital mínimo de R$ 45.000,00 (quarenta e cinco mil reais); para empresas com mais de cinquenta e até cem empregados, capital mínimo de R$ 100.000,00 (cem mil reais); e para empresas com mais de cem empregados, capital mínimo de R$ 250.000,00 (duzentos e cinquenta mil reais).

O art. 4º-C da Lei 6.019/1974 estabelece os direitos assegurados aos empregados da empresa prestadora de serviços, quando e enquanto os serviços, que podem ser de qualquer uma das atividades da contratante, forem executados nas dependências desta última. Os trabalhadores terceirizados, nessas condições, possuem isonomia em relação aos empregados contratados diretamente pela empresa contratante em relação aos seguintes direitos: a) alimentação garantida aos empregados da contratante, quando oferecida em refeitórios; b) direito de utilizar os serviços de transporte; c) atendimento médico ou ambulatorial existente nas dependências da contratante ou local por ela designado; d) treinamento adequado, fornecido pela contratada, quando a atividade o exigir; e d) direito a condições sanitárias, de medidas de proteção à saúde e de segurança no trabalho e de instalações adequadas à prestação do serviço.

A isonomia salarial, no entanto, não é assegurada em lei, muito embora o § 1º do mencionado artigo permita que contratante e contratada estabeleçam, se assim entenderem, que os empregados da contratada farão jus a salário equivalente ao pago aos empregados da contratante, além de outros direitos não previstos no art. 4º-C da Lei 6.019/1974.

Nos contratos que impliquem mobilização de empregados da contratada em número igual ou superior a 20% dos empregados da contratante, esta poderá disponibilizar aos empregados da contratada os serviços de alimentação e atendimento ambulatorial em outros locais apropriados e com igual padrão de atendimento, com vistas a manter o pleno funcionamento dos serviços existentes.

O art. 5º-A, *caput* e parágrafos, da Lei 6.019/1974, trata das obrigações da empresa contratante (tomadora dos serviços). É vedada à contratante a utilização dos trabalhadores em atividades distintas daquelas que foram objeto do contrato com a empresa prestadora de serviços. Os serviços contratados poderão ser executados nas instalações físicas da empresa contratante ou em outro local, de comum acordo entre as partes. É responsabilidade da contratante garantir as condições de segurança, higiene e salubridade dos trabalhadores, quando o trabalho for realizado em suas dependências ou local previamente convencionado em contrato. A contratante poderá estender ao trabalhador da empresa de prestação de serviços o mesmo atendimento médico, ambulatorial e de refeição destinado aos seus empregados, existente nas dependências da contratante, ou local por ela designado.

A empresa contratante é responsável pelo recolhimento das contribuições previdenciárias do trabalhador terceirizado na forma do art. 31 da Lei 8.212/1991, ou seja, deverá reter 11% do valor bruto pago ao trabalhador e recolher, em nome da empresa prestadora, a importância retida até o dia 20 do mês subsequente ao do pagamento, ou até o dia útil imediatamente anterior se não houver expediente bancário naquele dia.

O § 5º do art. 5º-A da Lei 6.019/1974 estabelece a responsabilidade subsidiária da empresa contratante pelo pagamento das obrigações trabalhistas referentes ao período em que ocorrer a prestação de serviços. Diante de referida inovação legislativa, não há mais necessidade de se invocar a culpa *in eligendo*, à luz dos arts. 186 e 927 do CC de 2002, pois a responsabilidade subsidiária da contratante se tornou objetiva.

Mesmo com o provável cancelamento da Súmula 331 do TST, acreditamos que os órgãos da Administração Pública direta e indireta poderão ser responsabilizados subsidiariamente na terceirização lícita, desde que verificada a culpa *in eligendo* ou *culpa in vigilando* entendimento este que não viola o disposto no art. 71 da Lei 8.666/1993, já que faculta ao tomador de serviços o direito de regresso em face do devedor principal. Também acreditamos que o entendimento do inciso II da Súmula 331 do TST, de que a "contratação irregular de trabalhador, através de empresa interposta, não gera vínculo de emprego com os órgãos da Administração Pública direta, indireta ou fundacional" deve prevalecer, pois em consonância com o art. 37, II, da Constituição da República.

Assim, torna-se oportuno asseverar que uma terceirização bem-sucedida deve contar com cuidadosa averiguação da idoneidade financeira da empresa que se pretende contratar. Quando, no entanto, não forem observados alguns dos requisitos da terceirização lícita, a responsabilidade deverá ser solidária entre a empresa contratante e a prestadora de serviços.

O contrato de prestação de serviços, conforme art. 5º-B, da Lei 6.019/1974, conterá obrigatoriamente: a) a qualificação das partes; b) a especificação do serviço a ser prestado; c) o prazo para realização do serviço, quando for o caso; e d) o valor.

Por fim, não pode figurar como contratada a pessoa jurídica cujos titulares ou sócios tenham, nos últimos 18 meses, prestado serviços à contratante na qualidade de empregado ou trabalhador sem vínculo empregatício, exceto se os referidos titulares ou sócios forem aposentados, conforme dicção do art. 5º-C da Lei 6.019/1974. Trata-se de dispositivo legal que objetiva inibir uma hipótese de fraude na terceirização de serviços, que consistiria na despedida de empregados seguida de nova contratação sob o rótulo de terceirização.

## 2.1 Irretroatividade das Leis 13.429/2017 e 13.467/2017

Conforme já exposto nessa obra, entendemos que as recentes alterações legislativas não se aplicam imediatamente aos contratos de trabalhadores terceirizados que estavam em curso na data de publicação das Leis 13.429/2017 e 13.467/2017.

Corroborando com esse posicionamento, o art. 19-C da Lei 6.019/1974, incluído pela Lei 13.429/2017, estabelece que os "contratos em vigência, se as partes assim acordarem, poderão ser adequados aos termos desta Lei". Sendo assim, a aplicação das referidas leis aos contratos em curso depende de consentimento expresso do trabalhador, que pode se dar mediante alguma contrapartida.

Nesse sentido caminha a jurisprudência, que começa a dar seus primeiros passos em relação à interpretação desses novos parâmetros sobre a terceirização:

• Agravo de Instrumento em Recurso de Revista. Lei 13.429/2017. Não aplicação. Princípio da Irretroatividade. I – Ressalte-se serem inaplicáveis as inovações introduzidas pela Lei 13.429 de 31.3.2017, face o princípio da irretroatividade, visto que a relação jurídica objeto da presente demanda ocorreu em período anterior. II – A propósito, a proibição do efeito retro-operante da nova lei pode ser extraída da própria redação do seu art. 2º, a qual, acrescentando o art. 19-C à Lei n. 6.019/74, admite o efeito retroativo apenas para os contratos vigentes e, ainda assim, mediante expressa anuência das partes em adequar o ajuste à nova legislação. Terceirização de serviços. Ente privado. Matéria fática. Súmula 126 do TST. I – O TRT da 18ª Região Regional manteve o indeferimento do pedido de reconhecimento da responsabilidade subsidiária das reclamadas, afastando a aplicação da Súmula 331, item IV, do TST, ao verificar que não havia terceirização dos serviços prestados pela agravante, que foi contratada pela 1ª reclamada como auxiliar administrativo, para organizar a folha de pagamento dos seus funcionários, estes sim terceirizados para a 2ª reclamada. II – Diante das premissas fáticas fixadas pelo Tribunal de origem de que a agravante não prestava serviço para a 2ª reclamada mediante empresa interposta, vê-se que, para alcançar entendimento diverso e, nesse passo, considerar contrariada a Súmula 331, item IV, do TST, seria necessário o revolvimento do contexto fático-probatório dos autos, sabidamente inamovível em sede de cognição extraordinária desta Corte, a teor da Súmula 126 do TST. III – Agravo de instrumento a que se nega provimento (TST, 5ª Turma, AIRR 4695620155180111, rel. Antonio José de Barros Levenhagen, j. 7.6.2017, DEJT 9.6.2017).

• Celpe. Aplicação retroativa da Lei 13.429/2017. Impossibilidade. O princípio da irretroatividade das leis está consagrado na Lei n. 12.376/2010 (Lei de Introdução às Normas do Direito Brasileiro), que deu nova redação à ementa do Decreto-lei n. 4.657/42, e art. 5º, XXXVI, da CF/88, de maneira que não se pode cogitar em aplicação da nova lei de terceirizações (Lei 13.429/2017) à relação jurídica que já havia findado muito antes de respectiva publicação. A própria norma, ao incluir o art. 19-C na Lei 6.019/74, prevê regra específica de direito intertemporal cujo teor assenta que os contratos em vigência somente poderão ser adequados aos termos da nova lei se as partes assim acordarem. Inequívoca, pois, a sua inaplicabilidade aos contratos já extintos, como ocorre neste caso concreto (TRT-6, RO 0001055-25.2016.5.06.0101, 4ª Turma, rela. Mayard de Franca Saboya Albuquerque, j. 26.4.2018).

• Terceirização de serviços. Licitude. Lei 13.429/2017. A Lei 13.429/2017, que regula o contrato temporário de prestação de serviços e não as terceirizações alegadamente ilícitas nos contratos por prazos indeterminados, não pode retroagir para alcançar situações pretéritas e, por isso, alcança somente os contratos a ela posteriores. Não há sentido algum na pretensão de que uma lei, que vigorou a partir de 31.3.2017, volte no tempo para definir a natureza jurídica de uma relação de emprego que findou antes de que ela viesse ao mundo jurídico (TRT-3, RO 00108313720155030014, 11ª Turma, rela. Juliana Vignoli Cordeiro, *DEJT* 1.3.2018).

## 3. As cooperativas de trabalho

A Lei 8.949/1994 acrescentou o parágrafo único ao art. 442 da CLT,[1] disciplinando a inexistência de vínculo empregatício entre uma cooperativa e seus associados e entre estes últimos e as empresas tomadoras dos serviços da cooperativa.

Por conta do dispositivo legal supramencionado surgiram inúmeras sociedades cooperativas, todas na certeza de que podem se abrigar no manto do diploma consolidado. Todavia, a questão não é tão simples quanto aparenta.

Observe-se, inicialmente, que a Consolidação das Leis do Trabalho reputa nulo todo ato que tenha por objetivo fraudar ou impedir a aplicação de suas normas de proteção ao trabalho subordinado (art. 9º).

Para que se cogite de uma verdadeira sociedade cooperativa, temos que verificar se foram observados os requisitos da Lei 5.764/1971, a qual, em síntese, estabelece que a sociedade cooperativa não pode auferir lucros, devendo existir para proveito comum dos sócios – denominados "cooperados".

A disposição contida no parágrafo único do art. 442 da CLT, no que respeita à inexistência de vínculo empregatício entre a cooperativa e

---

1. CLT, art. 442:
"Contrato individual de trabalho é o acordo tácito ou expresso, correspondente à relação de emprego.
"Parágrafo único. Qualquer que seja o ramo de atividade da sociedade cooperativa, não existe vínculo empregatício entre ela e seus associados, nem entre estes e os tomadores de serviços daquela."

seus associados, parece-nos despicienda, na medida em que o art. 90 da Lei 5.764/1971 sempre estabeleceu que, "qualquer que seja o tipo de cooperativa, *não existe vínculo empregatício entre ela e seus associados*" (grifamos). Contudo, isto nunca significou que as sociedades cooperativas não podem ter empregados, porquanto o art. 91 equipara esta modalidade societária às demais empresas, em relação aos seus empregados, para fins de legislação trabalhista e previdenciária – também menção que carece de relevância, haja vista o disposto no art. 2º, § 1º, da CLT.[2]

Todavia, à luz do diploma consolidado, deve-se entender que as sociedades cooperativas que foram objeto de preocupação são as denominadas *cooperativas de trabalho* ou *cooperativas de mão de obra*, cuja definição atual se encontra no art. 2º da Lei 12.690, de 19.7.2012, nos seguintes termos: "Considera-se cooperativa de trabalho a sociedade constituída por trabalhadores para o exercício de suas atividades laborativas ou profissionais com proveito comum, autonomia e autogestão para obterem melhor qualificação, renda, situação socioeconômica e condições gerais de trabalho". Aliás, a Lei 12.690, de 19.7.2012, disciplina a organização e o funcionamento das cooperativas de trabalho, sem prejuízo das disposições gerais da Lei 5.764, de 16.12.1971, e do Código Civil, e seu art. 30 estabelecia a revogação expressa do parágrafo único do art. 442 da CLT, mas foi vetado pela Presidente da República.

Eduardo Gabriel Saad assegura que, sob a ótica da OIT, "as cooperativas de trabalho são verdadeiras empresas obreiras, que se organizam onde o trabalho for pouco mecanizado ou automatizado ou que se efetua em lugares dispersos, como, por exemplo, na construção civil e nas obras públicas".[3]

Diante do que expusemos até este momento, já é possível observar que a formação de cooperativas não deve traduzir iniciativa dos empresários ou dos empregadores. Trata-se de iniciativa dos próprios trabalhadores, sem a ingerência daqueles.

Assim, parece-nos temerária qualquer iniciativa de uma empresa de transformar seus empregados em "cooperados" de uma cooperativa fundada na medida de suas próprias conveniências, sem observância dos

---

2. CLT, art. 2º, § 1º: "Equiparam-se ao empregador, para os efeitos exclusivos da relação de emprego, os profissionais liberais, as instituições de beneficência, as associações recreativas ou outras instituições sem fins lucrativos, que admitirem trabalhadores como empregados".

3. Eduardo Gabriel Saad, "Cooperativas de trabalho: avanço ou retrocesso?", *LTr Suplemento Trabalhista* 93/550, São Paulo, LTr, 1996.

ditames legais. Estaríamos diante de uma fraude, a qual jamais estará ao abrigo do parágrafo único do art. 442 da CLT. E neste sentido a jurisprudência tem-se posicionado, cujo exemplo encontramos nas seguintes ementas:

• A cooperativa, na sua essência, visa à ajuda mútua dos associados, e não de terceiro. Fornecer mão de obra sob o manto de cooperativa de trabalhadores rurais é burla à lei trabalhista. (TRT-15ª Região, RO 1.523/87, rel. Juiz José Pedro de Camargo R. de Souza, *Jurisprudência Brasileira Trabalhista* 29/159-160, Curitiba, Juruá, 1990)

• Cooperativa. Vínculo empregatício. Caracterização. Consiste a cooperativa na ajuda mútua aos cooperados, sem objetivo de lucro (art. 3º da Lei n. 5.764/71), sendo que o ente cooperativo tem por premissa precípua a agregação de profissionais liberais e autônomos, detentores de habilidades reconhecidamente específicas. Contudo, a criação de cooperativas que mascaram uma empresa prestadora de serviços, pretendendo impedir ou fraudar os preceitos da legislação, faz desvirtuar a condição de cooperado, deixando evidenciada a fraude inserta no art. 9º consolidado (TRT-10, 1ª Turma, RO 00066201381110007-DF, rela. Maria Regina Machado Guimarães, j. 4.6.2014, *DEJT* 13.6.2014).

• Empresa Municipal de Urbanização – Art. 455 da CLT. A cooperativa de trabalhadores não reunia condições técnicas e econômicas para o funcionamento. Apesar de observada a legislação do Município, subsiste a responsabilidade solidária, posto que a EMU beneficiou-se da atividade dos pretensos cooperados. (TRT/SP 02950010223, ac. 6ª T. 02960217890, rel. Carlos Francisco Berardo, *DOE* 15.5.1996)

• Responsabilidade solidária. Contrato de subempreitada. Art. 455 da CLT. Constatado que a segunda reclamada, empreiteira principal, celebrou contrato de subempreitada para execução de serviços de construção civil, responde de forma solidária em relação às obrigações trabalhistas assumidas pela primeira reclamada, consoante disposto no art. 455 da CLT. Recurso não provido (TRT-24, 2ª Turma, 00001607720135240001, rel. Ricardo G. M. Zandona, data de publicação 9.12.2014).

• Inteligência do parágrafo único do art. 442 da CLT. As cooperativas se caracterizam pela associação de pessoas que se comprometem a contribuir com bens ou serviços em prol de uma atividade econômica, sem objetivo de lucro e para prestar serviços aos próprios associados. A não observância dessas características enseja fraude à lei, devendo a cooperativa ser considerada mera intermediadora de mão de obra. (TRT/SP 02950288701, ac. 3ª T. 02960565279, rel. Décio Sebastião Daidone, *DOE* 12.11.1996)

• Cooperativas. Caracterização – Celebram contrato de sociedade cooperativa as pessoas que reciprocamente se obrigam a contribuir com bens ou serviços para o exercício de uma atividade econômica, de proveito comum, sem objetivo de lucro. As tarefas são distribuídas com igualdade de oportunidade e os associados possuem autonomia e repartem os ganhos proporcionalmente ao esforço de cada um (TRT-5, 5ª Turma, RO 00000205720125050017, rel. Maria Adna Aguiar, *DJ* 19.9.2014).

• Quando o fim almejado pela cooperativa é a locação de mão de obra de seu associado, a relação jurídica revela uma forma camuflada de um verdadeiro contrato

de trabalho. (TRT/SP 02930463800, ac. 1ª T. 21.065/1995, rel. Floriano Corrêa Vaz da Silva, *DOE* 7.6.1995)
• Contratação fraudulenta. Relação de emprego configurada. Cooperativa de mão de obra com contorno de empresa de locação de mão de obra. Terceirização irregular. Impossibilidade de reconhecimento do vínculo empregatício com o tomador dos serviços. Impõe-se o reconhecimento da relação de emprego diretamente com a cooperativa quando constatada a irregular atuação da mesma, por total desvirtuamento dos princípios informadores do sistema cooperativado. Deve ser considerada uma falsa cooperativa aquela entidade que funciona, na verdade, como empresa de locação de mão de obra. Recurso provido para reconhecer o vínculo empregatício com a cooperativa na qualidade de empresa prestadora de serviços terceirizados (TRT-1, 7ª Turma, RO 00120152520155010227-RJ, rel. Rogerio Lucas Martins, *DEJT* 17.5.2017).

Finalmente, diante da explanação anterior e da jurisprudência colacionada, não concebemos a possibilidade de cooperativas de trabalho que envolvam atividades múltiplas. Vale dizer, parece-nos inconcebível a existência de uma cooperativa que congregue, simultaneamente, digitadores, motoristas, porteiros, ascensoristas, almoxarifes e tantos outros profissionais, com vistas a suprir mão de obra, por exemplo, na área hospitalar ou da construção civil entre outras.

A situação mencionada no parágrafo anterior, longe de representar mero exemplo acadêmico, tem sido verificada em várias demandas trabalhistas, numa verdadeira tentativa de flexibilização clandestina do direito do trabalho. Neste sentido, já nos posicionamos em alguns julgados:

• Cooperativa – Vínculo de emprego. Não pode ser considerada válida e livre de vícios de vontade a adesão de trabalhador a cooperativa, com vistas à prestação de serviços na atividade-fim do tomador, pois a premente necessidade de obter colocação no mercado de trabalho restringe sua vontade, motivo pelo qual a teoria das nulidades do Código Civil deve ser aplicada às lides trabalhistas com ressalvas e com observância deste contingenciamento da vontade obreira. (TRT/SP 009862007731302002, ac. 12ª T. 20080353228, rel. Adalberto Martins, *DOE* 9.5.2008)

• Cooperativa de trabalho – Inexistência da *affectio societatis* – Fraude a direitos trabalhistas. A congregação de trabalhadores de atividades diversificadas dentro de uma cooperativa de trabalho não é compatível com a *affectio societatis*, requisito imprescindível de uma verdadeira sociedade cooperativa, cuja definição se encontra consagrada no art. 3º da Lei n. 5.764/1971. O reconhecimento do vínculo de emprego com o tomador de serviços é medida que se impõe, mormente quando se constata que a cooperativa de trabalho assume a feição de empresa fornecedora de mão de obra, com vistas a suprir as necessidades que são inerentes à atividade-fim da contratante, hipótese não abrigada no art. 442, parágrafo único, da CLT. (TRT/SP 02846200305902008, ac.12ª T. 20080048743, rel. Adalberto Martins, *DOE* 15.2.2008).

*Capítulo XIV*
# DURAÇÃO DO CONTRATO DE TRABALHO

*1. Considerações iniciais. 2. Contrato por prazo determinado. 3. A Lei 9.601/1998 e o "novo" contrato de trabalho por prazo determinado. 4. Contrato de trabalho intermitente. 5. O contrato de trabalho rural de curta duração.*

## 1. Considerações iniciais

O diploma consolidado consagra a possibilidade de o contrato de trabalho se estabelecer por prazo determinado, indeterminado ou intermitente.[1] Contudo, a regra geral é o contrato por prazo indeterminado,[2] traduzindo a modalidade que o legislador considera mais adequada, na medida em que implica maior estabilidade econô-

---

1. Art. 443 da CLT:
"O contrato individual de trabalho poderá ser acordado tácita ou expressamente, verbalmente ou por escrito, por prazo determinado ou indeterminado, ou para prestação de trabalho intermitente.

"§ 1º. Considera-se como de prazo determinado o contrato de trabalho cuja vigência dependa de termo prefixado ou da execução de serviços especificados ou ainda da realização de certo acontecimento suscetível de previsão aproximada.

"§ 2º. O contrato por prazo determinado só será válido em se tratando: a) de serviço cuja natureza ou transitoriedade justifique a predeterminação do prazo; b) de atividades empresariais de caráter transitório; c) de contrato de experiência.

"§ 3º. Considera-se como intermitente o contrato de trabalho no qual a prestação de serviços, com subordinação, não é contínua, ocorrendo com alternância de períodos de prestação de serviços e de inatividade, determinados em horas, dias ou meses, independentemente do tipo de atividade do empregado e do empregador, exceto para os aeronautas, regidos por legislação própria."

2. "Presume-se que o contrato foi pactuado sem limite de tempo, salvo prova em contrário" (Valentin Carrion, *Comentários à Consolidação das Leis do Trabalho*, 19ª ed., São Paulo, Ed. RT, 1995, p. 273).

mica e social. E daí o princípio da continuidade da relação de emprego, já abordado no capítulo próprio.

## 2. Contrato por prazo determinado

Considera-se contrato por prazo determinado aquele em que se estabeleceu um termo final certo, mas também poderá ser aquele cuja vigência dependa da execução de serviços especificados ou da realização de algum evento suscetível de previsão aproximada.

Percebe-se, pois, que as partes (empregado e empregador) não são livres para prefixar o termo do contrato de trabalho. A validade do contrato por prazo determinado pressupõe a observância dos requisitos legais, sob pena de nulidade (art. 9º da CLT) e de se entender que a contratação se deu de forma indeterminada.

Com efeito, o contrato por prazo determinado só será válido nas seguintes hipóteses, à luz do § 2º do art. 443 da CLT: a) quando se tratar de serviço cuja natureza ou transitoriedade justifique a predeterminação do prazo; b) de atividades empresariais de caráter transitório; c) de contrato de experiência.

A primeira hipótese configura-se quando o empregado é contratado para a execução de um serviço específico, a exemplo da construção de um edifício (obra certa – Lei 2.959/1956); e estaremos diante da segunda hipótese quando se tratar do expositor de uma feira realizada anualmente, dentre outras situações assemelhadas.

O contrato de experiência não poderá exceder de 90 dias, e traduz modalidade de contrato por prazo determinado, diante do texto legal.

Torna-se, ainda, oportuno mencionar que o contrato por prazo determinado não pode ser estipulado por tempo superior a dois anos, sob pena de ser considerado por prazo indeterminado. Poderá, ainda, ser prorrogado uma única vez, desde que o tempo do contrato adicionado ao da prorrogação não ultrapasse os dois anos.[3]

O contrato de experiência traduz um período de prova no qual o empregador vai aferir as habilidades do empregado, podendo ser prorro-

---

Octávio Bueno Magano chegou a afirmar que o contrato por prazo indeterminado "não constitui modalidade mas o próprio padrão dos contratos de trabalho, (...)" (*Manual de Direito do Trabalho*, vol. II, São Paulo, LTr, 1992, p. 137).

3. Art. 451 da CLT: "O contrato de trabalho por prazo determinado que, tácita ou expressamente, for prorrogado mais de uma vez, passará a vigorar sem determinação de prazo".

gado (art. 451 da CLT), desde que seja respeitado o limite máximo de 90 dias. Trata-se de entendimento já cristalizado na Súmula 188 do Tribunal Superior do Trabalho ("O contrato de experiência pode ser prorrogado, respeitado o limite máximo de 90 (noventa) dias").

No mais, observa-se que o legislador tentou desestimular a contratação por prazo determinado, modalidade prejudicial aos interesses do empregado, na medida em que ao término do contrato o trabalhador não tem direito ao aviso prévio nem ao acréscimo de 40% sobre os depósitos do FGTS, não se cogita de algumas estabilidades provisórias asseguradas em lei (representante da Comissão Interna de Prevenção de Acidentes/CIPA, dirigente sindical etc.) e o contrato por prazo determinado não se interrompe nem se suspende por motivo de doença do empregado, por exemplo, a menos que as partes tenham pactuado de maneira diversa. É o que se infere do art. 472, § 2º, da CLT.

## 3. A Lei 9.601/1998 e o "novo" contrato de trabalho por prazo determinado

A Lei 9.601, de 21.1.1998, já despertou muitos comentários, e inúmeras são as controvérsias que a cercam. E isto porque, ao lado da nova modalidade de contrato de trabalho, disciplinou aquilo que se convencionou denominar *banco de horas*, com a alteração do art. 59 da CLT. Com a alteração promovida pela Reforma Trabalhista, o termo "banco de horas" foi positivado. Trata-se, sem dúvida alguma, de uma hipótese de flexibilização do direito do trabalho.

Nos termos do atual art. 59, § 2º, da CLT, o empregador não estará obrigado ao pagamento de horas extras desde que, por força de convenção ou acordo coletivo – vale dizer, sob tutela sindical –, o excesso de horas em um dia for compensado pela correspondente diminuição em outro dia, no período máximo de um ano. Todavia, não poderá ser exigida jornada superior a 10 horas por dia.

Quanto à nova modalidade contratual torna-se oportuno lembrar que o contrato por prazo determinado de que trata a Lei 9.601/1998 não se confunde com as hipóteses do art. 443 da CLT, impondo-se a recordação de que a fonte material da lei supramencionada foi o índice de desemprego que assola o país.

Assim, impõem-se algumas considerações a respeito do próprio texto legal, atentando-se para seu art. 1º. Com efeito, dispõe o art. 1º da Lei 9.601/1998: "As convenções e os acordos coletivos de trabalho poderão instituir contrato de trabalho por prazo determinado, de que trata o art. 443 da Consolidação das Leis do Trabalho – CLT, independentemente das condições estabelecidas em seu § 2º, em qualquer atividade desenvolvida pela empresa ou estabelecimento, *para admissões que representem acréscimo no número de empregados*" (grifamos).

Percebe-se, desde logo, que a contratação nos moldes da Lei 9.601/1998 pressupõe negociação com os sindicatos de categoria profissional e objetiva a oferta de novos empregos, única razão para a exigência de que as admissões representem acréscimo no número de empregados. Sem a participação dos sindicatos profissionais não é possível a contratação sob a égide da nova lei.

E, para incentivar a contratação de empregados na modalidade em comento, o Governo concedeu alguns incentivos fiscais, por 18 meses, a contar da data de sua publicação (art. 2º da Lei 9.601/1998), dos quais o mais divulgado representou uma redução nos direitos dos trabalhadores, qual seja, a redução da alíquota do FGTS para 2%, quando a Lei 8.036/1990 estabelece o percentual de 8%. Por este motivo afirmamos que o dispositivo legal é de constitucionalidade mais que duvidosa, na medida em que consagra odiosa discriminação entre empregados da mesma empresa e, muitas vezes, exercentes da mesma função com igualdade de condições.

Assinalamos, contudo, que o período de 18 meses foi ampliado para 36 meses pela Medida Provisória 1.952-31, de 14.12.2000, e, finalmente, ampliado para 60 meses pela Medida Provisória 2.076-33, de 26.1.2001. Vale dizer: os incentivos fiscais mencionados no parágrafo anterior vigoraram até 22.1.2003, já que a Lei 9.601/1998 foi publicada no dia 22.1.1998, não subsistindo na atualidade.

São, ainda, asseguradas as estabilidades provisórias para a gestante, empregado acidentado no trabalho, representante da Comissão Interna de Prevenção de Acidentes/CIPA e dirigente sindical, tão somente, no período de duração do contrato, o qual não poderá ser rescindido antes do termo final.

Por último, torna-se importante mencionar que não é possível a contratação por prazo determinado, sob o manto da Lei 9.601/1998, para substituição de pessoal regular e permanente contratado por prazo indeterminado, nos termos do decreto que a regulamentou (Decreto 2.490, de 4.2.1998). Vale dizer: o empregador não pode despedir empregados contratados por prazo indeterminado e contratar, em substituição, empregados por prazo determinado nos moldes da lei em apreço, na medida em que isto representaria fraude (art. 9º da CLT), mesmo porque a própria lei mencionada estabelece a proporção de trabalhadores que poderão ser contratados sob sua égide, sem prejuízo do limite estabelecido no acordo ou convenção coletiva de trabalho.

Em verdade, a Lei n. 9.601/1998 não propiciou a geração de empregos pretendida pelo Governo Federal. Nem mesmo os incentivos fiscais assegurados por referida lei, e num prazo determinado, foram capazes de motivar o aumento da oferta de empregos e animar as negociações coletivas com vistas a contratações nesta nova modalidade.

## 4. Contrato de trabalho intermitente

O contrato de trabalho intermitente traduz uma novidade legislativa trazida pela Reforma Trabalhista. Conforme o art. 443, § 3º, da CLT, considera-se "como intermitente o contrato de trabalho no qual a prestação de serviços, com subordinação, não é contínua, ocorrendo com alternância de períodos de prestação de serviços e de inatividade, determinados em horas, dias ou meses, independentemente do tipo de atividade do empregado e do empregador, exceto para os aeronautas, regidos por legislação própria".

Em outras palavras, o trabalho intermitente é a legalização dos "bicos". O trabalhador presta serviços subordinados a um empregador por determinado tempo, medido em horas, dias ou meses, apenas quando houver necessidade de serviço. O § 5º do art. 452-A da CLT estabelece que o "período de inatividade não será considerado tempo à disposição do empregador, podendo o trabalhador prestar serviços a outros contratantes".

Estabelece o art. 452-A da CLT reformada que o "contrato de trabalho intermitente deve ser celebrado por escrito e deve conter especificamente o valor da hora de trabalho, que não pode ser inferior ao valor horário do salário-mínimo ou àquele devido aos demais empregados do estabelecimento que exerçam a mesma função em contrato intermitente ou não".

A convocação do trabalhador intermitente para a realização do serviço poderá ocorrer por qualquer meio de comunicação eficaz. Cabe ao empregador informar ao empregado, com pelo menos três dias corridos de antecedência, qual jornada de trabalho (art. 452-A, § 1º, da CLT).

Conforme § 2º do art. 452-A da CLT, recebida "a convocação, o empregado terá o prazo de um dia útil para responder ao chamado, presumindo-se, no silêncio, a recusa". O legislador reformista deixa clara a existência de subordinação no contrato de trabalho intermitente no § 3º do aludido artigo, ao estabelecer que a "recusa da oferta não descaracteriza a subordinação para fins do contrato de trabalho intermitente".

Aceita a oferta para o comparecimento ao trabalho, a parte que descumprir, sem justo motivo, pagará à outra parte, no prazo de 30 dias, multa de 50% da remuneração que seria devida, permitida a compensação em igual prazo, conforme preceitua o art. 452-A, § 4º, da CLT.

Ao final de cada período de prestação de serviço, o empregado receberá o pagamento imediato das seguintes parcelas: a) remuneração; b) férias proporcionais com acréscimo de um terço; c) 13º salário proporcional; d) repouso semanal remunerado; e e) adicionais legais (452-A, § 6º, da CLT). Conforme § 7º do artigo em questão, o recibo de pagamento deverá conter a discriminação dos valores pagos relativos a cada uma das parcelas referidas. Não há indicação expressa do que deve ser entendido por "período de prestação de serviço", mas entendemos que se trata do correspondente ao mês de trabalho, pois alude ao pagamento da remuneração, tendo havido uma tentativa de correção na mencionada dúvida de interpretação por meio da Medida Provisória 808, de 14.11.2017, que acabou não convolada em Lei.

O art. 452-A, § 8º, da CLT, estabelece a obrigatoriedade de o empregador efetuar o recolhimento da contribuição previdenciária e o depósito do Fundo de Garantia do Tempo de Serviço, com base nos valores pagos no período mensal, devendo fornecer ao empregado comprovante do cumprimento dessas obrigações.

Vale dizer, nos termos do Ato Declaratório Interpretativo (ADI) 6 da Receita Federal do Brasil, de 24.11.2017, em seu art. 1º, § 2º, não será computado como tempo de contribuição para fins previdenciários, inclusive para manutenção da condição de segurado do RGPS e cumprimento de prazo de carência para concessão de benefícios previdenciários, o mês em que a remuneração recebida pelo segurado tenha sido inferior ao salário-mínimo mensal e não tenha sido efetuado o recolhimento da contribuição previdenciária complementar.

A mencionada ADI foi editada para fins de regulamentação do art. 911-A da CLT, acrescentado pela Medida Provisória 808/2017. Esse artigo previa, dentre outros assuntos, a possibilidade de contribuição previdenciária complementar aos empregados que percebessem menos que o salário-mínimo. Essa medida provisória acrescentou novos pontos à Reforma Trabalhista, mas, como não foi convertida em lei, não está mais vigente, tendo sido revogado o art. 911-A mencionado.

Nota-se, pois, que o empregado intermitente poderá ter recolhimentos previdenciários mensais inferiores ao salário-mínimo. No entanto, esses recolhimentos inferiores não são computados pelo INSS, como mencionamos. Apesar da rápida vigência do art. 911-A da CLT, entendemos que não há óbice legal ao recebimento de salário apenas pelo período efetivamente trabalhado.

Não há, no trabalho intermitente, a continuidade da prestação de serviços, pelo que causa estranheza classificar o trabalhador intermitente como empregado, por ausência de um dos requisitos do art. 3º da CLT, que não sofreu qualquer modificação.

Parece-nos evidente que a maioria dos trabalhadores prefere trabalhar sob o manto de um contrato por prazo indeterminado. Infelizmente, o trabalho intermitente de forma generalizada, como concebido, constitui instrumento de fraude à legislação trabalhista, podendo gerar várias discussões acerca do uso de trabalhador intermitente para, por exemplo, compor as cotas de empregados com deficiência, além de possibilitar uma artificial redução no índice de desemprego. Vale dizer, a inovação legislativa concebe a existência de um trabalhador empregado que não possua renda mensal, pois nada garante que seja convocado ao trabalho em todos os meses.

## 5. O contrato de trabalho rural de curta duração

O art. 14-A da Lei 5.889/1973, acrescentado pela Lei 11.718/2008, faculta ao produtor rural pessoa física a contratação de trabalhador rural por pequeno prazo para o exercício de atividades de natureza temporária, desde que não supere dois meses no período de um ano, sob pena da conversão do contrato de trabalho em contrato por prazo indeterminado.

Trata-se de inovação legislativa que objetiva atenuar a informalidade do trabalho no meio rural, contornando a vedação à prestação de trabalho temporário disciplinada na Lei 6.019/1974, que só beneficia as empresas urbanas. No entanto, as empresas rurais continuam sem a possibilidade de utilização da mão de obra temporária, já que a inovação legislativa só favorece os produtores rurais pessoas físicas, proprietários ou não (art. 14-A, § 4º, da Lei 5.889/1973).

*Capítulo XV*
# SUSPENSÃO E INTERRUPÇÃO DO CONTRATO DE TRABALHO

*1. Considerações iniciais. 2. Casos de interrupção do contrato de trabalho: 2.1 Hipóteses do art. 473 da CLT – 2.2 Aborto não criminoso – 2.3 Afastamento por doença – 2.4 Acidente de trabalho – 2.5 Prestação do serviço militar – 2.6 Licença-maternidade – 2.7 Férias anuais remuneradas – 2.8 Repouso semanal remunerado – 2.9 Trabalho nas eleições (Lei 9.504/1997) – 2.10 Intervalos para amamentação – 2.11 Intervalos computados na jornada de trabalho. 3. Casos de suspensão do contrato de trabalho. 4. Suspensão do contrato de trabalho para qualificação profissional.*

## 1. Considerações iniciais

A Consolidação das Leis do Trabalho destina o Capítulo IV do Título V ("Do Contrato Individual do Trabalho"), arts. 471 a 476-A, ao estudo da suspensão e interrupção do contrato de trabalho.

Curiosamente, o legislador jamais teve a preocupação em distinguir as duas figuras, e referido capítulo não esgota todas as hipóteses de interrupção e suspensão do contrato de trabalho. Isto porque se restringe aos casos de suspensão e interrupção ligados à pessoa do trabalhador, parecendo ignorar as hipóteses de paralisação temporária dos serviços por fatos relacionados com o próprio empregador (motivo de força maior, por exemplo).

Por quase 20 anos a doutrina se inclinou por estabelecer a distinção entre as duas figuras com base no critério do pagamento de salários. Na interrupção do contrato o empregado continuaria recebendo salários e haveria a contagem do tempo de serviço, enquanto na suspensão o pagamento de salários não seria exigível, não se computando o tempo de afastamento como tempo de serviço. Trata-se de distinção que Antônio Lamarca considerava meramente cerebrina.[1]

Contudo, a Lei 4.072, de 16.6.1962, acrescentou um complicador à questão, introduzindo o parágrafo único ao art. 4º da CLT, com a seguinte redação: "Computar-se-ão, na contagem do tempo de serviço, para efeito de indenização e estabilidade, os períodos em que o empregado estiver afastado do trabalho prestando serviço militar (...) *(vetado)* (...) e por motivo de acidente do trabalho", cujo conteúdo não foi alterado pela mudança de redação dada pela Lei 13.467/2017.

A Lei 4.072/1962 provocou celeuma numa questão que se encontrava aparentemente pacificada, ao transformar os afastamentos por acidente de trabalho e prestação do serviço militar, até então reconhecidos como hipóteses típicas de suspensão do contrato de trabalho, em duas figuras híbridas, que não se encaixavam nos conceitos de interrupção ou suspensão.

Amauri Mascaro Nascimento mantém-se fiel à doutrina tradicional, afirmando que "suspensão do contrato de trabalho é a paralisação temporária dos seus principais efeitos, e interrupção do contrato de trabalho é a paralisação durante a qual a empresa paga salários e conta o tempo de serviço do empregado".[2] E reconhece que nos acidentes de trabalho e prestação do serviço militar "os efeitos específicos não são enquadráveis em nenhuma das duas figuras".[3]

Além da Lei 4.072/1962, que rompeu a tradicional distinção entre suspensão e interrupção, ao atribuir características de interrupção a duas espécies de afastamento do empregado até então reconhecidas como hipóteses de suspensão, tivemos a Lei 9.876/1999, que atribuiu nova redação ao art. 71 da Lei 8.213/1991, disciplinando que o salário-maternidade (art. 392 da CLT, c/c o art. 7º, XVIII, da CF) deveria ser pago diretamente pela Previdência Social, rompendo com a tradição de pagamento pelo empregador e posterior ressarcimento junto ao órgão previdenciário, o que foi restabelecido pela Lei 10.710, de 5.8.2003; vale dizer, o salário--maternidade voltou a ser pago pela empresa e abatido da guia de recolhimento da Previdência Social. Temos, ainda, uma hipótese de suspensão do contrato *sui generis*, consagrada na Medida Provisória 2.164, de

---

1. Antônio Lamarca, *Contrato Individual de Trabalho*, São Paulo, Ed. RT, 1969, p. 249.

2. Amauri Mascaro Nascimento, *Iniciação ao Direito do Trabalho*, 27ª ed., São Paulo, LTr, 2001, p. 237.

3. Idem, p. 238.

24.8.2001, que introduziu o art. 476-A ao diploma consolidado, disciplinando a suspensão do contrato de trabalho para qualificação profissional do empregado, conforme disposto em convenção ou acordo coletivo.

Diante de toda a explanação até aqui empreendida, somos forçados a concordar com Orlando Gomes e Elson Gottschalk,[4] que, abandonando a terminologia usual, preferem as designações "suspensão total" e "suspensão parcial" do contrato de trabalho.

Assim, podemos definir a *interrupção* (suspensão parcial) como sendo a paralisação temporária da prestação dos serviços, com a manutenção do pagamento de salários ou algum outro efeito do contrato de trabalho; enquanto a *suspensão* (suspensão total) traduz a paralisação temporária da prestação dos serviços, com a cessação das obrigações patronais e de qualquer efeito do contrato enquanto perdurar a paralisação dos serviços.

## 2. Casos de interrupção do contrato de trabalho

### 2.1 Hipóteses do art. 473 da CLT

O art. 473 da CLT consagra hipóteses de falta ao serviço sem prejuízo do salário. São elas:

a) até 2 dias consecutivos no caso de falecimento de cônjuge, ascendente (pais, avós, bisavós etc.), descendente (filhos, netos, bisnetos etc.), irmão ou pessoa que viva sob dependência econômica do empregado, conforme declarado em sua CTPS;

b) até 3 dias consecutivos, em virtude de casamento;[5]

c) por 1 dia, em caso de nascimento de filho, no decorrer da primeira semana – direito que foi ampliado para 5 dias, nos termos do art. 10, § 1º, do ADCT, até que seja disciplinado o art. 7º, XIX, da CF (licença-paternidade) e que poderá ser acrescido de 15 dias, caso o empregador esteja vinculado ao Programa Empresa Cidadã, nos termos da Lei 13.257/2016;

---

4. Orlando Gomes e Elson Gottschalk, *Curso de Direito do Trabalho*, 12ª ed., Rio de Janeiro, Forense, 1991, pp. 383-384.

5. No caso de professores existe regra específica no art. 320, § 3º, da CLT, segundo o qual "não serão descontadas, no decurso de 9 (nove) dias, as faltas verificadas por motivo de gala ou de luto em consequência de falecimento do cônjuge, do pai ou mãe, ou de filho". É certo, no entanto, que mesmo para os professores deve prevalecer a regra geral do direito aos dois dias de falta ao serviço se o falecimento for de ascendente ou descendente de 2º grau em diante.

d) por 1 dia, em caso de doação voluntária de sangue devidamente comprovada, a cada 12 meses;

e) até 2 dias, consecutivos ou não, para o fim de alistar-se eleitor, nos termos da lei;

f) no período de tempo em que tiver de cumprir as exigências do serviço militar (art. 65, "c", da Lei 4.375, de 17.8.1964 – Lei do Serviço Militar);

g) nos dias em que estiver realizando exames vestibulares para ingresso em estabelecimento de ensino superior, desde que devidamente comprovado;

h) pelo tempo que se fizer necessário, quando tiver que comparecer a juízo.[6]

i) pelo tempo que se fizer necessário, quando, na qualidade de representante de entidade sindical, estiver participando de reunião oficial de organismo internacional do qual o Brasil seja membro;

j) até 2 dias para acompanhar consultas médicas e exames complementares durante o período de gravidez de sua esposa ou companheira;

k) por 1 dia por ano para acompanhar filho de até 6 anos em consulta médica.

## 2.2 Aborto não criminoso

O art. 395 da CLT consagra o direito da mulher a um repouso remunerado de duas semanas, com direito a retornar à função que ocupava antes do afastamento, na hipótese de aborto não criminoso, devidamente comprovado por atestado médico fornecido pelo Sistema Único de Saúde ou pelo serviço médico próprio da empresa ou por ela credenciado.

O repouso remunerado será pago pela Previdência Social, sob a forma de salário-maternidade correspondente a duas semanas (art. 93, § 5º, do Decreto 3.048/1999 – Regulamento da Previdência Social, com redação dada pelo Decreto 3.265, de 29.11.1999).

Ainda há certa controvérsia a respeito da aplicação da estabilidade à gestante, prevista no art. 10, II, "b", do ADCT, nos casos de aborto não criminoso.

---

6. Comportam aplicação analógica os casos de comparecimento perante órgãos do Ministério Público ou autoridade policial. A situação dos jurados já se encontrava disciplinada no art. 441 do CPP – Decreto-lei 3.689, de 3.10.1941, com a redação da Lei 11.689/2008 ("Nenhum desconto será feito nos vencimentos ou salário do jurado sorteado que comparecer à sessão do Júri").

Por um lado, há quem defenda que essa estabilidade provisória é um direito do nascituro, da confirmação da gravidez até cinco meses após o parto. Como no caso do aborto não criminoso não há nascituro, nem parto, não há que se falar em estabilidade, mas apenas no repouso remunerado de duas semanas. É o caso deste julgado de 2017 do TRT 20:

• Recurso da reclamante: aborto espontâneo – Estabilidade gestacional – Indeferimento. Considerando que o objetivo maior da garantia constitucional prevista no art. 10, II, *b*, do ADCT, não é proteger a gestante da dispensa arbitrária, mas sim a saúde e a integridade física do bebê, oferecendo à mãe as condições dele cuidar e de se manter enquanto este estiver sob seus cuidados, é necessário que a criança nasça com vida, pois, se assim não ocorre, fica esvaziado referido objetivo. Tendo, *in casu*, a Reclamante sofrido aborto espontâneo, não há que se falar em direito à estabilidade gestacional, sendo-lhe garantido, apenas, nos termos do art. 395 da CLT, o direito ao repouso remunerado de duas semanas (TRT-20 00007412020155200006, rel. Carlos de Menezes Faro Filho, *DEJT* 2.5.2017).

Por outro lado, há quem defenda o direito da estabilidade provisória nesses casos, da confirmação da gravidez até a ocorrência do aborto não criminoso, acrescida de duas semanas de repouso semanal remunerado. É o caso deste julgado, também de 2017, do TRT 11:

• Recurso da reclamante. Estabilidade provisória da gestante. Ocorrência de aborto. À gestante garante-se o emprego desde a confirmação da gravidez até 5 (cinco) meses após o parto (ADCT, art. 10, inc. II, alínea *b*). Todavia, em caso de aborto não criminoso, a estabilidade provisória do ADCT não se configura, reservando-se à mulher direito à estabilidade desde a confirmação da gravidez até a data do sinistro, acrescida de 2 (duas) semanas de repouso remunerado, consoante prevê o art. 395 da Consolidação das Leis do Trabalho (CLT). Recurso conhecido e parcialmente provido (TRT-11 00014082120165110006, rel. Adilson Maciel Dantas, *DEJT* 7.6.2017).

Entendemos que razão assiste à segunda corrente, não estando assegurada a estabilidade provisória, por cinco meses após o aborto não criminoso, já que o dispositivo constitucional alude expressamente a parto. Assim, na hipótese mencionada, a despedida sem justa causa estará inviabilizada até duas semanas após o aborto, podendo ocorrer a extinção contratual após o retorno da empregada.

## 2.3 Afastamento por doença

Os primeiros 15 dias de afastamento por motivo de doença são considerados período de interrupção, eis que restam assegurados ao empregado o pagamento de salários e a contagem do tempo de serviço para todos os efeitos legais (art. 60, § 3º, da Lei 8.213/1991).

Quanto ao período posterior ao décimo quinto dia a doutrina costuma classificar como hipótese de suspensão, pois não há pagamento de salários, e sim recebimento do benefício previdenciário. Contudo, devemos nos manter fiéis à distinção que fizemos no primeiro tópico deste capítulo e reconhecer que, apesar de não receber salário a partir do décimo sexto dia de afastamento, existe a contagem do período aquisitivo de férias, consoante se infere do art. 133, IV, da CLT. Vale dizer, o afastamento por motivo de doença deve ser considerado de suspensão, tão somente, na hipótese de o afastamento corresponder a período superior a seis meses – ainda que descontínuos – dentro de um mesmo período aquisitivo de férias. No entanto, devemos esclarecer que a doutrina majoritária afirma que a suspensão do contrato de trabalho ocorre a partir do décimo sexto dia de afastamento.

## 2.4 Acidente de trabalho

Quanto aos primeiros 15 dias de afastamento em virtude de acidente de trabalho não diverge a doutrina. Trata-se de hipótese de interrupção do contrato.

Quanto ao afastamento por período superior a 15 dias, apesar do recebimento do auxílio-doença acidentário a cargo da Previdência Social, entendemos que se trata de hipótese de interrupção do contrato de trabalho (suspensão parcial), tendo em vista o disposto no art. 4º, parágrafo único, da CLT, já que persiste a contagem do tempo de serviço e o empregador continua obrigado aos depósitos do FGTS durante o afastamento (art. 15, § 5º, da Lei 8.036/1990).

## 2.5 Prestação do serviço militar

Durante a prestação do serviço militar persistem a contagem do tempo de serviço (art. 4º, parágrafo único, da CLT) e a obrigação dos depósitos do FGTS pelo empregador (art. 15, § 5º, da Lei 8.036/1990). Trata-se, pois, de hipótese de interrupção do contrato de trabalho.

## 2.6 Licença-maternidade

A Constituição Federal assegura à gestante o direito à licença de 120 dias (art. 7º, XVIII), sem prejuízo do emprego e do salário. O art. 71 da Lei 8.213/1991, com redação dada pela Lei 9.876/1999, assegurava que o salário-maternidade seria pago diretamente pela Previdência Social no valor correspondente à remuneração integral da empregada, não se subordinando ao teto dos benefícios previdenciários (art. 72 da Lei 8.213/1991, com redação da Lei 9.876, de 26.11.1999).[7] Contudo, diante da nova redação do art. 71 da Lei 8.213/1991, por força da Lei 10.710, de 5.8.2003, o pagamento voltou a ser feito pelo empregador, que deverá promover a compensação junto à Previdência Social.

Durante o afastamento da empregada também são devidos os depósitos do FGTS, tendo sido espancadas todas as dúvidas, neste particular, com a edição do Decreto 99.684/1990 (Regulamento do FGTS).

### 2.7 Férias anuais remuneradas

Durante as férias o empregado recebe a remuneração acrescida de um terço (art. 7º, XVII, da CF), tendo o período de gozo computado para todos os efeitos legais, inclusive como período aquisitivo do próximo período de férias.

### 2.8 Repouso semanal remunerado

O repouso semanal remunerado, consagrado na Lei 605/1949 e no art. 7º, XV, da CF, é hipótese típica de interrupção do contrato de trabalho, já que o empregado não trabalha, mas o empregador é obrigado a pagar-lhe o salário correspondente, não havendo solução de continuidade na contagem do tempo de serviço.

### 2.9 Trabalho nas eleições (Lei 9.504/1997)

Dispõe o art. 98 da Lei 9.504/1997 que os eleitores nomeados para as Mesas Receptoras ou Juntas Eleitorais e os requisitados para auxiliar nos seus trabalhos serão dispensados do serviço, mediante declaração expedida pela Justiça Eleitoral, sem prejuízo do salário, vencimento ou qualquer outra vantagem, pelo dobro dos dias de convocação. Portanto, o direito às faltas ao trabalho, sem prejuízo da remuneração devida, traduz hipótese típica de interrupção do contrato de trabalho, beneficiando os trabalhadores regidos pela Consolidação das Leis do Trabalho (empregados), empregados domésticos e servidores públicos *stricto sensu*.

---

7. Assinale-se que a Lei 9.876/1999 foi sancionada após liminar do Supremo Tribunal Federal (em abril/1999) que considerou inconstitucional a Emenda Constitucional 20/1998, que limitava o salário-maternidade ao teto dos benefícios previdenciários, por afrontar o art. 7º, XVIII, da CF.

## 2.10 Intervalos para amamentação

O art. 396 da CLT assegura à empregada o direito a dois descansos especiais, de meia hora cada um, para amamentar o próprio filho, inclusive se advindo de adoção, até que este complete seis meses de idade. É certo que a lei não revela, expressamente, se os intervalos serão, ou não, remunerados; contudo, a interpretação teleológica impõe a conclusão inequívoca de que devem ser remunerados pelo empregador, e, portanto, correspondem a períodos de interrupção do contrato de trabalho. A interpretação em sentido contrário conduziria ao absurdo de se vislumbrar a empregada sendo obrigada a permanecer trabalhando por uma hora além da jornada ou ter de suportar o desconto salarial, o que não se coaduna com o espírito da norma, que é o de proteger a maternidade. Ademais, dispõe o art. 377 da CLT que "a adoção de medidas de proteção ao trabalho das mulheres é considerada de ordem pública, não justificando, em hipótese alguma, a redução de salário".

## 2.11 Intervalos computados na jornada de trabalho

Neste mesmo sentido, são hipóteses de interrupção do contrato de trabalho todos os intervalos intrajornadas computados na jornada de trabalho e que, portanto, são remunerados pelo empregador. São as situações dos arts. 72, 253 e 298 da CLT, que serão analisados no capítulo próprio.

### 3. Casos de suspensão do contrato de trabalho

São hipóteses típicas de suspensão do contrato de trabalho: a suspensão disciplinar (art. 474 da CLT), as faltas injustificadas ao serviço, a aposentadoria por invalidez (art. 475 da CLT), o exercício de mandato como diretor eleito de sociedade anônima (Súmula 269 do TST) e o afastamento para atuação como dirigente sindical (art. 543, § 2º, da CLT), desde que não haja remuneração.

No caso de aposentadoria por invalidez devemos esclarecer que o benefício nunca se torna definitivo, mesmo após o período de cinco anos, em sentido contrário ao que estabelecia o art. 4º, § 3º, da Lei 3.332, de 26.1.1957. Isto porque a questão está disciplinada no art. 47 da Lei 8.213/1991, que estabelece a cessação imediata do benefício quando o empregado recupera a capacidade dentro de 5 anos (inciso I) e cessação total do benefício após 18 meses quando a recuperação for parcial ou ocorrer após o período de 5 anos (inciso II).

Quanto ao afastamento no período de greve, a Lei 7.783/1989 (art. 7º) estabelece a suspensão do contrato de trabalho. Contudo, se houver pagamento normal dos salários, por convenção ou acordo coletivo e até mesmo por decisão da Justiça do Trabalho, estaremos diante de interrupção do contrato de trabalho.

Finalmente, devemos atentar para o fato de que a prisão, preventiva ou temporária, do empregado traduz suspensão do contrato de trabalho, apesar de não se encontrar expressamente indicada no texto consolidado. Referida suspensão poderá se convolar em justa causa para rescisão do pacto laboral se houver condenação com trânsito em julgado, não sendo o trabalhador beneficiário da suspensão da execução da pena (art. 482, "d", da CLT).

## 4. Suspensão do contrato de trabalho para qualificação profissional

O art. 476-A da CLT, acrescentado pela Medida Provisória 1.952/1999 e sucessivas reedições até a Medida Provisória 2.164-41 (24.8.2001), e que se encontra em plena vigência, por força do art. 2º da EC 33, de 11.9.2001, consagra a possibilidade de suspensão do contrato de trabalho para participação do empregado em curso ou programa de qualificação profissional oferecido pelo empregador.

Trata-se de iniciativa do Governo Federal objetivando evitar as despedidas em massa de trabalhadores em determinados setores da economia, e consiste na suspensão do contrato de trabalho por um período de dois a cinco meses, desde que haja previsão em convenção ou acordo coletivo e que o empregado manifeste aquiescência expressa (art. 476-A da CLT), ficando asseguradas todas as vantagens de sua categoria profissional por ocasião do retorno ao trabalho (art. 471 da CLT). E não será permitida nova suspensão do contrato de trabalho do mesmo empregado antes de completados 16 meses (art. 476-A, § 2º, da CLT).

Durante o período de afastamento o empregador deverá, necessariamente, proporcionar o programa ou curso de qualificação profissional, sob pena de se ver obrigado ao pagamento dos salários do período de afastamento do empregado e demais consectários legais, sem prejuízo de eventuais sanções previstas em convenção ou acordo coletivo (art. 476-A, § 6º, da CLT). Contudo, a concessão espontânea, pelo empregador, de alguma vantagem ou compensação em dinheiro, com valor definido em convenção ou acordo coletivo, durante o período de afastamento não descaracteriza a suspensão do contrato de trabalho (art. 476-A, §§ 3º e 4º, da CLT).

Finalmente, o empregador não poderá despedir o empregado desde o afastamento até três meses após o retorno, sob pena de arcar com multa, em favor do empregado, em valor previsto em convenção ou acordo coletivo, no valor mínimo correspondente à última remuneração mensal do empregado anterior à suspensão do contrato, além das verbas rescisórias que decorrem da lei (art. 476-A, § 5º, da CLT).

## Capítulo XVI
# *ALTERAÇÕES DO CONTRATO DE TRABALHO*

*1. Considerações iniciais. 2. O "jus variandi" do empregador e o "jus resistentiae" do empregado. 3. Alterações que dependem da tutela sindical. 4. Transferência de empregados. 5. Alteração da jornada de trabalho. 6. Compensação de horários.*

## 1. Considerações iniciais

Sabemos que o contrato de trabalho é de trato sucessivo, ou seja, não se exaure num único ato, mas sua execução se protrai no tempo, e durante seu desenvolvimento poderão ocorrer alterações nas condições do contrato inicialmente pactuadas.

É certo que no momento da contratação, via de regra, são estabelecidas as condições em que o trabalho deve ser desenvolvido, tais como função, local, salário, jornada etc. Contudo, o fato de se tratar de pacto de trato sucessivo pode implicar a necessidade de ajuste ou modificações de algumas condições outrora pactuadas, aspecto que se verifica de forma mais acentuada quanto maior a duração da relação de emprego. Afinal de contas, no curso do contrato de trabalho poderão ocorrer promoções e majorações salariais, por exemplo.

O art. 468, *caput*, da CLT externa o princípio da inalterabilidade das condições contratuais (ou princípio da imodificabilidade) e que, segundo nosso entendimento, representa um corolário do princípio da condição mais benéfica.

Referido dispositivo legal informa que "nos contratos individuais de trabalho só é lícita a alteração das respectivas condições por mútuo consentimento, e ainda assim desde que não resultem, direta ou indiretamente, prejuízos ao empregado, sob pena de nulidade da cláusula infringente desta garantia".

Percebe-se, pois, que o art. 468, *caput*, da CLT é claro ao dispor que a validade da alteração das condições de trabalho pressupõe dois requisitos: a) concordância do empregado; b) ausência de prejuízo ao trabalhador.

A concordância do empregado pode ser escrita, verbal ou tácita, já que nem o próprio contrato de trabalho exige formalidade especial. A exceção, por óbvio, fica por conta dos contratos de trabalho especiais (contrato de aprendizagem, por exemplo), nos quais a forma escrita é obrigatória. Mas não se pode negar validade à forma tácita quando houver nítido benefício ao trabalhador, a exemplo do reajuste de salário, com permanência na mesma função e sem modificação de horário.

Em verdade, o art. 468 do diploma consolidado ocupa-se das alterações objetivas[1] nas condições do contrato, às quais o empregado pode se opor, e que detalharemos nos tópicos seguintes. Portanto, não se ocupa das alterações subjetivas,[2] quais sejam, a sucessão de empresas (alteração na propriedade da empresa) e a alteração na estrutura jurídica do empregador – aspectos já abordados em capítulo próprio (Capítulo XI, "Sujeitos do Contrato de Trabalho") –, às quais o empregado não pode se opor e, via de regra, nem é chamado a opinar sobre elas, mesmo porque referidas ocorrências não afetam o contrato de trabalho, sendo indiferentes ao trabalhador.

Não obstante a redação do art. 468, *caput*, da CLT, algumas alterações contratuais estão autorizadas pela própria lei (inclusive textos constitucionais). É o caso dos §§ 1º e 2º do próprio art. 468 da CLT, que estabelecem que não "se considera alteração unilateral a determinação do empregador para que o respectivo empregado reverta ao cargo efetivo, anteriormente ocupado, deixando o exercício de função de confiança" e que essa alteração, "com ou sem justo motivo, não assegura ao em-

---

1. "*Alterações objetivas*, como visto, são aquelas que abrangem *cláusulas contratuais* ou *circunstâncias* envolventes à efetiva execução do contrato. Afetam, pois, o conteúdo do contrato de trabalho" (Maurício Godinho Delgado, *Alterações Contratuais Trabalhistas*, São Paulo, LTr, 2000, p. 19).

2. "*Alterações contratuais subjetivas* são aquelas que atingem os sujeitos contratuais, substituindo-os ao longo do desenrolar do contrato, (...)" (Maurício Godinho Delgado, *Alterações Contratuais Trabalhistas*, cit., p. 18). E, mais adiante, o mesmo autor arremata: "De fato, as *alterações subjetivas* (atingindo, pois, as partes contratuais) restringem-se, no contrato de trabalho, apenas ao polo passivo da relação de emprego – o empregador –, por meio da chamada *sucessão trabalhista*. É que se sabe que, no tocante à figura do empregado, incide a regra da infungibilidade (o contrato é *intuitu personae* com respeito ao empregado), inviabilizando alteração subjetiva contratual)".

pregado o direito à manutenção do pagamento da gratificação correspondente, que não será incorporada, independentemente do tempo de exercício da respectiva função".

Outras alterações contratuais ocorrem por obediência ao princípio do *jus variandi*, conforme indicaremos a seguir.

**2. O "jus variandi" do empregador e o "jus resistentiae" do empregado**

O *jus variandi* do empregador é corolário de seu poder de direção, que decorre da subordinação jurídica do empregado. Representa uma exceção à regra de que as condições contratuais não podem ser modificadas unilateralmente pelo empregador.

Sérgio Pinto Martins alude ao *jus variandi* como "pequenas modificações no contrato de trabalho que não venham a alterar significativamente o pacto laboral, nem importem prejuízo ao obreiro".[3]

Amauri Mascaro Nascimento ensina que se trata de princípio desenvolvido pela doutrina italiana e que traduz "o direito do empregador, em casos excepcionais, de alterar, por imposição e unilateralmente, as condições de trabalho dos seus empregados".[4]

Também oportuno se revela o pronunciamento de Maurício Godinho Delgado, que assim resumiu o instituto: "O princípio do *jus variandi* informa o conjunto de prerrogativas empresariais de ordinariamente ajustar, adequar e até mesmo alterar as circunstâncias e critérios de prestação laborativa pelo obreiro, desde que sem afronta à ordem normativa ou contratual, ou, extraordinariamente, em face de permissão normativa, modificar cláusula do próprio contrato de trabalho".[5]

A definição de Maurício Godinho Delgado, ao contrário das anteriores, abarca o *jus variandi* ordinário, que envolve alteração de aspectos não essenciais da relação de emprego, e o *jus variandi* extraordinário, que atinge, de forma permanente ou provisória, o próprio contrato de trabalho, atuando na esfera regulada previamente pelo próprio contrato ou norma jurídica.[6]

Poderíamos situar dentro do *jus variandi* ordinário os seguintes exemplos: a) alteração do horário de intervalo do empregado, que era

3. Sérgio Pinto Martins, *Direito do Trabalho*, 15ª ed., São Paulo, Atlas, 2002, p. 292.
4. Amauri Mascaro Nascimento, *Iniciação ao Direito do Trabalho*, 27ª ed., São Paulo, LTr, 2001, p. 234.
5. Maurício Godinho Delgado, *Alterações Contratuais Trabalhistas*, cit., p. 47.
6. Idem, p. 48.

das 11 às 12h, para o horário das 12 às 13h; b) determinação de alteração de horário do empregado, que era das 7:30h às 16:30h, para o horário das 8 às 17h; c) colocação da mesa do empregado em outra posição ou até mesmo em outra sala etc.

Quanto aos exemplos de *jus variandi* extraordinário, acreditamos que foram bem abordados por Amauri Mascaro Nascimento,[7] e seriam: a) retorno do empregado de confiança ao cargo efetivo, anteriormente ocupado (art. 468, § 1º, da CLT); b) retorno do empregado ao cargo anterior, quando chamado a ocupar interinamente, em comissão ou em substituição eventual ou temporária, cargo diverso do que exercia (art. 450 da CLT); c) alteração de função quando decorrente da extinção de cargos, desde que não importe alteração substancial das qualificações, sob pena de caracterizar a rescisão indireta do contrato de trabalho (art. 483, "d", da CLT); d) modificação na forma de pagamento do empregado, em decorrência de imperativos técnicos, a exemplo da substituição de máquinas obsoletas por modernas.

Podemos afirmar que o *jus variandi* ordinário tem seus limites na ausência de prejuízo ao trabalhador, mas deve decorrer de necessidades reais da empresa, não se permitindo o uso indiscriminado e abusivo.[8]

Finalmente, o direito de resistência do empregado (*jus resistentiae*) traduz-se na possibilidade de "opor-se, validamente, a determinações ilícitas oriundas do empregador no contexto da prestação laborativa";[9] cujo fundamento reside nos princípios da dignidade da pessoa humana (art. 1º, III, da CF) e da legalidade (art. 5º, II, da CF) e, dependendo da situação, poderá restar legitimado o pedido de rescisão indireta do contrato de trabalho, a teor do art. 483 da CLT.

Importante acrescentar que a Reforma Trabalhista, ao incluir o art. 456-A ao diploma consolidado, inseriu a definição do padrão de vestimenta do empregado, bem como a utilização de logomarcas da empresa ou de empresas parceiras, como um *jus variandi* do empregador. Acrescentou, ainda, que a higienização do uniforme é de responsabilidade do trabalhador, salvo nas hipóteses em que forem necessários procedimen-

---

7. Amauri Mascaro Nascimento, *Iniciação ao Direito do Trabalho*, cit., 27ª ed., p. 234.
8. Cf. Carla Teresa Martins Romar, *Alterações do Contrato de Trabalho – Função e Local*, São Paulo, LTr, 2001, p. 67. Apenas discordamos da autora quando inclui as cláusulas essenciais do contrato como limite do *jus variandi*, já que referida conclusão não se aplica ao *jus variandi* extraordinário.
9. Maurício Godinho Delgado, *Alterações Contratuais Trabalhistas*, cit., p. 46.

tos ou produtos diferentes dos utilizados para a higienização das vestimentas de uso comum.

## 3. Alterações que dependem da tutela sindical

O art. 503 da CLT autorizava a redução geral de salários em caso de força maior ou prejuízos devidamente comprovados, desde que não superasse o percentual de 25% e fosse respeitado o salário-mínimo.

Diante do art. 7º, VI, da CF, podemos afirmar que não há limites à redução de salários, nem se exige a ocorrência de força maior ou prejuízos do empregador. Exige-se apenas que a redução seja pactuada em convenção ou acordo coletivo, devendo respeitar o salário-mínimo (art. 7º, IV, da CF).

Finalmente, o disposto no art. 7º, XIV, da CF revela mais uma hipótese de alteração do contrato de trabalho sob tutela sindical, eis que a jornada dos trabalhadores em turnos ininterruptos de revezamento é de seis horas, salvo negociação coletiva, que poderá, inclusive, autorizar jornada superior (até oito horas) sem o pagamento de horas extras ou compensação.

## 4. Transferência de empregados

O art. 469 da CLT consagra a regra geral de impossibilidade de transferência sem a anuência do empregado. Contudo, informa que não se considera transferência a que não acarretar, necessariamente, a mudança do seu "domicílio". A doutrina é praticamente unânime em afirmar que o legislador não foi preciso na expressão "domicílio", a qual deve ser entendida como "residência", ou seja, o local em que o empregado permanece com habitualidade (faz as refeições, dorme etc.), não devendo ser considerado o conceito jurídico do art. 70 do CC de 2002 ("O domicílio da pessoa natural é o lugar onde ela estabelece a sua residência com ânimo definitivo").[10] Referida impropriedade não foi corrigida com a Lei da Reforma Trabalhista.

O § 1º do art. 469 do diploma consolidado indica a possibilidade de transferência, sem a anuência do empregado, quando se tratar de exercício de cargo de confiança ou quando houver cláusula explícita ou condição implícita de transferência e esta decorra de real necessidade de

---

10. Cf. Amauri Mascaro Nascimento, *Iniciação ao Direito do Trabalho*, cit., 27ª ed., p. 247; Sérgio Pinto Martins, *Direito do Trabalho*, cit., 15ª ed., p. 294; e Maurício Godinho Delgado, *Alterações Contratuais Trabalhistas*, cit., p. 99.

serviço. É, pois, uma hipótese de *jus variandi* do empregador, aplicando--se tudo o que foi dito no tópico específico. Neste particular se deve atentar para o disposto na Súmula 43 do Tribunal Superior do Trabalho: "Presume-se abusiva a transferência de que trata o § 1º do art. 469 da CLT, sem comprovação da necessidade do serviço".

Também será lícita a transferência no caso de extinção do estabelecimento em que trabalhar o empregado (art. 469, § 2º, da CLT). Trata-se de transferência definitiva e independe da aquiescência do empregado, o qual estará obrigado a se apresentar na nova sede indicada pelo empregador, sob pena de acarretar faltas injustificadas ao serviço e até abandono de emprego.

Igualmente, o art. 469, § 3º, da CLT autoriza a transferência do empregado para localidade diversa da que resultar do contrato desde que haja necessidade de serviço. No entanto, somos de opinião que não se trata de exercício do *jus variandi*, dependendo sempre da concordância do empregado, já que as únicas possibilidades de transferências unilaterais se encontram disciplinadas nos parágrafos anteriores do mesmo artigo (fechamento do estabelecimento e ainda exercício de cargo de confiança e quando o contrato tiver cláusula explícita ou condição implícita de transferência). Em síntese, os empregados abrangidos pelo art. 469, § 1º, da CLT não podem se opor à transferência desde que não seja abusiva, enquanto os demais (exceção ao fechamento do estabelecimento), a despeito do art. 469, § 3º, da CLT, só podem ser transferidos se aquiescerem à transferência.

Enquanto durar o período de transferência o empregado terá direito a um adicional de 25% sobre o salário contratual; vale dizer, o adicional só é devido na transferência provisória, e não na definitiva – aspecto que gera desconforto na doutrina e na jurisprudência, vez que o legislador não se ocupou em definir uma e outra modalidades. Pessoalmente, entendemos que toda transferência é provisória até prova inequívoca no sentido contrário, ou quando se tratar de transferência motivada por fechamento do estabelecimento em que trabalhava o empregado (art. 469, § 2º, da CLT).

No mais, seja na transferência definitiva ou provisória, o empregador deverá suportar as despesas dela decorrentes (art. 470 da CLT), e quando não acarretar a mudança de domicílio poderá ocorrer o direito ao suplemento do vale-transporte.

Finalmente, revela-se digna de menção a impossibilidade de transferência do empregado eleito para cargo de administração sindical ou representação profissional, nos termos do art. 543 da CLT. A transferência do dirigente sindical outorga-lhe o *jus resistentiae* e o direito de ajuizar reclamação trabalhista, na qual deverá postular que a transferência seja tornada sem efeito, inclusive com pedido de medida liminar, nos termos do art. 659, IX, da CLT. A propósito, o art. 659, IX, da CLT aplica-se a todas as hipóteses de transferências abusivas.

## 5. Alteração da jornada de trabalho

Não há óbice à modificação da jornada de trabalho, dentro do mesmo turno de trabalho, desde que não importe prejuízo ao trabalhador, eis que decorrente do *jus variandi*.

A mudança do turno diurno para o noturno, e vice-versa, depende de concordância do empregado, e haverá a supressão do adicional noturno, quando for o caso, à luz da Súmula 265 do Tribunal Superior do Trabalho: "A transferência para o período diurno de trabalho implica a perda do direito ao adicional noturno".

## 6. Compensação de horários

A compensação de horários revela outra hipótese de alteração objetiva das condições do contrato de trabalho e, diante do art. 7º, XIII, da CF, sempre defendemos que dependia da tutela sindical.

No entanto, devido às alterações promovidas pela Reforma Trabalhista, o acordo de se admitir a compensação poderá ser pactuado por acordo individual, tácito ou escrito, para compensação no mesmo mês (art. 59, § 6º, CLT); enquanto o banco de horas poderá ser pactuado por acordo individual escrito, desde que a compensação ocorra no período máximo de seis meses (art. 59, § 5º, CLT). Além disso, a Súmula 85 do TST, que deverá ser revista por conta das modificações trazidas pela Reforma Trabalhista, já admitia a possibilidade de acordo individual escrito para a compensação semanal.

*Capítulo XVII*
# SALÁRIO E REMUNERAÇÃO

*1. Diferença entre salário e remuneração. 2. Formas especiais de salário: 2.1 Comissões – 2.2 Gratificações legais – 2.3 Adicionais da remuneração: 2.3.1 Adicional noturno – 2.3.2 Adicional de insalubridade – 2.3.3 Adicional de periculosidade – 2.3.4 Adicional de transferência – 2.3.5 Adicional de horas extras. 3. Salário "in natura". 4. Parcelas que não possuem natureza salarial: 4.1 Ajudas de custo – 4.2 Diárias para viagem – 4.3 Prêmios – 4.4 Abonos – 4.5 Vale-transporte – 4.6 Participação nos lucros ou resultados – 4.7 Direito de arena e direito de imagem do atleta profissional.*

## 1. Diferença entre salário e remuneração

A distinção entre salário e remuneração se faz com uma leitura do art. 457 da CLT. O mencionado dispositivo consolidado afirma que, para todos os efeitos legais, integram a remuneração do empregado o salário pago diretamente pelo empregador e também as gorjetas que forem recebidas.

Em outras palavras, a remuneração abrange as gorjetas (salário indireto) e o salário direto pago pelo empregador (em dinheiro ou utilidades).[1]

Todavia, impõe-se observar que nem todos os valores pagos diretamente pelo empregador possuem natureza salarial. E a distinção tem repercussões nas órbitas previdenciária e fiscal, eis que somente as parcelas com natureza salarial sofrem a incidência de contribuições previdenciárias e do imposto de renda; além dos reflexos inerentes aos demais direitos trabalhistas.

---

1. Valentin Carrion, *Comentários à Consolidação das Leis do Trabalho*, 19ª ed., São Paulo, Ed. RT, 1995, p. 295.

A Reforma Trabalhista introduziu a figura do empregado hipersuficiente, que é o empregado que recebe mais do que o dobro do limite máximo do Regime de Benefícios da Previdência Social.

No art. 444, parágrafo único, da CLT, está consagrado que o empregado que perceber salário mensal igual ou superior a duas vezes o limite máximo dos benefícios do Regime Geral de Previdência Social e possuir diploma de nível superior poderá livremente negociar com o empregador, sem chancela sindical, a prevalência sobre a lei quanto aos temas previstos no art. 611-A da CLT.

Já no art. 507-A da CLT, a Reforma Trabalhista estabeleceu que os contratos individuais de trabalho cuja remuneração seja superior a duas vezes o limite máximo estabelecido para os benefícios do Regime Geral de Previdência Social, poderá ser pactuada cláusula compromissória de arbitragem, desde que por iniciativa do empregado ou mediante a sua concordância expressa, nos termos previstos na Lei 9.307/1996.

Como se vê, no primeiro caso, o legislador estabelece que o parâmetro para a averiguação da hipersuficiência é o salário, mas no segundo caso estabelece a remuneração como parâmetro. Acreditamos que essa diferenciação é decorrente apenas de má técnica do legislador, pois não se imagina que um empregado hipersuficiente receba gorjetas. Em ambos os casos, então, o salário deve ser o parâmetro.

O art. 457 da CLT, em seu § 1º, arrola, exemplificativamente, as parcelas que "integram" o salário,[2] quais sejam: gratificações e comissões pagas pelo empregador.

## 2. Formas especiais de salário

O § 1º do art. 457 da CLT arrola alguns exemplos de formas especiais de salário, ou seja, indica parcelas, em pecúnia, que possuem natureza salarial, não obstante a menção imprópria de que "integram o salário"; na verdade, integram a remuneração. Existem, no entanto, várias parcelas que possuem natureza salarial e que não são contempladas expressamente no texto consolidado, tais como adicional por tempo de serviço, adicional noturno, adicional de insalubridade, bem como as gratificações de função ajustadas no contrato individual do trabalho ou previstas em normas coletivas.

2. O legislador teria sido mais feliz se tivesse mencionado "possuem natureza salarial".

## 2.1 Comissões

Nos termos do art. 457, § 1º, da CLT, as comissões possuem natureza salarial. As comissões revelam modalidade de salário variável em função de vendas realizadas pelo empregado, vendas de sua equipe ou faturamento do empregador, por exemplo.

O legislador da Reforma Trabalhista suprimiu a expressão "percentagens" do art. 457, § 1º, da CLT. A percentagem indica as situações em que as comissões são fixadas em percentuais, o que é extremamente comum nos dias atuais. Por outro lado, nada obsta a que as comissões sejam fixadas num determinado valor por unidade vendida, por exemplo, o que afastaria as percentagens. Em síntese, podemos afirmar que as percentagens são espécies de comissões, motivo pelo qual acreditamos que a alteração legislativa não retira a natureza salarial das percentagens.

Não há vedação legal à fixação da remuneração integral à base de comissões, com a única ressalva de que o art. 7º, VII, da CF assegura "garantia de salário, nunca inferior ao mínimo, para os que percebem remuneração variável", o que também foi determinado pela Lei 8.716, de 11.10.1993: "Art. 1º. Aos trabalhadores que perceberem remuneração variável, fixada por comissão, peça, tarefa ou outras modalidades, será garantido um salário mensal nunca inferior ao salário-mínimo".

No entanto, convém assinalar que a remuneração pode ser fixada de forma mista (salário fixo e comissões), hipótese em que já estará garantido o mínimo mensal; e a garantia do salário-mínimo destinada ao comissionista puro só se aplica quando não houver piso salarial da categoria estabelecido em convenção ou acordo coletivo.

## 2.2 Gratificações legais

A nova redação do § 1º do art. 457 da CLT, promovida pela Lei 13.467/2017, dispõe que as gratificações legais possuem natureza salarial. As gratificações legais são aquelas previstas em lei, como a gratificação de Natal, mais conhecida como "13º salário" (denominação acolhida no art. 7º, VIII, CF), instituído pela Lei 4.090/1962, que alude a "gratificação salarial" exigível no mês de dezembro de cada ano, e que corresponde a 1/12 da remuneração devida em dezembro para cada mês de serviço ou fração igual ou superior a 15 dias. No conceito de gratificações legais, incluem-se aquelas mencionadas nos arts. 62, parágrafo único, e 224, § 2º, ambos da Consolidação das Leis do Trabalho, que são gratificações de função.

Por outro lado, não se incluem no conceito legal as previstas em normas coletivas, em regulamentos da empresa e as pactuadas entre empregado e empregador, consideradas gratificações ajustadas, e que são concedidas pelo empregador independentemente da satisfação de algum requisito de ordem pessoal do empregado; isto é, não estão condicionadas à produtividade, assiduidade, asseio etc.

Contudo, como dissemos, o rol do § 1º do art. 457 da CLT é exemplificativo. Por esse motivo, não vemos óbice para que as gratificações ajustadas (expressa ou tacitamente, de forma verbal ou escrita) possuam natureza salarial, com exceção às vedações legais, como os prêmios. *A contrario sensu*, não integram a remuneração as gratificações não ajustadas, quais sejam, aquelas esporádicas, ocasionais.

A origem das gratificações ajustadas encontra-se na liberalidade do empregador; diante da habitualidade acabam gerando expectativa de recebimento pelo empregado, e daí a impossibilidade de supressão, nos termos do art. 468 da CLT, carecendo de relevância o fato de não ostentar a natureza salarial.

## 2.3 Adicionais da remuneração

Os *adicionais* representam acréscimo salarial que objetiva compensar a prestação de serviços em condições mais gravosas, e dentre eles podemos citar o adicional noturno, o adicional de transferência, o adicional de horas extras, o adicional de insalubridade e o de periculosidade.[3]

Assinale-se, no entanto, que referidos adicionais não se incorporam definitivamente à remuneração do empregado. Vale dizer, não são exigíveis quando o empregado deixa de trabalhar nas condições que motivaram o pagamento de algum adicional.

### 2.3.1 Adicional noturno

Em relação aos *empregados urbanos* considera-se *noturno* o trabalho realizado no período compreendido entre 22 e 5h (art. 73, § 2º, da CLT), sendo exigível o acréscimo de, no mínimo, 20% em relação ao labor em horário diurno (art. 73 da CLT), inclusive na prorrogação da jornada após as 5h, conforme art. 73, § 5º, da CLT (Súmula 60, II, do TST).

---

3. A CF alude ao adicional para atividades penosas no art. 7º, XXIII, mas trata-se de dispositivo constitucional que não é autoaplicável, carecendo de regulamentação.

O inciso IX do art. 7º da CF assegura que a remuneração do trabalho noturno seja superior à do diurno, dispositivo que reafirma a derrogação do art. 73 da CLT no que respeita à inexigibilidade do adicional noturno nos casos de revezamento semanal ou quinzenal.[4]

No caso de *trabalho rural* existem duas situações para configuração do labor em horário noturno, a teor da Lei 5.889/1973. Para o trabalho *na lavoura* será considerado noturno o trabalho desenvolvido entre 21 e 5h; e *na pecuária* o trabalho entre 20 e 4h. E para as duas hipóteses o adicional corresponderá a, no mínimo, 25% da hora normal.

Por fim, a jurisprudência majoritária entende que a transferência do período noturno para o diurno não representa alteração prejudicial ao empregado e acarreta a supressão do adicional correspondente.[5]

### 2.3.2 Adicional de insalubridade

O trabalho em atividades insalubres – assim consideradas aquelas que colocam os empregados em contato com agentes nocivos à saúde em limites acima dos níveis de tolerância fixados pelo órgão do Ministério do Trabalho,[6] em razão da natureza e da intensidade do agente e tempo de exposição aos seus efeitos – implica o direito ao adicional em epígrafe.

O adicional de insalubridade corresponde a 40%, 20% ou 10% do salário-mínimo, dependendo do grau de insalubridade (máximo, médio ou mínimo), respectivamente, a teor do art. 192 da CLT, cuja classificação depende da realização de perícia a cargo de médico do trabalho ou engenheiro de segurança do trabalho (art. 195), com observância das normas do Ministério do Trabalho. A Súmula 17 do Tribunal Superior do Trabalho estabelece que o empregado que percebesse salário profissional, por força de lei, convenção coletiva ou sentença normativa, o adicional de insalubridade deveria ser calculado sobre referido salário profissional. Nas demais hipóteses, salvo eventual ajuste contratual ou

---

4. Súmula 213 do Supremo Tribunal Federal: "É devido o adicional de serviço noturno, ainda que sujeito o empregado a regime de revezamento".
5. Súmula 265 do Tribunal Superior do Trabalho: "A transferência para o período diurno de trabalho implica a perda do direito ao adicional noturno".
6. Para os empregados urbanos as atividades insalubres são aquelas relacionadas na Norma Regulamentar 15 (NR-15), da Portaria 3.214/1978, a qual descreve os agentes químicos, biológicos e físicos prejudiciais à saúde do trabalhador. E para os empregados rurais reportamo-nos à Norma Regulamentar 5 (NR-5), da Portaria 3.067/1988.

previsão normativa em sentido contrário, a base de cálculo seria o próprio salário-mínimo mensal.

Contudo, a Súmula 17 foi cancelada por resolução do Tribunal superior do Trabalho depois da aprovação da Súmula Vinculante 4 do Supremo Tribunal Federal, que vedou a vinculação do salário-mínimo ao pagamento de qualquer vantagem devida a empregados ou servidores públicos, com fundamento no art. 7º, IV, da CF. Na mesma oportunidade em que cancelou a Súmula 17, o Tribunal Superior do Trabalho atribuiu nova redação à Súmula 228: "A partir de maio de 2008, data da publicação da Súmula Vinculante n. 4 do Supremo Tribunal Federal, o adicional de insalubridade será calculado sobre o salário básico, salvo critério mais vantajoso fixado em instrumento coletivo"; mas não tardou para que referido entendimento jurisprudencial fosse suspenso por decisão liminar, deferida pelo Ministro-Presidente do Supremo Tribunal Federal no dia 15.7.2008 na Reclamação 6.266, de 11.7.2008, promovida pela Confederação Nacional da Indústria/CNI.

Diante da liminar deferida na reclamação mencionada no parágrafo anterior, ganhou novo fôlego a primeira decisão do Tribunal Superior do Trabalho, após a edição da Súmula Vinculante 4 do Supremo Tribunal Federal, que teve como relator o Ministro Ives Gandra da Silva Martins Filho, cuja ementa é a seguinte: "Adicional de insalubridade – Base de cálculo – Salário-mínimo (CLT, art. 192) – Declaração de inconstitucionalidade sem pronúncia de nulidade (*Unvereinbarkeitserklärung*) – Súmula n. 228 do Tribunal Superior do Trabalho e Súmula Vinculante n. 4 do Supremo Tribunal Federal. 1. O Supremo Tribunal Federal, ao apreciar o RE n. 565.714-SP, sob o pálio da repercussão geral da questão constitucional referente à base de cálculo do adicional de insalubridade, editou a Súmula Vinculante n. 4, reconhecendo a inconstitucionalidade da utilização do salário-mínimo, mas vedando a substituição desse parâmetro por decisão judicial. Rejeitou, inclusive, a tese de conversão do salário-mínimo em sua expressão monetária e aplicação posterior dos índices de correção dos salários, uma vez que, sendo o reajuste do salário-mínimo mais elevado que a inflação do período, restariam os servidores e empregados postulantes de uma base de cálculo mais ampla prejudicados ao receberem como prestação jurisdicional a redução da vantagem postulada. 2. Assim decidindo, a Suprema Corte adotou técnica decisória conhecida no direito constitucional alemão como declaração de inconstitucionalidade sem pronúncia de nulidade (*Unvereinbarkeitserklärung*), ou seja, a norma, não obstante ser declarada inconstitucional, continua a reger as relações obrigacionais, em face da impossibilidade de o Poder

Judiciário se substituir ao legislador para definir critério diverso para a regulação da matéria. 3. O direito constitucional pátrio encampou tal técnica no art. 27 da Lei n. 9.868/1999, o qual dispõe que, 'ao declarar a inconstitucionalidade de lei ou ato normativo e tendo em vista razões de segurança jurídica ou de excepcional interesse social, poderá o Supremo Tribunal Federal, por maioria de dois terços de seus membros, restringir os efeitos daquela declaração ou decidir que ela só tenha eficácia a partir de seu trânsito em julgado ou de outro momento que venha a ser fixado'. *In casu*, o momento oportuno fixado pela Suprema Corte foi o da edição de norma que substitua a declarada inconstitucional. 4. Nesse contexto, ainda que reconhecida a inconstitucionalidade do art. 192 da CLT e, por conseguinte, da própria Súmula n. 228, tem-se que a parte final da Súmula Vinculante n. 4 do Supremo Tribunal Federal não permite criar critério novo por decisão judicial, razão pela qual, até que se edite norma legal ou convencional estabelecendo base de cálculo distinta do salário--mínimo para o adicional de insalubridade, continuará a ser aplicado esse critério para o cálculo do referido adicional, salvo a hipótese da Súmula n. 17 do Tribunal Superior do Trabalho, que prevê como base de cálculo o piso salarial da categoria, que o possua (já que o piso salarial é o salário-mínimo da categoria) – Recurso de revista parcialmente conhecido e provido" (TST, RR 603/2003-127-15-00.8, ac. 7ª T., rel. Min. Ives Gandra da Silva Martins Filho, j. 4.6.2008).

A parte final da Súmula Vinculante 4 do Supremo Tribunal Federal impede a aplicação analógica, pelos órgãos da Justiça do Trabalho, do critério previsto para o adicional de periculosidade (art. 193, § 1º, da CLT), com o fundamento de que o magistrado não pode se eximir de sentenciar sob alegação de lacuna ou obscuridade da lei (art. 126 do CPC). Pessoalmente, sempre entendemos que o art. 192 da CLT estivesse recepcionado pela Constituição da República, pois não contraria seu art. 7º, IV, ficando ressalvada a possibilidade de condição mais vantajosa aos trabalhadores, quando previstas em convenções, acordos coletivos ou regulamento de empresa. Infelizmente, a Suprema Corte adotou entendimento diverso e vislumbrou razões de segurança jurídica ou de excepcional interesse social para impedir a atuação jurisdicional em face da lacuna normativa.

Em síntese, prevalece o salário-mínimo como base de cálculo do adicional de insalubridade até que o legislador resolva alterar o art. 192 da CLT, já que o Supremo Tribunal Federal, ao editar a Súmula Vinculante 4, adotou a doutrina alemã, declarando a não recepção do dispositivo legal supramencionado, mas sem pronúncia de nulidade.

No mais, o adicional de insalubridade será devido, tão somente, enquanto perdurar a condição insalubre, conforme o art. 194 da CLT – vale dizer: uma vez cessadas as condições insalubres não será exigível o adicional correspondente, o qual não se incorpora definitivamente à remuneração, a exemplo de qualquer adicional da remuneração.[7]

### 2.3.3 Adicional de periculosidade

O trabalho em condições de periculosidade está indicado no art. 193, I e II, da CLT, com redação da Lei 12.740, de 8.12.2012, e § 4º acrescentado pela Lei 12.997, de 20.6.2014, além das hipóteses específicas que decorrem da Lei 11.901, de 12.1.2009, e da Portaria GM/MTE-518, de 4.4.2003. Assim, consideram-se atividades ou operações perigosas aquelas que impliquem risco acentuado em virtude da exposição permanente do trabalhador a inflamáveis, explosivos ou energia elétrica (art. 193, I, da CLT), roubos ou outras espécies de violência física nas atividades profissionais de segurança pessoal ou patrimonial (art. 193, II, da CLT), atividades de trabalhador em motocicleta (art. 193, § 4º, da CLT), do bombeiro civil (art. 6º, III, da Lei 11.901/2009) e contato com radiações ionizantes ou substâncias radioativas (Portaria GM/MTE-518/2003).

A realização do trabalho nas condições supramencionadas assegura ao empregado o direito ao adicional de 30% sobre seu salário-base (o salário sem os acréscimos decorrentes das demais parcelas de natureza salarial, como as gratificações), não subsistindo a exceção que era feita aos eletricitários, cuja base de cálculo incluía a totalidade das parcelas de natureza salarial, conforme modificação da Súmula 191 do TST, pois a Lei 7.369/1985 foi revogada pela Lei 12.740/2012, colocando os empregados em contato com energia elétrica na mesma situação daqueles que trabalham em contato com inflamáveis e explosivos, atraindo para todos a aplicação do art. 193, § 1º, da CLT: "O trabalho em condições de periculosidade assegura ao empregado um adicional de 30% (trinta por cento) sobre o salário sem os acréscimos resultantes de gratificações, prêmios ou participações nos lucros da empresa".

O pagamento de referido adicional aos eletricitários proporcionalmente ao tempo de exposição ao risco (Decreto 94.412/1986) não encontrou eco na jurisprudência do Tribunal Superior do Trabalho (Sú-

---

7. Súmula 80 do Tribunal Superior do Trabalho: "A eliminação da insalubridade, mediante fornecimento de aparelhos protetores aprovados pelo órgão competente do Poder Executivo, exclui a percepção do respectivo adicional".

mula 361), não subsistindo sequer a possibilidade de que referida condição seja estabelecida em convenção ou acordo coletivo, pois o inciso II da Súmula 364 foi cancelado pela Resolução 174/2011 (publicada em 27.5.2011). Não haverá direito ao adicional de periculosidade nas hipóteses de exposição eventual às condições de risco, assim considerada a fortuita ou aquela que, apesar de habitual, ocorrer por tempo extremamente reduzido (Súmula 364 do TST).

Igualmente não será exigível quando o empregado deixar de trabalhar em atividades perigosas. Além disso, o entendimento predominante na jurisprudência é o de que não pode ser cumulado com o adicional de insalubridade, tendo o empregado o direito de optar pelo adicional que for mais vantajoso no caso de, em tese, possuir direito a ambos (art. 193, § 2º, da CLT), não obstante a possibilidade de invocação da Convenção 155 da OIT, ratificada pelo Brasil (Decreto 1.254/1994), para defender não só a acumulação de ambos os adicionais (insalubridade e periculosidade), quanto a possibilidade de o empregado receber mais de um adicional de insalubridade quando sofrer a agressão de dois ou mais agentes insalubres.

A exemplo da insalubridade, a caracterização da periculosidade se fará por médico do trabalho ou engenheiro de segurança do trabalho (art. 195 da CLT).

Finalmente, torna-se oportuno observar que as atividades ou operações perigosas que asseguram o direito ao adicional de periculosidade são apenas aquelas já mencionadas. Qualquer outra atividade, por mais perigosa que possa parecer,[8] não autoriza o pagamento de referido adicional.

### 2.3.4 Adicional de transferência

Quando estudamos os princípios do direito do trabalho tivemos a oportunidade de mencionar que a impossibilidade de transferência do empregado é um corolário do princípio da inalterabilidade das condições do contrato de trabalho. Vale dizer: em princípio, o empregador não pode transferir o empregado, sem sua anuência, para localidade diversa daquela que resultar do contrato (art. 469 da CLT), e na hipótese de infringência desta garantia o empregado pode se valer de reclamação trabalhista perante a Justiça do Trabalho, com pedido de liminar para obstar à transferência (art. 659, IX, da CLT).

8. Podemos mencionar, à guisa de exemplo, o caso dos motoristas e cobradores de ônibus, do faxineiro que trabalha na limpeza das janelas de edifícios etc.

Contudo, algumas exceções à regra podem ser observadas no próprio diploma consolidado, e daí a existência do adicional de transferência.

Haverá a possibilidade de transferência quando houver necessidade de serviço (art. 469, § 3º, da CLT) bem como nos casos de empregado que exerce cargo de confiança ou na hipótese de existência de cláusula expressa ou implícita de transferência no contrato de trabalho, desde que a transferência decorra de real necessidade de serviço (art. 469, § 1º, da CLT).[9] Contudo, o empregado terá direito ao adicional de transferência (25% sobre o salário que recebe do empregador) enquanto durar a situação.

Registre-se, ainda, que o próprio diploma consolidado assegura a possibilidade de transferência no caso de extinção do estabelecimento (art. 469, § 2º, da CLT) e que, por se tratar de transferência definitiva, desonera o empregador do pagamento do adicional correspondente.

Finalmente, não se considera transferência, para fins de recebimento do adicional respectivo, aquela que não acarreta a mudança de *domicílio* do empregado – exigência que não deve ser entendida no sentido jurídico, e sim como *residência do trabalhador*. É o que se infere do *caput* do art. 469 da CLT. Isto porque, se referido adicional só é devido nas transferências provisórias, seria contraditório exigir-se que a mudança de residência se desse com *animus* definitivo.

2.3.5 *Adicional de horas extras*

A Constituição Federal assegurou aos trabalhadores empregados, dentre outros direitos sociais, o direito a uma jornada de trabalho limitada a 8 horas diárias e 44 semanais, salvo a existência de acordo ou convenção coletiva que discipline a compensação de horas (art. 7º, XIII) e de outras normas jurídicas mais favoráveis (contrato de trabalho, leis que disciplinam jornadas especiais para determinadas profissões etc.).

O labor em horas extras traduz, muitas vezes, a realidade do contrato de trabalho, e daí a previsão constitucional para que seja remunerado com um acréscimo em relação à hora normal. É o que denominamos *adicional de horas extras*, e que corresponderá ao mínimo de 50% sobre a hora normal (art. 7º, XVI, da CF), e que não será exigível quando não houver trabalho em sobrejornada.

9. Súmula 43 do Tribunal Superior do Trabalho: "Presume-se abusiva a transferência de que trata o § 1º do art. 469 da CLT, sem comprovação da necessidade do serviço".

Na hipótese de supressão, pelo empregador, do serviço suplementar prestado com habitualidade durante pelo menos 1 ano, o empregado terá direito a uma indenização correspondente ao valor de 1 mês das horas extras suprimidas, total ou parcialmente, para cada ano ou fração igual ou superior a 6 meses de prestação de serviço acima da jornada normal, cujo cálculo observará a média de horas extras dos 12 meses anteriores à mudança, observando o valor da hora extra do dia da supressão (Súmula 291 do TST).

## 3. Salário "in natura"

A palavra "salário" deriva de *sal*, utilidade que já foi usada para pagamento de trabalhadores; e nos dias atuais referida forma de pagamento não foi completamente abandonada. O salário *in natura* ou salário-utilidade é aquele pago em bens com valor econômico.

O diploma consolidado estabelece a possibilidade do salário-utilidade no art. 458: "Além do pagamento em dinheiro, compreende-se no salário, para todos os efeitos legais, a alimentação, habitação, vestuário ou outras prestações *in natura* que a empresa, por força do contrato ou do costume, fornecer habitualmente ao empregado. Em caso algum será permitido o pagamento com bebidas alcoólicas ou drogas nocivas".

Diante do art. 458, § 1º, da CLT, que faz remissão aos arts. 81 e 82 do mesmo diploma legal, que são destinados ao salário-mínimo, podemos afirmar que resta autorizado o pagamento de 70% do salário contratual em utilidades, sendo obrigatório o pagamento de pelo menos 30% em dinheiro. Até mesmo na composição do salário-mínimo é possível o salário-utilidade.

Por outro lado, sabe-se que nem toda utilidade fornecida ao empregado tem natureza salarial. Para diferenciar o salário *in natura* de utilidades sem natureza salarial, o critério mais usado tem sido o da finalidade; vale dizer: se a utilidade é fornecida pela prestação dos serviços terá natureza salarial, e quando fornecida para a prestação dos serviços deixa de ter natureza salarial, equiparando-se a instrumento de trabalho. Trata-se de critério adotado pelo Tribunal Superior do Trabalho, por meio da Súmula 367, I: "A habitação, a energia elétrica e veículo fornecidos pelo empregador ao empregado, quando indispensáveis para a realização do trabalho, não têm natureza salarial, ainda que, no caso de veículo, seja ele utilizado pelo empregado também em atividades particulares".

Costuma também ser mencionado o critério da gratuidade, segundo o qual a utilidade fornecida gratuitamente pelo empregador tem natureza salarial, e quando o empregador cobra pela utilidade não se cogita de salário *in natura*. No entanto, trata-se de critério absolutamente inseguro e possibilita inúmeras fraudes, pois bastaria ao empregador cobrar um valor simbólico pela utilização do veículo, habitação ou alimentação fornecida para que fosse afastada a indesejável caracterização do salário-utilidade, a despeito do disposto no art. 9º da CLT, já que a fraude não se presume, e a prova nem sempre é fácil de fazer.

Outro critério também difundido é o da habitualidade no fornecimento da utilidade, já que o próprio art. 458 da CLT exige o requisito do fornecimento habitual para caracterização do salário *in natura*. Não se olvide, por outro lado, que bebidas alcoólicas e drogas nocivas (inclusive cigarro, conforme a Súmula 367, II, do TST), ainda que fornecidas habitualmente, jamais terão natureza salarial.

Finalmente, a Lei 10.243, de 19.6.2001, ao acrescentar o § 2º ao art. 458 da CLT, praticamente inviabilizou o critério finalístico, reduzindo o espectro de atuação do salário-utilidade – alteração legislativa que veio em boa hora, na medida em que a normatização anterior inibia a concessão de benefícios aos trabalhadores pelas entidades patronais.

Assim, de acordo com o art. 458, § 2º, da CLT, não configuram salário-utilidade: a) vestuário, equipamentos e outros acessórios fornecidos aos empregados e utilizados no local de trabalho, para a prestação dos serviços; b) educação em estabelecimento próprio ou de terceiros, incluindo taxas de matrícula, mensalidades, anuidades, livros e material didático; c) transporte destinado ao deslocamento para o trabalho e retorno, independentemente da existência de transporte público; d) assistência médica, hospitalar e odontológica, prestada diretamente ou mediante seguro-saúde; e) seguros de vidas e de acidentes pessoais; f) planos de previdência privada; g) valor correspondente ao vale-cultura.

Entendemos que a educação fornecida pelo empregador não precisa ser necessariamente ao empregado, podendo beneficiar a esposa, filhos ou pessoa que viva sob sua dependência econômica. Parece-nos que este seja o espírito da lei.

Quando o fornecimento da habitação ocorrer na condição de salário *in natura*, o valor não poderá superar o percentual de 25% do salário contratual (art. 458, § 3º, da CLT), e em relação ao veículo será necessário verificar o real valor da utilidade, a teor da Súmula 258 do Tribunal Superior do Trabalho ("Os percentuais fixados em lei relativos ao salário *in natura* apenas se referem às hipóteses em que o empregado percebe salário-mínimo, apurando-se, nas demais, o real valor da utilidade"), que é anterior ao § 3º do art. 458 da CLT (acrescentado por força da Lei 8.860, de 24.3.1994).

No que respeita à alimentação, diante da Reforma Trabalhista, o *caput* do art. 458 da CLT deverá ser interpretado de forma a se harmonizar com a redação do art. 457, § 2º, do mesmo diploma consolidado, pois este último assegura que o "auxílio-alimentação" não tem natureza salarial, apenas sendo vedado o pagamento em dinheiro. Neste sentido, é possível concluir que o vale-refeição não terá mais natureza salarial, carecendo de relevância a fonte normativa do benefício e restando superado o entendimento da Súmula 241 do TST. Igualmente, tratando-se de vale-refeição já não terá relevância o preenchimento dos requisitos correspondentes ao programa de alimentação disciplinado na Lei 6.321/1976. Assinale--se que há vedação expressa ao pagamento em dinheiro, hipótese em que entendemos estará configurada a natureza salarial.

Contudo, remanesce a possibilidade da alimentação fornecida ser considerada salário, desde que o fornecimento seja *in natura*, em refeitório do empregador, e decorra do contrato de trabalho ou do costume, na forma do art. 458 da CLT, ficando excepcionada a hipótese em que haja o cumprimento dos requisitos do programa de alimentação aprovado pelo Ministério do Trabalho, nos termos da Lei 6.321/1976, mais precisamente art. 3º: "Não se inclui como salário de contribuição a parcela paga *in natura* pela empresa, nos programas de alimentação aprovados pelo Ministério do Trabalho".

Por fim, o valor relativo à assistência prestada por serviço médico ou odontológico, próprio ou não, inclusive o reembolso de despesas com medicamentos, óculos, aparelhos ortopédicos, próteses, órteses, despesas médico-hospitalares e outras similares, mesmo quando concedido em diferentes modalidades de planos e coberturas, não integram o salário do empregado para qualquer efeito nem o salário de contribuição, para efeitos do previsto na alínea "q" do § 9º do art. 28 da Lei 8.212, de 24.7.1991.

## 4. Parcelas que não possuem natureza salarial

### 4.1 Ajudas de custo

As *ajudas de custo* não têm natureza salarial (art. 457, § 2º, da CLT). As ajudas de custo traduzem valores colocados à disposição do empregado para compensar despesas com transporte e alimentação, entre outras, quando estiver a serviço da empresa, ou mesmo os gastos de representação que o empregado possa fazer em nome da empresa. Carece de relevância o fato de o empregado ser obrigado a prestar contas dos valores gastos (como normalmente ocorre), bastando que o reclamante tenha ciência inequívoca de que os valores pagos a título de ajuda de custo possuem caráter de indenização e se prestam às despesas já mencionadas.

### 4.2 Diárias para viagem

As diárias para viagem não possuem natureza salarial. Antes da publicação da Lei 13.467/2017, a CLT estabelecia que as "diárias para viagem" cujo valor excedesse 50% do salário percebido pelo empregado seriam consideradas salário; vale dizer, existia a presunção legal de fraude quando a diária para viagem superasse 50% do salário do empregado e, nesta hipótese, todo o valor da diária seria considerado salário, e não somente o que excedesse o percentual de 50%, conforme entendimento da Súmula 101 do TST, que deverá ser cancelada.[10] Atualmente, a nova redação dada ao § 2º do art. 457 da CLT não prevê qualquer porcentagem, e por este motivo afirmamos que nenhuma diária de viagem terá natureza salarial, *salvo a existência de fraude, com o pagamento de "diárias para viagem" em favor de empregado que exerce atividade que não demanda a necessidade de viajar a serviço do empregador.*

### 4.3 Prêmios

O § 4º do art. 457 da CLT, com redação dada pela Reforma Trabalhista, conceitua como prêmios "as liberalidades concedidas pelo empregador em forma de bens, serviços ou valor em dinheiro a empregado ou a grupo de empregados, em razão de desempenho superior ao ordinariamente esperado no exercício de suas atividades". Por expressa disposição do § 2º do art. 457 da CLT, modificado pela Reforma Trabalhista, eles não integram a remuneração do empregado, não se incorporam ao contrato de trabalho e não constituem base de incidência de qualquer encargo trabalhista e previdenciário.

Observe-se, ainda, que os prêmios serão exigíveis sempre que o empregado cumprir as condições preestabelecidas pelo próprio empregador; mas, quando recebidos, os valores não integram a remuneração.

---

10. Súmula 101 do Tribunal Superior do Trabalho: "Integram o salário, pelo seu valor total e para efeitos indenizatórios, as diárias de viagem que excedam a 50% (cinquenta por cento) do salário do empregado, enquanto perdurarem as viagens".

### 4.4 Abonos

Os *abonos*, na acepção da redação antiga do art. 457, § 1º, CLT, correspondiam a adiantamentos de reajustes salariais, que podiam ou não ser compensados na ocasião de reajuste geral de salários, mas foram suprimidos da redação do art. 457, § 1º, da CLT, a partir da Lei 13.467/2017, passando a integrar o rol de parcelas que não integram o salário do empregado, nos exatos termos da nova redação do art. 457, § 2º, CLT. Contudo, o fato mencionado não é suficiente para se concluir que não ostentam natureza salarial nas hipóteses em que correspondem a reajustes de salário. Entendemos que a referência a abonos que "não integram a remuneração do empregado", que se encontra consagrada no art. 457, § 2º, CLT (com redação da Lei 13.467/2017) deve ser compreendida como parcela não habitual, e que não se destina a remunerar o trabalho e, portanto, não tem relação com a menção expressa que estamos defendendo.

Enfim, a primazia da realidade é que vai indicar se o "abono" pago pelo empregador ostenta natureza salarial ou se está abrigado no art. 457, § 2º, CLT, mas é certo que a inovação legislativa recomenda que seja abandonada a nomenclatura ("abono") para designar os adiantamentos de reajustes salariais que estavam amparados no art. 457, § 1º, com redação anteriormente à Reforma Trabalhista.

### 4.5 Vale-transporte

Trata-se de benefício que objetiva a satisfação das despesas de deslocamento da residência ao trabalho e vice-versa, por meio do sistema de transporte coletivo público, seja urbano, intermunicipal ou interestadual. Não beneficia, pois, o empregado que possui condução própria.

O *vale-transporte* foi instituído pela Lei 7.418/1985, e, por força de seu art. 4º, parágrafo único, deve ser subsidiado pelo empregador, com o valor correspondente ao que excede de 6% do salário-base do empregado. A parcela gasta pelo empregador tem natureza jurídica de ajuda de custo, nos termos do dispositivo legal supramencionado.

Nos termos do art. 2º da Lei 7.418/1985, o vale-transporte não tem natureza salarial – e, consequentemente, não integra nem se incorpora à remuneração do empregado, não constitui base de cálculo para contribuições previdenciárias ou depósitos do FGTS e não se sujeita a descontos de imposto de renda.

Todas as empresas operadoras do sistema de transporte coletivo público estão obrigadas a emitir e comercializar o vale-transporte, colocando-o à disposição dos empregadores, os quais estão obrigados à aquisição para antecipá-lo aos empregados. Vale dizer: ao contrário do salário, que deve ser pago até o quinto dia útil do mês subsequente ao trabalhado, o vale-transporte deve ser antecipado ao empregado, a fim de que possa custear as despesas de locomoção ao longo do mês.

Na prática, os empregadores entregam o vale-transporte aos empregados em quantidade suficiente para locomoção da residência ao trabalho e vice-versa, e descontam da remuneração a parcela que corresponde a 6% do salário-base, o que não é vedado pelo art. 462 da CLT, vez que se trata de desconto que decorre de dispositivo legal.

Por outro lado, a Lei 7.418/1985 exime os empregadores de adquirirem o vale-transporte, sem prejuízo dos benefícios já mencionados, na hipótese de fornecerem a condução aos trabalhadores, por meios próprios ou contratados, desde que o transporte seja feito em veículos adequados ao transporte coletivo e o deslocamento seja integral (ou que o deslocamento a cargo do empregado não supere o gasto de 6% do salário-base).

Nos termos do art. 1º da lei supramencionada, o direito ao benefício do vale-transporte está assegurado aos empregados, inclusive aos servidores públicos da Administração Federal direta ou indireta (servidores da União, do Distrito Federal e autarquias federais). E o Decreto 95.247/1987 estendeu referido benefício aos trabalhadores em geral – quais sejam, os empregados nos termos do art. 3º da CLT, os empregados domésticos, trabalhadores temporários. Entendemos, ainda, que referido benefício será devido ao trabalhador avulso, tendo em vista os expressos termos do art. 7º, XXXIV, da CF.

Registre-se, ainda, que o vale-transporte traduz benefício irrenunciável, desde que o empregado utilize transporte público e suporte despesa superior a 6% do salário-base, entendimento que vem se consolidando na jurisprudência e que objetiva viabilizar o cumprimento da lei pelos empregadores. Afinal de contas, não é crível que o trabalhador tenha direito ao benefício – por despender importância superior a 6% de seu salário--base – e não se interesse por ele. E não milita em favor do empregador a afirmação de que o vale-transporte não foi requerido por escrito (exigência do art. 7º do Decreto 95.247/1987), competindo ao empregador esclarecer e indagar ao empregado sobre a necessidade do benefício, por ocasião da contratação, e colocar à sua disposição o formulário para preenchimento e indicação das conduções utilizadas e, finalmente, para verificação da necessidade ou não da entrega do vale-transporte.

A concessão do benefício do vale-transporte não observa a regra de pagamento dos salários (art. 457 da CLT). Vale dizer, o vale-transporte não deve ser entregue no quinto dia útil subsequente ao mês vencido, mas é antecipado ao empregado para que seja utilizado no mês em curso (art. 1º da Lei 7.418/1985), conforme já dissemos alhures.

### 4.6 Participação nos lucros ou resultados

A possibilidade de instituição da verba denominada "participação nos lucros" se encontrava disciplinada no art. 621 da CLT, desde que o fosse por meio de convenções ou acordos coletivos, cumprindo assinalar que a Súmula 251 do Tribunal Superior do Trabalho consagrou a natureza salarial,[11] e que acabou sendo cancelada, por ser conflitante com a atual Constituição Federal (art. 7º, XI).[12]

Assim, observamos que o dispositivo constitucional não se limitou a incluir a participação nos lucros no rol de direitos dos empregados. Houve preocupação no sentido de que referida parcela ficasse desvinculada da remuneração do empregado; e ainda instituiu a participação nos resultados, tudo nos termos de lei que viesse a regulamentar a matéria.

A participação nos lucros não se confunde com a participação nos resultados, podendo haver resultados (satisfação do cliente, meta de produtividade etc.) sem a existência de lucros. Registre-se, ainda, que a verificação dos resultados é muito mais simples que a verificação do lucro.

Neste contexto temos a Medida Provisória 794, editada em dezembro/1994, a qual não foi convolada em lei e sofreu alterações posteriores, sendo certo que a disciplina atual se encontra na Lei 10.101, de 19.12.2000, decorrente da Medida Provisória 1.982, que havia sido reeditada mais de 60 vezes.

Percebe-se, pois, que restaram superadas a enorme resistência do Poder Legislativo em aprovar a medida provisória que regulamentava o direito em epígrafe e também a indecisão do Poder Executivo, tendo em vista as sucessivas modificações verificadas desde a primeira edição da medida provisória (em dezembro/1994) até a convolação na Lei 10.101/2000.

---

11. "A parcela de participação nos lucros da empresa, habitualmente paga, tem natureza salarial, para todos os efeitos legais."
12. "São direitos dos trabalhadores urbanos e rurais, além de outros que visem à melhoria de sua condição social: (...) XI – participação nos lucros, ou resultados, desvinculada da remuneração, e, excepcionalmente, participação na gestão da empresa, conforme definido em lei; (...)."

É importante ressaltar que o direito dos empregados à participação nos lucros ou resultados depende de negociação entre a empresa e seus empregados, nos termos do art. 2º da Lei 10.101/2000, por meio de comissão escolhida pelas partes, integrada também por um representante indicado pelo sindicato da categoria profissional, ou com base em convenção ou acordo coletivo.

Finalmente, por não se tratar de parcela com natureza salarial (não sofre a incidência de encargos trabalhistas – art. 3º da Lei 10.101/2000), não se confunde com gratificação (14º salário, por exemplo) ou prêmios, mas sofre o desconto de imposto de renda (art. 3º, § 5º, da Lei 10.101/2000), a título de antecipação do valor devido na declaração de rendimentos da pessoa física.

## 4.7 Direito de arena e direito de imagem do atleta profissional

O direito de arena consiste na prerrogativa de negociar, autorizar ou proibir a captação, a fixação, a emissão, a transmissão, a retransmissão ou a reprodução de imagens, por qualquer meio ou processo, de espetáculo desportivo, e pertence exclusivamente às entidades de prática desportiva participantes do evento – art. 42 da Lei 9.615/1998. Referido dispositivo legal estabelece que, salvo convenção coletiva em contrário, 5% da receita proveniente da exploração de direitos desportivos audiovisuais serão repassados aos sindicatos de atletas profissionais, e estes distribuirão, em partes iguais, aos atletas profissionais participantes do espetáculo, "como parcela de natureza civil" (art. 42, § 1º, da Lei 9.615/1998, com a redação da Lei 12.395/2011). Entendemos que a menção à convenção coletiva de trabalho se destina tão somente à negociação do percentual cabível aos atletas, não se permitindo transmudar a natureza jurídica da parcela.

Neste mesmo sentido, o art. 87-A da Lei 9.615/1998 (acrescentado pela Lei 12.395/2011) consagra que o direito ao uso da imagem do atleta pode ser por ele cedido ou explorado, mediante ajuste contratual de natureza civil e com fixação de direitos, deveres e condições inconfundíveis com o contrato especial de trabalho desportivo.

Em síntese, as alterações promovidas pela Lei 12.395/2011 devem provocar a alteração da jurisprudência majoritária, que até então vinha reconhecendo a natureza salarial dos valores pagos ao atleta profissional, a título de direito de arena e direito de imagem.

*Capítulo XVIII*
# REGRAS DE PROTEÇÃO DO SALÁRIO

*1. Considerações iniciais. 2. Proteção contra os abusos do empregador. 3. Proteção contra os credores do empregado. 4. Proteção contra os credores do empregador.*

## 1. Considerações iniciais

Ao estudarmos o contrato de trabalho tivemos a oportunidade de observar que uma de suas características é a onerosidade. Vale dizer, o empregado aliena sua força de trabalho em troca de uma retribuição, que denominamos *salário*.

Neste mesmo sentido, não é difícil imaginar que o recebimento do salário talvez seja o aspecto mais importante para o empregado, na medida em que se presta à própria subsistência. Por este motivo, o direito do trabalho, fiel ao caráter protetivo em relação ao trabalhador, não deixa de disciplinar regras de proteção ao salário – proteção que se dá em face do empregador, dos credores do empregado ou empregador e até mesmo em face da imprevidência do empregado.

## 2. Proteção contra os abusos do empregador

Inicialmente a preocupação do legislador se pautou pela proteção do salário em relação aos abusos que poderiam ser cometidos pelo próprio empregador.

E dentre as regras de proteção inseridas neste contexto poderíamos destacar: a proibição de pagamento do salário *in natura* na sua totalidade, já que pelo menos 30% deverão ser pagos em dinheiro (parágrafo único do art. 82 da CLT);[1] irredutibilidade salarial (art. 7º, VI, da CF); intangibilidade salarial (art. 462 da CLT); proibição de pagamento de salários com moeda estrangeira, bônus, notas promissórias ou outros símbolos representativos de moeda, os quais não possuem curso forçado no país (art. 463 da CLT); proibição de estipulação de salário por período superior a um mês e pagamento até o quinto dia útil do mês subsequente ao vencido quando a estipulação de pagamento ocorrer nesta última modalidade (art. 459 da CLT); e, ainda, garantia de recebimento do salário-mínimo (art. 7º, VII, da CF) para quem recebe remuneração variável.

No que respeita à irredutibilidade salarial, trata-se de regra de proteção que tem assento constitucional, mas não é absoluta. A redução salarial poderá ser autorizada mediante acordo coletivo ou convenção coletiva de trabalho.

Quanto à intangibilidade, trata-se de forma de proteção assegurada pelo art. 462 da CLT e que, de certa forma, foi reforçada por norma constitucional (art. 7º, VI). Todavia, o disposto no art. 462 da CLT não disciplina, efetivamente, a questão da irredutibilidade salarial, e sim a proibição de descontos no salário – regra que nunca foi absoluta. Afinal de contas, o próprio art. 462 disciplina a possibilidade de descontos nos salários do empregado quando resultarem de adiantamentos, de dispositivos de lei ou de contrato coletivo (convenção ou acordo coletivo).

Assim, nada obsta à ocorrência do desconto a título de contribuição sindical, de que tratam os arts. 578 e ss. da CLT, bem como contribuições assistenciais ou confederativas (art. 8º, IV, da CF) previstas em acordos coletivos ou convenções coletivas de trabalho, desde que o empregado seja associado ao sindicato da categoria profissional, conforme entendimento do Tribunal Superior do Trabalho (Precedente Normativo 119) e Súmula 666 do Supremo Tribunal Federal.[2]

---

1. Trata-se de uma forma de proibição do *trucky system* em uma das modalidades mais frequentes (cf. Orlando Gomes e Elson Gottschalk, *Curso de Direito do Trabalho*, 12ª ed., Rio de Janeiro, Forense, 1991, p. 286).

2. Precedente Normativo 119 da SDC (TST): "A Constituição da República, em seus arts. 5º, XX, e 8º, V, assegura o direito de livre associação e sindicalização. É ofensiva a essa modalidade de liberdade cláusula constante de acordo, convenção coletiva ou sentença normativa estabelecendo contribuição em favor de entidade sindical a título de taxa para custeio do sistema confederativo, assistencial, revigoramento ou fortalecimento sindical, e outras da mesma espécie, obrigando trabalhadores não sindicalizados. Sendo nulas as estipulações que inobservem tal restrição, tornam-se passíveis de devolução os valores irregularmente descontados".

Quanto aos descontos a título de assistência médica, seguros e outros benefícios subsidiados pelo empregador a jurisprudência encontra-se pacificada, tendo em vista o disposto na Súmula 342 do Tribunal Superior do Trabalho,[3] a despeito da árida disposição legal.

O empregador poderá descontar do salário do empregado os valores correspondentes aos danos que tenha causado com dolo, ou, no caso de culpa, desde que haja previsão no contrato de trabalho.

Finalmente, observamos que a jurisprudência não permite o pagamento de única importância, com vistas a remunerar várias parcelas – prática conhecida como *salário complessivo* (Súmula 91 do TST). Se o pagamento é à base de comissões, o valor correspondente deverá ser indicado no recibo salarial, com os reflexos de comissões nos descansos semanais remunerados devidamente destacados, não se permitindo a pactuação do percentual de 10%, a fim de que 8% sejam destinados ao pagamento das comissões e 2% a título de DSRs, mesmo porque esta última parcela representaria cerca de 1/6 do valor das comissões recebidas; raciocínio que também se estende para o pagamento de reflexos de horas extras e outros adicionais da remuneração quando o salário contratual não tem base mensal.

## 3. *Proteção contra os credores do empregado*

Curiosamente, a proteção do salário contra os credores do empregado não foi objeto de preocupação da legislação do trabalho, muito embora atenda ao princípio da proteção ao trabalhador e ao caráter alimentar do salário.

No entanto, o art. 883, IV, do CPC disciplina a impenhorabilidade dos salários, salvo para pagamento de prestação alimentícia ou quando o valor superar 50 salários-mínimos mensais (art. 833, § 2º, CPC). Em verdade, trata-se de norma inserida no capítulo destinado à execução por quantia certa contra devedor solvente, no âmbito do processo comum, e

Súmula 666 do Supremo Tribunal Federal: "A contribuição confederativa de que trata o art. 8º, IV, da Constituição só é exigível dos filiados ao sindicato respectivo".

3. "Súmula 342. Descontos salariais efetuados pelo empregador, com a autorização prévia e por escrito do empregado, para ser integrado em planos de assistência odontológica, médico-hospitalar, de seguro, de previdência privada, ou de entidade cooperativa, cultural ou recreativa associativa dos seus trabalhadores, em seu benefício e dos seus dependentes, não afrontam o disposto pelo art. 462 da CLT, salvo se ficar demonstrada a existência de coação ou de outro defeito que vicie o ato jurídico."

que traduz uma forma de proteção ao trabalhador no âmbito do direito material do trabalho.

Entendemos que se trata de norma que não decorre de aplicação subsidiária do direito comum ao direito material e processual do trabalho, conforme os arts. 8º e 769 da CLT, e, sim, de norma de direito material do trabalho inserida no Código de Processo Civil.

Observa-se, ainda, que não se permite a penhora do salário nem mesmo parcialmente, salvo para satisfazer o pagamento de prestação alimentícia – dispositivo legal que vem despertando a crítica da doutrina. Orlando Gomes assevera que a impenhorabilidade absoluta não se justifica quando se trata de empregado que recebe salário muito superior ao necessário para atender à sua subsistência, o que justificaria a penhora parcial ou progressiva.[4]

No mais, torna-se imperiosa a fixação do momento em que nasce e termina a proteção consagrada na lei. Ensina Amauri Mascaro Nascimento[5] que a proteção se inicia quando o empregado pode dispor do salário – fato verificado quando o empregador paga o salário diretamente ao empregado; proteção que não deixa de existir quando é depositado na conta corrente em nome do empregado, contanto que seja possível identificar o valor do salário. Todavia, nada obsta à penhora dos rendimentos decorrentes de aplicações financeiras do valor do salário ou mesmo à penhora dos bens adquiridos com o salário recebido.[6] Assinale-se, ainda, que nada obsta à penhora das ajudas de custo e das gorjetas, as quais não possuem natureza salarial.

Neste mesmo sentido, a cessão do salário também não é admitida pela doutrina e pela jurisprudência, a despeito da omissão do legislador. Isto porque a cessão do direito ao salário atentaria contra os princípios norteadores do direito laboral, mormente o protetor, deixando o empregado à mercê dos seus credores e de sua própria imprevidência.

4. Orlando Gomes e Elson Gottschalk, *Curso de Direito do Trabalho*, cit., 12ª ed., p. 300.

5. Amauri Mascaro Nascimento, *Manual do Salário*, 2ª ed., São Paulo, LTr, 1985, p. 185.

6. Acreditamos que a proteção legal abarca os salários vincendos; ou seja, não será possível a penhora de salários ainda não exigíveis pelo empregado junto ao empregador. Entendemos, por outro lado, que a impenhorabilidade não abarca eventual sobra de numerário na conta corrente do empregado em face de salário de mês anterior, quando já tenha recebido ou esteja na iminência de receber novo salário no mês em curso, pois representaria a premiação do mal pagador e não se coaduna com o espírito da lei, que é assegurar os meios necessários à subsistência do trabalhador.

Assim, o salário deve ser pago ao empregado, cumprindo a este último saldar as dívidas contraídas com terceiros, inclusive na execução de título executivo judicial ou extrajudicial. Contudo, diante da Lei 10.820/2003, é possível o desconto dos salários, desde que autorizado pelo empregado, quando se tratar de empréstimos, financiamentos e operações de arrendamento mercantil concedidos por instituições financeiras e sociedades de arrendamento mercantil, o qual também pode incidir sobre verbas rescisórias (art. 1º, § 1º, da Lei 10.820/2003). O percentual máximo de desconto nos salários ou nas verbas rescisórias é de 30% sobre a remuneração líquida do empregado (art. 3º do Decreto 4.840/2003).

## 4. Proteção contra os credores do empregador

O legislador pátrio também dispensou uma proteção especial ao salário em relação aos demais credores do empregador.

O direito ao recebimento dos salários subsiste mesmo no caso de falência do empregador, cumprindo assinalar que constituem créditos privilegiados a totalidade dos salários devidos ao empregado e indenizações a que tenha direito, nos termos do art. 449, § 1º, da CLT, até o limite de 150 salários-mínimos (art. 83, I, da Lei 11.101/2005). O que excede o limite de 150 salários-mínimos é considerado crédito quirografário (art. 83, VI, "c"), sujeitando-se ao rateio.

É importante atentarmos para o fato de que os créditos trabalhistas (e, por óbvio, também os salários) sobrepõem-se aos créditos tributários, créditos com garantia real, ou quaisquer outros que possam gozar de privilégio especial ou geral.[7] São créditos que gozam de privilégio especialíssimo, antecedendo a todos os demais, salvo aqueles previstos no art. 84 da Lei 11.101/2005, e que são considerados extraconcursais, tais como a remuneração devida ao administrador judicial e seus auxiliares, encargos da própria massa, custas processuais nos processos em que a massa falida for vencida e também créditos trabalhistas ou de acidentes do trabalho relativos a serviços prestados após a decretação da falência.

Nas demais hipóteses de extinção das atividades do empregador, análogas à falência, observamos o mesmo princípio da preferência dos créditos trabalhistas.[8]

---

7. Valentin Carrion, *Comentários à Consolidação das Leis do Trabalho*, 23ª ed., São Paulo, Saraiva, 1998, p. 291.
8. Amauri Mascaro Nascimento, *Manual do Salário*, cit., 2ª ed., p. 190.

Quanto à recuperação judicial, que "tem por objetivo viabilizar a superação da situação de crise econômico-financeira do devedor, a fim de permitir a manutenção da fonte produtora, do emprego dos trabalhadores e dos interesses dos credores, promovendo, assim, a preservação da empresa, a sua função social e o estímulo à atividade econômica" (art. 47 da Lei 11.101/2005), observamos que não restringe os direitos decorrentes do contrato de trabalho, mas, tão somente, sua exigibilidade, pois o plano de recuperação judicial poderá prever prazo de até 1 ano para satisfação de créditos decorrentes da legislação trabalhista ou de acidentes de trabalho vencidos até a data do pedido de recuperação judicial, ficando o empregador obrigado ao pagamento, dentro de 30 dias, dos créditos de natureza salarial vencidos nos 3 meses anteriores ao pedido de recuperação judicial, até o limite de 5 salários-mínimos (art. 54 da Lei 11.101/2005).

Finalmente, a recuperação extrajudicial, também prevista na Lei 11.101/2005, não suspende o curso das demandas trabalhistas, mesmo porque não afeta os contratos de trabalho, tampouco os créditos trabalhistas, que não integram o respectivo plano de recuperação (art. 161, § 1º, da Lei 11.101/2005).

*Capítulo XIX*
# EQUIPARAÇÃO SALARIAL

*1. Considerações iniciais. 2. A equiparação salarial na Consolidação das Leis do Trabalho.*

## 1. Considerações iniciais

O direito de equiparação salarial resulta do princípio da igualdade salarial. Trata-se de princípio aceito universalmente e que já era previsto no Tratado de Versalhes (1919), consagrado na Convenção 100 da OIT (aprovada na 34ª reunião da Conferência Internacional do Trabalho, Genebra, 1951), que entrou em vigor em 23.5.1953.

A Convenção 100 da OIT assegura o direito a salário igual para trabalho de igual valor entre homem e mulher.[1] Mas no Brasil o princípio já vinha sendo observado em algumas normas esparsas a partir da Revolução de 1930 – tais como o Decreto 20.261/1931 (que proibia maior salário ao estrangeiro) e o Decreto 21.417/1932 (que estabelecia a obrigatoriedade de salário igual para trabalho de igual valor, sem distinção de sexo) –, e foi abrigado pela Constituição Federal de 1934, acrescentando a proibição de discriminação por motivo de idade, nacionalidade ou estado civil. Apesar de olvidado pela Constituição de 1937, foi prestigiado pela Consolidação das Leis do Trabalho, em 1943,[2] e nas Constituições subsequentes (1946 e 1967), bem como na Emenda Constitucional 1/1969.

A Constituição de 1988 consagrou referido princípio no art. 7º, XXX, segundo o qual não se permite a diferença de salários, de exercí-

---

1. Cf. Arnaldo Süssekind, *Convenções da OIT*, São Paulo, LTr, 1994, pp. 209-210.

2. Art. 5º da CLT: "A todo trabalho de igual valor corresponderá salário igual, sem distinção de sexo".

cio de funções e de critério de admissão por motivo de sexo, idade, cor ou estado civil; e também no inciso XXXI do mesmo artigo, com vistas a proibir a discriminação no tocante a salários em relação ao portador de deficiência.

## 2. A equiparação salarial na Consolidação das Leis do Trabalho

O direito à equiparação salarial encontra-se previsto em dois artigos da Consolidação das Leis do Trabalho – quais sejam, arts. 358 e 461. O art. 461 da CLT é o dispositivo principal e foi modificado pela Reforma Trabalhista:

"Art. 461. Sendo idêntica a função, a todo trabalho de igual valor, prestado ao mesmo empregador, no mesmo estabelecimento empresarial, corresponderá igual salário, sem distinção de sexo, etnia, nacionalidade ou idade.

"§ 1º. Trabalho de igual valor, para os fins deste Capítulo, será o que for feito com igual produtividade e com a mesma perfeição técnica, entre pessoas cuja diferença de tempo de serviço para o mesmo empregador não seja superior a quatro anos e a diferença de tempo na função não seja superior a dois anos.

"§ 2º. Os dispositivos deste artigo não prevalecerão quando o empregador tiver pessoal organizado em quadro de carreira ou adotar, por meio de norma interna da empresa ou de negociação coletiva, plano de cargos e salários, dispensada qualquer forma de homologação ou registro em órgão público.

"§ 3º. No caso do § 2º deste artigo, as promoções poderão ser feitas por merecimento e por antiguidade, ou por apenas um destes critérios, dentro de cada categoria profissional.

"§ 4º. O trabalhador readaptado em nova função por motivo de deficiência física ou mental atestada pelo órgão competente da Previdência Social não servirá de paradigma para fins de equiparação salarial.

"§ 5º. A equiparação salarial só será possível entre empregados contemporâneos no cargo ou na função, ficando vedada a indicação de paradigmas remotos, ainda que o paradigma contemporâneo tenha obtido a vantagem em ação judicial própria.

"§ 6º. No caso de comprovada discriminação por motivo de sexo ou etnia, o juízo determinará, além do pagamento das diferenças salariais devidas, multa, em favor do empregado discriminado, no valor de 50%

(cinquenta por cento) do limite máximo dos benefícios do Regime Geral de Previdência Social."

Observa-se que o disposto no art. 461 da CLT complementa o dispositivo constitucional (art. 7º, XXX e XXXI), vez que estabelece os requisitos para direito à equiparação salarial, quais sejam: 1) identidade de funções; 2) trabalho de igual valor; 3) prestação de serviços ao mesmo empregador; 4) prestação de serviços no mesmo estabelecimento empresarial; 5) simultaneidade na prestação dos serviços; 6) ausência de quadro de carreira ou planos de cargos e salários; 7) o paradigma não esteja em regime de readaptação.

Para fins de aplicação do diploma consolidado, é considerado trabalho de igual valor aquele realizado com a mesma produtividade e igual perfeição técnica entre pessoas cuja diferença de tempo na função não seja superior a dois anos e o tempo de serviço não superior a quatro anos.[3]

Conclui-se que a maior produtividade ou perfeição técnica do paradigma bem como diferença de tempo superior a dois anos na função ou a quatro anos no serviço, excluem o direito à equiparação salarial; e, por se tratar de fatos impeditivos, devem ser provados pelo empregador quando for demandado pelo empregado que pretenda a equiparação (Súmula 6, VIII, do TST: "É do empregador o ônus da prova do fato impeditivo, modificativo ou extintivo da equiparação salarial"). Na hipótese de o empregador, em ação trabalhista, negar a identidade de funções, competirá ao empregado o ônus de prová-la, eis que se trata de fato constitutivo de seu direito (art. 818 da CLT, c/c o art. 373, I, do CPC).

A prestação de serviços deve se dar em favor do mesmo empregador e no mesmo estabelecimento empresarial. Uma parcela da doutrina e da jurisprudência vem se inclinando pela possibilidade de equiparação salarial entre empregados de empresas distintas mas pertencentes ao mesmo grupo econômico, adotando a tese de que o grupo econômico é empregador único (art. 2º, § 2º, da CLT); mas nesse caso será necessário verificar se empregado e paradigma prestam serviços a empresas que possuem a mesma atividade econômica e se trabalham no mesmo estabelecimento empresarial.

3. A Consolidação das Leis do Trabalho alude a tempo de serviço, tendo a doutrina e a jurisprudência pacificado entendimento no sentido de que o tempo de dois anos se conta na função, e não no emprego (Súmula 6, II, do TST: "Para efeito de equiparação de salários, em caso de trabalho igual, conta-se o tempo de serviço na função, e não no emprego").

Antes da Reforma Trabalhista, a CLT determinava como um dos requisitos a "mesma localidade". Com a reforma, o nível de exigência aumentou, pois a equiparação depende do labor no "mesmo estabelecimento empresarial". Por conta das recentes alterações legislativas, a Súmula 6, do TST deverá ser revista.

O direito à equiparação salarial não se confunde com o direito que possa decorrer da substituição, admissão na função ou reclassificação no quadro de carreira, entre outros.[4] E daí a exigência de simultaneidade no exercício das funções, o que não se confunde com a prestação de serviços à época da reclamação trabalhista, que pode estar relacionada com fatos pretéritos (Súmula 6, IV, do TST). Eventualmente, um empregado pode ser chamado a ocupar a mesma função que foi exercida por outro empregado que acaba de ser promovido ou desligado, e nesta hipótese não se poderá cogitar de equiparação salarial, e sim de substituição, ou direito análogo que esteja inserido em norma coletiva, eis que inexiste amparo legal à exigência de salário idêntico ao do substituído.[5]

A existência de quadro de carreira ou plano de cargos e salários também exclui o direito de equiparação salarial, desde que haja previsão de promoções por antiguidade e merecimento, ou por apenas um desses critérios. Não poderá servir de paradigma para fins de equiparação salarial o empregado que esteja em regime de readaptação por motivo de doença física ou mental atestada pelo órgão previdenciário (art. 461, § 4º, da CLT).

O art. 461, § 5º, da CLT, acrescentado pela Reforma Trabalhista, veda a indicação de paradigmas remotos, mas carece de relevância o fato de que o paradigma contemporâneo tenha obtido a vantagem em ação judicial própria. Com isso, entendemos que ainda persiste a possibilidade da equiparação salarial em cadeia, que seria, por exemplo, o caso de "A", que ganha R$ 1.000,00, pleitear equiparação salarial com "B", que ganha R$ 2.000,00. Mas "B", em ação judicial, conseguiu equiparação salarial com "C", que ganha R$ 3.000,00. Neste caso, a equiparação salarial em cadeia permitiria que "A", ao se equiparar com "B", pu-

---

4. Cf. Amauri Mascaro Nascimento, *Manual do Salário*, 2ª ed., São Paulo, LTr, 1985, pp. 193-194.

5. O entendimento do Tribunal Superior do Trabalho está no sentido de que a substituição interina assegura o mesmo salário do substituído, desde que não seja eventual ("Súmula 159: I – Enquanto perdurar a substituição que não tenha caráter meramente eventual, inclusive nas férias, o empregado substituto fará jus ao salário contratual do substituído. II – Vago o cargo em definitivo, o empregado que passa a ocupá-lo não tem direito a salário igual ao do antecessor").

desse ganhar o mesmo salário que "C", pois paradigma de "A" é "B" e não "C", que seria um paradigma remoto. Entendemos que a expressão "ficando vedada a indicação de paradigmas remotos" é aposto e que a expressão "ainda que o paradigma contemporâneo tenha obtido a vantagem em ação judicial" deve concordar com o período "A equiparação salarial só será possível entre empregados contemporâneos no cargo ou na função".

Finalmente, se houver comprovada discriminação por motivo de sexo ou etnia, o juízo determinará, além do pagamento das diferenças salariais devidas, multa, em favor do empregado discriminado, no valor de 50% do limite máximo dos benefícios do Regime Geral de Previdência Social.

O art. 358 também alude a um caso específico de direito à equiparação salarial:

"Art. 358. Nenhuma empresa, ainda que não sujeita à proporcionalidade, poderá pagar a brasileiro que exerça função análoga, a juízo do Ministério do Trabalho, à que é exercida por estrangeiro a seu serviço, salário inferior ao deste, excetuando-se os casos seguintes: a) quando, nos estabelecimentos que não tenham quadros de empregados organizados em carreira, o brasileiro contar menos de 2 (dois) anos de serviço, e o estrangeiro mais de 2 (dois) anos; b) quando, mediante aprovação do Ministério do Trabalho, houver quadro organizado em carreira em que seja garantido o acesso por antiguidade; c) quando o brasileiro for aprendiz, ajudante ou servente, e não o for o estrangeiro; d) quando a remuneração resultar de maior produção, para os que trabalham à comissão ou por tarefa.

"Parágrafo único. Nos casos de falta ou cessação de serviço, a dispensa do empregado estrangeiro deve preceder à de brasileiro que exerça função análoga."

Trata-se de dispositivo legal inserido no capítulo destinado à "Nacionalização do Trabalho", com vistas a proteger o trabalhador brasileiro, o qual poderia ser discriminado em face de estrangeiros, mormente em empresas estrangeiras instaladas no Brasil. Por isto, ao contrário do afirmado por Roberto Barreto Prado,[6] não vislumbramos antinomia entre o disposto na alínea "a" do art. 358 e o § 1º do art. 461 da CLT.

Em verdade, o disposto no art. 461 traduz proteção de caráter geral; e o art. 358 objetiva a proteção do trabalhador nacional. No primeiro

---

6. Roberto Barreto Prado, *Tratado de Direito do Trabalho*, 2ª ed., vol. I, São Paulo, Ed. RT, 1971, pp. 451-452.

caso exigem-se a identidade de função e prestação dos serviços no mesmo estabelecimento; no segundo exige-se que a função seja apenas análoga e não há restrições quanto ao local de trabalho. Contudo, devemos atentar para o fato de que não será considerado estrangeiro, para fins de aplicação do art. 358 da CLT, aquele residente no país há mais de 10 anos e que tenha cônjuge ou filho brasileiros e também os portugueses, a teor do art. 353 da CLT.

*Capítulo XX*
# *JORNADA DE TRABALHO*

*1. Considerações iniciais. 2. Limitação da jornada de trabalho: 2.1 Jornadas de trabalho especiais: 2.1.1 Bancários – 2.1.2 Advogados – 2.1.3 Jornada 12x36 – 2.1.4 Outras categorias. 3. Empregados excluídos das regras de limitação da jornada. 4. Acordo de compensação de horário. 5. Acordo de prorrogação de horário. 6. Turnos ininterruptos de revezamento. 7. Horas de sobreaviso. 8. Regime de tempo parcial. 9. Jornada noturna.*

## 1. Considerações iniciais

Na acepção estrita, a expressão "jornada de trabalho"[1] está relacionada com o trabalho diário, e mesmo a expressão *giornata*, da língua italiana, deriva de *giorno*, que significa "dia".

Assim, parece-nos redundante falar em "jornada diária". Contudo, não é incomum a confusão entre jornada e duração do trabalho, e daí as expressões "jornada semanal", "jornada mensal" e até mesmo "jornada anual". Neste sentido, torna-se oportuna a lição de Maurício Godinho Delgado segundo a qual a duração do trabalho "abrange o lapso temporal de labor ou disponibilidade do empregado perante seu empregador em virtude de contrato, considerados distintos parâmetros de mensuração: dia (duração diária, ou jornada), semana (duração semanal), mês (duração mensal), e até mesmo o ano (duração anual)".[2]

De qualquer sorte, não se pode ignorar que o próprio legislador colabora para a consagração da expressão "jornada" como sinônimo de

---

1. Jornada é "a marcha ou caminho que se faz num dia: (...). Duração do trabalho diário (...)" (Aurélio Buarque de Holanda Ferreira, *Novo Dicionário Aurélio da Língua Portuguesa*, 2ª ed., Rio de Janeiro, Nova Fronteira, 1986, p. 991).

2. Maurício Godinho Delgado, *Curso de Direito do Trabalho*, São Paulo, LTr, 2002, p. 813.

*duração do trabalho*, quando, na verdade, esta última tem espectro mais amplo. À guisa de exemplo, basta verificarmos que o art. 59, § 2º, do diploma consolidado alude a "jornadas semanais de trabalho".

Segundo Amauri Mascaro Nascimento a "jornada de trabalho é a medida do tempo de trabalho",[3] existindo dois critérios para medir referido tempo de trabalho, quais sejam: a) tempo efetivamente trabalhado; b) o tempo à disposição do empregador.

Nosso legislador adotou o segundo critério, consoante se infere do art. 4º da CLT: "Considera-se como de serviço efetivo o período em que o empregado esteja à disposição do empregador, aguardando ou executando ordens, salvo disposição especial expressamente consignada".

Diante do texto legal, Maurício Godinho Delgado afirma que "jornada de trabalho é o lapso temporal diário em que o empregado se coloca à disposição do empregador em virtude do respectivo contrato"[4] – definição que se coaduna com o direito do trabalho pátrio, haja vista o abandono do critério do tempo efetivamente trabalhado.

Por outro lado, devemos lembrar que o próprio art. 4º da CLT estabelece a possibilidade de se considerar como de serviço efetivo situações em que o empregado não está trabalhando nem aguardando ordens do empregador ("... salvo disposição especial expressamente consignada"). Neste sentido podemos lembrar alguns intervalos intrajornadas que são remunerados, vale dizer, não são descontados da jornada de trabalho, a exemplo daquele destinado aos mecanógrafos (art. 72 da CLT) – cujo estudo será melhor detalhado em capítulo próprio.

Com o advento da Reforma Trabalhista não persiste mais o direito às horas *in itinere* em geral, que eram horas computadas na jornada de trabalho de deslocamento do empregado à empresa, em condução fornecida pelo empregador, até o local de trabalho de difícil acesso ou não servido por transporte regular público. Isso porque a nova redação do art. 58, § 2º, da CLT, estabelece que o "tempo despendido pelo empregado desde a sua residência até a efetiva ocupação do posto de trabalho e para o seu retorno, caminhando ou por qualquer meio de transporte, inclusive o fornecido pelo empregador, não será computado na jornada de trabalho, por não ser tempo à disposição do empregador". A alteração legislativa é nitidamente contrária às orientações das Súmulas 90 e 320 do TST, que deverão ser revistas.

---

3. Amauri Mascaro Nascimento, *Curso de Direito do Trabalho*, 17ª ed., São Paulo, Saraiva, 2001, p. 695.

4. Maurício Godinho Delgado, *Curso de Direito do Trabalho*, cit., p. 808.

No entanto, a previsão de horas *in itinere* por meio de norma coletiva ou por força do contrato de trabalho pode existir, sem qualquer afronta ao dispositivo consolidado, considerando o princípio da norma mais favorável.

## 2. Limitação da jornada de trabalho

As normas legais que limitam a jornada de trabalho são de ordem pública, por uma questão de higidez física e mental do empregado, e que interessa ao Estado. Contudo, não se ignora que pelas próprias partes, ou por meio de normas coletivas, podem ser fixados limites inferiores, até mesmo em obediência ao princípio da norma mais favorável.

Amauri Mascaro Nascimento[5] afirma que a limitação da jornada se fundamenta na necessidade do lazer, direito restrito a uma pequena parcela na Antiguidade e que foi tomando consistência a partir da Idade Moderna, ganhando dimensão universal a limitação da jornada em oito horas, a partir da assinatura do Tratado de Versalhes (1919). E, continuando suas lições, realça o estudo de José Maria Guix no sentido de que o lazer atende às seguintes necessidades humanas: a) *necessidade de libertação*, que se opõe à angústia que acompanha atividades não escolhidas livremente; b) *necessidade de compensação* das atribulações da vida diária; c) *necessidade de afirmação*, haja vista o sentimento de inferioridade que decorre do trabalho por conta alheia; d) *necessidade de recreação* como meio de restauração biopsíquica; e) *necessidade de dedicação social*, pois o homem não é apenas trabalhador, mas está inserido numa família e pode participar de outras comunidades (religiosas, recreativas etc.); f) *necessidade de desenvolvimento pessoal integral e equilibrado*, como uma das facetas que decorrem de sua condição humana.

Sérgio Pinto Martins,[6] por sua vez, arrola três fundamentos para a limitação da jornada: a) biológicos, já que o trabalho provoca desgaste físico e/ou mental; b) sociais, já que o empregado deve contar com tempo livre para se dedicar à família, aos amigos e a atividades de lazer; c) econômicos, vez que a limitação da jornada de trabalho contribuiria para a diminuição do desemprego, compelindo o empregador a contratar outros empregados para cumprir as exigências da produção.

---

5. Amauri Mascaro Nascimento, *Curso de Direito do Trabalho*, cit., 17ª ed., pp. 697-699.
6. Sérgio Pinto Martins, *Direito do Trabalho*, 15ª ed., São Paulo, Atlas, 2002, p. 454.

No Brasil os primeiros destinatários de normas que limitavam a jornada de trabalho foram as crianças e os adolescentes, nos termos do Decreto 1.313, de 17.1.1891. A limitação a oito horas diárias beneficiou os trabalhadores no comércio com o Decreto 21.186, de 22.3.1932, e os trabalhadores da indústria com o Decreto 21.364, de 4.5.1932, tendo vários outros decretos surgido para beneficiar outras categorias, até que a Constituição de 1934 limitou a jornada em oito horas para todos os trabalhadores.

Atualmente a Constituição Federal disciplina a limitação de jornada no art. 7º, XIII: "duração do trabalho normal não superior a 8 (oito) horas diárias e 44 (quarenta e quatro) semanais, facultada a compensação de horários e a redução da jornada, mediante acordo ou convenção coletiva de trabalho".

O art. 58 da CLT já estabelecia a limitação da jornada em 8 horas. Contudo, não prevê a limitação da duração semanal em 44 horas; vale dizer: pela dicção do art. 58 da CLT, o empregado trabalhava 48 horas semanais – motivo pelo qual tem-se que houve derrogação pela Constituição Federal, já que o art. 7º do diploma constitucional assegura direitos mínimos a serem observados.

No entanto, digno de menção é o § 1º do art. 58 da CLT, acrescentado pela Lei 10.243, de 19.6.2001, que merece transcrição: "Não serão descontadas nem computadas como jornada extraordinária as variações de horário no registro de ponto não excedentes de 5 (cinco) minutos, observado o limite máximo de 10 (dez) minutos diários".

Conclui-se, pois, que o empregador deve tolerar atrasos de até cinco minutos de seus empregados, enquanto o empregado não poderá postular o pagamento de horas extras em face de marcação de ponto com até cinco minutos de antecedência do horário normal ou cinco minutos excedentes por ocasião da saída. No entanto, se os minutos excedentes forem superiores aos cinco minutos na entrada ou saída haverá direito ao desconto por parte do empregador (quando o empregado chega atrasado) ou à remuneração de horas extras pela totalidade dos minutos excedentes (no caso de entrada antecipada ou saída após o horário).

Por fim, a Lei 13.467/2017 acrescentou o § 2º ao art. 4º da CLT, dispondo que, por não se considerar tempo à disposição do empregador, não será computado como período extraordinário o que exceder a jornada normal, ainda que ultrapasse o limite de cinco minutos previsto no § 1º do art. 58 da CLT, quando o empregado, por escolha própria, buscar proteção pessoal, em caso de insegurança nas vias públicas ou más condições climáticas, bem como adentrar ou permanecer nas dependências da empresa para exercer atividades particulares, entre outras situações arroladas exemplificativamente em seus incisos, quais sejam: I – práticas religiosas; II – descanso; III – lazer; IV – estudo; V – alimentação; VI – atividades de relacionamento social; VII – higiene pessoal; VIII – troca de roupa ou uniforme, quando não houver obrigatoriedade de realizar a troca na empresa.

## 2.1 Jornadas de trabalho especiais

A Consolidação das Leis do Trabalho e algumas leis especiais asseguram jornada diferenciada para algumas categorias, e que prevaleçam em detrimento do limite constitucional, eis que mais benéficas.

### 2.1.1 Bancários

O art. 224 da CLT assegura jornada de 6 horas contínuas aos bancários (inclusive funcionários da Caixa Econômica Federal), com exceção dos sábados, totalizando 30 horas semanais.

No entanto, o art. 224, § 2º, da CLT excepciona da jornada de seis horas os bancários que exercem funções de direção, gerência, fiscalização, chefia e equivalentes, ou que desempenhem outros cargos de confiança, desde que recebam gratificação de função em valor correspondente a pelo menos um terço do salário do cargo efetivo. Para estes empregados a jornada será de 8 horas diárias, limitadas a 40 semanais, já que não existe expediente bancário nos sábados.

Sempre foi alvo de discussão o alcance do art. 224, § 2º, da CLT, e no passado não foi incomum a tentativa de fraudes por parte de alguns bancos, atribuindo gratificação de função a empregados que não se enquadravam na hipótese legal, objetivando se eximir do pagamento da sétima e oitava horas como extras, ou até mesmo promovendo a pré-contratação de horas extras. Isto explica a enorme criação jurisprudencial que acabou incorporada nas Súmulas 102 e 199 do Tribunal Superior do Trabalho:

"*Súmula 102. Bancário. Cargo de confiança.* I – A configuração, ou não, do exercício da função de confiança, a que se refere o art. 224, § 2º, da CLT, dependente da prova das reais atribuições do empregado, é insuscetível de exame mediante recurso de revista ou de embargos.

"II – O bancário que exerce a função a que se refere o § 2º do art. 224 da CLT e recebe gratificação não inferior a um terço de seu salário já tem remuneradas as duas horas extraordinárias excedentes de seis.

"III – Ao bancário exercente de cargo de confiança previsto no art. 224, § 2º, da CLT são devidas as sétima e oitava horas, como extras, no período em que se verificar o pagamento a menor da gratificação de um terço.

"IV – O bancário sujeito à regra do art. 224, § 2º, da CLT cumpre jornada de trabalho de oito horas, sendo extraordinárias as trabalhadas além da oitava.

"V – O advogado empregado de banco, pelo simples exercício da Advocacia, não exerce cargo de confiança, não se enquadrando, portanto, na hipótese do § 2º do art. 224 da CLT.

"VI – O caixa bancário, ainda que caixa executivo, não exerce cargo de confiança. Se perceber gratificação igual ou superior a um terço do salário do posto efetivo, essa remunera apenas a maior responsabilidade do cargo, e não as duas horas extraordinárias além da sexta.

"VII – O bancário exercente de função de confiança, que percebe gratificação não inferior ao terço legal, ainda que norma coletiva contemple percentual superior, não tem direito às sétima e oitava horas como extras, mas tão somente às diferenças de gratificação de função, se postuladas."

"*Súmula 199. Bancário. Pré-contratação de horas extras*. I – A contratação de serviço suplementar, quando da admissão do trabalhador bancário, é nula. Os valores assim ajustados apenas remuneram a jornada normal, sendo devidas as horas extras com adicional de, no mínimo, 50%, as quais não configuram pré-contratação, se pactuadas após a admissão do bancário.

"II – Em se tratando de horas extras pré-contratadas, opera-se a prescrição total se a ação não for ajuizada no prazo de cinco anos, a partir da data em que foram suprimidas."

2.1.2 *Advogados*

A Lei 8.906/1994, em seu art. 20, assegura jornada de 4 horas contínuas ao advogado, limitada a 20 horas semanais, salvo acordo ou convenção coletiva ou no caso de dedicação exclusiva. Assinale-se que a "dedicação exclusiva" não implica exclusividade na prestação dos serviços, e sim que o profissional cumpre jornada de 40 horas semanais, conforme o art. 12 do Regulamento Geral do Estatuto da Advocacia e da OAB editado pelo Conselho Federal da OAB (art. 78 da Lei 8.906/1994).

### 2.1.3 Jornada 12x36

Como o nome já indica, na jornada 12x36 o empregado trabalha 12 horas e, em seguida, folga 36 horas. Trata-se de uma jornada especial e de uma espécie de acordo de prorrogação de horas. Como não havia previsão na CLT desse tipo de jornada, havia muita controvérsia a respeito da possibilidade de adotá-la por norma coletiva, mormente em face da limitação de jornada insculpida no art. 7º, XIII, da Constituição da República.

De todo modo, o TST, por meio da Súmula 444, reputou válido o regime 12x36, em caráter excepcional, desde que previsto em norma coletiva, assegurando a remuneração em dobro dos feriados trabalhados e garantindo que o empregado não tem direito ao pagamento de horas extras quanto ao labor prestado na décima primeira e décima segunda horas.

O art. 5º da Lei 11.901/2009 já consagrava a jornada de 12 horas de trabalho por 36 horas de descanso ao bombeiro civil, mas com a limitação de 36 horas semanais. Contudo, a Reforma Trabalhista acrescentou o art. 59-A ao diploma consolidado, consagrando a possibilidade dessa espécie de jornada, independentemente de alguma situação excepcional, desafiando a revisão ou cancelamento da Súmula 444 do TST, a menos que se entenda pela inconstitucionalidade da inovação legislativa.

Com efeito, o art. 59-A da CLT, acrescentado pela Lei 13.467/2017, faculta às partes, mediante acordo individual escrito, convenção coletiva ou acordo coletivo de trabalho, estabelecer horário de trabalho de 12x36, observados ou indenizados os intervalos para repouso e alimentação. A leitura desse artigo permite inferir que o empregado pode trabalhar 12 horas seguidas sem se alimentar, desde que o empregador indenize o período de intervalo intrajornada.

O parágrafo único do referido artigo estabelece que a remuneração mensal pactuada abrange os pagamentos devidos pelo descanso semanal remunerado e pelo descanso em feriados, e serão considerados compensados os feriados e as prorrogações de trabalho noturno, quando houver, de que tratam o art. 70 e o § 5º do art. 73 da CLT. Por isso, se o dia de trabalho coincidir com feriado, o trabalhador não terá direito à folga nem ao pagamento em dobro, bem como se cumprir prorrogação de jornada noturna, não terá direito ao respectivo adicional.

Por alteração também da Reforma Trabalhista, o parágrafo único do art. 60 da CLT excetua a jornada 12x36 da exigência de licença prévia para trabalho insalubre em caso de prorrogação de horas.

Entendemos que a jornada 12x36, que já era prevista em relação ao empregado doméstico (art. 10 da LC 150/2015), representa afronta ao art. 7º, XIII, da Constituição da República, notadamente quando consideramos a semana em que o empregado trabalha quatro dias, na qual o módulo semanal corresponde a 48 horas. Além disso, revela-se assustadora a autorização legislativa para que o intervalo intrajornada seja suprimido, sem configurar ilícito administrativo, apenas se exigindo a respectiva indenização. Ignora-se, pois, a necessidade do intervalo intrajornada e o fato de que a jornada de 12 horas é extenuante e compromete a higidez física e mental do trabalhador, potencializando os riscos de acidentes do trabalho e doenças ocupacionais, em manifesta afronta o art. 7º, XXII, da Constituição da República.

### 2.1.4 Outras categorias

Além das duas categorias mencionadas, a Consolidação das Leis do Trabalho assegura jornada de 6 horas ou 36 horas semanais aos empregados em serviços de telefonia, telegrafia submarina e subfluvial, de radiotelegrafia e radiotelefonia (art. 227); jornada de 6 horas aos operadores cinematográficos (art. 234); jornada de 6 horas ou 36 horas semanais aos empregados em minas de subsolo (art. 293); jornada de 5 horas aos jornalistas profissionais (art. 303).

Os ascensoristas (cabineiros de elevador) têm assegurada a jornada de 6 horas pelo art. 1º da Lei 3.270, de 30.9.1957. Os médicos sujeitam-se a uma jornada mínima de 2 horas e máxima de 4 horas, nos termos do art. 8º da Lei 3.999/1961, salvo cláusula contratual em sentido contrário; e o mesmo dispositivo assegura jornada de 4 horas aos auxiliares do médico, com a mesma ressalva de que o acordo escrito poderá legitimar jornada diversa, respeitando o limite constitucional.

### 3. Empregados excluídos das regras de limitação da jornada

Alguns empregados, por exercerem função incompatível com o controle ou fixação de horário, foram excluídos da regra que limita a jornada de trabalho. É o que se infere do art. 62 da CLT, com redação atribuída pela Lei 8.966, de 27.12.1994:

"Art. 62. Não são abrangidos pelo regime previsto neste Capítulo: I – os empregados que exercem atividade externa incompatível com a fixação de horário de trabalho, devendo tal condição ser anotada na Carteira de Trabalho e Previdência Social e no registro de empregados;

II – os gerentes, assim considerados os exercentes de cargos de gestão, aos quais se equiparam, para efeito do disposto neste artigo, os diretores e chefes de departamento ou filial; III – os empregados em regime de teletrabalho.

"Parágrafo único. O regime previsto neste Capítulo será aplicável aos empregados mencionados no inciso II deste artigo, quando o salário do cargo de confiança, compreendendo a gratificação de função, se houver, for inferior ao valor do respectivo salário efetivo acrescido de 40% (quarenta por cento)."

Aparentemente a regra do art. 62 da CLT seria inconstitucional, por afrontar o art. 7º, XIII, da atual CF. Contudo, referido posicionamento não reflete a melhor exegese do texto consolidado. O art. 62 da CLT não está afirmando ou legitimando a obrigatoriedade de os empregados cumprirem jornadas superiores a oito horas diárias, e sim excepcionando a situação de alguns empregados, cujas jornadas de trabalho não são, efetivamente, controladas pelo empregador.

Obviamente, se houver alguma espécie de controle de horário por parte do empregador referidos empregados terão direito à remuneração de eventuais horas extras praticadas, não se aplicando o disposto no art. 62 do diploma consolidado. Além disso, os empregados em atividades externas devem ter referida condição anotada na CTPS e no registro de empregados. Quanto aos gerentes, chefes de departamento ou filial e diretores deve ser assegurada uma remuneração compatível, e que o legislador, numa linguagem de difícil interpretação, estipulou no valor superior em pelo menos 40% do salário do cargo efetivo; contudo, o próprio texto legal não obriga à existência de uma gratificação de função, devendo se entender que o empregado deverá receber salário superior ao de seus subordinados em pelo menos 40%, se foi contratado diretamente para o exercício do cargo, ou deverá ter seu próprio salário reajustado em 40%, no mínimo, se o cargo tiver decorrido de promoção.

Em relação à jornada do gerente bancário aplica-se o art. 224, § 2º, da CLT, ficando asseguradas as horas extras a partir da oitava hora diária; e, quanto ao gerente-geral de agência bancária, presume-se o exercício de cargo de gestão, com exclusão do direito às horas extras (art. 62, II, da CLT), nos termos da Súmula 287 do Tribunal Superior do Trabalho, presunção que pode ser elidida por prova em contrário.

A empregada doméstica foi excluída da limitação de jornada de trabalho consagrada no art. 7º, XIII, da CF, pelo próprio texto constitucional. Isto porque o parágrafo único do art. 7º da CF estendeu, expressamente, alguns direitos ao trabalhador doméstico, e no mencionado rol não incluiu a disciplina sobre a jornada de trabalho.

Por fim, o legislador da Reforma Trabalhista acrescentou o inciso III ao art. 62 da CLT, por entender que o teletrabalho é atividade incompatível com o controle ou fixação de horário, presunção que deverá ser analisada de forma conjugada com o princípio da primazia da realidade. Vale dizer, diante da circunstância do efetivo controle de horário, a remuneração por labor em sobrejornada será devida.

## 4. Acordo de compensação de horário

O art. 7º, XIII, da CF, não obstante a limitação da jornada, consagra a possibilidade de compensação de horários, mediante "acordo ou convenção coletiva de trabalho", a qual pode ser promovida, por exemplo, ao longo da semana (exemplo: o empregado trabalha uma hora a mais, de 2ª a 5ª feira, para ser liberado do trabalho em dia de sábado), já que a soma das jornadas (9 horas de 2ª a 5ª feira, 8 horas na 6ª feira) completa o módulo semanal de 44 horas, ou por meio do "banco de horas", nos termos do art. 59, §§ 2º e 5º, da CLT.

A compensação de horários pode ser ao longo de um período de no máximo um mês ou por banco de horas. O primeiro caso está previsto no § 6º do art. 59 da CLT e é novidade da Reforma Trabalhista, pois anteriormente o período máximo era de uma semana. Pode ser pactuado por acordo individual, tácito ou escrito. Já o segundo caso está previsto nos §§ 2º e 5º do referido artigo e também foi modificado pela Medida Provisória 2.164, de 24.8.2001: "Reforma Trabalhista. Poderá ser dispensado o acréscimo de salário se, por força de acordo ou convenção coletiva de trabalho, o excesso de horas em um dia for compensado pela correspondente diminuição em outro dia, de maneira que não exceda, no período máximo de um ano, à soma das jornadas semanais de trabalho previstas, nem seja ultrapassado o limite máximo de dez horas diárias (art. 59, § 2º, CLT).

A hipótese de compensação contemplada no art. 59, § 1º, da CLT, já era conhecida na doutrina e jurisprudência por "banco de horas", expressão acolhida pelo legislador no § 5º do mesmo dispositivo consolidado (acrescentado pela Lei 13.467/2017), quando consagra a possibilidade do acordo individual escrito para referida modalidade de compensação, desde que ocorra no prazo máximo de seis meses.

Por aplicação do § 3º do art. 59 da CLT, as horas de crédito no banco serão devidas como extras na hipótese de rescisão do contrato de trabalho sem que tenha havido a compensação integral, as quais serão calculadas sobre o valor da remuneração na data da rescisão.

Ainda, a Lei 13.467/2017 acrescentou o art. 59-B à CLT. Em seu *caput*, o artigo prevê que o "não atendimento das exigências legais para compensação de jornada, inclusive quando estabelecida mediante acordo tácito, não implica a repetição do pagamento das horas excedentes à jornada normal diária se não ultrapassada a duração máxima semanal, sendo devido apenas o respectivo adicional". Esse já era o entendimento do inciso III da Súmula 85 do TST.

Já em seu parágrafo único, o referido artigo estabelece que a "prestação de horas extras habituais não descaracteriza o acordo de compensação de jornada e o banco de horas". Trata-se de alteração legislativa que não se harmoniza com o entendimento sumulado pelo Tribunal Superior do Trabalho (Súmula 85, IV, e, por este motivo, a referida Súmula deverá ser revista).

Entendemos que a prestação de horas extras habituais é prática completamente contrária aos objetivos da compensação de horários. A cumulação de compensação semanal com banco de horas, ainda que a soma das duas não ultrapasse o limite de 10 horas diárias, também nos parece incompatível com a finalidade da compensação.

A discussão que se travou desde o advento da Constituição Federal de 1988 é se a compensação poderia ser pactuada por meio de acordo individual, ou se era imprescindível a negociação coletiva.

Arnaldo Süssekind defendia que a expressão "acordo ou convenção coletiva", inserida no art. 7º, XIII, da CF, era correspondente a "convenção ou acordo coletivo", tanto que preferia esta última ordem de colocação dos termos, afirmando que a compensação de horários afirmada na Constituição seria uma espécie de flexibilização admitida, sob tutela sindical.[7] E, ao comentar o disposto no art. 59, § 2º, da CLT, com a antiga redação, Arnaldo Süssekind reforçava posicionamento semelhante, preferindo a expressão "convenção ou acordo coletivo de trabalho".[8]

Adotamos o mesmo entendimento de Arnaldo Süssekind, do qual também comungavam Francisco Antônio de Oliveira[9] e Sérgio Pin-

7. Arnaldo Süssekind, Délio Maranhão e Segadas Vianna, *Instituições de Direito do Trabalho*, 11ª ed., vol. II, São Paulo, LTr, 1991, p. 712.

8. Arnaldo Süssekind, *Curso de Direito do Trabalho*, Rio de Janeiro, Renovar, 2002, p. 447.

9. "Pelo objetivo teleológico visado e proteção do hipossuficiente estamos convencidos de que o acordo individual não mais será possível. A exceção deverá ser formalizada através de acordo coletivo ou convenção coletiva" (Francisco Antônio

to Martins.[10] Isto porque, além da interpretação gramatical (o adjetivo "coletiva" se aplica também ao substantivo "acordo"), a interpretação sistemática também beneficiava nosso posicionamento, bastando que se atente para o fato de que o art. 7º, XIII, da CF faculta a compensação de horários e a *redução da jornada*, cumprindo assinalar que esta última só tem sentido com a redução salarial – e para tanto é imprescindível a convenção ou acordo coletivo, a teor do art. 7º, VI, da CF.

Em síntese, diante do art. 7º, XIII, da Constituição da República, sempre entendemos que qualquer forma de compensação dependia de chancela sindical. No entanto, esse já não era o entendimento da Súmula 85 do TST, que previa a possibilidade de acordo de compensação, à época, semanal, por acordo individual escrito. No entanto, diante do §§ 5º e 6º acrescentados ao art. 59 da CLT, o próprio legislador reconheceu, implicitamente, que a expressão "acordo ou convenção coletiva" (art. 59, § 2º, CLT e que também foi utilizada no art. 7º, XIII, da Constituição da República) sempre teve o significado de "convenção ou acordo coletivo de trabalho", e quando se pretendeu que compensação pudesse ser realizada por acordo individual, houve menção expressa, tudo a evidenciar, ainda que tardiamente, qual foi a intenção do legislador constituinte, não obstante a jurisprudência que se cristalizou na Súmula 85 do Tribunal Superior do Trabalho.

## 5. Acordo de prorrogação de horário

Não obstante a limitação de jornada estabelecida no diploma constitucional, existe a possibilidade do acordo de prorrogação de horas, nos termos do art. 59, *caput*, da CLT, com nova redação dada pela Lei 13.467/2017: "A duração diária do trabalho poderá ser acrescida de horas extras, em número não excedente de duas, por acordo, individual, convenção coletiva ou acordo coletivo de trabalho".

Na hipótese da prorrogação de horários o empregado terá direito à remuneração de horas extras com acréscimo de, no mínimo, 50% con-

---

de Oliveira, *Consolidação das Leis do Trabalho Comentada*, 2ª ed., São Paulo, Ed. RT, 2000, p. 95).

10. "Na verdade, o que o constituinte pretendeu foi apresentar sinônimos para as mesmas expressões. Por isso usou a expressão 'acordo ou convenção coletiva', no inciso XIII do art. 7º, 'negociação coletiva', no inciso XV do art. 7º, 'convenção e *[sic]* acordo coletivo', no inciso VI do art. 7º, e 'convenção e acordo coletivo *[sic]*', no inciso XXVI do mesmo artigo. O objetivo do constituinte foi de não ser repetitivo, não empregando expressões repetidas, adotando variações ou sinônimos" (Sérgio Pinto Martins, *Direito do Trabalho*, cit., 15ª ed., p. 470).

forme preceitua o § 1º do art. 59, em consonância com o art. 7º, XVI, da Constituição da República. Contudo, a prorrogação diária em mais de duas horas implica infração administrativa, mas não exime o empregador de pagar todas as horas extras laboradas, eis que vedado o locupletamento ilícito.

Parece-nos incompatível a existência de acordo de prorrogação cumulado com acordo de compensação para os empregados sujeitos à jornada de 8 horas. Isto porque a concomitância de ambos poderá acarretar 12 horas de trabalho (8 horas normais, 2 horas decorrentes do acordo de compensação e 2 horas de prorrogação), enquanto a jornada máxima de 10 horas é a preconizada tanto para o acordo de prorrogação (art. 59 da CLT) quanto para a compensação de horários (art. 59, § 2º, da CLT), a menos que os acordos envolvam 1 hora destinada à compensação e 1 hora para a prorrogação, pois, no caso, não há incompatibilidade, já que os institutos possuem finalidade diversa. Apenas em caso de força maior é que se encontra autorizada a jornada de 12 horas (art. 61, § 2º, da CLT), que pode ser exigida independentemente de norma coletiva (art. 61, § 1º, da CLT).

Finalmente, ao menor de 18 anos é vedado o acordo de prorrogação (art. 413 da CLT), permitindo-se excepcionalmente, desde que haja força maior, a prorrogação até o máximo de 12 horas, desde que o trabalho do menor seja imprescindível ao funcionamento do estabelecimento (art. 413, II, da CLT). Em relação aos cabineiros de elevador também não se permite o acordo de prorrogação de horas (art. 1º, parágrafo único, da Lei 3.270, de 30.9.1957).

## 6. Turnos ininterruptos de revezamento

O trabalho em turnos ininterruptos de revezamento consiste na modalidade de trabalho em que a atividade empresarial não se interrompe, sendo os empregados submetidos a revezamento de horários (semanal, quinzenal ou mensal), aos quais o legislador constituinte atribuiu atenção especial no art. 7º, XIV, da CF, por entender que referido sistema de trabalho proporciona maior desgaste físico e mental ao trabalhador, haja vista a impossibilidade de adaptação às sucessivas mudanças de horários em períodos relativamente curtos.

Com efeito, o art. 7º, XIV, da CF assegura "jornada de 6 (seis) horas para o trabalho realizado em turnos ininterruptos de revezamento, salvo negociação coletiva". Isto implica afirmar que mediante convenção ou acordo coletivo será possível estabelecer a própria jornada diária de oito horas, sem qualquer pagamento de horas extras.[11]

Por ocasião da promulgação da Constituição Federal inúmeras foram as vozes que entenderam inaplicável o dispositivo constitucional mencionado quando o empregado goza intervalos intrajornadas ou o descanso semanal remunerado. De nossa parte, sempre entendemos que apenas a atividade empresarial era ininterrupta, e que a norma constitucional não teria derrogado o direito aos intervalos e descansos semanais remunerados aos trabalhadores sujeitos ao regime de turnos.

Felizmente, o Tribunal Superior do Trabalho aprovou a Súmula 360, chancelando o entendimento mencionado: "A interrupção do trabalho destinada a repouso ou alimentação, dentro de cada turno, ou o intervalo para repouso semanal, não descaracteriza o turno de revezamento com jornada de 6 (seis) horas previsto no art. 7º, XIV, da CF/1988".

Contudo, para que se cogite de aplicação do art. 7º, XIV, da CF é mister o exercício da atividade empresarial durante as 24 horas, sem interrupção. Vale dizer, não pode haver interrupção da atividade durante a noite. Além disso, sempre entendemos que o empregado deve estar sujeito ao trabalho em todos os turnos, em escala de revezamento, mas o Tribunal Superior do Trabalho entende que basta o exercício da atividade com alternância em dois turnos (Orientação Jurisprudencial 360 da SDI-1, TST). Se o empregado trabalhar em horário fixo, ainda que a atividade da empresa se dê de forma contínua, estará sujeito à jornada normal de 8 horas (ou limite inferior, se for beneficiário de jornada especial).

## 7. Horas de sobreaviso

Nas palavras de Arnaldo Süssekind: "Empregado de sobreaviso é aquele que permanece no local ajustado com o seu empregador para eventuais convocações, visando à execução de determinados serviços".[12]

O art. 244, § 2º, da CLT disciplina a jornada de sobreaviso aos ferroviários: "Considera-se de 'sobreaviso' o empregado efetivo, que permanecer em sua própria casa, aguardando a qualquer momento o chamado para o serviço. Cada escala de 'sobreaviso' será, no máximo, de 24 (vinte e quatro) horas. As horas de 'sobreaviso', para todos os efeitos, serão contadas à razão de um terço do salário normal".

---

11. Cf. Arnaldo Süssekind, *Curso de Direito do Trabalho*, cit., p. 449.
12. Arnaldo Süssekind, *Curso de Direito do Trabalho*, cit., p. 450.

Por conta do referido dispositivo legal acontecem postulações judiciais em torno das horas de "sobreaviso" pelo uso de meios tecnológicos de comunicação, como o telefone celular, por aplicação analógica. Sobre o tema, adverte a Súmula 428 do TST que o uso de instrumentos telemáticos ou informatizados fornecidos pela empresa ao empregado, por si só, não caracteriza o regime de sobreaviso, que é caracterizado apenas quando o empregado, à distância, é submetido a controle patronal por meio desses instrumentos, permanecendo em regime de plantão ou equivalente, aguardando a qualquer momento o chamado para o serviço durante o período de descanso.

Com a redação dada à Súmula 428 do TST em 2012, a jurisprudência passou a interpretar que, para caracterização do sobreaviso, não é necessário que o empregado esteja em local determinado pelo empregador ou tenha sua liberdade de locomoção restrita, bastando a comprovação do estado de disponibilidade ou de alerta, em regime de plantão, para gerar o direito ao benefício.

Contudo, em princípio, acreditamos que é indevido o recebimento das horas de sobreaviso nas situações mencionadas, já que o empregado não precisa permanecer em sua própria residência para aguardar eventual convocação do empregador. No entanto, poderá existir uma situação peculiar na qual o empregador obrigue a permanência do empregado em determinado local, a fim de facilitar o pronto atendimento de eventuais chamados, e nesta hipótese não vemos como afastar a aplicação analógica do disposto no art. 244, § 2º, da CLT.

A Súmula 229 do Tribunal Superior do Trabalho assegura a aplicação analógica do art. 244, § 2º, da CLT às horas de sobreaviso dos eletricitários.

Finalmente, verificamos na legislação extravagante duas situações específicas de sobreaviso. O art. 5º, § 1º, da Lei 5.811/1972 (trabalho dos petroleiros) disciplina o sobreaviso, de 24 horas, dos empregados de empresas que exploram petróleo, mas os trabalhadores permanecem, desde logo, em local à disposição do empregador e recebem adicional de 50% pelas horas de sobreaviso; e a Lei 7.183/1984 disciplina, em seu art. 25, o sobreaviso do aeronauta, que não poderá exceder de 12 horas, período no qual o funcionário permanece em local de sua livre escolha, mas deve se apresentar ao local de trabalho no tempo máximo de 90 minutos, na hipótese de ser acionado. No caso do aeronauta as horas de sobreaviso também são remuneradas com acréscimo de um terço (art. 23 da Lei 7.183/1984).

## 8. Regime de tempo parcial

O art. 58-A da CLT, com nova redação dada pela Lei 13.467/2017, disciplina o trabalho em regime de tempo parcial, assim considerado aquele cuja duração não exceda 30 horas semanais, sem a possibilidade de horas suplementares semanais, ou, ainda, aquele cuja duração não exceda a 26 horas semanais, com a possibilidade de acréscimo de até seis horas suplementares semanais.

O salário a ser pago aos empregados sob o regime de tempo parcial será proporcional à sua jornada, em relação aos empregados que cumprem, nas mesmas funções, tempo integral. As horas suplementares à duração do trabalho semanal normal serão pagas com o acréscimo de 50% sobre o salário-hora normal. Na hipótese de o contrato de trabalho em regime de tempo parcial ser estabelecido em número inferior a vinte e seis horas semanais, as horas suplementares a este quantitativo serão consideradas sobrejornada para fins do pagamento de horas extras, estando também limitadas a seis horas suplementares semanais.

A Lei 13.467/2017 permitiu a compensação semanal de horas em regime de tempo parcial, de modo que as horas suplementares da jornada de trabalho normal poderão ser compensadas diretamente até a semana imediatamente posterior à da execução, devendo ser feita a sua quitação na folha de pagamento do mês subsequente, caso não sejam compensadas.

É facultado ao empregado contratado sob regime de tempo parcial converter um terço do período de férias a que tiver direito em abono pecuniário (art. 58-A, § 6º, CLT), vez que a Lei 13.467/2017 revogou o art. 130-A do diploma consolidado.

## 9. Jornada noturna

Considera-se jornada noturna, para o empregado urbano, o trabalho prestado no horário compreendido entre as 22h de um dia e 5h do dia seguinte (art. 73, § 2º, da CLT), devendo ser observada a redução da hora noturna para 52 minutos e 30 segundos (art. 73, § 1º, da CLT).

Para o empregado rural a jornada noturna vai depender de ser o trabalho realizado na lavoura (21h às 5h) ou na pecuária (20h às 4h), conforme o art. 7º da Lei 5.889/1973, e não se cogita de redução da hora noturna. Em relação ao advogado empregado considera-se noturno o trabalho executado das 20 às 5h (art. 20, § 3º, da Lei 8.906/1994).

*Capítulo XXI*
# *PERÍODOS DE DESCANSO*

*1. Considerações iniciais. 2. Intervalos legais: 2.1 Intervalos intrajornadas – 2.2 Intervalos interjornadas. 3. Repouso semanal remunerado. 4. Férias anuais remuneradas: 4.1 Natureza jurídica – 4.2 Período aquisitivo – 4.3 Período concessório – 4.4 Remuneração das férias – 4.5 Férias coletivas – 4.6 Efeitos da cessação do contrato de trabalho – 4.7 Prescrição do direito de reclamar as férias.*

## 1. Considerações iniciais

Os períodos de descanso podem estar relacionados com a jornada de trabalho ou módulo semanal e, ainda, com o trabalho anual. Os descansos relacionados com a jornada são os denominados *intervalos legais* (intrajornadas e interjornadas); os descansos relacionados com o trabalho semanal são os *descansos semanais*, que podem ou não ser remunerados; e quanto ao trabalho anual temos as *férias anuais remuneradas*.

## 2. Intervalos legais

Os intervalos legais são períodos de tempo destinados ao descanso e/ou alimentação do trabalhador. Os intervalos intrajornadas são aqueles que ocorrem dentro da própria jornada de trabalho, enquanto os intervalos interjornadas ocorrem entre duas jornadas distintas.

### 2.1 Intervalos intrajornadas

Os intervalos intrajornadas destinam-se ao descanso e/ou alimentação do trabalhador, podendo ou não ser remunerados. Serão remunerados quando forem computados na jornada de trabalho. O art. 71 da CLT revela um exemplo de intervalo intrajornada que não é remunerado:

"Art. 71. Em qualquer trabalho contínuo, cuja duração exceda de 6 (seis) horas, é obrigatória a concessão de um intervalo para repouso ou alimentação, o qual será, no mínimo, de uma hora e, salvo acordo escrito ou contrato coletivo em contrário, não poderá exceder de 2 (duas) horas.

"§ 1º. Não excedendo de 6 (seis) horas o trabalho, será, entretanto obrigatório um intervalo de 15 (quinze) minutos quando a duração ultrapassar 4 (quatro) horas.

"§ 2º. Os intervalos de descanso não serão computados na duração do trabalho. (...)."

Diante do texto legal, verifica-se que o intervalo para refeição e descanso será de, no mínimo, uma hora e, no máximo, duas horas, quando a jornada exceder seis horas. No entanto, o intervalo poderá ser superior a duas horas se houver acordo escrito, convenção coletiva ou acordo coletivo que o preveja, a exemplo do que ocorre com empregados de restaurantes que funcionam apenas nos horários destinados ao almoço e jantar (o empregado trabalha das 11 às 15h e retorna para trabalhar das 18 às 22h, por exemplo).

Pode ocorrer de o limite de uma hora ser reduzido por ato do Ministério do Trabalho e Emprego, desde que os empregados não estejam em regime de prorrogação de horas e a empresa atenda às exigências relativas à organização de refeitórios (art. 71, § 3º, da CLT).

Por mais que a Súmula 437, II, do TST não admita a redução do intervalo por norma coletiva, não obstante o disposto no art. 7º, XXVI, que assegura o "reconhecimento das convenções e acordos coletivos", sob o fundamento de que o intervalo intrajornada constitui medida de "higiene, saúde e segurança do trabalho, garantido por norma de ordem pública", o fato é que a Reforma Trabalhista incluiu o art. 611-A, III, à CLT, que permite a redução do intervalo intrajornada previsto no *caput* do art. 71 da CLT para, no mínimo, 30 minutos, mediante convenção ou acordo coletivo. A Súmula em questão deverá ser revista por conta das recentes alterações legislativas.

O intervalo previsto no *caput* do art. 71 da CLT poderá ser reduzido e/ou fracionado, e aquele estabelecido no § 1º poderá ser fracionado, quando compreendidos entre o término da primeira hora trabalhada e o início da última hora trabalhada, desde que previsto em convenção ou acordo coletivo de trabalho, ante a natureza do serviço e em virtude das condições especiais de trabalho a que são submetidos estritamente os motoristas, cobradores, fiscalização de campo e afins nos serviços de operação de veículos rodoviários, empregados no setor de transporte coletivo de passageiros, mantida a remuneração e concedidos intervalos para descanso menores ao final de cada viagem (art. 71, § 5º, da CLT) A não concessão ou a concessão parcial do intervalo intrajornada mínimo, para repouso e alimentação, a empregados urbanos e rurais, implica o pagamento, de natureza indenizatória, apenas do período suprimido, com acréscimo de 50% sobre o valor da remuneração da hora normal de trabalho (art. 71, § 4º, da CLT), também restando superado o entendimento jurisprudencial sumulado pelo Tribunal Superior do Trabalho (Súmula 437, I), que determina o pagamento integral do período, desprezando a fração de intervalo concedida pelo empregador.

O art. 72 da CLT prevê um intervalo intrajornada que é devidamente remunerado, eis que não deduzido da jornada de trabalho: "Nos serviços permanentes de mecanografia (datilografia, escrituração ou cálculo), a cada período de 90 (noventa) minutos de trabalho consecutivo corresponderá um repouso de 10 (dez) minutos não deduzidos da duração normal de trabalho".

Trata-se de intervalo cuja aplicação analógica aos digitadores foi disciplinada pela Súmula 346 do Tribunal Superior do Trabalho: "Os digitadores, por aplicação analógica do art. 72 da CLT, equiparam-se aos trabalhadores nos serviços de mecanografia (datilografia, escrituração ou cálculo), razão pela qual têm direito a intervalos de descanso de 10 (dez) minutos a cada 90 (noventa) de trabalho consecutivo".

Por outro lado, o Ministério do Trabalho e Emprego, por meio da Portaria 3.435, de 19.6.1990, alterou a Norma Regulamentadora 17 (NR-17), da Portaria 3.214/1978, que trata de *Ergonomia*,[1] estabelecendo um intervalo de 10 minutos a cada 50 minutos trabalhados pelo digitador, o qual também deverá ser computado na jornada de trabalho; e a Portaria 3.751, de 23.11.1990, promoveu nova alteração na NR-17, para atribuir intervalo idêntico ao do digitador nas atividades de processamento de dados.

Entendemos que a NR-17, da Portaria 3.214/1978, com as novas redações que atribuíram os intervalos intrajornadas aos digitadores e trabalhadores nas atividades de processamento de dados, não afronta a competência legislativa da União Federal (art. 22, I, da CF), já que o art. 200 da CLT atribui ao Ministério do Trabalho e Emprego a possibilidade de estabelecer disposições especiais de proteção ao trabalhador, e os intervalos mencionados se justificam por uma questão de Ergonomia.

---

1. "Conjunto de estudos que visam à organização metódica do trabalho em função do fim proposto e das relações entre o homem e a máquina" (Aurélio Buarque de Holanda Ferreira, *Novo Dicionário da Língua Portuguesa*, 2ª ed., Rio de Janeiro, Nova Fronteira, 1986, p. 677).

Além dos mencionados, podemos citar os seguintes intervalos intrajornadas que são computados na jornada e, portanto, remunerados: a) 20 minutos de repouso para cada uma hora e 40 minutos de trabalho para os empregados que trabalham no interior das câmaras frigoríficas ou que movimentam mercadorias do ambiente quente ou normal para o frio e vice-versa (art. 253 da CLT); b) intervalo de 15 minutos para cada 3 horas consecutivas de trabalho em minas de subsolo (art. 298 da CLT).

Finalmente, dispõe o art. 396 da CLT que, para amamentar seu filho, inclusive se advindo de adoção, até que este complete seis meses de idade, a mulher terá direito, durante a jornada de trabalho, a dois descansos especiais de meia hora cada um, em horários que deverão ser definidos em acordo individual entre a mulher e o empregador. Quando o exigir a saúde do filho, esse poderá ser dilatado, a critério da autoridade competente. Embora a lei não o diga expressamente, entendemos que referido intervalo deve ser remunerado, já que o próprio dispositivo consolidado alude a "intervalos especiais" e a interpretação em sentido contrário implicaria conclusão no sentido de que a mulher deveria estender sua jornada diária em uma hora, o que traduziria grandes dificuldades e não condiz com a intenção da norma.[2] Também milita em favor dessa interpretação o art. 377 da CLT, ao estabelecer que a adoção das medidas de proteção ao trabalho das mulheres não justifica, "em hipótese alguma, a redução de salário".

## 2.2 Intervalos interjornadas

O intervalo interjornada encontra-se disciplinado no art. 66 da CLT, correspondendo ao período mínimo de 11 horas entre uma jornada e outra.

Entendemos que a inobservância do intervalo interjornada implica ilícito administrativo, não autorizando, por si só, o pagamento de horas extras. Será necessário verificar se efetivamente houve a extrapolação do limite diário de jornada (8 horas) ou do bloco semanal de 44 horas. Contudo, o Tribunal Superior do Trabalho tem entendimento diverso, consubstanciado na Súmula 110: "No regime de revezamento, as horas trabalhadas em seguida ao repouso semanal de vinte e quatro horas, com prejuízo do intervalo mínimo de onze horas consecutivas para descanso

---

2. Neste mesmo sentido: Valentin Carrion, *Comentários à Consolidação das Leis do Trabalho*, 25ª ed., São Paulo, Saraiva, 2000, p. 252. Em sentido contrário: Sérgio Pinto Martins, *Direito do Trabalho*, 15ª ed., São Paulo, Atlas, 2002, p. 499.

entre jornadas, devem ser remuneradas como extraordinárias, inclusive com o respectivo adicional", reforçada pela Orientação Jurisprudencial 355 da SDI-1 (TST): "O desrespeito ao intervalo mínimo interjornadas previsto no art. 66 da CLT acarreta, por analogia, os mesmos efeitos previstos no § 4º do art. 71 da CLT e na Súmula 110 do Tribunal Superior do Trabalho, devendo-se pagar a integralidade das horas extras que foram subtraídas do intervalo, acrescidas do respectivo adicional". A jurisprudência do TST, no entanto, deve ser revista, por conta das alterações promovidas pela Reforma Trabalhista no § 4º do art. 71 da Consolidação das Leis do Trabalho.

## 3. Repouso semanal remunerado

O repouso semanal – também denominado *descanso semanal*, *descanso hebdomadário* ou *folga semanal* – tem origem bíblica. Existe alusão ao descanso no sétimo dia nos livros de *Gênesis* (2, 1-3) e *Deuteronômio* (5, 12-14).

O Tratado de Versalhes (1919), do qual o Brasil é signatário, recomendou o descanso semanal de 24 horas, preferencialmente no domingo.

Nos anos seguintes alguns decretos estabeleceram o direito ao descanso semanal, no Brasil, a diversas categorias, o que foi estendido a todos os trabalhadores pela Constituição de 1934 e mantido nas subsequentes.

O art. 67 da CLT estabeleceu o direito ao repouso semanal de 24 horas consecutivas, que deveria coincidir com o domingo, "salvo motivo de conveniência pública ou necessidade imperiosa do serviço".

No entanto, a remuneração do repouso semanal foi introduzida com a Lei 605, de 5.1.1949, que assim dispõe no seu art. 1º: "Todo empregado tem direito ao repouso semanal remunerado, de 24 (vinte e quatro) horas consecutivas, preferentemente aos domingos e, nos limites das exigências técnicas das empresas, nos feriados civis e religiosos, de acordo com a tradição local".

A lei mencionada ampliou o repouso semanal para abarcar os feriados civis e religiosos, mas condicionou a remuneração do repouso semanal à assiduidade do empregado. Isto porque o art. 6º da Lei 605/1949 estabelece que "não será devida a remuneração quando, sem motivo justificado, o empregado não tiver trabalhado durante toda a semana anterior, cumprindo integralmente o seu horário de trabalho".

Observa-se, pois, que a Lei 605/1949 jamais se confrontou com o art. 67 da CLT, já que a primeira estabeleceu regras para a remuneração do repouso semanal, enquanto a segunda consagrou o direito ao repouso (sem remuneração) de maneira incondicionada a todos os empregados, exceção feita aos domésticos (art. 7º, "a", da CLT).

Por outro lado, o art. 7º, XV, da CF promulgada em 1988 assegura o "repouso semanal remunerado, preferencialmente aos domingos" – direito que foi estendido aos empregados domésticos (art. 7º, parágrafo único, da CF). Assim, entendemos que o direito ao repouso semanal remunerado, por força do dispositivo constitucional, independe da inexistência de faltas injustificadas na semana anterior, restando derrogada a Lei 605/1949, no particular. No entanto, remanesce a exigência de assiduidade do empregado para a remuneração dos feriados civis e religiosos, já que a referidos dias não se aplica, propriamente, a ideia de repouso semanal, nos termos da Constituição Federal.

Além disso, como o art. 1º da Lei 605/1949 jamais se aplicou ao empregado doméstico – situação que não se alterou com a Constituição Federal –, pensamos que a empregada doméstica não tem direito ao repouso em feriados, não obstante reconheçamos que, na prática, seja aconselhável a concessão de mencionadas folgas remuneradas, por imperativos de ordem social e humanitária. É melhor do que tentar explicar ao empregado doméstico que, do ponto de vista jurídico, tem direito a apenas uma folga semanal, e nunca aos feriados.

Finalmente, convém assinalar que o repouso semanal de 24 horas se dá sem prejuízo do intervalo interjornada de 11 horas, previsto no art. 66 da CLT; e que a eventual ocorrência de trabalho em referidos dias, sem a folga compensatória, acarreta o direito ao recebimento de forma dobrada (art. 9º da Lei 605/1949), sem prejuízo da remuneração correspondente ao próprio repouso.

## 4. Férias anuais remuneradas

As férias anuais remuneradas são períodos de descanso que estão relacionados com o trabalho durante o ano; e, a exemplo dos demais períodos de descanso, justificam-se por uma necessidade de higidez física e mental do trabalhador, possibilitando um período para descanso mais prolongado e dedicação a outras atividades de lazer.

A Constituição de 1934, que inaugurou o Constitucionalismo Social no Brasil, assegurou o direito a férias anuais remuneradas aos trabalhadores, direito que foi reproduzido nas subsequentes e consagrado na

Consolidação das Leis do Trabalho (Capítulo IV, arts. 129-148) e também na Convenção 132 da OIT (ratificada pelo Brasil em setembro/1998 e introduzida em nosso ordenamento jurídico pelo Decreto 3.197, de 5.10.1999). Na Constituição Federal de 1988 foi consagrada a remuneração das férias com acréscimo de um terço sobre o salário normal (art. 7º, XVII).

## 4.1 Natureza jurídica

Nas lições de Cesarino Júnior,[3] o instituto das férias tem dupla natureza jurídica. É uma obrigação para o empregador e um direito para o empregado.

O empregador tem a obrigação de proporcionar o gozo de férias remuneradas ao trabalhador e de se abster de lhe exigir trabalho no período respectivo.

Por outro lado, revela-se como interesse do Estado e do próprio empregador que o empregado efetivamente descanse no período de férias, a fim de que possa retornar bem-disposto e motivado para o trabalho. Assim, o art. 138 da CLT veda ao empregado a prestação de serviços a outro empregador durante as férias, salvo se estiver obrigado a fazê-lo em virtude de contrato de trabalho regularmente mantido com este último; mas trata-se de norma de difícil fiscalização, e pensamos que não comporta qualquer sanção ao trabalhador, já que não existe cominação expressa no texto consolidado.

## 4.2 Período aquisitivo

Período aquisitivo *é o espaço de 12 meses de vigência do contrato de trabalho no qual o empregado adquire o direito ao gozo de férias (art. 130 da CLT).*

O período de férias corresponderá ao máximo de 30 dias consecutivos se o empregado não tiver faltado injustificadamente mais de 5 vezes; vai se reduzindo gradativamente de acordo com o número de faltas injustificadas, a teor do art. 130 da CLT. E não poderão ser descontadas do período de férias as faltas ao serviço (art. 130, § 1º, da CLT).

Por outro lado, o empregado perderá o direito às férias se no curso do período aquisitivo ocorrer uma das seguintes situações (art. 133 da

---

3. Cesarino Júnior, *Direito Social Brasileiro*, 6ª ed., vol. II, São Paulo, Saraiva, 1970, p. 316.

CLT): a) deixar o emprego e não for readmitido dentro de 60 dias subsequentes à saída; b) permanecer em gozo de licença remunerada por mais de 30 dias; c) deixar de trabalhar, com recebimento de salário, por mais de 30 dias, em virtude de paralisação parcial ou total dos serviços da empresa; d) tiver percebido da Previdência Social prestações de acidente de trabalho ou de auxílio-doença por mais de 6 meses, embora descontínuos.

Devemos assinalar que a perda do direito ao gozo de férias, sob fundamento de alguma das hipóteses do art. 133 da CLT, está relacionada com o período aquisitivo respectivo. Se o empregado gozar licença remunerada de 50 dias, sendo 25 dias dentro de um período aquisitivo e 25 em outro, ainda que seja na sequência, terá direito a gozar 2 períodos de férias sem qualquer restrição; e o mesmo se diga na hipótese de 9 meses de afastamento por acidente de trabalho, quando 5 meses forem num período aquisitivo e 4 meses no outro.

### 4.3 Período concessório

O período concessório (ou concessivo) é o período de 12 meses subsequentes ao período aquisitivo, no qual o empregado deve gozar as férias a que tem direito (art. 134 da CLT).

O art. 136 da CLT estabelece que a época do gozo de férias é a que melhor consulte aos interesses do empregador. No entanto, o art. 10 do Decreto 3.197/1999, que introduziu a Convenção 132 da OIT no ordenamento jurídico brasileiro, estabelece a exigência de que o empregador deve consultar o empregado antes de fixar o período de gozo – regra que, a nosso ver, não terá grande efeito prático.

Os membros de uma mesma família que trabalharem no mesmo estabelecimento da empresa têm direito a gozar as férias no mesmo período, "se assim o desejarem e se disto não resultar prejuízo para o serviço" (art. 136, § 1º, da CLT). E o empregado menor de 18 anos tem direito a fazer coincidir suas férias com as férias escolares (art. 136, § 2º, da CLT).

A inobservância de concessão das férias no prazo legal importa a obrigação do empregador de pagar a remuneração em dobro (art. 137 da CLT), com o acréscimo de um terço e sem prejuízo do gozo efetivo pelo trabalhador.

### 4.4 Remuneração das férias

Nos termos do art. 7º, XVII, da CF, as férias são remuneradas com acréscimo de um terço sobre o salário normal, com base na remuneração devida na data de sua concessão (art. 142 da CLT).

Na hipótese de salário variável, em função de estipulação por hora ou tarefa, deverá ser apurada a média das jornadas ou tarefas dos últimos 12 meses, aplicando-se o salário da data da concessão das férias (art. 143, §§ 1º e 2º, da CLT).

Se o salário for pago por comissão, percentagens ou viagens a remuneração das férias será calculada com base na média percebida nos últimos 12 meses que precederam a concessão das férias (art. 142, § 2º, da CLT).

Tem-se, ainda, que integram a remuneração das férias os adicionais legais (horas extras, insalubridade, periculosidade, noturno) pela média dos 12 meses do período aquisitivo (art. 142, §§ 5º e 6º, da CLT), e também serão levados em conta as gratificações ajustadas e demais parcelas de natureza salarial.

O art. 143 da CLT faculta ao empregado a conversão de um terço do período de férias a que tiver direito em abono pecuniário, no valor da remuneração que lhe seria devida nos dias correspondentes, desde que faça o requerimento até 15 dias antes do término do período aquisitivo.[4] Entendemos que a remuneração do abono deve ser acrescida de um terço, nos termos da Constituição, já que uma faculdade concedida ao empregado não poderia implicar vantagem econômica ao empregador, e o dispositivo consolidado é claro ao afirmar que o empregado deve receber o abono pecuniário no mesmo valor da remuneração devida pelos dias correspondentes, e esta seria acrescida de um terço na hipótese de opção pelo descanso (art. 7º, XVII, da CF).

Finalmente, a remuneração das férias, juntamente com eventual abono (art. 143 da CLT), deverá ser efetuada até dois dias antes do início do respectivo período de gozo (art. 145 da CLT).

### 4.5 Férias coletivas

O empregador pode conceder férias coletivas a seus empregados, as quais podem abranger toda a empresa, determinados estabelecimentos ou apenas alguns setores (art. 139 da CLT), com a possibilidade de fracionamento em 2 períodos, desde que nenhum seja inferior a 10 dias (art. 139, § 1º, da CLT). No entanto, o empregador deverá comunicar

---

4. Amauri Mascaro Nascimento sustenta que referido dispositivo atrita com a Constituição Federal, que dispõe sobre o "gozo de férias" (*Iniciação ao Direito do Trabalho*, 27ª ed., São Paulo, LTr, 2001, p. 317). Entendemos que não há conflito com a norma constitucional, pois o diploma consolidado não autoriza a conversão do período integral de férias em abono pecuniário, reservando dois terços ao efetivo descanso.

referida concessão ao órgão local do Ministério do Trabalho e Emprego, com antecedência mínima de 15 dias, a teor do art. 139, § 2º, da CLT.

Em relação aos empregados com menos de 12 meses de trabalho o gozo de férias obedecerá à proporcionalidade de meses trabalhados, iniciando-se novo período aquisitivo após o retorno (art. 140 da CLT). E quando o número de empregados contemplados com as férias coletivas for superior a 300 a empresa poderá substituir as anotações de que trata o art. 135, § 1º, da CLT por simples carimbo (art. 141 da CLT).

### 4.6 Efeitos da cessação do contrato de trabalho

Na hipótese de extinção do contrato de trabalho o empregado terá direito à indenização dos períodos de férias não gozados, de forma simples ou em dobro, conforme o caso (art. 146 da CLT).

Quanto às férias proporcionais, o art. 146, parágrafo único, da CLT dispõe que: "Na cessação do contrato de trabalho, após 12 (doze) meses de serviço, o empregado, desde que não haja sido demitido por justa causa, terá direito à remuneração relativa ao período incompleto de férias, de acordo com o art. 130, na proporção de um doze avos por mês de serviço ou fração superior a 14 (quatorze) dias".

Observa-se, pois, que o diploma consolidado exime o empregador de indenizar as férias proporcionais na hipótese de despedida por justa causa. Contudo, o Decreto 3.197/1999 indica, no art. 11, que: "Toda pessoa empregada que tenha completado o período mínimo de serviço que pode ser exigido de acordo com o § 1º do art. 5º da presente Convenção deverá ter direito, em caso de cessação da relação empregatícia, ou a um período de férias remuneradas proporcional à duração do período de serviço pelo qual ela não gozou ainda tais férias, ou a uma indenização compensatória, ou a um crédito de férias equivalente".

Ora, o período mínimo de trabalho a que se refere o art. 11 do Decreto 3.197/1999, e que se encontra no art. 5º, § 2º, do mesmo diploma legislativo (lembre-se que o decreto mencionado introduziu a Convenção 132 da OIT em nosso ordenamento jurídico, e tem *status* de lei ordinária), corresponde a seis meses. Observe-se, ainda, que o art. 11 do mencionado decreto não faz distinção entre as formas de extinção do contrato de trabalho; vale dizer, carece de relevância se o empregado solicitou demissão, se foi despedido por justa causa ou sem justa causa.

Assim, entendemos que o direito às férias proporcionais está assegurado ao empregado independentemente da forma pela qual se deu a extinção do pacto laboral, desde que tenha trabalhado o mínimo de seis meses, restando derrogado o art. 146, parágrafo único, da CLT. A Súmula 261 do Tribunal Superior do Trabalho, com redação determinada pela Resolução 121, de 28.10.2003, assegura o direito às férias proporcionais em favor do empregado que se demite antes de completar 12 meses de serviço.

### 4.7 Prescrição do direito de reclamar as férias

A prescrição do direito de reclamar a concessão de férias ou o pagamento da remuneração correspondente se inicia após a expiração do prazo concessivo ou a cessação do contrato de trabalho (art. 149 da CLT).

## Capítulo XXII
## *AVISO PRÉVIO*

*1. Considerações iniciais. 2. O aviso prévio e a Constituição Federal. 3. Consequências da irregularidade ou ausência de aviso prévio. 4. Aviso prévio e fatos supervenientes.*

### 1. Considerações iniciais

Sabemos que o contrato de trabalho é de trato sucessivo e que o princípio da continuidade milita em favor do trabalhador no sentido de se atribuir prevalência ao contrato por prazo indeterminado, traduzindo exceção à regra o contrato a termo.

Quando se está diante do contrato por prazo determinado as partes ficam cientes de que sua extinção se dará num determinado dia ou após a execução de determinado serviço, motivo pelo qual a instituição do aviso prévio não se presta, por regra geral, a referida modalidade contratual.

O aviso prévio decorre da necessidade de não surpreender a parte contrária, em contrato por prazo indeterminado, da intenção de rescindir o pacto laboral.

Podemos afirmar que o aviso prévio é a comunicação que uma das partes (empregado ou empregador) faz à outra com vistas a romper o vínculo de emprego que até então se desenvolvia. Seu objetivo é social, no sentido de proporcionar tempo hábil para que o empregado obtenha novo emprego ou possibilitar ao empregador a procura de novo trabalhador para continuar exercendo a mesma função do empregado demissionário.

A origem do instituto não está no direito do trabalho, eis que já havia sido previsto no art. 81 do CComercial de 1850, no Código Civil de 1916 (art. 1.221), em relação ao contrato de locação de serviços, e a

Lei 62, de 5.6.1935, já previa o aviso prévio do empregado em favor do empregador (art. 6º), ou seja, não traduzia obrigação recíproca.

Com a promulgação da CLT o instituto foi tratado nos arts. 487 a 491; e, finalmente, o art. 7º, XXI, da CF de 1988 consagra o "aviso prévio proporcional ao tempo de serviço, sendo no mínimo de 30 (trinta) dias, nos termos da lei", em favor dos trabalhadores urbanos e rurais, inclusive o empregado doméstico (art. 7º, parágrafo único, da CF) – dispositivo não regulamentado até a presente data, tendo o Supremo Tribunal Federal declarado a omissão do legislador, em demanda ajuizada por empregados da Cia. Vale do Rio Doce, na qual os trabalhadores pretendiam que fossem estabelecidas regras para a implementação do dispositivo constitucional.

Posteriormente, foi promulgada a Lei 12.506, de 11.10.2011, estabelecendo que ao aviso prévio de que trata o diploma consolidado devem ser acrescidos 3 dias por ano de serviço prestado ao mesmo empregador, até o máximo de 60 dias, perfazendo o total de 90 dias. Não se trata propriamente de uma regulamentação do dispositivo constitucional, mas rompeu a lacuna normativa, permitindo a defesa de sua aplicação analógica aos empregadores rurais e domésticos. Além disso, a interpretação teleológica da lei mencionada impõe sua aplicação a todos os empregados urbanos, e não apenas aos empregados de "empresas" – conclusão que decorreria da interpretação meramente gramatical do art. 1º, parágrafo único, da Lei 12.506/2011.

## 2. O aviso prévio e a Constituição Federal

Como dissemos anteriormente, o art. 7º, XXI, da CF consagrou o direito dos trabalhadores urbanos e rurais, inclusive o doméstico, ao aviso prévio. E, diante de referido texto constitucional, é comum a afirmação equivocada de que os incisos I e II do art. 487 da CLT estariam revogados.

Antes de enfrentarmos a questão, vejamos a transcrição do dispositivo em comento: "Art. 487. Não havendo prazo estipulado, a parte que, sem justo motivo, quiser rescindir o contrato deverá avisar a outra da sua resolução com a antecedência mínima de: I – 8 (oito) dias, se o pagamento for efetuado por semana ou tempo inferior; II – 30 (trinta) dias aos que perceberem por quinzena ou mês, ou que tenham mais de 12 (doze) meses de serviço na empresa".

Ora, o texto consolidado não subsiste quando se tratar de empregador que pretenda rescindir o contrato de trabalho de seu empregado, porquanto deverá conceder aviso prévio proporcional ao tempo de serviço, nos termos da Lei 12.506/2011, ou de prazo superior, se houver norma coletiva que consagre aviso prévio especial. Contudo, não se pode olvidar o direito recíproco de aviso prévio (art. 487, §§ 1º e 2º) – ou seja, se o empregado pretender se desligar da empresa deverá conceder aviso prévio a seu empregador, mas com fundamento no art. 487 da CLT, já que o art. 7º da CF traduz direito dos trabalhadores, e não dos empregadores. Vale dizer, se o empregado receber salário por semana ou tempo inferior e contar até 12 meses de serviços na empresa, e solicitar demissão, outorgará aviso prévio de apenas 8 dias ao empregador, nos exatos termos do art. 487, I e II, da CLT.

A solução apontada no parágrafo anterior não deve causar estranheza ao leitor, mesmo porque no Direito estrangeiro a legislação contemporânea vem abrigando a tendência de fixação de prazos diferenciados, sendo maiores para o empregador em favor do empregado e menores para o empregado em favor do empregador.[1]

### 3. Consequências da irregularidade ou ausência de aviso prévio

O aviso prévio é devido pela parte que quiser rescindir o pacto laboral nas hipóteses de contrato por prazo indeterminado. Contudo, nada obsta a que no contrato de trabalho por prazo determinado as partes pactuem a possibilidade de rescisão antecipada, desde que o direito seja recíproco – hipótese em que se cogita de aviso prévio e aplicação dos princípios que regem o contrato por prazo indeterminado, a teor do art. 481 da CLT.

A falta de aviso prévio por parte do empregador dá ao empregado o direito aos salários do período respectivo, o qual se integra ao tempo de serviço para todos os efeitos legais (art. 487, § 1º, da CLT). E a falta de aviso prévio por parte do empregado dá ao empregador o direito de descontar os salários correspondentes ao prazo respectivo (art. 487, § 2º, da CLT), na ocasião de pagamento das verbas rescisórias.

Quando o empregador dá o aviso prévio ao empregado este último terá a jornada de trabalho reduzida em duas horas durante o período, sem prejuízo do salário integral, conforme o art. 488 da CLT; mas o parágrafo único do mesmo dispositivo admite a possibilidade de falta ao serviço por sete dias corridos em vez da redução de jornada, a critério do empregado.

1. Cf. Amauri Mascaro Nascimento, *Curso de Direito do Trabalho*, 17ª ed., São Paulo, Saraiva, 2001, p. 594.

A inobservância do art. 488 da CLT acarreta a nulidade do aviso prévio, eis que não teria atingido sua finalidade social, que é proporcionar ao empregado tempo para a busca de novo emprego,[2] não se permitindo sequer o pagamento das horas correspondentes como extras (Súmula 230 do TST).

Assinale-se, contudo, que a redução de jornada ou falta por sete dias corridos só se aplicam se a ruptura do contrato for de iniciativa patronal.

O entendimento jurisprudencial cristalizado na Súmula 276 do Tribunal Superior do Trabalho indica a irrenunciabilidade do aviso prévio pelo empregado ("O direito ao aviso prévio é irrenunciável pelo empregado. O pedido de dispensa de cumprimento não exime o empregador de pagar o valor respectivo, salvo comprovação de haver o prestador dos serviços obtido novo emprego"). Mas isso, por óbvio, só se aplica quando o empregador exerce o direito potestativo de rescindir o contrato de trabalho; se a intenção de se desligar for do obreiro nada obsta a que o empregador dispense o empregado do cumprimento do aviso prévio – hipótese em que a renúncia ao aviso prévio será do empregador, e não do empregado.

Finalmente, o aviso prévio é devido na rescisão indireta do contrato de trabalho, restando superadas todas as discussões, que foram travadas no passado, em torno desta questão tendo em vista o acréscimo do § 4º ao art. 487 da CLT, por força da Lei 7.108, de 5.7.1983.

## 4. Aviso prévio e fatos supervenientes

Durante o período de aviso prévio alguns fatos novos podem ocorrer que poderão modificar o rumo das coisas. Alguns desses fatos estão expressamente indicados na lei e não oferecem maiores dificuldades; e outros decorrem da realidade fática, não tendo ainda o legislador se ocupado do tema.

A Lei 10.218, de 11.4.2001, acrescentou o § 6º ao art. 487 da CLT, assegurando o direito do empregado aos reajustes salariais obtidos durante o aviso prévio ainda que tenha recebido antecipadamente os salários do período, já que o aviso prévio integra o tempo de serviço para todos os efeitos legais.

2. No entanto, sabe-se que, atualmente, o empregado que perde o emprego demora mais de seis meses para obter nova colocação. É por este motivo que seria bem-vinda a regulamentação do art. 7º, XXI, da CF.

Convém assinalar que o § 6º do art. 487 da CLT, cuja redação é a mesma da Súmula 5 do Tribunal Superior do Trabalho, cancelada pela Resolução 121/2003 (*DJU* 19.11.2003), assegura que "o reajustamento salarial coletivo determinado no curso do aviso prévio beneficia o *empregado pré-avisado da despedida*, (...)" (grifos nossos); mas entendemos que a regra comporta interpretação extensiva, para abarcar as hipóteses em que o empregado cumpre o aviso prévio dado ao empregador. Pensamos que o legislador disse menos do que queria, não havendo motivos para excluir o empregado demissionário.

No curso do aviso prévio a parte notificante pode se arrepender e pretender reconsiderar o ato. Nenhum problema haverá se a parte contrária aceitar a reconsideração, hipótese em que o vínculo de emprego remanescerá (art. 489 da CLT). Igualmente, o contrato de trabalho continuará em vigor se, expirado o prazo de aviso prévio, a prestação laboral não se encerrar (art. 489, parágrafo único), hipótese que se equipara a uma reconsideração tácita do aviso prévio, seguida de aceitação na mesma oportunidade.

Quanto às justas causas, sejam do empregado ou do empregador, verificamos que poderão ocorrer no curso do aviso prévio, desobrigando o empregado de continuar trabalhando (art. 490 da CLT), ou o empregador de proporcionar o restante do prazo (art. 491 da CLT), dependendo do caso em questão. A única ressalva reside na justa causa de *abandono de emprego* (art. 482, "i", da CLT), que se revela incompatível com o período de aviso prévio, já que o instituto se dá em favor do empregado na hipótese de despedida sem justa causa; e no caso de pedido de demissão o empregador já conta com a possibilidade de descontar os salários do período (art. 487, § 2º, da CLT).[3]

Além disso, a confirmação da gravidez durante o aviso prévio não elide o direito da empregada, conforme o art. 391-A da CLT, acrescentado pela Lei 12.812, de 17.5.2013.

Superadas as discussões em torno de fatos, expressamente previstos na lei, durante o curso do aviso prévio, passemos à discussão de algumas questões não previstas pelo legislador.

No curso do aviso prévio pode surgir uma estabilidade provisória em favor dos membros da categoria profissional ou até mesmo ocorrer

---

3. A questão se encontra pacificada pela Súmula 73 do Tribunal Superior do Trabalho ("A ocorrência de justa causa, salvo a de abandono de emprego, no decurso do prazo do aviso prévio dado pelo empregador, retira do empregado qualquer direito às verbas rescisórias de natureza indenizatória").

de o empregado se acidentar no trabalho ou ficar doente. Referidos fatos teriam o condão de protelar a ruptura do pacto laboral?

Antes de respondermos à questão, valemo-nos do ensinamento de Amauri Mascaro Nascimento, para quem o "aviso prévio é a denúncia do contrato por prazo indeterminado, objetivando fixar o seu termo final".[4] Vale dizer, o aviso prévio convola o contrato de trabalho por prazo indeterminado em contrato por prazo determinado, a partir do quê deve ser observada, no que couber, a disciplina referente a esta última modalidade de contrato de trabalho, notadamente o art. 472, § 2º, da CLT: "Nos contratos por prazo determinado, o tempo de afastamento, se assim acordarem as partes interessadas, não será computado na contagem do prazo para a respectiva terminação".

Assim, não se cogitaria de aquisição de estabilidades provisórias no curso do aviso prévio, na medida em que se trata de instituto que não é compatível com o contrato de trabalho por prazo determinado, salvo eventual ajuste em sentido contrário. E neste sentido já havia se pronunciado o Tribunal Superior do Trabalho, por meio da Orientação Jurisprudencial 35 da SDI-1 (TST), atualmente convertida na Súmula 369, V: "O registro da candidatura do empregado a cargo de dirigente sindical durante o período de aviso prévio, ainda que indenizado, não lhe assegura a estabilidade, visto que inaplicável a regra do § 3º do art. 543 da Consolidação das Leis do Trabalho".

Na hipótese de superveniência de doença ou acidente de trabalho no curso do aviso prévio, deve ocorrer a suspensão da contagem do prazo – entendimento abrigado na Súmula 371 do Tribunal Superior do Trabalho ("A projeção do contrato de trabalho para o futuro, pela concessão do aviso prévio indenizado, tem efeitos limitados às vantagens econômicas obtidas no período de pré-aviso, ou seja, salários, reflexos e verbas rescisórias. No caso de concessão de auxílio-doença no curso do aviso prévio, todavia, só se concretizam os efeitos da dispensa depois de expirado o benefício previdenciário"). Contudo, não se reconhece o direito à estabilidade provisória, nem tampouco se aplica o entendimento cristalizado na Súmula 371, quando a iniciativa de ruptura do contrato for do empregado e não do empregador. Em apertada síntese, podemos afirmar que o aviso prévio converte o contrato de trabalho por prazo indeterminado em contrato a termo, motivo pelo qual as estabilidades provisórias obtidas, em tese, no período de aviso prévio não beneficiam

---

4. Amauri Mascaro Nascimento, *Curso de Direito do Trabalho*, cit., 17ª ed., p. 591.

o trabalhador, salvo alguma exceção expressamente indicada ou ajuste em sentido contrário.

De qualquer maneira, é preciso mencionar que a jurisprudência do TST vem modificando o posicionamento em relação à possibilidade de estabilidade provisória em contrato por prazo determinado nas hipóteses de gravidez (Súmula 244, III, do TST) e acidente de trabalho (Súmula 378, III, do TST), mitigando a afirmação de que referida modalidade contratual não se compatibiliza com as garantais de emprego.

Finalmente, observamos que o aviso prévio não pode ser concedido enquanto o contrato de trabalho esteja suspenso ou durante o período de estabilidade provisória, já tendo o Tribunal Superior do Trabalho se pronunciado em relação a esta última hipótese ("Súmula 348. É inválida a concessão do aviso prévio na fluência da garantia de emprego, ante a incompatibilidade dos dois institutos").

*Capítulo XXIII*
# EXTINÇÃO DO CONTRATO DE TRABALHO

*1. Considerações iniciais. 2. Extinção por iniciativa do empregador: 2.1 Despedida sem justa causa – 2.2 Despedida por justa causa: 2.2.1 Figuras típicas de justa causa do empregado: 2.2.1.1 Ato de improbidade – 2.2.1.2 Incontinência de conduta ou mau procedimento – 2.2.1.3 Negociação habitual por contra própria ou alheia sem permissão do empregador – 2.2.1.4 Condenação criminal do empregado – 2.2.1.5 Desídia no desempenho das funções – 2.2.1.6 Embriaguez habitual ou em serviço – 2.2.1.7 Violação de segredo da empresa – 2.2.1.8 Ato de indisciplina ou de insubordinação – 2.2.1.9 Abandono de emprego – 2.2.1.10 Ofensas físicas ou ato lesivo da honra e da boa fama praticados no serviço contra qualquer pessoa – 2.2.1.11 Ofensas físicas ou ato lesivo da honra ou boa fama praticados contra o empregador e superiores hierárquicos – 2.2.1.12 Prática constante de jogos de azar. 2.2.1.13 Perda da habilitação ou dos requisitos estabelecidos em lei para o exercício da profissão, em decorrência de conduta dolosa do empregado – 2.2.1.14 A hipótese do art. 482, parágrafo único, da CLT. 3. Extinção por iniciativa do empregado: 3.1 Pedido de demissão – 3.2 Rescisão indireta do contrato de trabalho. 4. Extinção por acordo entre empregado e empregador. 5. Outras formas de extinção do contrato de trabalho: 5.1 Morte do empregado – 5.2 Morte do empregador (art. 483, § 2º, da CLT) – 5.3 Cessação das atividades do empregador – 5.4 Término do contrato por prazo determinado – 5.5 Aposentadoria espontânea – 5.6 Culpa recíproca. 6. Termo de quitação anual.*

## 1. Considerações iniciais

A extinção do contrato de trabalho pode ocorrer em quatro situações: a) por iniciativa do empregador; b) por iniciativa do empregado; c) por iniciativa de ambos os contratantes (acordo); e d) em decorrência de ato ou fato de terceiro. Cesarino Júnior[1] distingue os casos de extinção do contrato de trabalho em *rescisão* e *cessação*. A denominação de

---

1. Cesarino Júnior, *Direito Social Brasileiro*, 6ª ed., vol. II, São Paulo, Saraiva, 1970, pp. 217-218.

*rescisão do contrato de trabalho* estaria reservada aos casos de extinção do contrato de trabalho por iniciativa das partes (empregado, empregador, ou ambos), e a *cessação* seria a hipótese em que a extinção resulta de um fato (incluindo o ato de terceiro) que independe da vontade das partes contratantes, como, por exemplo, morte do empregado, falência do empregador, entre outros – sobre os quais teremos a oportunidade de discorrer nas linhas seguintes.

## 2. Extinção por iniciativa do empregador

A extinção do contrato de trabalho por iniciativa do empregador é denominada *despedida* ou *dispensa*, e pode ocorrer com ou sem justa causa.

### 2.1 Despedida sem justa causa

A despedida sem justa causa não se confunde com ato ilícito praticado pelo empregador, na medida em que se trata de direito potestativo, que encontra seus limites nas hipóteses em que o empregado goza de alguma espécie de estabilidade no emprego (exemplos: dirigente sindical, membro da Comissão Interna de Prevenção de Acidentes/CIPA, gestante etc.).

Desde que o empregado não seja portador de estabilidade no emprego, poderá ser despedido sem justa causa. E, neste caso, o empregador deverá conceder aviso prévio de, no mínimo, 30 dias, nos termos do art. 7º, XXI, da CF,[2] e observar o pagamento de todas as verbas rescisórias (13º salário e férias proporcionais, saldo salarial, indenização de férias vencidas e não gozadas, acréscimo de 40% sobre os depósitos do FGTS, a ser depositado na conta vinculada do empregado), além de entregar o termo de rescisão contratual para movimentação da conta vinculada do FGTS e as guias do seguro-desemprego para que o empregado possa se habilitar ao recebimento do referido benefício.

2. Referido dispositivo constitucional é autoaplicável no que respeita ao direito do empregado ao aviso prévio de 30 dias (que é o mínimo), mas carece de regulamentação no tocante à proporcionalidade ao tempo de serviço. Atente-se, ainda, para o fato de que o empregado poderá conceder ao empregador aviso prévio de 8 dias, no caso de receber salário semanal ou por tempo inferior e contar até 12 meses de serviços na empresa (art. 487, I e II, da CLT); mas terá sempre direito ao aviso prévio de, no mínimo, 30 dias se for iniciativa do empregador a despedida sem justa causa, eis que o diploma constitucional rompeu com a reciprocidade de referido instituto.

A Reforma Trabalhista revogou o § 1º do art. 477 da CLT, que previa que o pagamento das verbas rescisórias deveria ser feito com observância da formalidade da homologação pelo sindicato da categoria profissional ou órgão do Ministério do Trabalho, quando o empregado contasse mais de um ano de serviços prestados ao empregador. O prazo para o pagamento das verbas rescisórias está previsto no § 6º do art. 477, da CLT. Vale dizer, a entrega ao empregado de documentos que comprovem a comunicação da extinção contratual aos órgãos competentes bem como o pagamento dos valores constantes do instrumento de rescisão ou recibo de quitação deverão ser efetuados até dez dias contados a partir do término do contrato.

## 2.2 Despedida por justa causa

Nas palavras de Wagner Giglio, a justa causa se traduz no "ato faltoso grave, praticado por uma das partes, que autorize a outra a rescindir o contrato sem ônus para o denunciante".[3]

Diante do conceito supramencionado, é possível afirmar que nem toda falta justifica a rescisão do contrato de trabalho. A justa causa caracteriza-se pelo dolo ou culpa grave.

José Martins Catharino ensina que se a culpa for leve ou levíssima, ou não houver dolo, a despedida por justa causa não se justifica, e sim uma punição menos severa (suspensão ou advertência).[4]

A doutrina concebe a existência de três sistemas legislativos a respeito da justa causa para a rescisão do contrato de trabalho: o genérico, o taxativo e o exemplificativo[5] – este último também denominado *misto*.

No *sistema genérico* a lei indica de forma ampla e geral, não se perdendo em exemplos, nem limitando as faltas que possam justificar a ruptura do contrato de trabalho. Neste sistema compete ao juiz avaliar o caso concreto e dizer se traduz ou não a justa causa consagrada em lei.

No *sistema taxativo* a lei enumera de forma exaustiva todas as hipóteses de faltas ensejadoras da ruptura do contrato de trabalho por uma das partes. Todavia, este sistema não dispensa a figura do juiz, a quem competirá, sempre que provocado, a valoração do ato faltoso na hipótese

---

3. Wagner Giglio, *Justa Causa*, 3ª ed., São Paulo, LTr, 1992, p. 16.
4. José Martins Catharino, *Temas de Direito do Trabalho*, 2ª tir., Rio de Janeiro, Edições Trabalhistas, s/d, p. 146.
5. Cf. Evaristo de Moraes Filho, *A Justa Causa na Rescisão do Contrato de Trabalho*, 3ª ed. fac-similada, São Paulo, LTr, 1996, p. 292.

de inconformismo do empregado em relação à justa causa imposta pelo empregador.

O *sistema exemplificativo* coloca-se em nível intermediário. A lei se revela genérica no enunciado básico mas arrola, exemplificativamente, algumas hipóteses de justa causa de forma a orientar o intérprete.

No que respeita a este aspecto, a doutrina é uníssona em assegurar que o legislador pátrio optou pelo sistema taxativo, em detrimento do genérico e do exemplificativo. Vale dizer, no Brasil a lei enumerou as hipóteses de justa causa, motivo pelo qual não se permite invocar motivos não previstos legalmente para justificar a rescisão do contrato de trabalho.

No diploma consolidado encontraremos os principais motivos da rescisão contratual nos arts. 482 e 483, sem prejuízo da justa causa específica, que se encontra prevista no parágrafo único do art. 240 da CLT, que se destina ao ferroviário que, sem motivo justificado, se recusa a cumprir horas extras para atender a casos de urgência ou de acidentes capazes de afetar a segurança ou regularidade do serviço.

Em síntese, podemos afirmar que, a exemplo do direito penal, cuja viga mestra assegura que não há crime sem lei anterior que o defina (*nullum crimen, sine lege* – princípio da reserva legal, consagrado no art. 5º, XXXIX, da CF e no art. 2º do CP), no direito do trabalho brasileiro não há justa causa sem expressa previsão legal. É o que denominamos *taxatividade*.

E, ao lado da taxatividade e da gravidade do ato, também arrolamos como requisitos para configuração da justa causa a imediação e a proibição de se punir duplamente o empregado pela mesma falta (*non bis in idem*). Isto significa que a despedida por justa causa requer atuação imediata do empregador, a partir da ciência do ato faltoso, sob pena de se configurar o perdão tácito; e não se pode despedir por justa causa quando o empregador já puniu a falta com advertência ou suspensão.

### 2.2.1 Figuras típicas de justa causa do empregado

Nos termos do art. 482 da CLT, constituem justa causa para rescisão do contrato de trabalho pelo empregador:

*2.2.1.1 Ato de improbidade* – Considera-se ato de improbidade aquele que indica o caráter desonesto do empregado, traduzindo-se em ato que atenta contra o patrimônio do empregador (furto, roubo, apropriação indébita) ou até mesmo de colegas de trabalho, além de outros atos que possam abalar a fidúcia que deve se fazer presente no contrato de trabalho (apresentação de atestados médicos falsos ou adulterados para justificar uma falta ao serviço, por exemplo).

*2.2.1.2 Incontinência de conduta ou mau procedimento* – A incontinência de conduta está relacionada ao desregramento do empregado na sua vida privada que possa interferir na relação de emprego, no seu trabalho, ou colocar em risco o bom nome do empregador. A doutrina costuma indicar que referida justa causa estaria ligada ao desregramento do empregado no que respeita à vida sexual, tais como a exibição pública com meretrizes, a prática de atos obscenos e outros, que possam afetar a imagem do empregador. Sérgio Pinto Martins cita a hipótese do assédio sexual como configuradora desta justa causa.[6] Por outro lado, impõe-se observar que a incontinência de conduta nada tem a ver com a opção sexual do empregado.

O mau procedimento, por sua vez, possui um caráter genérico, de tal sorte que todas as faltas indicadas no art. 482 da CLT se inserem no referido contexto. Assim, podemos afirmar que mau procedimento seria o ato faltoso que não se enquadra, especificamente, em qualquer das hipóteses do art. 482 da CLT, traduzindo atitude reprovável e incompatível com a permanência no emprego. A jurisprudência cita os casos em que o empregado viola correspondência, utiliza veículo da empresa sem autorização e para fins particulares etc.

*2.2.1.3 Negociação habitual por conta própria ou alheia sem permissão do empregador* – A negociação indicada no dispositivo consolidado traduz-se em atos de comércio praticados pelo empregado, restando tipificada a justa causa se não houver permissão do empregador. A preocupação do legislador reside, basicamente, no dever de fidelidade, objetivando coibir que o empregado, na mesma jornada de trabalho (quando está à disposição do empregador), exerça o comércio (ainda que não traduza atos de concorrência ao empregador). A caracterização de referida falta depende da habitualidade.

Em princípio, nada impede que o empregado possa exercer o comércio nas horas em que não está à disposição do empregador, que tenha outra atividade (até mesmo em empresas concorrentes), desde que inexista cláusula contratual estabelecendo a proibição.

*2.2.1.4 Condenação criminal do empregado* – A condenação criminal do empregado, ensejadora de referida justa causa, deve estar tran-

6. Sérgio Pinto Martins, *Comentários à CLT*, São Paulo, Atlas, 1998, p. 459.

sitada em julgado e não precisa ter relação com o contrato de trabalho. E, ainda que haja o trânsito em julgado, é necessário que o empregado não tenha obtido o benefício da suspensão da execução da pena (*sursis*). Isto significa afirmar que a condenação deve ser correspondente à pena privativa de liberdade, e não à pena restritiva de direitos.

Neste sentido, discordamos de Wagner Giglio, Carlos Henrique de Oliveira Mendonça e Domingos Sávio Zainaghi quando afirmam que a pena restritiva de direitos poderá também acarretar a despedida sob o fundamento mencionado, desde que implique eventual impossibilidade de execução das funções contratadas, tais como cassação da carteira de habilitação de motorista ou restrição ao exercício da profissão de médico, advogado, engenheiro etc.[7] Isto porque apenas as penas privativas de liberdade comportam *sursis*, não comportando interpretação extensiva ou aplicação analógica o dispositivo consolidado que alude a despedida por justa causa, a exemplo do que ocorre com as normas de caráter penal. E neste sentido encontramos o ensinamento de Antônio Lamarca, ao afirmar que "as penas acessórias (interdição de direitos, *v.g.*) não entram na 'justa causa' prevista na letra 'd' do art. 482 da CLT"[8] – mesma linha adotada por Dorval Lacerda.[9]

Entendemos que a impossibilidade de prestação de serviços em virtude de pena restritiva de direitos imposta ao empregado acarreta a dissolução do contrato em moldes semelhantes à hipótese de morte do empregado, acarretando o direito ao saldo salarial, 13º salário e férias proporcionais, sem a possibilidade de movimentação da conta vinculada do FGTS.

*2.2.1.5 Desídia no desempenho das funções* – A desídia do empregado traduz-se em desleixo, má vontade e desinteresse pelo serviço e se externa, via de regra, sob a forma de reiterados atrasos e faltas injustificadas, produção imperfeita etc., e que persistem mesmo após a ocorrência de advertências e suspensões. Contudo, excepcionalmente poderá

7. Wagner Giglio, *Justa Causa*, cit., 3ª ed., p. 110; Carlos Henrique de Oliveira Mendonça, *Manual Objetivo de Direito Material do Trabalho*, Curitiba, Juruá, 1998, pp. 189-190; Domingos Sávio Zainaghi, *A Justa Causa no Direito do Trabalho*, 2ª ed., São Paulo, Malheiros Editores, 2001, p. 84.

8. Antônio Lamarca, *Manual das Justas Causas*, 2ª ed., São Paulo, Ed. RT, 1983, pp. 406-407.

9. "Donde a inevitável conclusão de que só as penas privativas de liberdade podem ser incluídas em tal figura faltosa. Só nelas pensou o legislador, quando elaborou a alínea 'd', que se estuda" (Dorval Lacerda, *A Falta Grave no Direito do Trabalho*, 5ª ed., Rio de Janeiro, Edições Trabalhistas, 1989, p. 151).

restar configurada a desídia com ato único, desde que suficientemente grave, a exemplo de um acidente de trabalho que vitime colega, em face de descuido do empregado.

*2.2.1.6* Embriaguez habitual ou em serviço – Entendemos que atualmente a tipificação da embriaguez como justa causa não se justifica. A embriaguez habitual pressupõe que o empregado é alcoólatra; vale dizer, um doente que necessita de tratamento. Neste sentido vem se pronunciando a Organização Mundial de Saúde por meio de sua Classificação Internacional de Doenças/CID. Na verdade, o dispositivo legal revela-se injusto, traduzindo uma lacuna axiológica, motivo pelo qual jamais deveria ser aplicado, seja pelo empregador ou pelo órgão jurisdicional.

Ao contrário do que vem afirmando a doutrina majoritária, entendemos que a embriaguez é a intoxicação proveniente do álcool, e jamais de outras drogas. O *Grande Dicionário Brasileiro de Medicina* indica o seguinte conceito para embriaguez: "conjunto dos sintomas transitórios que ocorrem no alcoolismo agudo"[10] – do qual ousamos discordar, na medida em que pressupõe a condição de alcoólatra e ignora a ocorrência da embriaguez ocasional. Assim, parecem-nos mais felizes os conteúdos do *Diccionario Enciclopédico-Hispano-Americano de Literatura, Ciencias, Artes etc.*"[11] e da *Enciclopedia Universal Ilustrada Europeo-Americana*,[12] já que fazem alusão à intoxicação que decorre do consumo excessivo de bebidas alcoólicas; e neste mesmo sentido a conceituação acolhida por Almeida Júnior, inspirada pela definição da Associação Médica Britânica: "A palavra 'embriaguez' será usada para significar que o indivíduo está de tal forma influenciado pelo álcool, que perdeu o governo de suas faculdades a ponto de tornar-se incapaz de executar com prudência o trabalho a que se consagra no momento".[13]

As outras formas de dependência química não se inserem no contexto do referido dispositivo legal, haja vista o próprio conceito de embriaguez, não se permitindo interpretação extensiva de norma que consagra uma punição ao trabalhador, a exemplo do que ocorre no direito penal.

10. São Paulo, Maltese, s/d, p. 114.
11. "Conjunto de los fenómenos pasajeros determinados por el abuso de las bebidas alcohólicas" (ob. cit., t. VIII, Barcelona/Nova York, Montaner y Simón/W. M. Jackson, s/d, p. 242).
12. "Turbación de las potencias, dimanada de la abundancia con que se ha bebido vino u otro licor" (ob. cit., t. XIX, Madri, Espasa-Calpe, 1989, p. 953).
13. A. Almeida Júnior e J. B. Costa Júnior, *Lições de Medicina Legal*, 21ª ed., São Paulo, Cia. Editora Nacional, 1996, p. 512.

De qualquer sorte, somos forçados a admitir que a doutrina e a jurisprudência majoritária continuam acatando a mencionada justa causa, não se sensibilizando com o problema social que representa a questão do alcoolismo. Contudo, resta a esperança de que algum dia algum dos vários projetos de lei que se encontram no Senado Federal e na Câmara dos Deputados, seja aprovado e vejamos a supressão da embriaguez habitual do rol de justas causas, o que já representará grande progresso. Para maiores esclarecimentos sobre o tema, remetemos o leitor ao nosso livro específico sobre o assunto, *A Embriaguez no Direito do Trabalho* (São Paulo, LTr, 1999).

*2.2.1.7* Violação de segredo da empresa – A violação de segredo da empresa não deixa de ser um mau procedimento, até mesmo se equiparando ao ato de improbidade. Cometerá referida falta o empregado que divulgar a terceiros (empresas concorrentes ou não) algum segredo da empresa, carecendo de relevância se o faz com o intuito de obter vantagem ou gratuitamente.

*2.2.1.8* Ato de indisciplina ou de insubordinação – A *indisciplina* do empregado ocorre quando descumpre ordens gerais de serviço, a serem observadas por todos os empregados. É o caso do empregado que fuma em local proibido, descumpre normas do regulamento da empresa, recusa-se a usar os equipamentos de proteção individual em locais cujo uso é obrigatório etc.

A *insubordinação* ocorre quando o empregado descumpre ordens pessoais de serviço. Seria a hipótese do empregado que se recusa a cumprir ordens de serviço passadas pelo chefe imediato. Por outro lado, é óbvio que o empregado jamais estará obrigado a cumprir ordens que sejam ilegais ou imorais; e, caso as cumpra, não se eximirá de eventuais sanções legais (inclusive na esfera criminal), juntamente com o mandante.

*2.2.1.9* Abandono de emprego – Não obstante a hipótese de abandono de emprego se encontrar arrolada na alínea "i" do art. 482 da CLT (justa causa do empregado), o fato é que se trata de uma típica modalidade de extinção do contrato de trabalho por iniciativa do empregado, e que se configura a partir do momento em que deixa de comparecer ao trabalho com ânimo de não mais retornar (*animus abandonandi*).

Contudo, é sabido que o princípio da continuidade do contrato de trabalho milita em favor do empregado, e não é possível presumir que houve abandono de emprego. O empregador deverá provar a ocorrência em eventual demanda trabalhista.

Na prática, o empregado que abandona o emprego não costuma manifestar verbalmente referida intenção. Simplesmente deixa de comparecer ao trabalho e, não raro, surpreende o empregador com uma ação trabalhista, na qual postula o pagamento de verbas rescisórias que decorrem da despedida sem justa causa.

Entendemos que a melhor maneira de se configurar o *animus abandonandi* é a convocação do empregado por meio de carta registrada ou telegrama, tão logo o empregador perceba que ele esteja faltando sem qualquer justificativa. E, se possível, deve colocar o emprego à disposição do trabalhador na primeira audiência que, eventualmente, se verificar na Justiça do Trabalho.

*2.2.1.10* Ofensas físicas ou ato lesivo da honra e da boa fama praticados no serviço contra qualquer pessoa – A configuração de referida justa causa pressupõe a prática de ofensas físicas ou atos lesivos da honra contra qualquer pessoa, mas sempre no serviço (não necessariamente nas dependências do empregador, eis que o empregado pode trabalhar externamente). Na valoração de referida falta deverão ser levados em consideração o ambiente de trabalho e o nível de instrução do empregado. Um gesto obsceno ou palavra de baixo calão proferida por operário na construção civil não têm a mesma gravidade de idêntica prática por uma vendedora em loja de *shopping center* movimentado. Registre-se, finalmente, que a legítima defesa (própria ou de outrem) elide a justa causa.

*2.2.1.11* Ofensas físicas ou ato lesivo da honra ou boa fama praticados contra o empregador e superiores hierárquicos – Referida justa causa diverge da anterior, eis que não se limita a configuração ao ambiente de trabalho. A prática de ofensas físicas e atos lesivos da honra e boa fama contra o empregador ou superiores hierárquicos se consubstanciará em justa causa ainda que a ocorrência se dê em local totalmente diverso do local de trabalho e em situação absolutamente alheia ao contrato de trabalho, mesmo quando este esteja interrompido ou suspenso. E, a exemplo da hipótese anterior, a legítima defesa (própria ou de outrem) afasta a justa causa.

*2.2.1.12* Prática constante de jogos de azar – A configuração desta justa causa pressupõe a habitualidade e objetiva coibir práticas de jogos de azar não autorizados legalmente ("jogo do bicho", rifas não autorizadas, carteado etc.). Entendemos, no entanto, que referida justa causa só se configura quando há prejuízo para o trabalho. Se o empregado pratica jogos de azar, mesmo com habitualidade, fora do ambiente de trabalho não há justa causa autorizadora da ruptura do contrato.

*2.2.1.13* Perda da habilitação ou dos requisitos estabelecidos em lei para o exercício da profissão, em decorrência de conduta dolosa do empregado – Estabelece o art. 5º, XIII, da Constituição Federal, que "é livre o exercício de qualquer trabalho, ofício ou profissão, atendidas as qualificações profissionais que a lei estabelecer". A última parte do artigo revela que se trata de norma de eficácia contida, ou seja, que pode ter o alcance restringido por norma infraconstitucional. É o caso, por exemplo, da Lei 8.906/1994, que prevê, em seu art. 3º, que o exercício da atividade de advocacia no território brasileiro e a denominação de advogado são privativos dos inscritos na Ordem dos Advogados do Brasil (OAB).

A Reforma Trabalhista incluiu a alínea "m" ao art. 482 da CLT, prevendo que a perda da habilitação ou dos requisitos estabelecidos em lei para o exercício da profissão, em decorrência de conduta dolosa do empregado, constitui hipótese de despedida por justa causa. Essa inclusão constitui exceção ao que expusemos no item 2.2.1.4, no sentido de que pena restritiva de direitos não deve configurar justa causa para a despedida do empregado. Além disso, a nova alínea "m" do art. 482 não especifica que a perda da habilitação ou dos requisitos estabelecidos em lei para o exercício da profissão deva ocorrer por meio de sentença penal, dando a entender que pode acontecer extrajudicialmente. De todo modo, pela redação da alínea, entendemos que a justa causa só se configuraria em decorrência de conduta dolosa do empregado e desde que essa perda de habilitação ou de requisitos impeça ou prejudique o desempenho das atividades do empregado.

*2.2.1.4* A hipótese do art. 482, parágrafo único, da CLT – Referido dispositivo consolidado arrola como justa causa para a despedida do empregado a "prática, devidamente comprovada em inquérito administrativo, de atos atentatórios contra a segurança nacional", que podem consistir em atos de terrorismo e subversão. Trata-se de parágrafo acrescentado pelo Decreto-lei 3, de 27.1.1966, e que não subsiste em face da ordem constitucional, mormente porque o inquérito administrativo não é prova cabal e inequívoca de prática delituosa, militando em favor de qualquer cidadão a presunção de inocência que decorre do art. 5º, LVII, da CF ("ninguém será considerado culpado até o trânsito em julgado de sentença penal condenatória") e o devido processo legal consagrado no art. 5º, LV, da CF ("aos litigantes, em processo judicial ou administrativo, e aos acusados em geral são assegurados o contraditório e ampla defesa, com os meios e recursos e ela inerentes"). Em síntese, somos de opinião que o parágrafo único do art. 482 da CLT se encontra revogado tacitamente.

### 3. Extinção por iniciativa do empregado

A extinção do contrato de trabalho por iniciativa do empregado pode ocorrer em três situações: a) pedido de demissão; b) rescisão indireta do contrato de trabalho; c) abandono de emprego.

#### 3.1 Pedido de demissão

O pedido de demissão é modalidade de extinção do contrato de trabalho por iniciativa do empregado e sua ocorrência impossibilita a movimentação da conta vinculada do FGTS e obriga o empregado à dação do aviso prévio ao empregador, sob pena de ter descontado o salário correspondente ao período (art. 487, § 2º, da CLT). Assinale-se, contudo, que o aviso prévio dado pelo empregado ao empregador será de 8 dias se o pagamento for efetuado por semana ou tempo inferior (art. 487, I, da CLT) e o empregado contar até 12 meses de serviços prestados à empresa; e será de 30 dias nos demais casos (recebimento de salário por quinzena ou tempo superior ou contar o empregado mais de 12 meses de serviços prestados à empresa – art. 487, II, da CLT).

Diante do princípio da continuidade do contrato de trabalho, e para que não se cogite de eventual nulidade da declaração de vontade do empregado, recomenda-se que o pedido de demissão seja sempre escrito, já não subsistindo a exigência de homologação da rescisão contratual pelo sindicato ou órgão do Ministério do Trabalho, quando o empregado contar mais de ano de serviços prestados, tendo em vista a revogação do § 1º do art. 477 da CLT, pela Lei 13.467/2017.

No caso de empregado que pede demissão antes de completar 12 meses de trabalho sempre se entendeu que não eram devidas as férias proporcionais – entendimento que decorria da interpretação sistemática dos arts. 146 e 147 da CLT. Contudo, diante da promulgação da Convenção 132 da OIT, pelo Decreto 3.197, de 5.10.1999, tornou-se plenamente defensável a tese de que as férias proporcionais são sempre devidas, independentemente do motivo da extinção contratual, desde que o contrato de trabalho tenha perdurado por pelo menos 6 meses (arts. 4º e 5º do Decreto 3.197/1999), fato que motivou a nova redação da Súmula 261 do Tribunal Superior do Trabalho ("O empregado que se demite antes de completar 12 meses de serviço tem direito a férias proporcionais").

### 3.2 Rescisão indireta do contrato de trabalho

Denomina-se *rescisão indireta* do contrato de trabalho, ou *despedida indireta*, a hipótese em que o contrato de trabalho se extingue por iniciativa do empregado, mas em face de justa causa praticada pelo empregador.

As hipóteses de rescisão indireta estão arroladas taxativamente no art. 483 da CLT e observam, *mutatis mutandis*, os princípios para configuração de justa causa que já estudamos no item 2.2 deste capítulo.

A rescisão indireta do contrato de trabalho equipara-se à despedida sem justa causa no que respeita aos direitos do trabalhador e obrigações trabalhistas do empregador. O empregado tem direito ao aviso prévio proporcional ao tempo de serviço (no mínimo, 30 dias), ao acréscimo de 40% sobre os depósitos do FGTS, ao seguro-desemprego (desde que satisfeitos os requisitos legais – tempo de serviço e carência), ao 13º salário e férias proporcionais (estas acrescidas de um terço) e à movimentação da conta vinculada do FGTS – além, é claro, do saldo salarial e eventuais indenizações que decorram de férias não gozadas e outros direitos não observados pelo empregador ao longo do período contratual.

Dentre os casos de rescisão indireta do contrato de trabalho revelam-se mais comuns aqueles previstos nas alíneas "d" ("não cumprir o empregador as obrigações do contrato") e "g" ("o empregador reduzir o seu trabalho, sendo este por peça ou tarefa, de forma a afetar sensivelmente a importância dos salários"), ambas do art. 483 da CLT. Uma das principais obrigações do empregador é, sem sombra de dúvidas, o pagamento regular do salário ao empregado (até o quinto dia útil do mês subsequente ao trabalhado – art. 459, parágrafo único, da CLT –, se outra data mais favorável não for prevista em norma coletiva ou não for pactuada pelas partes). E exatamente esta obrigação é a mais descumprida e que acarreta, na prática, a maior parte dos pedidos de rescisão indireta do contrato de trabalho, com fundamento nas alíneas "d" e "g", mencionadas.

O § 3º do art. 483 da CLT assegura ao empregado a faculdade de permanecer ou não no emprego após pleitear a rescisão indireta de seu contrato de trabalho, com fundamento nas alíneas "d" e "g". Nos demais casos o empregado deve se afastar imediatamente do emprego após pleitear referida modalidade de rescisão do contrato de trabalho.

Na prática, dificilmente o empregador concordará com o pedido de rescisão indireta do empregado (da mesma forma que o trabalhador dificilmente se conforma com uma despedida por justa causa), motivo pelo qual a Justiça do Trabalho deve ser provocada pelo empregado a fim de declarar a rescisão do contrato e condenar o empregador a satisfazer as obrigações legais. Assinale-se, contudo, que o empregado deve, se possível, dar ciência inequívoca ao empregador (no caso de optar por se afastar do emprego) da sua intenção de rescindir indiretamente o contrato de trabalho – ato de vontade que não se confunde com o pedido de demissão.

## 4. Extinção por acordo entre empregado e empregador

A Reforma Trabalhista assegurou, expressamente, a possibilidade da rescisão contratual por mútuo acordo entre empregado e empregador no art. 484-A do diploma consolidado. Trata-se de modalidade de rescisão, na qual são devidas as seguintes verbas ao trabalhador: a) metade do aviso prévio, se indenizado, b) metade da indenização sobre o saldo do Fundo de Garantia do Tempo de Serviço, prevista no § 1º do art. 18 da Lei 8.036/1990, sendo permitida a movimentação da conta vinculada no limite de até 80% do valor dos depósitos; e c) na integralidade, as demais verbas trabalhistas. A extinção do contrato de trabalho nesta modalidade não autoriza o ingresso no Programa de Seguro-Desemprego.

Acreditamos que a inclusão desse artigo se deve à prática de despedida simulada, na qual empregado e empregador acordam uma despedida sem justa causa, mas o empregado devolve ao empregador a indenização de 40% do FGTS e em contrapartida recebe as parcelas do seguro desemprego. Essa prática ocorre por condescendência do empregador ou mesmo por que há casos em que o empregado quer pedir demissão e o empregador quer despedi-lo, mas nenhum aceita ceder. No entanto, a fraude mencionada simulada é crime de estelionato, previsto no art. 171 do Código Penal.

Com a inclusão da possibilidade de extinção contratual por acordo das partes, a prática ilícita supramencionada será coibida, mas não temos condições de assegurar que o art. 484-A da CLT não viabilizará outras fraudes, com o objetivo de reduzir os custos de uma despedida sem justa causa, em que um empregador inescrupuloso pretenda impor ao empregado o "acordo" para rescisão contratual.

## 5. Outras formas de extinção do contrato de trabalho

### 5.1 Morte do empregado

O contrato de trabalho é *intuitu personae* em relação ao empregado, motivo pelo qual sua morte acarreta a extinção do vínculo laboral, não se transferindo as obrigações dele decorrentes aos sucessores. No caso de falecimento do empregado os direitos trabalhistas são devidos aos dependentes habilitados perante a Previdência Social (Lei 6.858/1980), em cotas iguais; e, na falta destes, aos herdeiros indicados na legislação civil.

Nesta hipótese de rescisão do contrato de trabalho são devidas as seguintes parcelas: 13º salário proporcional, férias proporcionais (e vencidas, se houver), saldos salariais (inclusive horas extras e adicionais devidos); bem como haverá o direito de levantamento dos depósitos do FGTS. Não haverá direito ao aviso prévio nem ao acréscimo de 40% sobre o FGTS.

### 5.2 Morte do empregador (art. 483, § 2º, da CLT)

No caso de morte do empregador constituído em empresa individual, o diploma consolidado faculta ao empregado rescindir o contrato de trabalho (art. 483, § 2º, da CLT) – hipótese que se encontra inserida no artigo que disciplina a rescisão indireta do contrato de trabalho.

Entendemos que não se trata de hipótese de pedido de demissão, pois do contrário a preocupação do legislador não teria sentido algum. E a lei não contém palavras inúteis.

Portanto, a faculdade de considerar rescindido o contrato de trabalho na hipótese de falecimento do empregador constituído em empresa individual equipara-se à rescisão indireta do contrato de trabalho, daí decorrendo todos os direitos inerentes a esta modalidade de rescisão do contrato de trabalho.[14]

### 5.3 Cessação das atividades do empregador

A cessação das atividades do empregador – que pode decorrer de falência, insolvência civil ou fechamento do estabelecimento sem a transferência para outra unidade – acarreta a rescisão do contrato de trabalho.

---

14. Em sentido contrário Valentin Carrion, para quem a hipótese é de motivo justificado para rescisão do contrato, e não de justa causa, de sorte que o empregado não terá direito à indenização de 40% sobre o FGTS e não estará obrigado a indenizar os prejuízos causados (em caso de contrato por prazo determinado), nem a conceder aviso prévio (*Comentários à Consolidação das Leis do Trabalho*, 23ª ed., São Paulo, Saraiva, 1998, pp. 384-385).

Nesta hipótese, entendemos que a extinção do contrato de trabalho se equipara à despedida sem justa causa, não militando em favor do empregador a alegação de que a rescisão tenha se dado por motivo de força maior. Afinal de contas, é do empregador o risco da atividade econômica (art. 2º da CLT) – entendimento que não resta mitigado nem mesmo diante da decretação de falência do empregador e do argumento de que o síndico da massa falida não pode dispor do acervo da massa para satisfazer os créditos trabalhistas. Serão devidas, pois, todas as parcelas advindas de uma despedida sem justa causa (aviso prévio, férias e 13º salário proporcionais, FGTS + 40%, seguro-desemprego, saldo salarial e multa por eventual atraso na quitação das verbas trabalhistas).

No entanto, o Tribunal Superior do Trabalho tem o entendimento de que a massa falida não se sujeita à cominação do art. 467 nem à multa prevista no art. 477, § 8º, ambas da CLT, conforme a Súmula 388 do Tribunal Superior do Trabalho, entendimento que não deve ser adotado quando a falência é superveniente à despedida ou à realização da audiência trabalhista.

## 5.4 Término do contrato por prazo determinado

O término do contrato por prazo determinado implica a extinção do vínculo de emprego e consequente satisfação de 13º salário proporcional, férias proporcionais acrescidas de um terço, saldos salariais (inclusive horas extras e adicionais porventura devidos); bem como assegura o levantamento dos depósitos do FGTS.

Como não se trata de ruptura do contrato por iniciativa de qualquer das partes, inexistirão o direito ao acréscimo de 40% sobre os depósitos do FGTS e a obrigação de dação do aviso prévio.

Contudo, a extinção do contrato por prazo determinado antes do termo final acarretará ao empregador a obrigação de indenizar o empregado no valor correspondente à metade da remuneração a que teria direito até o término do contrato (art. 479 da CLT); e, se a iniciativa for do empregado, deverá indenizar o empregador pelos prejuízos que resultarem desse fato – indenização que não poderá superar aquela que seria devida pelo empregador em idêntica situação (art. 480 da CLT).

Assinale-se, finalmente, que a rescisão do contrato de trabalho antes do termo final não importará a aplicação dos arts. 479 e 480 da CLT se houver cláusula assecuratória do direito recíproco de rescisão do contrato antes de expirado o termo ajustado, consoante se infere do art. 481 do diploma consolidado. E nesta hipótese serão aplicáveis as disposições legais que regem a rescisão do contrato de trabalho por prazo indeterminado.

## 5.5 Aposentadoria espontânea

A doutrina e a jurisprudência iniciaram discussão em torno dos efeitos da aposentadoria espontânea no contrato de trabalho. Isto porque a legislação previdenciária não mais exige o desligamento do emprego no período em que tramita o pedido de aposentadoria, consoante se infere dos arts. 49 e 54 da Lei 8.213/1991.

Por outro lado, o art. 453 da CLT deixa clara a ideia de que a aposentadoria espontânea traduz uma hipótese de extinção do contrato de trabalho, tanto que alude a cômputo de períodos descontínuos nos casos de readmissão no emprego. Em relação à aposentadoria por idade nenhuma dúvida remanesce em face da extinção do vínculo laboral, já que o art. 51 da Lei 8.213/1991 estabelece que será "considerada como data da rescisão do contrato de trabalho a imediatamente anterior à do início da aposentadoria".

No caso da aposentadoria por tempo de contribuição, não obstante o silêncio da lei, sempre entendemos que a extinção do vínculo laboral se operava da mesma forma.[15] Em verdade, o legislador objetivou não privar o trabalhador do recebimento de salários durante a tramitação do procedimento administrativo para concessão da aposentadoria. Assim, o vínculo de emprego seria considerado rompido a partir da concessão da aposentadoria, e o período laborado após a data de concessão do benefício importaria novo vínculo de emprego.

Admitindo-se a extinção do contrato de trabalho com a aposentadoria espontânea, não haverá direito ao aviso prévio e acréscimo de 40% sobre os depósitos do FGTS.

No entanto, diante das decisões proferidas nas ADI 1.721-3 e 1.770-4, publicadas no *Diário Oficial da União* (edições de 20.10.2006 e 1.12.2006), reconhecendo a inconstitucionalidade dos §§ 1º e 2º do art.

---

15. "A aposentadoria extingue naturalmente o contrato de trabalho, quando requerida pelo empregado (assim também Magano); (...)" (Valentin Carrion, *Comentários à Consolidação das Leis do Trabalho*, cit., 23ª ed., p. 453). E neste mesmo sentido, a Orientação Jurisprudencial 177 da SDI-1 (TST): "Aposentadoria espontânea – Efeitos. A aposentadoria espontânea extingue o contrato de trabalho, mesmo quando o empregado continua a trabalhar na empresa após a concessão do benefício previdenciário. Assim sendo, indevida a multa de 40% do FGTS em relação ao período anterior à aposentadoria".

453 da CLT, acrescentados pela Lei 9.528/1997, a controvérsia perdeu intensidade. Entendeu, pois, o Supremo Tribunal Federal que a aposentadoria espontânea não extingue o contrato de trabalho, entendimento que vincula a própria Administração Pública e demais instâncias do Poder Judiciário, notadamente a Justiça do Trabalho.

### 5.6 Culpa recíproca

A extinção do contrato de trabalho por culpa recíproca ocorre quando existe a concomitância de culpa entre empregado e empregador. Imagine-se a hipótese de o empregador ofender o empregado e, ato contínuo, este último desferir um soco no empregador. Não se poderia afirmar que houve legítima defesa, que pudesse excluir o ilícito do obreiro, tendo em vista a desproporção entre um ato e outro.

A culpa recíproca é reconhecida pela Justiça do Trabalho nas demandas sujeitas a apreciação que envolvem a discussão entre despedida por justa causa e rescisão indireta do contrato de trabalho, por exemplo.

O art. 484 da CLT estabelece que, havendo culpa recíproca no ato que determinou a rescisão do contrato de trabalho, a Justiça do Trabalho reduzirá por metade a indenização a que teria direito o empregado em caso de culpa exclusiva do empregador. E, promovendo a interpretação de referido dispositivo, o Tribunal Superior do Trabalho editou a Súmula 14, com redação determinada pela Resolução 121/2003 (*DJU* 19.11.2003): "Reconhecida a culpa recíproca na rescisão do contrato de trabalho (art. 484 da CLT), o empregado tem direito a 50% (cinquenta por cento) do valor do aviso prévio, do 13º salário e das férias proporcionais". Trata-se, com certeza, de uma evolução do ponto de vista jurisprudencial, pois o entendimento anterior do Tribunal Superior do Trabalho, de maneira inexplicável, não abrigava o direito ao 13º salário nem às férias proporcionais.

Anteriormente, discordávamos parcialmente do entendimento cristalizado na Súmula 14 do Tribunal Superior do Trabalho, pois o aviso prévio não seria devido, já que traduz obrigação daquele que pretende romper o liame empregatício avisar a parte contrária com antecedência. Por óbvio, se há culpa recíproca, é razoável supor que o empregador não está obrigado a indenizar o aviso prévio do empregado, e este último também não o fará em relação ao empregador. No entanto, a leitura atenta do art. 484 da CLT recomenda a interpretação consagrada no entendimento sumulado, pois alude ao direito do empregado à metade da indenização que seria devida em caso de culpa exclusiva do empregador.

Na hipótese de culpa recíproca a indenização de antiguidade (arts. 477 e 478 da CLT) seria devida por metade (art. 484 da CLT). Contudo, referida indenização não mais subsiste, tendo em vista o sistema do FGTS, atribuído a todos os empregados por força da Constituição Federal. Assim, o art. 18, § 2º, da Lei 8.036/1990 dispõe que na ocorrência de despedida por culpa recíproca ou força maior, reconhecida pela Justiça do Trabalho, o empregador fica obrigado a depositar o acréscimo de 20% sobre os depósitos do FGTS.

Contudo, o empregado não terá direito ao benefício do seguro-desemprego, eis que a extinção do contrato de trabalho por culpa recíproca não se confunde com a dispensa sem justa causa, nem com a rescisão indireta do contrato de trabalho. Vale dizer: a hipótese não se enquadra na finalidade do benefício, conforme o art. 2º, I, da Lei 7.998, de 11.1.1990.

## 6. Termo de quitação anual

A Reforma Trabalhista acrescentou o art. 507-B ao diploma consolidado, prevendo a faculdade de empregados e empregadores, na vigência ou não do contrato, firmarem termo de quitação anual de obrigações trabalhistas perante o sindicato da categoria profissional. O termo deve discriminar as obrigações de dar e fazer cumpridas mensalmente e dele constará a quitação anual dada pelo empregado, com eficácia liberatória das parcelas nele especificadas.

Não se trata necessariamente de uma extinção do contrato de trabalho, mas sim de uma extinção do direito de pleitear sobre determinada verba, de determinado período.

Sendo assim, se um empregado possui direito a determinada verba e manifesta sua discordância por não tê-la recebido, ou tê-la recebido a menor, em determinado ano, na vigência ou não do contrato, é possível que as partes celebrem um acordo acerca do valor devido, na presença do sindicato da categoria profissional, ao qual o legislador denominou termo de quitação anual, o qual terá eficácia liberatória em relação àquela verba específica, daquele determinado ano, mitigando o risco de sucumbência numa eventual demanda judicial.

De nossa parte, entendemos que as Comissões de Conciliação Prévia, com previsão nos arts. 625-A até 625-H da CLT, já cumpriam esse exato papel de conciliação extrajudicial. A composição da Comissão de Conciliação é paritária e democrática, na medida em que possui representantes dos empregados e empregadores, oscilando entre 2 e 10 representantes no total, sendo os representantes dos trabalhadores eleitos por eles próprios.

A assinatura de termo de quitação anual realizada diretamente entre empregado e empregador pode acarretar situações em que o empregado aceite firmar o termo por algum vício de consentimento como, por exemplo, ser induzido a erro ou ser obrigado a assinar o termo, na vigência do contrato, para não perder o emprego.

Nesses casos, provado o vício de consentimento, dentro do prazo prescricional, entendemos que a pactuação é nula de pleno direito, pois um termo de quitação não pode quitar aquilo que não foi corretamente pago, sob pena de contrariar o princípio da primazia da realidade.

*Capítulo XXIV*
# ESTABILIDADE NO EMPREGO

*1. Conceito. 2. Classificação das estabilidades.*

## 1. Conceito

A estabilidade no emprego representa restrição ao direito potestativo do empregador de rescindir o contrato de trabalho. É, pois, o direito do empregado de permanecer no emprego, mesmo contra a vontade do empregador, desde que inexista fato objetivo que justifique a extinção do contrato de trabalho,[1] traduzindo uma forma de garantia de emprego.

Com a promulgação da Constituição Federal de 1988 restou revogado o art. 492 da CLT, que assegurava estabilidade ao empregado que completasse 10 anos na mesma empresa e não fosse optante pelo FGTS. Isto porque o sistema do FGTS deixou de ser opcional, para se tornar obrigatório, consoante se infere dos incisos I e III do art. 7º da CF.

Assim, não mais se cogita da estabilidade decenal prevista no art. 492 da CLT, apenas restando assegurado o direito adquirido daqueles que já contavam com 10 anos de trabalho na empresa à época da promulgação da Constituição e que não eram optantes pelo FGTS.[2]

## 2. Classificação das estabilidades

As espécies de estabilidades podem ser agrupadas sob diversos critérios.

---

1. Cf. Sérgio Pinto Martins, *Direito do Trabalho*, 15ª ed., São Paulo, Atlas, 2002, p. 342; e Amauri Mascaro Nascimento, *Iniciação ao Direito do Trabalho*, 27ª ed., São Paulo, LTr, 2001, p. 421: "É o direito ao emprego. É o direito de não ser despedido".
2. Referida estabilidade jamais beneficiou os empregados domésticos, tendo em vista os expressos termos do art. 7º, "a", da CLT.

Podemos classificá-las em legais ou convencionais. A *estabilidade legal* decorre da lei (inclusive da própria Constituição Federal), como é o caso da estabilidade destinada à gestante, ao dirigente sindical e ao membro integrante da Comissão Interna de Prevenção de Acidentes/ CIPA. A *estabilidade convencional* é aquela prevista no próprio contrato de trabalho, em convenção ou acordo coletivo; ou seja, decorre da vontade das partes.[3]

Arnaldo Süssekind[4] distingue a estabilidade em absoluta e relativa, assinalando que a legislação vem substituindo a primeira por esta última. A *estabilidade absoluta* é aquela que assegura a permanência do trabalhador no emprego, salvo nas hipóteses de extinção da empresa, do estabelecimento ou setor em que trabalha o empregado, bem como no caso de cometer falta grave, nos termos da lei. E na *estabilidade relativa* o empregador pode rescindir o contrato de trabalho do empregado nas hipóteses de ato faltoso bem como por motivos de ordem econômico--financeira ou tecnológica que justifiquem a supressão de cargos.

São exemplos de *estabilidades absolutas*: a) a estabilidade decenal (art. 492 da CLT) dos empregados urbanos, exceto os empregados domésticos, não optantes do FGTS, que completaram 10 anos de serviços na mesma empresa antes da promulgação da Constituição Federal de 1988; b) dos empregados dirigentes sindicais (art. 8º, VIII, da CF), desde o registro de sua candidatura e, se eleitos, até um ano após o término do mandato, com observância da Súmula 369 do Tribunal Superior do Trabalho;[5] c) dos membros representantes dos empregados nas comissões de conciliação prévia (titulares e suplentes), até um ano após o término do mandato, a teor do art. 625-B, § 1º, da CLT; d) dos empregados de empresas que sejam eleitos diretores de sociedades cooperativas por eles próprios criadas, nos termos do art. 55 da Lei 5.764, de 16.12.1971 – estabilidade idêntica à consagrada ao dirigente sindical, por expressa disposição legal.

3. No caso de convenção coletiva, empregadores e empregados são representados pelos respectivos sindicatos, e daí podermos afirmar que a estabilidade que for pactuada também decorrerá de vontade das partes.
4. Arnaldo Süssekind, Délio Maranhão e Segadas Vianna, *Instituições de Direito do Trabalho*, 11ª ed., vol. II, São Paulo, LTr, 1991, p. 626.
5. A rescisão do contrato de trabalho do empregado que goza de estabilidade em face do exercício de mandato sindical pode ocorrer por motivo de falta grave, desde que comprovada em inquérito judicial perante a Justiça do Trabalho (Súmula 379 do TST).

E são hipóteses de *estabilidades relativas* as seguintes: a) da empregada gestante, desde a confirmação da gravidez até cinco meses após o parto (art. 10, II, "b", do ADCT), que subsiste independentemente do conhecimento do estado gravídico pelo empregador (Súmula 244 do TST), e que se destina, inclusive, às empregadas domésticas (art. 4º-A da Lei 5.859/1972), podendo ser estendida a quem detiver a guarda do filho, na hipótese de falecimento da genitora (art.1º da Lei Complementar 146, de 25.6.2014); b) do empregado eleito membro de Comissão Interna de Prevenção de Acidentes/CIPA (art. 10, II, "a", do ADCT e art. 165 da CLT), inclusive na condição de suplente (Súmula 339 do TST), desde o registro de sua candidatura e, se eleito, até um ano após o término do mandato, não beneficiando, portanto, os representantes do empregador, que não são eleitos, e sim designados (art. 164, § 1º, da CLT); c) do empregado acidentado no trabalho, nos termos do art. 118 da Lei 8.213/1991.[6]

Finalmente, costuma-se classificar as estabilidades em definitivas e provisórias. Trata-se da classificação que mais nos interessa do ponto de vista prático.

A *estabilidade definitiva* já não subsiste no ordenamento jurídico brasileiro, assegurando-se o direito adquirido daqueles que a possuíam à época da promulgação da atual Constituição Federal. É aquela prevista no art. 492 da CLT (estabilidade decenal). Contudo, a estabilidade definitiva pode ser assegurada no próprio contrato de trabalho ou normas coletivas, a exemplo de estabilidades destinadas a quem está em vias de aposentadoria, aos acidentados no trabalho ou acometidos por doença profissional.

A *estabilidade provisória* assegura o direito à permanência no emprego por determinado período, até que cesse determinada condição que deu origem ao direito. É o caso da estabilidade destinada à gestante, ao dirigente sindical, ao membro da Comissão Interna de Prevenção de Acidentes/CIPA, entre outras.

Sérgio Pinto Martins[7] afirma que o conceito de estabilidade não se harmoniza com provisoriedade, e daí preferir a expressão "garantias de emprego" para designar as estabilidades provisórias. Contudo, ousamos

---

6. Tanto no caso de estabilidade da gestante quanto no caso do cipeiro e do acidentado no trabalho a despedida pode ocorrer por motivo de justa causa, prescindindo do inquérito judicial mencionado na nota anterior.

7. Sérgio Pinto Martins, *Direito do Trabalho*, cit., 15ª ed., p. 344.

discordar do autor, vez que a estabilidade provisória é apenas uma forma de garantia de emprego.[8]

Finalmente, é importante atentarmos para o fato de que as estabilidades provisórias não deveriam beneficiar os empregados que estejam vinculados ao empregador por meio de contrato por prazo determinado, a menos que as partes tivessem acordado de forma diversa (art. 472, § 2º, da CLT) ou se trate de contratos firmados sob a égide da Lei 9.601/1998. E, com muito mais razão, o mesmo se diga dos contratos de trabalho temporário (Lei 6.019/1974). Contudo, a jurisprudência evoluiu nesta questão, já admitindo a estabilidade provisória, mesmo nos contratos de prazo determinado, nas hipóteses da empregada gestante (Súmula 244, III, do TST) e do empregado que sofre acidente do trabalho, para fins da estabilidade disciplinada no art. 118 da Lei 8.213/1991 (Súmula 378, III, do TST).

---

8. "Garantia de emprego é um instituto mais amplo que estabilidade. Compreende, além da estabilidade, outras medidas destinadas a fazer com que o trabalhador obtenha o primeiro emprego, como também a manutenção do emprego conseguido. Relaciona-se com a política de emprego" (Amauri Mascaro Nascimento, *Iniciação ao Direito do Trabalho*, cit., 27ª ed., p. 421).

*Capítulo XXV*
# *FUNDO DE GARANTIA DO TEMPO DE SERVIÇO*

*1. Considerações iniciais. 2. Natureza jurídica. 3. Hipóteses de levantamento dos depósitos.*

## 1. Considerações iniciais

O art. 477 da CLT assegura o pagamento de uma indenização, com base na maior remuneração, quando o empregado está vinculado por contrato de trabalho de prazo indeterminado e é despedido sem justa causa.

A indenização supramencionada corresponderá a um mês de remuneração por ano de serviço efetivo, considerando como ano completo a fração igual ou superior a seis meses (art. 478 da CLT).

Ocorre, porém, que, ao lado do sistema de indenização da CLT (e que ora mencionamos), subsistiu, a partir da Lei 5.107, de 13.6.1966, o sistema do Fundo de Garantia do Tempo de Serviço/FGTS, ao qual o empregado poderia optar. E com o advento da Constituição Federal de 1988 o FGTS deixou de ser o regime jurídico do trabalhador que por ele optasse, para se transformar no regime genérico.

Assim, já não se atinge mais a estabilidade decenal, consagrada no art. 492 da CLT, resguardando-se os direitos adquiridos. Vale dizer, todos os trabalhadores que se encontravam empregados à época da promulgação da atual Constituição Federal passaram, automaticamente, ao regime do FGTS. Em verdade, o atual diploma constitucional insere o FGTS no rol de direitos dos trabalhadores urbanos e rurais no art. 7º, III. E a indenização prevista no art. 477 da CLT só abarca o período anterior ao início de vigência da atual Constituição Federal, desde que o empregado não seja optante pelo regime do FGTS.

Após a promulgação da Constituição de 1988, a Lei 5.107/1966 foi revogada pela Lei 7.839/1989 e, finalmente, houve revogação desta última pela Lei 8.036/1990, a Lei atual do FGTS.

O FGTS consiste numa espécie de poupança em favor do trabalhador e a cargo do empregador, formada a partir de depósitos mensais que correspondem a 8% (no caso de contratos de aprendizagem e daqueles regidos pela Lei 9.601/1998 o percentual corresponde a 2%) da remuneração mensal do empregado.[1] Referido percentual é depositado em conta especialmente destinada ao FGTS aberta, pelo empregador, em nome do empregado junto à Caixa Econômica Federal, cujo montante poderá ser levantado pelo empregado nas hipóteses legais.

Estão abrangidos pelo sistema do FGTS os empregados urbanos e rurais, bem como os trabalhadores avulsos e trabalhadores temporários, nos termos da Lei 6.019/1974.

O empregado doméstico já tinha acesso ao sistema do FGTS, por força do art. 3º-A da já revogada Lei 5.859/1972 (com redação da Lei 10.208, de 23.3.2001), dispositivo legal que facultava sua inclusão no sistema do FGTS, mediante requerimento do empregador. Atualmente, é obrigatória a inclusão do doméstico no sistema do FGTS, por força do art. 7º, parágrafo único, da Constituição e da Lei Complementar 150/2015.

## 2. Natureza jurídica

Não existe unanimidade na doutrina acerca da natureza jurídica do FGTS. Todavia, já se tornou assente que referido instituto deve ser analisado sob dois enfoques: o do empregador e o do empregado.

Sob o ponto de vista do empregado entendemos que o FGTS consiste em salário diferido. Vale dizer, um salário adquirido no presente, cuja utilização fica adiada para o futuro.

Atente-se, ainda, para o fato de que o saldo existente na conta vinculada do FGTS, em nome do trabalhador, é absolutamente impenhorável (art. 2º, § 2º, da Lei 8.036/1990) – aspecto que reforça a tese de que se trata de salário diferido.

Em relação ao empregador afirmamos que referido instituto tem natureza tributária, cuja espécie é a contribuição social, na medida em

---

1. Integram a base de cálculo do FGTS todas as parcelas de natureza salarial e que, como já vimos, integram a remuneração do empregado. Ficam, pois, excluídas as diárias de viagem que não excedem 50% do salário contratual e as ajudas de custo. O percentual de 2% no contrato de aprendizagem está indicado no art. 15, § 7º, da Lei 8.036/1990.

que objetiva a constituição de fundo para financiamento do Sistema Financeiro da Habitação.

E, ao que parece, a própria jurisprudência vem consagrando a natureza tributária do FGTS, tanto que a Súmula 362 do Tribunal Superior do Trabalho assegura a prescrição trintenária do direito de reclamar contra o não recolhimento das contribuições correspondentes, obviamente respeitado o limite de dois anos após a rescisão do contrato de trabalho. Vale dizer, o FGTS não se resume a um direito dos trabalhadores; é também um tributo.

## 3. Hipóteses de levantamento dos depósitos

As hipóteses de movimentação dos valores depositados na conta vinculada do trabalhador – vale dizer, hipóteses de saque – são aquelas arroladas taxativamente no art. 20 da Lei 8.036/1990, já com as inovações das Leis 8.678/1993, 8.922/1994 e 9.491/1997:

1) despedida sem justa causa (inclusive rescisão indireta) e, ainda, rescisão contratual por culpa recíproca e decorrente de força maior;

2) extinção total da empresa, fechamento de quaisquer de seus estabelecimentos, filiais ou agências, supressão de parte de suas atividades ou, ainda, o falecimento do empregador que se constitui em empresa individual, desde que referidas ocorrências impliquem a extinção do contrato de trabalho, comprovada por declaração escrita da empresa ou suprida por decisão judicial transitada em julgado;

3) aposentadoria concedida pela Previdência Social – hipótese em que o levantamento se dá por autorização do órgão previdenciário, sem a ingerência do empregador;

4) falecimento do trabalhador – hipótese em que os valores serão pagos em partes iguais aos dependentes habilitados perante a Previdência Social (Lei 6.858/1980) e, na ausência destes, aos sucessores previstos na legislação civil, indicados em alvará judicial, expedido a requerimento do interessado, independentemente de inventário ou arrolamento;

5) pagamento de parte das prestações decorrentes de financiamento habitacional concedido no âmbito do Sistema Financeiro da Habitação, desde que: a) o mutuário conte com o mínimo de 3 anos de trabalho sob o regime do FGTS na mesma empresa ou em empresas diferentes; b) o valor bloqueado seja utilizado, no mínimo, durante o prazo de 12 meses; c) o valor do abatimento atinja, no máximo, 80% do montante da prestação;

6) liquidação ou amortização extraordinária de saldo devedor de financiamento imobiliário, observadas as condições estabelecidas pelo Conselho Curador, dentre elas a de que o financiamento seja concedido no âmbito do Sistema Financeiro da Habitação e haja interstício mínimo de dois anos para cada movimentação;

7) pagamento total ou parcial do preço da aquisição de moradia própria, observadas as seguintes condições: a) o mutuário deverá contar o mínimo de três anos de trabalho sob o regime do FGTS, na mesma empresa ou empresas diferentes; b) seja a operação financiável nas condições vigentes para o Sistema Financeiro da Habitação;

8) quando o trabalhador permanecer três anos ininterruptos, a partir de 1.6.1990, fora do regime do FGTS, podendo o saque, neste caso, ser efetuado a partir do mês de aniversário do titular da conta (redação da Lei 8.678/1993);

9) extinção normal do contrato por prazo determinado;

10) término do contrato de trabalho temporário regido pela Lei 6.019/1974;

11) suspensão total do trabalho avulso por período igual ou superior a 90 dias, comprovada por declaração do sindicato representativo da categoria profissional;

12) quando o trabalhador ou qualquer de seus dependentes for acometido de neoplasia maligna (acrescentado pela Lei 8.922/1994);

13) aplicação em cotas de Fundos Mútuos de Privatização, regidos pela Lei 6.385, de 7.12.1976, permitida a utilização máxima de 50% do saldo existente e disponível em sua conta vinculada do FGTS na data em que exercer a opção (redação da Lei 9.491/1997);

14) quando o trabalhador ou qualquer de seus dependentes for portador do vírus HIV;

15) quando o trabalhador ou qualquer de seus dependentes estiver em estágio terminal, em razão de doença grave, nos termos do regulamento;

16) quando o trabalhador tiver idade igual ou superior a 70 anos.

Cumpre-nos, ainda, observar que o levantamento do FGTS não será devido na hipótese de rescisão do contrato de trabalho por mútuo consenso das partes (acordo), tendo em vista que o art. 20 da Lei 8.036/1990 não contempla a hipótese. Contudo, impõe-se ressalvar as hipóteses de rescisão do contrato de trabalho através de acordo homologado perante a Justiça do Trabalho.

Nos casos de despedida sem justa causa, nos contratos por prazo indeterminado ou rescisão indireta do contrato de trabalho o empregador deve promover o depósito adicional na conta vinculada do FGTS, no valor correspondente a 40% dos depósitos do FGTS já acrescidos de juros e a atualização monetária, nos termos do art. 18, § 1º, da Lei 8.036/1990 (com a redação da Lei 9.491, de 9.9.1997). Referida indenização já se encontrava consagrada no art. 10, I, do ADCT, a qual aumentou para quatro vezes o percentual de 10% que já era previsto na Lei 5.107/1966, cuja montante era pago diretamente ao empregado por ocasião da quitação das verbas rescisórias. Mas a exigência de depósito na conta vinculada revela-se salutar, na medida em que dificulta práticas fraudulentas de empregadores ou até mesmo simulações entre trabalhador e empregador com vistas a saques não autorizados do FGTS.

Nas hipóteses de rescisão do contrato de trabalho por prazo indeterminado por motivo de força maior ou culpa recíproca reconhecida por decisão da Justiça do Trabalho o percentual da indenização mencionada anteriormente é reduzido para 20% (art. 18, § 2º, da Lei 8.036/1990), aspecto já mencionado no capítulo próprio.

O art. 1º da Lei Complementar 110, de 29.6.2001, instituiu contribuição social devida pelos empregadores em caso de despedida de empregado sem justa causa, e que corresponde à alíquota de 10% sobre o montante de todos os depósitos devidos ao FGTS durante a vigência do contrato de trabalho.

No entanto, é preciso esclarecer que as contribuições sociais instituídas pela Lei Complementar 110/2001 se destinam aos créditos complementares de atualização monetária em contas vinculadas do FGTS em virtude dos sucessivos planos econômicos do Governo ("Plano Verão", fevereiro/1989; e "Plano Brasil Novo", março/1990), por força dos quais foram omitidos os índices de inflação na atualização dos saldos do FGTS. Assim, não se cogita de acréscimo de 50% dos depósitos, em favor do trabalhador, na hipótese de rescisão indireta do contrato ou despedida sem justa causa. A indenização que tem por base os depósitos do FGTS continua sendo calculada no percentual de 40%.

Vale dizer, a constitucionalidade do art. 1º da Lei Complementar 110/2001 está sendo questionada no Supremo Tribunal Federal sob o argumento principal de desvio de finalidade. Isso porque a contribuição social, em tese, estaria sendo utilizada para fins diversos dos que a instituíram, tendo em vista que o déficit das contas do FGTS já estaria superado.

De toda forma, as contribuições sociais de que trata a lei complementar mencionada acentuam a natureza tributária do FGTS.

*Capítulo XXVI*
# SEGURANÇA E MEDICINA DO TRABALHO

*1. Considerações iniciais. 2. O trabalho insalubre. 3. O trabalho perigoso. 4. Acidente do trabalho.*

## 1. Considerações iniciais

Na Antiguidade e na Idade Média inexistia a preocupação com as condições de trabalho dos seres humanos. Inexistiam normas jurídicas de proteção ao trabalho, não obstante o caráter assistencial das corporações de ofício aos acidentados no trabalho.[1]

Este foi o cenário encontrado pela Revolução Industrial no século XVIII. Não obstante os benefícios que a máquina a vapor trouxe para a Humanidade, não se pode olvidar o aumento do número de acidentes e de doenças, em face das péssimas condições de trabalho.

Diante deste quadro, a preocupação com a Higiene e a Segurança do Trabalho se fez presente na Conferência de Berlim (1890), que adotou medidas sobre trabalho em minas, e também na encíclica *Rerum Novarum*, de 15.5.1891, do papa Leão XIII: "Não é justo nem humano exigir do homem tanto trabalho a ponto de fazer pelo excesso da fadiga embrutecer o espírito e enfraquecer o corpo. A atividade do homem, restrita com a sua natureza, tem limites que se não podem ultrapassar. O exercício e o uso aperfeiçoam-na, mas é preciso que de quando em quando se suspenda para dar lugar ao repouso. Não deve, portanto, o trabalho prolongar-se por mais tempo do que as forças permitem. Assim, o número de horas de trabalho diário não deve exceder a força dos trabalhadores, e a quantidade do repouso deve ser proporcional à qua-

---

1. Cf. Amauri Mascaro Nascimento, *Curso de Direito do Trabalho*, 8ª ed., São Paulo, Saraiva, 1989, p. 508, e *Compêndio de Direito do Trabalho*, São Paulo, LTr/EDUSP, 1976, p. 600.

lidade do trabalho, às circunstâncias do tempo e do lugar, à compleição e saúde dos operários. O trabalho, por exemplo, de extrair pedra, ferro, chumbo e outros materiais escondidos, debaixo da terra, sendo mais pesado e nocivo à saúde, deve ser compensado com uma duração mais curta".[2]

No Brasil a preocupação com a Higiene e Segurança do Trabalho se iniciou, efetivamente, com a Constituição de 1946 (art. 157, VIII),[3] tendo permanecido na condição de direito dos trabalhadores nas Constituições de 1967 (art. 158, IX) e na de 1969 (art. 165, IX). Na Constituição Federal de 1988 o art. 7º, XXII, consagra o direito dos trabalhadores à "redução dos riscos inerentes ao trabalho, por meio de normas de saúde, higiene e segurança".

Por ocasião da aprovação da Consolidação das Leis do Trabalho pelo Decreto-lei 5.452, de 1.5.1943, o Capítulo V do Título II cuidava da "Segurança e Higiene do Trabalho" (arts. 154-223).

Todavia, a Lei 6.514, de 22.12.1977, revogou todo o capítulo mencionado e instituiu um novo. Atribuiu-lhe nova denominação, "Da Segurança e da Medicina do Trabalho", cujo texto se inicia no art. 154 e termina no art. 201 da norma consolidada.

A expressão "Higiene do Trabalho" não é sinônima de "Medicina do Trabalho". A Higiene é a parte da Medicina que objetiva a conservação da saúde; vale dizer, a parte da Medicina do trabalho que se restringe às medidas preventivas.[4]

Cesarino Júnior ensina que a Medicina do Trabalho "compreende o estudo de todas as formas de proteção da saúde do trabalhador enquanto no exercício do trabalho, principalmente com o caráter de prevenção das doenças profissionais e de melhoramento das aptidões laborais em tudo quanto concerne às suas condições físicas, mentais e ambientais. Naturalmente, além deste aspecto preventivo, se ocupa também com a terapêutica das ergopatias ou tecnopatias, assumindo um certo aspecto curativo, quando menos com caráter de emergência. Daí a divisão da

---

2. Cf. *Encíclicas e Documentos Sociais – da "Rerum Novarum" à "Octogesima Adveniens"*, coletânea organizada e anotada por Frei Antônio De Sanctis, vol. I, São Paulo, LTr, 1991, p. 36.

3. A Constituição de 1934 limitava-se a assegurar a "assistência médica e sanitária ao trabalhador" (art. 121, "h"), e a de 1937 mencionava que a legislação do trabalho deveria observar a "assistência médica e higiênica ao trabalhador" (art. 137, "l").

4. Amauri Mascaro Nascimento, *Compêndio de Direito do Trabalho*, cit., p. 602.

Medicina do Trabalho em Higiene do Trabalho (aspecto preventivo) e Medicina do Trabalho propriamente dita (aspecto curativo)".[5]

Mozart Víctor Russomano assevera que a Higiene do Trabalho tem vinculação com a Medicina do Trabalho, não obstante a primeira objetive a prevenção de doenças e acidentes, enquanto a segunda procede a diagnósticos das enfermidades e propõe a terapêutica aconselhável.[6]

Contudo, nas palavras de Claude Bernard, a Medicina objetiva "conservar a saúde e curar as doenças".[7] Assim, é possível concordar com José Martins Catharino ao aludir que a Medicina se divide em profilática (preventiva) e terapêutica (curativa).[8]

Concluímos, pois, que a Higiene do Trabalho é, efetivamente, parte da Medicina do Trabalho, e que a Lei 6.514/1977 teve o mérito de revogar todo o antigo Capítulo V do Título II da Consolidação das Leis do Trabalho, a fim de que pudesse assumir espectro mais amplo, abarcando também o caráter terapêutico e as doenças do trabalho.

A Segurança do Trabalho, por sua vez, não pertence ao campo da Medicina do Trabalho. José Martins Catharino[9] observa que no sentido amplo confunde-se, em grande parte, com a Higiene do Trabalho, e daí a disciplina conjunta atribuída pelo legislador; mas no sentido estrito abarca as medidas preventivas impostas às empresas e que não são de caráter médico, principalmente aquelas que objetivam evitar acidentes e doenças do trabalho.

Cesarino Júnior[10] assinala que as medidas de Segurança do Trabalho não pertencem à Medicina do Trabalho, e sim à Engenharia do Trabalho. Isto porque possuem caráter exclusivamente técnico e objetivam evitar danos ao trabalhador, cuja origem é meramente técnica ou química, e que agem de modo nocivo através de processos traumáticos, e não por intermédio de ações patogênicas. No entanto, referido autor não contesta a conexão existente entre ambas, e daí o estudo conjunto.

5. Cesarino Júnior, *Direito Social Brasileiro*, 6ª ed., vol. II, São Paulo, Saraiva, 1970, p. 322.

6. Mozart Víctor Russomano, *O Empregado e o Empregador no Direito Brasileiro*, 6ª ed., São Paulo, LTr, 1978, p. 546, e *Comentários à CLT*, 13ª ed., vol. I, Rio de Janeiro, Forense, 1990, p. 193.

7. *Apud* Evaristo de Moraes Filho e Antônio Carlos Flores de Moraes, *Introdução ao Direito do Trabalho*, vol. II, Rio de Janeiro, Forense, 1956, p. 523.

8. José Martins Catharino, *Compêndio de Direito do Trabalho*, 3ª ed., vol. II, São Paulo, Saraiva, 1982, p. 194.

9. Idem, p. 199.

10. Cesarino Júnior, *Direito Social Brasileiro*, cit., 6ª ed., vol. II, p. 322.

Nas palavras de Valentin Carrion: "A Segurança e Medicina do Trabalho é a denominação que trata da proteção física e mental do homem, com ênfase especial para as modificações que lhe possam advir do seu trabalho profissional. Visa, principalmente, às doenças e aos acidentes do trabalho".[11]

Assim, justificamos a relevância deste capítulo no presente trabalho, haja vista que não se dissocia do trabalho em condições de insalubridade e periculosidade. E sabemos que o trabalho insalubre e o perigoso estão proibidos ao menor de 18 anos.

## 2. O trabalho insalubre

O Decreto 1.313, de 17.1.1891, editado pelo marechal Deodoro da Fonseca (chefe do Governo Provisório), foi a primeira norma estatal de caráter tutelar trabalhista, a despeito da ineficácia social denunciada por juristas e parlamentares da época.

O referido decreto proibiu o trabalho de menores de 18 anos em depósitos de carvão, fábricas de ácidos, de algodão-pólvora, de nitroglicerina, de fulminatos, em manipulações diretas de fumo, chumbo e fósforos – tarefas que, hodiernamente, reconhecemos como insalubres e/ou perigosas.

A Constituição de 1934 foi a primeira a externar preocupação com o trabalho dos menores, e proibiu o trabalho de menores de 18 anos em "indústrias insalubres". Trata-se de dispositivo que foi merecedor das críticas dos autores, vez que insalubre é a atividade desenvolvida pelo empregado e não, necessariamente, toda a indústria em que trabalha o empregado. Numa indústria, o setor de produção pode ser insalubre, mas não o setor administrativo.

Igualmente, não se pode olvidar que referida norma constitucional não atentou para o fato de que pode haver trabalho insalubre em outras atividades, além das industriais.[12] Seria o caso do trabalho em hospitais e minas de carvão, por exemplo.

---

11. Valentin Carrion, *Comentários à Consolidação das Leis do Trabalho*, 19ª ed., São Paulo, Ed. RT, 1995, p. 159.

12. "A proibição na Emenda de 1969 referia-se ao trabalho em indústrias insalubres, quando seria melhor em *atividades insalubres*, porque não é apenas em indústrias que há insalubridade. Esta pode ser encontrada em outros tipos de atividades não industriais. Basta ver a NR-15, da Portaria 3.214, de 8.6.1978, do Ministério do Trabalho, que se refere à questão, para chegar-se a essa conclusão. Há insalubrida-

Todas as Constituições que se seguiram à de 1934 repetiram o equívoco, com exceção da Constituição Federal de 1988, cuja redação, neste particular, foi mantida pela Emenda Constitucional 20, de 15.12.1998.

Com espeque no art. 189 da CLT, podemos afirmar que são consideradas atividades ou operações insalubres aquelas que, por sua natureza, condições ou métodos de trabalho, impliquem o contato dos trabalhadores com agentes nocivos à saúde, acima dos limites de tolerância fixados em razão da natureza e da intensidade do agente e do tempo de exposição aos seus efeitos.

Sebastião Geraldo de Oliveira[13] esclarece que o trabalho insalubre se traduz numa das formas mais explícitas de agressão à saúde do trabalhador, principalmente porque as atividades insalubres são aquelas reconhecidas oficialmente. São, ainda, do referido autor as seguintes palavras: "O trabalho insalubre é aquele que afeta ou causa danos à saúde, provoca doenças, ou seja, é o trabalho não salubre, não saudável. Muitas enfermidades estão diretamente relacionadas e outras são agravadas pela profissão do trabalhador ou as condições em que o serviço é prestado, o que possibilita a visualização do nexo causal entre trabalho e doenças".

No entanto, convém assinalar que o próprio conceito de insalubridade evoluiu na Consolidação das Leis do Trabalho. O art. 187 da CLT, por ocasião da promulgação, em 1943, conceituava como insalubres "as indústrias capazes, por sua própria natureza, ou pelo método de trabalho, de produzir doenças, infecções ou intoxicações, de acordo com o quadro aprovado pelo Ministério do Trabalho" – conceito que se revelava precário, limitado, e transmitia a ideia de "indústria que produz doenças",[14] e que cedeu lugar à nova redação do art. 189, em face da Lei 6.514, de 22.12.1977.

Curiosamente, o dispositivo consolidado, acerca da proibição do trabalho insalubre ao menor de 18 anos, jamais sofreu alteração. Sempre se proibiu ao menor de 18 anos o trabalho "nos locais e serviços perigosos ou insalubres" (art. 405, I, da CLT).

---

de em hospitais, hotéis etc., e, da forma como a questão foi colocada em 1969 na Constituição, o menor estaria proibido de trabalhar em ambiente insalubre desde que se tratasse de indústria" (Amauri Mascaro Nascimento, *Direito do Trabalho na Constituição de 1988*, São Paulo, Saraiva, 1989, p. 207).

13. Sebastião Geraldo de Oliveira, *Proteção Jurídica à Saúde do Trabalhador*, São Paulo, LTr, 1996, p. 139.

14. Idem, p. 140.

Ao contrário das Constituições anteriores a 1988, a norma consolidada jamais se restringiu ao trabalho insalubre nas indústrias quando tratou do trabalho do menor de 18 anos.

O enquadramento de uma atividade como insalubre depende de sua inclusão no quadro de atividades e operações insalubres no Ministério do Trabalho (art. 190 da CLT), cujos critérios se pautam pela avaliação quantitativa e qualitativa dos riscos inerentes à atividade, à luz da NR-15 (e seus 14 anexos), da Portaria 3.214/1978.[15]

A avaliação quantitativa dá-se em função dos limites de tolerância[16] para os agentes agressivos fixados em razão da natureza, intensidade e do tempo de exposição. Referidos limites estão definidos nos Anexos 1, 2, 3, 5, 8, 11 e 12 da NR-15, com base nos limites de tolerância estabelecidos pela ACGIH (*American Conference of Governamental Industrial Hygienists*), no ano de 1977.

As hipóteses de avaliação qualitativa encontram-se disciplinadas nos Anexos 7, 8, 9 e 10 da NR-15, segundo os quais a insalubridade é comprovada mediante inspeção realizada pelo perito no local de trabalho, e não foram fixados limites de tolerância. No entanto, deve ser verificado se o contato com o agente agressivo é permanente, intermitente ou eventual, à luz da Portaria 3.311, de 29.11.1989. A eventualidade afasta a caracterização da insalubridade.

Como bem observa Segadas Vianna,[17] a insalubridade só se caracteriza, qualitativa ou quantitativamente, se, apesar dos meios de proteção adotados, persistirem as condições nocivas, tais como tempo de exposição ou concentração acima dos limites de tolerância estabelecidos pelo Ministério do Trabalho. O próprio art. 194 da CLT assegura que o direito ao adicional de insalubridade cessará com a eliminação do risco à saúde ou integridade física do empregado.

No entanto, existem situações em que a insalubridade é inerente à própria atividade, independentemente de avaliação qualitativa ou quantitativa. São as hipóteses dos Anexos 6, 13 e 14 da NR-15, segundo o

15. Tuffi Messias Saliba e Márcia Angelim Chaves Corrêa, *Insalubridade e Periculosidade – Aspectos Técnicos e Práticos*, 3ª ed., São Paulo, LTr, 1997, pp. 12-13.

16. A Norma Regulamentadora 15 (NR-15), da Portaria 3.214/1978, estabelece que o limite de tolerância é "a concentração ou intensidade máxima ou mínima, relacionada com a natureza e o tempo de exposição ao agente, que não causará dano à saúde do trabalhador, durante a sua vida laboral".

17. Segadas Vianna, Arnaldo Süssekind e Délio Maranhão, *Instituições de Direito do Trabalho*, 11ª ed., vol. II, São Paulo, LTr, 1991, p. 837.

subitem 15.13 da mesma Norma Regulamentadora, para as quais inexistem meios para neutralizar ou eliminar a insalubridade, já que esta última é inerente à própria atividade.

É insalubre em decorrência do próprio risco da atividade o trabalho sob pressões hiperbáricas (Anexo 6 da NR-15), em contato com agentes químicos (tais como arsênico, carvão, chumbo, cromo, fósforo, mercúrio, silicatos, substâncias cancerígenas, hidrocarbonetos e outros compostos de carbono etc.), a teor do Anexo 13 da NR-15, e agentes biológicos (trabalho em hospitais, ambulatórios, postos de vacinação etc.),[18] nos termos do Anexo 14 da NR-15.

Parece-nos incontestável que os serviços cujo risco é inerente à atividade jamais poderão ser acometidos a menores de 18 anos, vez que independem de limites de tolerância ou da própria avaliação qualitativa. São atividades insalubres por sua própria natureza, cujo risco à saúde do trabalhador não pode ser neutralizado nem eliminado.

O Supremo Tribunal Federal aprovou a Súmula 460, segundo a qual, "para efeito do adicional de insalubridade, a perícia judicial, em reclamação trabalhista, não dispensa o enquadramento da atividade entre as insalubres, que é ato da competência do Ministério do Trabalho e Previdência Social".

Assim, carece de relevância eventual laudo pericial que indique a existência de agente nocivo à saúde se a atividade não estiver incluída no quadro do Ministério do Trabalho. Vale dizer, não serão consideradas insalubres as atividades que não estiverem mencionadas nos anexos da NR-15, da Portaria 3.214/1978.

A NR-15, da Portaria 3.214/1978, relaciona os agentes insalubres, que podem ser divididos em três blocos, quais sejam: 1) agentes físicos – ruído, calor, radiações, frio, vibrações e umidade; 2) agentes químicos – poeira, gases e vapores, névoas e fumo; 3) agentes biológicos – micro-organismos, vírus e bactérias.

A referida portaria classifica a insalubridade nos graus máximo, médio e mínimo, de acordo com a nocividade do agente, cuja relevância se dá em face do direito ao adicional de insalubridade, instituído pelo art. 6º do Decreto-lei 2.162, de 1.5.1940, cujo teor é o seguinte: "Para os trabalhadores ocupados em operações consideradas insalubres, conforme

---

18. "A adoção de sistema de ventilação e o uso de luvas, máscara e outros equipamentos que evitem o contato com agentes biológicos podem apenas minimizar o risco" (Tuffi Messias Saliba e Márcia Angelim Chaves Corrêa, *Insalubridade e Periculosidade – Aspectos Técnicos e Práticos*, cit., 3ª ed., p. 125).

se trate dos graus máximo, médio ou mínimo, o acréscimo de remuneração, respeitada a proporcionalidade com o salário-mínimo que vigorar para o trabalhador adulto local, será de 40% (quarenta por cento), 20% (vinte por cento) ou 10% (dez por cento) respectivamente".

Como sabemos, o direito ao adicional de insalubridade, instituído pelo decreto-lei mencionado, persiste nos dias atuais, tendo previsão no art. 192 da CLT e também assento constitucional (art. 7º, XXIII).

Todavia, a instituição do adicional de insalubridade acarretou o fenômeno da "monetização" do risco, segundo Sebastião Geraldo de Oliveira.[19] Isto porque é menos oneroso o pagamento do adicional de insalubridade[20] do que o investimento para tornar salubre o ambiente de trabalho.

No caso dos menores de 18 anos não se encontra legitimada a "monetização" do risco. Todavia, é certo que o trabalho em condições insalubres acarreta sempre o direito ao respectivo adicional, mesmo que o trabalhador seja menor de 18 anos, eis que se trata de norma que objetiva a proteção do menor, e não disposição legal que dá ensanchas ao enriquecimento sem causa do empregador.[21]

Além das atividades consideradas insalubres, nos termos da Portaria 3.214/1978, em relação ao menor de 18 anos impõe-se observar a

19. Sebastião Geraldo de Oliveira, *Proteção Jurídica à Saúde do Trabalhador*, cit., p. 141.

20. Já proliferam entendimentos no sentido de que o adicional de insalubridade deve incidir sobre o salário-base do empregado, uma vez que a Constituição Federal proíbe a vinculação do salário-mínimo para qualquer fim (art. 7º, IV), inclusive no Supremo Tribunal Federal. Exemplificamos com as seguintes ementas de jurisprudência:
"Após a promulgação da Constituição Federal de 1988 – art. 7º, inciso IV – e da Lei n. 7.789/1989, que proibiram a vinculação do salário-mínimo para todos os fins, restou revogado, por absoluta incompatibilidade, o art. 192, segunda parte, da CLT. Aplicável ao caso o disposto no art. 8º e seu parágrafo único da CLT, c/c os arts. 4º e 5º da Lei de Introdução ao Código Civil [*Lei de Introdução às Normas do Direito Brasileiro, nova denominação dada pela Lei 12.376, de 30.12.2010*], restando como base de cálculo do adicional de insalubridade o salário contratual do empregado" (TRT-2ª Região, RO 02950487887, ac. 02970211070, rela. Juíza Maria Aparecida Duenhas, j. 23.5.1997).
"Vinculação ao salário-mínimo, estabelecida pelas instâncias ordinárias, que contraria o disposto no art. 7º, IV, da Constituição" (STF, 1ª T., RE 236.396-5-MG, rel. Min. Sepúlveda Pertence, j. 2.11.1998).

21. "De outra forma, estar-se-iam subtraindo ao menor direitos que os demais têm, sob pretexto de conceder-lhe proteção; o empregador que lhe permitiu o serviço prestado é quem deve arcar com as consequências da ilegalidade" (Valentin Carrion, *Comentários à Consolidação das Leis do Trabalho*, cit., 19ª ed., pp. 258-259).

relação de atividades insalubres de que trata o art. 405, I, da CLT, e que deve ser revista bienalmente, a teor do art. 441 do mesmo diploma legal. O referido quadro apresenta duas partes, uma contendo a relação de serviços perigosos ou insalubres e outra com a relação dos locais perigosos e insalubres.

Conclui-se, pois, que é desnecessária a realização de perícia no local de trabalho para se afirmar que o trabalho deve ser considerado insalubre e, portanto, proibido ao menor de 18 anos. Basta uma consulta ao quadro de que trata o art. 405, I, da CLT, mesmo porque referido quadro não apresenta limites de tolerância – vale dizer, a constatação é meramente qualitativa.

Por fim, a Reforma Trabalhista acrescentou o art. 394-A ao diploma consolidado, que dispõe sobre o trabalho insalubre para as gestantes e lactantes, o que será analisado em pormenores no Capítulo XVIII deste *Manual*.

## 3. O trabalho perigoso

Sebastião Geraldo de Oliveira lembra-nos que no ambiente de trabalho podem existir agentes que atuam instantaneamente, com efeitos danosos imediatos, que são denominados *agentes perigosos* ou "periculosos" (*sic*). E que "a exposição aos agentes insalubres pode acarretar a perda paulatina da saúde; o contato com os agentes periculosos pode levar à incapacidade ou morte súbita".[22]

A preocupação em atribuir adicional para alguns serviços considerados perigosos iniciou-se com a Lei 2.573, de 15.8.1955, a qual contemplou os empregados que trabalhavam em contato permanente com inflamáveis e acarretou inúmeras demandas de trabalhadores que exerciam atividades com explosivos, tendo em vista a similitude dos riscos e efeitos danosos,[23] e também porque a própria lei facultava a extensão do benefício a outras atividades, por ato do Ministro do Trabalho.

A reivindicação dos trabalhadores que mantinham contato com explosivos só foi ouvida pelo legislador quase 20 anos após a Lei

---

22. Sebastião Geraldo de Oliveira, *Proteção Jurídica à Saúde do Trabalhador*, cit., p. 143.

23. Idem, p. 144. Lembramos que a língua portuguesa não registra o adjetivo "periculoso". Por outro lado, o substantivo "periculosidade" indica o estado ou qualidade de perigoso, e deriva do Latim *periculosu* (Aurélio Buarque de Holanda Ferreira, *Novo Dicionário Aurélio da Língua Portuguesa*, 2ª ed., Rio de Janeiro, Nova Fronteira, 1986, p. 1.310).

2.573/1955. A Lei 5.880, de 24.5.1973, reconheceu idêntico direito aos empregados em atividades com explosivos.

E, como já dissemos alhures, a Lei 6.514/1977 estabeleceu a reforma do Capítulo V do Título II da Consolidação das Leis do Trabalho e agrupou, no art. 193, a periculosidade em face do contato com inflamáveis e explosivos: "São consideradas atividades ou operações perigosas, na forma da regulamentação aprovada pelo Ministério do Trabalho, aquelas que, por sua natureza ou métodos de trabalho, impliquem o contato permanente com inflamáveis ou explosivos em condições de risco acentuado".

A regulamentação das condições de periculosidade em face de explosivos e inflamáveis encontra-se nos Anexos 1 e 2 da NR-16, da Portaria 3.214/1978 do Ministério do Trabalho.[24]

Posteriormente, a Lei 7.369, de 20.9.1985, caracterizou a periculosidade para atividades no setor de energia elétrica, cuja regulamentação se deu por intermédio do Decreto 93.412, de 14.10.1986, hipótese agora contemplada no art. 193 da CLT, com redação da Lei 12.740, de 8.12.2012, e que também incluiu no rol de atividades consideradas perigosas aquelas que impliquem risco acentuado de "roubos ou outras espécies de violência física nas atividades profissionais de segurança pessoal ou patrimonial" (art. 193, II, da CLT).

Além das situações mencionadas, houve a edição, pelo Ministério do Trabalho da Portaria 3.393, de 17.12.1987, posteriormente substituída pela Portaria GM/MTE 518, de 4.4.2003, consagrando a periculosidade e consequente direito ao adicional respectivo para as atividades que envolvem radiações ionizantes e substâncias radioativas. Contudo, referida portaria recebeu inúmeras críticas, sob o argumento de que o Ministério do Trabalho não teria competência para atribuir o direito ao adicional de periculosidade, mormente porque o art. 200 da CLT não delega esta atribuição ao referido órgão do Poder Executivo, tendo a Lei 2.573/1955 sido revogada pelo art. 5º da Lei 6.514/1977.[25] No entanto, referidas crí-

---

24. "Anexo 1: Atividades e Operações Perigosas com Explosivos"; "Anexo 2: Atividades e Operações Perigosas com Inflamáveis".

25. "Não pode, então, o Ministério do Trabalho regulamentar como perigoso o trabalho que implique em contato com substância que não seja explosiva ou perigosa, sob pena de total ilegalidade do regulamento. Sendo assim, a Portaria 3.393/1987 ultrapassa os limites contidos no art. 193 do mesmo diploma legal, constituindo-se então em ato ilegal, insuscetível de gerar direitos e obrigações" (*LTr Suplemento Trabalhista* 29/141-188, *apud* Tuffi Messias Saliba e Márcia Angelim Chaves Corrêa, *Insalubridade e Periculosidade – Aspectos Técnicos e Práticos*, cit., 3ª ed., p. 16).

ticas foram rechaçadas pela jurisprudência dominante, capitaneada pelo TST (Orientação Jurisprudencial 345 da SDI-1), sob o fundamento de que referida delegação está inserida no contexto do art. 200, VI, da CLT.

Com propriedade, Sebastião Geraldo de Oliveira menciona que a lei não conceituou a periculosidade, não obstante o tenha feito com a insalubridade, e indicou taxativamente as hipóteses em que o trabalhador terá direito ao adicional correspondente (adicional de periculosidade). Assim, muitas atividades, "apesar de tecnicamente perigosas, com acentuados índices de acidentes, como é o caso dos serviços ligados à construção civil, não dão direito ao adicional de periculosidade".[26]

Em relação ao trabalho do menor é certo que a questão deve ser tratada de outra maneira. Ao menor de 18 anos resta proibido o trabalho perigoso.

Alguns serviços perigosos foram proibidos aos menores pelo Decreto 1.313, do ano de 1891, quais sejam: serviços de limpeza de máquinas em movimento, bem como o trabalho em rodas, volantes, engrenagens e correias em ação. Mas foi a Consolidação das Leis do Trabalho que generalizou a proibição para serviços perigosos ou insalubres constantes de quadro para esse fim aprovado pela Secretaria de Segurança e Medicina do Trabalho (art. 405, I, da CLT), que deveria ser revisto bienalmente (art. 441 da CLT).

Todavia, a Constituição Federal de 1988 foi a primeira Constituição Brasileira a incluir a proibição de trabalho perigoso ao menor de 18 anos (art. 7º, XXXIII). As demais se limitaram à proibição do trabalho em "indústrias insalubres".

O fato supramencionado revela-se curioso, na medida em que o trabalho perigoso pode ocasionar a morte súbita ou acidentes que impossibilitem o trabalho para o resto da vida, mormente aqueles que implicam perda de algum membro do corpo. Isto reforça a ideia no sentido de que a proibição de trabalho perigoso ao menor, nos termos constitucionais, não se circunscreve àquelas hipóteses nas quais haveria o direito ao adicional de periculosidade, mas diz respeito a todo e qualquer trabalho cujo risco de acidentes se revela acentuado. Seria o caso do trabalho com a máquina desfibradora do sisal, guilhotina elétrica, limpeza de áreas externas das janelas de edifícios e outros, independentemente de sua inclusão no quadro de serviços e locais insalubres ou perigosos de que trata o art. 405, I, da CLT.

26. Sebastião Geraldo de Oliveira, *Proteção Jurídica à Saúde do Trabalhador*, cit., pp. 144-145.

Isto porque, ao contrário da Consolidação das Leis do Trabalho, a Constituição Federal não faz restrição alguma no particular.[27] Proibiu o trabalho perigoso ao menor de 18 anos,[28] e a estes não se aplica a assertiva de Octávio Bueno Magano de que "condições perigosas só se configuram quando o trabalhador estiver em contato ou com inflamáveis, ou com explosivos ou com instalações ou equipamentos elétricos, não tendo relevância jurídica as situações de perigo derivadas de outros fatores".[29] Em verdade, as atividades consideradas insalubres ou perigosas ao menor de 18 anos são aquelas que integram a lista das piores formas de trabalho infantil da Organização Internacional do Trabalho/ OIT (Convenção 182), conforme o Decreto 6.481/2008, a teor da Portaria 88, de 28.4.2009, do Ministério do Trabalho e Emprego.

## 4. Acidente do trabalho

Considera-se acidente do trabalho aquele ocorrido pelo exercício do trabalho a serviço da empresa, provocando lesão corporal ou perturbação funcional que cause a morte, bem como a perda ou redução, permanente ou temporária, da capacidade para o trabalho, nos termos do art. 19 da Lei 8.213/1991, inclusive quando ocorre no período destinado ao intervalo para refeição e descanso (art. 21, § 1º, da Lei 8.213/1991). Em síntese, a caracterização do acidente do trabalho requer a existência de dois requisitos: nexo causal e lesividade

A doença profissional (tecnopatia) e a doença do trabalho (mesopatia) também são consideradas acidentes do trabalho. A diferença entre uma e outra é que a doença profissional é aquela produzida ou de-

27. *Ubi lex non distinguit nec nos distinguere debemus*: "Onde a lei não distingue, não pode o intérprete distinguir".

"Quando o texto dispõe de modo amplo, sem limitações evidentes, é dever do intérprete aplicá-lo a todos os casos particulares que se possam enquadrar na hipótese geral prevista explicitamente; não tente distinguir entre as circunstâncias da questão e as outras; cumpra a norma tal qual é, sem acrescentar condições novas, nem dispensar nenhuma das expressas" (Carlos Maximiliano, *Hermenêutica e Aplicação do Direito*, 10ª ed., Rio de Janeiro, Forense, 1988, pp. 246-247).

28. "De certa forma, todo trabalho encerra algum perigo; porém, para algumas atividades o risco é mais acentuado. O trabalho em ambientes perigosos aumenta o desgaste pela constante vigilância, além da possibilidade mais concreta da ocorrência de acidentes" (Sebastião Geraldo de Oliveira, *Proteção Jurídica à Saúde do Trabalhador*, cit., p. 143).

29. Octávio Bueno Magano, *Manual de Direito do Trabalho – Direito Tutelar do Trabalho*, vol. IV, São Paulo, LTr, 1987, p. 157.

sencadeada pelo exercício do trabalho peculiar a determinada atividade e constante da respectiva relação elaborada pelo Ministério do Trabalho e da Previdência Social (art. 20, I, da Lei 8.213/1991), enquanto a doença do trabalho é aquela adquirida ou desencadeada em função das condições especiais em que o trabalho é realizado (art. 20, II, da Lei 8.213/1991).

Verifica-se que a doença profissional está relacionada com o exercício de uma determinada atividade, tais como Doenças Osteomusculares Relacionadas ao Trabalho/DORTs no caso dos digitadores e demais profissionais que realizam tarefas repetitivas; enquanto a doença do trabalho não está relacionada com a atividade laboral e sim com o ambiente de trabalho, que se apresenta insalubre, tais como tuberculose, algumas espécies de neoplasias malignas etc.

Por fim, nos termos do art. 21 da Lei 8.213/1991, equiparam-se a acidentes do trabalho: a) aquele ligado ao trabalho que, embora não tenha sido a causa única, haja contribuído diretamente para a morte do segurado, para redução ou perda da sua capacidade laborativa, ou produzido lesão que exija cuidados médicos para sua recuperação; b) aquele sofrido no local e no horário de trabalho em consequência de ato de agressão, sabotagem ou terrorismo praticado por terceiro ou companheiro de trabalho; c) ofensa física intencional, inclusive de terceiro, em face de disputa relacionada ao trabalho; d) ato de imprudência, negligência ou imperícia praticado por terceiro ou colega de trabalho; e) ato de pessoa privada do uso da razão; f) desabamento, inundação, incêndio e outros casos fortuitos ou decorrentes de força maior; g) doença proveniente de contaminação acidental do empregado no exercício de sua atividade; h) aquele que ocorre no percurso da residência até o local de trabalho e vice-versa, qualquer que seja o meio de locomoção, inclusive veículo de propriedade do segurado.

## Capítulo XXVII
## ***TRABALHO DE CRIANÇAS E ADOLESCENTES***

*1. Considerações iniciais. 2. A idade mínima para o trabalho. 3. O trabalho insalubre ou perigoso. 4. Consequências da inobservância do art. 7º, XXXIII, da CF.*

### 1. Considerações iniciais

Há algum tempo observamos que a discussão em torno do trabalho infantil vem ganhando espaço na mídia, deixando de estar circunscrita aos meios acadêmicos.

Contudo, o tratamento científico do problema exige que se estabeleça uma definição para a expressão "trabalho infantil". Uma pesquisa de 1998, promovida pelo IBGE, indicava que cerca de 2,9 milhões de crianças trabalhavam no Brasil.

O art. 2º da Lei 8.069/1990 (Estatuto da Criança e do Adolescente/ECA) estabelece: "Considera-se criança, para os efeitos desta Lei, a pessoa até 12 (doze) anos de idade incompletos, e adolescente aquela entre 12 (doze) e 18 (dezoito) anos de idade". Trata-se de dispositivo que não se destina à legislação do trabalho, mas não deixa de ser um critério posto à disposição dos estudiosos.

Na verdade, não existe unanimidade acerca do alcance da expressão "trabalho infantil", mas a ideia que vem ganhando adeptos reside na afirmação de que *trabalho infantil* é aquele prestado por pessoa com idade inferior ao limite internacionalmente estabelecido, que é de 15 anos, nos termos da Convenção 138 da OIT.

A proteção de crianças e adolescentes no trabalho justifica-se por motivos de ordem fisiológica, de segurança, salubridade, moralidade e cultura, porquanto se deve assegurar o pleno desenvolvimento físico da criança e afastá-la de atividades que possam causar-lhe prejuízo à saúde ou interferir na sua formação moral[1] – afirmação que não encontra resistência entre os doutrinadores. Contudo, não se podem olvidar aspectos econômicos que norteiam a questão, já que a mão de obra infantil é, via de regra, mais barata, e os países que dela se "beneficiam" poderiam, em tese, oferecer produtos com preços inferiores[2] no mercado internacional. E daí a justificativa para a "preocupação" dos países desenvolvidos com a exploração do trabalho infantil nos países em desenvolvimento.

A Lei 11.542, de 12.11.2007, instituiu o Dia Nacional de Combate ao Trabalho Infantil, celebrado anualmente no dia 12 de junho.

## 2. A idade mínima para o trabalho

A erradicação do trabalho infantil no mundo é uma das preocupações da OIT e já se encontrava presente desde sua criação, no Tratado de Versalhes (1919).

A Convenção 5 da OIT, aprovada na Conferência de Washington (1919), estabelecia a idade mínima de 14 anos para o trabalho em estabelecimentos industriais,[3] e se traduziu na primeira norma internacional que colocou em prática a política internacional de eliminação do trabalho infantil.

Atualmente a questão da idade mínima para o trabalho encontra-se sintetizada na Convenção 138 da OIT, a qual estabelece a idade de 15 anos para iniciação no trabalho, não obstante tolere a idade mínima de 14 anos nos países em desenvolvimento e de 12 anos nas hipóteses de aprendizagem.

No Brasil a preocupação com o trabalho infantil iniciou-se com o Decreto 1.313, de 17.1.1891, que proibiu o trabalho de menores de 12 anos nas fábricas de tecidos do Rio de Janeiro, salvo no caso de aprendizagem – esta última autorizada a partir dos 8 anos de idade –, bem como proibiu aos menores de 18 anos alguns trabalhos considerados insalubres ou perigosos.

---

1. Cf. Carlos García Oviedo, *Tratado Elemental de Derecho Social*, 5ª ed., Madri, E.I.S.A., 1952, pp. 487-488.
2. Na prática esta possibilidade é quase inexistente, em face de "cláusulas sociais" que são inseridas em contratos internacionais de forma a impedir a exploração do trabalho infantil e obrigar à observância da legislação trabalhista.
3. Esta Convenção foi ratificada pelo Brasil através do Decreto 66.280, de 27.2.1970.

Os autores são unânimes em afirmar a ineficácia social do Decreto 1.313, o que acreditamos tenha decorrido da ausência de fiscalização e entendemos equivocada a afirmação de que referido decreto não foi cumprido porque jamais foi regulamentado. Em verdade, era absolutamente desnecessária a regulamentação reclamada por alguns autores.

Após o advento do Decreto 1.313 outras leis se seguiram, até chegarmos ao próprio diploma consolidado, à CF de 1988 e à redação do seu art. 7º, XXXIII, determinada pela Emenda Constitucional 20, de 15.12.1998: "proibição de trabalho noturno, perigoso ou insalubre a menores de 18 (dezoito) anos e de qualquer trabalho a menores de 16 (dezesseis) anos, salvo na condição de aprendiz, a partir de 14 (quatorze) anos".

Entendemos que a atual redação do dispositivo constitucional de proteção ao trabalho do menor de 18 anos é digna de elogios, já que possibilitou a aprovação da Convenção 138 da OIT pelo Brasil, por meio do Decreto Legislativo 179, de 15.12.1999 e a promulgação pelo Decreto 4.134, de 15.2.2002. Não é merecedora das críticas que têm sido endereçadas por alguns autores.

Argumenta-se que o legislador ignorou o estado de pobreza em que vive a população brasileira e que em muitos lugares do país "a sobrevivência do grupo familiar depende dos esforços de todos os seus integrantes, até de crianças de oito ou nove anos".[4]

De nossa parte, esperamos que argumento semelhante jamais sirva para criticar os dispositivos legais que tipificam o furto, o roubo, o homicídio e tantos outros delitos. Afinal de contas, parece-nos que a realidade social é que deve se ajustar aos contornos legais e à tendência mundial de eliminação do trabalho infantil. Sabemos que a pobreza é uma das causas do trabalho infantil, e por este motivo afirmamos que é preciso combater causa e efeito. Não devemos sacralizar o trabalho infantil em nome do bem maior, que é a própria sobrevivência.

### 3. *O trabalho insalubre ou perigoso*

Com vistas a assegurar o pleno desenvolvimento físico, em ambiente de trabalho saudável e sem expor o adolescente a risco de acidentes e perigo de morte, é que se proíbe ao menor de 18 anos o trabalho insalubre ou perigoso. Trata-se de restrição que gerou alguns inconvenientes

---

4. Eduardo Gabriel Saad, "Do trabalho infantil", *LTr Suplemento Trabalhista* 85/499, São Paulo, LTr, 2000.

em face do contrato de aprendizagem, mas que foi superada com a Lei 11.180/2005, que elevou a idade máxima do contrato de aprendizagem para 24 anos, ao atribuir nova redação ao art. 428 da CLT, e não estabelecendo limitações a aprendizes portadores de deficiência.

O Decreto 1.313/1891 foi o primeiro a arrolar algumas atividades proibidas ao menor de 18 anos, considerando-as insalubres ou perigosas. A proibição de atividades insalubres ganhou sede constitucional com a promulgação da Constituição de 1934, mas foi a Constituição de 1988 que teve o mérito de incluir o trabalho perigoso no rol de proibições (art. 7º, XXXIII).

A Consolidação das Leis do Trabalho, por sua vez, sempre proibiu o trabalho "nos locais e serviços perigosos ou insalubres" (art. 405, I), assim considerados aqueles relacionados no quadro de serviços perigosos ou insalubres e locais perigosos ou insalubres, que deveria ser revisto bienalmente (art. 441 da CLT).[5] Vale dizer, em relação ao menor de 18 anos é desnecessária a realização de perícia para verificar se determinado trabalho é insalubre ou perigoso.[6]

Quanto ao trabalho noturno, também proibido ao menor de 18 anos (art. 7º, XXXIII, da CF), temos motivos de sobra para afirmar que se trata de espécie do gênero "trabalho insalubre", tendo em vista os transtornos que pode causar à saúde do adolescente; contudo, a Portaria 20, de 13.9.2001, do Ministério do Trabalho e Emprego, ao contrário da anterior (Portaria 5, de 21.1.1944), não incluiu o trabalho compreendido entre 22 e 5h na relação de serviços perigosos ou insalubres aos menores de 18 anos; e o mesmo se diga do Decreto 6.481, de 12.2.2008,

---

5. Não obstante a exigência legal de que houvesse revisão bienal, referido quadro de atividades insalubres foi instituído pela Portaria 5, de 21.1.1944, e só foi atualizado pela Portaria 6, do Ministério do Trabalho e Emprego, de 18.2.2000, publicada no *DOU* de 21.2.2000, revogada pela Portaria 20, de 13.9.2001, com ressalva da Portaria 4, de 21.3.2002. A Portaria 20/2001 arrola, taxativamente, as atividades consideradas insalubres ou perigosas ao menor de 18 anos, enquanto a Portaria 4/2002 indica a possibilidade de elisão de alguma atividade insalubre ou perigosa, por meio de parecer técnico circunstanciado, assinado por profissional legalmente habilitado em segurança e saúde do trabalho, e no qual ateste a não exposição a riscos que possam comprometer a saúde e a segurança dos adolescentes.

6. Em relação ao menor de 18 anos o trabalho perigoso não se restringe às hipóteses em que se justifica o direito ao adicional de periculosidade (contato com inflamáveis, explosivos, energia elétrica e radiações ionizantes). O quadro a que se refere o art. 405, I, da CLT arrola, dentre as proibições, a "afiação de ferramentas e instrumentos metálicos em afiadora, rebolo ou esmeril, sem proteção coletiva contra partículas volantes" e "trabalhos na construção civil ou pesada", por exemplo.

conforme a Portaria 88, de 28.4.2009, do Ministério do Trabalho e Emprego, que relaciona as piores formas de trabalho infantil, consideradas insalubres ou perigosas, vedadas ao menor de 18 anos, em atendimento à Convenção 182 da OIT, ratificada pelo Brasil e promulgada pelo Decreto 3.597, de 12.9.2000.

## 4. Consequências da inobservância do art. 7º, XXXIII, da CF

A inobservância do art. 7º, XXXIII, da CF poderá acarretar consequências em três órbitas, quais sejam: a administrativa, a trabalhista e a penal.

Parece-nos que o aspecto trabalhista é o que oferece menor dificuldade. Isto porque o dispositivo constitucional estabelece proibições que objetivam a proteção do menor de 18 anos, e sua inobservância deve gerar efeitos, pois não se trata de trabalho ilícito,[7] e sim de trabalho proibido.[8] A prestação do trabalho em condições vedadas por lei não pode acarretar prejuízos àquele que a lei objetivou proteger.

Assim, concluímos que o trabalho do menor de 16 anos (e até mesmo na mais tenra infância), com observância dos requisitos do art. 3º da CLT, deve atrair a aplicação do diploma consolidado, assegurando-se todos os direitos de um contrato de trabalho. Igualmente, a prestação do trabalho noturno, insalubre ou perigoso implica o direito aos adicionais correspondentes.[9]

O aspecto administrativo envolve a questão da fiscalização da autoridade competente, tendo o art. 6º da Instrução Normativa 1, de 23.3.2000, do Ministério do Trabalho e Emprego, disposto que: "No curso de qualquer ação fiscal, o auditor-fiscal do trabalho, sempre que verificar situação de trabalho infantil ou de trabalhador adolescente em condições irregulares, deverá: a) adotar de imediato as providências cabíveis para coibir as ilegalidades encontradas; b) proceder à anotação

---

7. Entendemos que *trabalho ilícito* é somente aquele em que se verifica a ilicitude do objeto.

8. O trabalho proibido decorre de alguma restrição à capacidade física ou de necessidade de proteção ao trabalhador, segundo critérios do legislador. No pensamento de Guillermo Cabanellas, o trabalho proibido implica ilicitude relativa, situação em que o contrato de trabalho produz efeitos jurídicos (cf. Antônio Lamarca, *Contrato Individual de Trabalho*, São Paulo, Ed. RT, 1969, p. 119).

9. Nesta hipótese entendemos que é perfeitamente cabível a cumulação do adicional de insalubridade com o de periculosidade, não militando em favor do empregador o disposto no § 2º do art. 193 da CLT.

dos dados no Formulário de Verificação Física de Trabalhadores Crianças e Adolescentes (Anexo I)".

É certo que a adoção de providências para coibir as ilegalidades envolve a eventual aplicação do art. 407 da CLT, segundo o qual a autoridade do Ministério do Trabalho e Emprego poderá obrigar o menor de 18 anos a abandonar o serviço e/ou a respectiva empresa a lhe proporcionar outras atividades, sob pena de configuração da rescisão indireta do contrato de trabalho, nos termos do art. 483, "c", da CLT. Isto sem considerar a possibilidade de o auditor-fiscal do trabalho levar o problema ao conhecimento do Conselho Tutelar, da Comissão Municipal de Erradicação do Trabalho Infantil, do Ministério Público e de entidades sindicais, conforme o art. 7º da instrução normativa já mencionada.

Por último, não temos dúvidas em afirmar que a inobservância do dispositivo constitucional de proteção à criança e ao adolescente poderá acarretar danos à saúde,[10] ao desenvolvimento físico e psíquico; e isto sem considerar que poderá impor ao menor de 18 anos riscos à própria vida, decorrentes de acidentes do trabalho.

Dentre as novidades que podemos verificar no anteprojeto de lei de reforma da Parte Especial do Código Penal observamos a inclusão, no rol de crimes contra a organização do trabalho, da "utilização ilegal de trabalho de menor ("Art. 372. Utilizar trabalho de menor de 16 anos, salvo na condição de aprendiz, ou de menor de 18 anos em trabalho noturno, perigoso, insalubre ou que contribua negativamente para sua formação moral, técnica ou profissional: Pena – detenção, de um a seis meses, ou multa").

A reforma da Parte Especial do Código Penal será bem-vinda, mas não sabemos quanto tempo será necessário esperar por sua aprovação. Basta lembramos há quanto tempo estamos esperando a aprovação do Código de Processo do Trabalho e o quanto esperamos pela aprovação do Código Civil de 2002.

Entendemos, pois, que a exploração do trabalho infantil e a imposição de trabalho insalubre, perigoso ou noturno ao menor de 18 anos justificam a aplicação de dispositivo penal que já se encontra vigente. Trata-se do ilícito previsto no art. 132 do CP: "Expor a vida ou a saúde

---

10. São inúmeras as doenças atribuídas às atividades insalubres, e podemos relacionar os seguintes exemplos: acnecloro (inflamação causada pelo cloro), amaurose (enfraquecimento ou perda total da visão, decorrente de radiações ionizantes e infravermelhas), câncer profissional etc. E mesmo o trabalho noturno é responsável por inúmeros distúrbios gastrintestinais.

de outrem a perigo direto e iminente: Pena – detenção de 3 (três) meses a 1 (um) ano, se o fato não constitui crime mais grave".

O mencionado dispositivo legal traduz crime subsidiário, na medida em que terá aplicação quando a conduta não tipificar ilícito mais grave, a exemplo da tentativa de homicídio, perigo de contágio de moléstia grave, abandono de incapaz e outras.

No caso específico de que estamos tratando não haverá tipificação do art. 132 do CP quando, por exemplo, uma criança se acidentar no trabalho, pois estaremos diante da hipótese de lesão corporal, dentre outras situações. O art. 132 do CP tipifica crime de perigo, e assim estará configurado quando o dano à vida ou saúde for apenas potencial; vale dizer, o tipo penal será outro se ocorrer efetivamente o dano.

*Capítulo XXVIII*
***TRABALHO DA MULHER***

*1. Considerações iniciais. 2. Fundamentos da proteção ao trabalho da mulher. 3. Jornada de trabalho, trabalho noturno e insalubre. 4. Trabalhos proibidos. 5. Proteção à maternidade. 6. Proteção contra a discriminação.*

## 1. Considerações iniciais

A proteção legal ao trabalho da mulher surgiu como resposta à exploração advinda da Revolução Industrial, do século XVIII, época em que a exploração do trabalho da mulher e do menor era intensa, com jornadas de trabalho excessivas e salários aviltantes. Referido quadro justifica o fato de que os primeiros destinatários das regras de proteção foram os menores e as mulheres.

O Tratado de Versalhes estabeleceu o princípio da igualdade salarial entre homens e mulheres, e muitas convenções da OIT (algumas ratificadas pelo Brasil) disciplinaram a proteção da mulher trabalhadora, com vistas a assegurar-lhe tratamento igual ao dos homens, restringir a possibilidade de prorrogação da jornada, assegurar-lhe proteção em face de suas condições físicas e proporcionar a proteção à maternidade.

A Declaração Universal dos Direitos do Homem, de 10.12.1948, consagrou regras de não discriminação em razão do sexo; a Convenção da Organização das Nações Unidas sobre a Eliminação de Todas as Formas de Discriminação Contra a Mulher, de 1975, foi ratificada pelo Brasil e promulgada pelo Decreto 89.460, de 20.3.1984; e a Convenção da ONU de 1979, também ratificada pelo Brasil, assegura remuneração igual a homens e mulheres para trabalho de igual valor.

No Brasil a primeira norma de proteção ao trabalho da mulher foi o Decreto 21.417-A, de 17.5.1931, vedando o trabalho noturno (22 às 5h), em subterrâneos e estabelecendo regras de proteção à maternidade.

A Constituição de 1934 foi a primeira a tratar da questão do trabalho da mulher, vedando a discriminação salarial e o trabalho em locais insalubres e estabelecendo regras de proteção à maternidade – normas que persistiram até a Constituição de 1967 e a Emenda Constitucional 1/1969.

A Consolidação das Leis do Trabalho dedicou um capítulo às normas de "Proteção do Trabalho da Mulher" (arts. 372-401) no Título III ("Das Normas Especiais de Tutela") que, a exemplo do trabalho do menor, se insere na parte do direito do trabalho que a doutrina denomina direito tutelar do trabalho. Algumas normas da Consolidação das Leis do Trabalho foram revogadas tacitamente pela Constituição Federal de 1988, não obstante legislação superveniente tenha se encarregado de promover as revogações expressas e as alterações que decorriam do próprio texto constitucional, e que serão melhor elucidadas nas linhas seguintes.

## 2. Fundamentos da proteção ao trabalho da mulher

A proteção legal dirige-se, propriamente, à mulher trabalhadora ou àquela que pretende ingressar no mercado de trabalho. Não tem sentido proteger o trabalho em si, não obstante a terminologia legal.

Sabe-se que a mulher na Antiguidade não tinha capacidade jurídica, resquício que persistiu no Código Civil Brasileiro de 1916 e até mesmo na CLT, com o art. 446, segundo o qual presumia-se que a mulher estava autorizada a trabalhar mas, se houvesse oposição do marido, ela deveria recorrer à autoridade judiciária para suprir a autorização marital. O parágrafo único do art. 446 da CLT[1] ainda facultava ao marido pleitear a rescisão do contrato de trabalho quando sua continuação fosse suscetível de ameaçar os vínculos da família ou oferecesse "perigo às condições peculiares da mulher".

Percebe-se, sem maiores dificuldades, que o art. 446 da CLT estabelecia uma *capitis deminutio* à mulher, equiparando-a ao menor de 18

---

1. Eis a íntegra do art. 446 da CLT, revogado pela Lei 7.855/1989:

"Art. 446. Presume-se autorizado o trabalho da mulher casada e do menor de 21 (vinte e um) anos e maior de 18 (dezoito). Em caso de oposição conjugal ou paterna, poderá a mulher ou o menor recorrer ao suprimento da autoridade judiciária competente.

"Parágrafo único. Ao marido ou pai é facultado pleitear a rescisão do contrato de trabalho, quando a sua continuação for suscetível de acarretar ameaça aos vínculos da família, perigo manifesto às condições peculiares da mulher ou prejuízo de ordem física ou moral para o menor."

anos. Assim, revela-se digna de encômios a Lei 7.855, de 24.10.1989, que, ao lado das modificações empreendidas na legislação trabalhista, revogou referido artigo consolidado.

Contudo, diante da tradição histórica de uma sociedade patriarcal, persistia a necessidade de proteção ao trabalho da mulher, com vistas a evitar a discriminação.

O segundo fundamento da proteção legal reside na condição física da mulher, devendo ser respeitadas as suas peculiaridades, no que respeita a seu próprio organismo. E daí a necessidade de proibição de trabalhos que demandem certa força física, a teor do art. 390 da CLT, por exemplo. Vale ressaltar, a Reforma Trabalhista autorizou a flexibilização de vários direitos por norma coletiva, a teor do art. 611-A da CLT. Mas no art. 611-B vedou expressamente a flexibilização de determinados direitos por acordo ou convenção coletiva, dentre os quais se encontram a duração mínima da licença-maternidade (inciso XIII) e as disposições previstas nos arts. 373-A, 390, 392, 392-A, 394, 394-A, 395, 396 e 400 do diploma consolidado (inciso XXX), todos referentes a direitos das trabalhadoras.

Por último, revela-se necessária a proteção à maternidade, assegurando o emprego e afastamento por determinado período à empregada gestante.

No entanto, muitas regras de proteção que se justificaram no passado, para evitar a exploração da mão de obra feminina, acabaram se transformando em motivos de discriminação, tanto que o art. 5º, I, da CF de 1988 estabeleceu a igualdade de homens e mulheres em direitos e obrigações, e para combater a discriminação o art. 7º, XX, assegurou a "proteção do mercado de trabalho da mulher, mediante incentivos específicos, nos termos da lei", norma que ainda carece de regulamentação.

Diante do próprio texto constitucional, a legislação ordinária superveniente revogou dispositivos consolidados que restringiam o trabalho da mulher em horário noturno, atividades insalubres etc.

## 3. Jornada de trabalho, trabalho noturno e insalubre

Diante do art. 5º, I, da CF, a Lei 7.855, de 24.10.1989, revogou o art. 374 da CLT, que disciplinava a compensação de horário da mulher, e o art. 375, que vedava a prorrogação de horários. E a Lei 10.244, de 27.6.2001, revogou o art. 376 da CLT, que autorizava o trabalho em sobrejornada apenas em caráter excepcional.

Quanto ao trabalho noturno, verificamos que os arts. 379 e 380 da CLT, que restringiam o trabalho noturno da mulher (proibindo-o nas "empresas ou atividades industriais"), foram revogados pela Lei 7.855/1989, a qual também se encarregou de revogar o art. 387 do mesmo diploma legal (que proibia o trabalho em atividades insalubres ou perigosas, nos subterrâneos, nas minerações em subsolo, nas pedreiras e obras de construção pública ou particular).

Em síntese, a mulher sujeita-se às mesmas jornadas de trabalho que o homem, pode trabalhar em horário noturno, bem como nas atividades insalubres ou perigosas, e terá os mesmos direitos, tais como adicionais legais e cômputo da hora noturna reduzida.

## 4. Trabalhos proibidos

As leis mencionadas no item anterior (ns. 7.855/1989 e 10.244/2001) não revogaram o art. 390 da CLT. Assim, persiste a proibição de se empregar a mulher em serviço que demande emprego de força muscular superior a 20kg, para o trabalho contínuo, ou 25kg, para o trabalho ocasional, não compreendida na proibição a remoção de material realizada por impulsão ou tração de vagonetes sobre trilhos, carros de mão ou outros equipamentos mecânicos (art. 390, parágrafo único, da CLT).

## 5. Proteção à maternidade

Nos termos do art. 7º, XVIII, da CF, encontra-se assegurada "licença à gestante, sem prejuízo do emprego e do salário, com duração de 120 (cento e vinte) dias" – direito que se estende à empregada doméstica (art. 7º, parágrafo único, da CF).

O art. 392 da CLT[2] não havia sido revogado expressamente pela Constituição Federal, e estabelecia a proibição de trabalho da mulher grávida no período de quatro semanas antes e oito semanas depois do parto, e sujeitava o empregador à multa prevista no art. 401 da CLT – o

2. Eis o texto anterior do art. 392 da CLT:
"Art. 392. É proibido o trabalho da mulher grávida no período de 4 (quatro) semanas antes e 8 (oito) semanas depois do parto.
"§ 1º. Para os fins previstos neste artigo, o início do afastamento da empregada de seu trabalho será determinado por atestado médico nos termos do art. 375, o qual deverá ser visado pela empresa.
"§ 2º. Em casos excepcionais, os períodos de repouso antes e depois do parto poderão ser aumentados de mais duas semanas cada um, mediante atestado médico, na forma do § 1º.
"§ 3º. Em caso de parto antecipado, a mulher terá sempre direito às 12 (doze) semanas previstas neste artigo.
"(...)."

que sempre revelou um despropósito, além de inviabilizar ou, no mínimo, dificultar a atuação do órgão fiscalizador do Ministério do Trabalho e Emprego. Isto porque nem o empregador e tampouco o auditor-fiscal do trabalho tinham condições de saber se a empregada gestante se encontrava no período de quatro semanas antes do parto, já que o afastamento dependia de apresentação de atestado médico pela empregada à empresa; e, além disso, não é incomum a prestação de serviços pela empregada até as vésperas de dar à luz, quando reúne condições físicas para tanto, já que isto implica gozo da licença à gestante por maior tempo na companhia do filho.

Assim, o inconveniente revelado no item anterior foi solucionado com o advento da Lei 10.421, de 15.4.2002, que atribuiu nova redação ao art. 392 da CLT:

"Art. 392. A empregada gestante tem direito à licença-maternidade de 120 (cento e vinte) dias, sem prejuízo do emprego e do salário.

"§ 1º. A empregada deve, mediante atestado médico, notificar o seu empregador da data do início do afastamento do emprego, que poderá ocorrer entre o vigésimo oitavo dia antes do parto e ocorrência deste.

"§ 2º. Os períodos de repouso, antes e depois do parto, poderão ser aumentados de duas semanas cada um, mediante atestado médico.

"§ 3º. Em caso de parto antecipado, a mulher terá direito aos 120 (cento e vinte) dias previstos neste artigo."

Verifica-se que o *caput* do art. 392 da CLT praticamente reproduz o texto constitucional, revogando a "proibição" de trabalho no período de quatro semanas antes do parto, o que também se coaduna com o art. 71 da Lei 8.213, com a redação da Lei 9.876/1999, que já facultava o início do salário-maternidade a partir do vigésimo oitavo dia antes do parto, com a possibilidade de postergação até a data de ocorrência deste.

O art. 392 da CLT, com a redação da Lei 10.421, de 15.4.2002, não deixa dúvidas quanto ao direito à licença de 120 dias na hipótese de parto antecipado (§ 3º) e reproduz a possibilidade de ampliação do período de repouso em duas semanas antes e/ou depois do parto (§ 2º).

No entanto, a grande novidade da Lei 10.421/2002 foi o acréscimo do art. 392-A, com redação atualizada pela Lei 13.509/2017, ao diploma consolidado, assegurando a licença-maternidade também à mãe adotiva. Na redação original do referido dispositivo legal, a empregada que adotasse ou obtivesse a guarda judicial para fins de adoção de criança até 8 anos de idade teria direito à licença-maternidade pelo período de 120 dias, quando se tratasse de criança com até 1 ano de idade, 60 dias, quando a criança tivesse de 1 até 4 anos de idade, e 30 dias, no caso de criança com idade entre 4 e 8 anos. Contudo, os §§ 1º a 3º do art. 392-A da CLT foram revogados, expressamente, pelo art. 8º da Lei 12.010, de 3.8.2009; vale dizer, a licença-maternidade terá período idêntico à hipótese do art. 392 da CLT (120 dias, independentemente da idade do adotado, desde que se trate de criança – idade inferior a 12 anos, art. 2º da Lei 8.069/1990). Assim, não obstante a ausência de modificação do art. 71-A da Lei 8.213/1991 pela Lei 12.010/2009, favorecia a segurada a solução que já foi adotada na ocasião em que a Constituição de 1988 ampliou a licença-maternidade para 120 dias e consagrada na Orientação Jurisprudencial 44 da SDI-1/Tribunal Superior do Trabalho: "É devido o salário-maternidade de 120 (cento e vinte) dias, desde a promulgação da Constituição Federal/1988, ficando a cargo do empregador o pagamento do período acrescido pela Carta".

Contudo, a discussão perdeu relevância com a promulgação da Lei 12.873, de 24.10.2013, que modificou o art. 71-A da Lei 8.213/1991, compatibilizando-o ao art. 392-A da CLT, assegurando o pagamento do salário-maternidade correspondente a 120 dias, diretamente pela Previdência Social, sempre que se tratar da adoção de criança, independentemente da idade.

A duração da licença-maternidade poderá ser prorrogada por mais 60 dias, totalizando 180 dias, desde que haja adesão da pessoa jurídica ao "Programa Empresa-Cidadã" e a empregada requeira a prorrogação até o final do primeiro mês após o parto, nos termos do art. 1º, § 1º, da Lei 11.770/2008 – cumprindo assinalar que a empregada terá direito à remuneração integral, nos mesmos moldes devidos no período de percepção do salário-maternidade pago pelo regime geral de previdência social (art. 3º da Lei 11.770/2008), e a pessoa jurídica tributada como base no lucro real poderá deduzir do imposto devido, em cada período de apuração, o total da remuneração integral da empregada, pago no período de prorrogação da licença (art. 5º da Lei 11.770/2008), não havendo qualquer incentivo fiscal às microempresas e empresas de pequeno porte, que são as maiores empregadoras e contam com os incentivos da Lei Complementar 123/2006, tendo em vista o veto presidencial ao parágrafo único do art. 5º da Lei 11.770/2008. Trata-se de benefício que também favorece a empregada que adotar ou obtiver a guarda judicial para fins de adoção de criança, e também poderá ser instituída pelos órgãos da Administração Pública direta, indireta ou fundacional em favor de suas empregadas ou servidoras; mas não se estende às empregadas domésticas nem às empregadas de profissionais liberais.

Além da licença à gestante, com direito ao salário-maternidade a cargo da Previdência Social (no valor correspondente à remuneração integral da empregada – art. 72 da Lei 8.213/1991), o art. 10, II, "a", do ADCT veda a dispensa arbitrária ou sem justa causa da empregada gestante "desde a confirmação da gravidez até 5 (cinco) meses após o parto". Trata-se da estabilidade provisória que foi estendida à empregada doméstica pela Lei 11.324/2006, que acrescentou o art. 4º-A à Lei 5.859/1972, e que atualmente está consagrada na Lei Complementar 150/2015 (art. 25, parágrafo único).

É importante frisar que a estabilidade da gestante se inicia com a confirmação da gravidez através de exames médicos, e não a partir da concepção. Não é necessária a prévia comunicação do estado gestacional ao empregador, já que este tem responsabilidade objetiva;[3] e sempre entendemos que a mulher deveria ter conhecimento da própria gravidez, pois o dispositivo constitucional alude a "confirmação da gravidez", e não a "concepção". No entanto, a jurisprudência atual, capitaneada pelo TST, vem afirmando que a mulher nem mesmo precisa ter conhecimento do estado gestacional para ter direito à garantia de emprego, sinalizando que a expressão "confirmação" deve ser entendida como "concepção"; vale dizer: basta a confirmação objetiva da gravidez (concepção) para desencadear o arcabouço jurídico de proteção – entendimento que prioriza os interesses do nascituro.

Os direitos da gestante não sofrem restrição na hipótese de parto antecipado.[4] E no caso de aborto não criminoso a empregada terá direito a duas semanas de repouso remunerado – hipótese de interrupção do contrato de trabalho –, nos termos do art. 395 da CLT, não ficando assegurada, por óbvio, a estabilidade provisória, já que não terá havido parto. Trata-se de uma hipótese de licença-maternidade sem parto.

A Súmula 244 do Tribunal Superior do Trabalho, com redação alterada pelas Resoluções 121/2003, 129/2005 e 185/2012, assim disciplina a questão:

"I – O desconhecimento do estado gravídico pelo empregador não afasta o direito ao pagamento da indenização decorrente da estabilidade (art. 10, II, "b", do ADCT).

---

3. Entendemos que nem mesmo convenção ou acordo coletivo pode estabelecer prazo decadencial para que a empregada comunique seu estado de gravidez ao empregado após a ruptura do pacto laboral, com vistas a reverter a situação. Uma vez despedida, a empregada gestante terá o prazo prescricional de dois anos para reclamar seu direito.

4. Art. 392, § 3º, da CLT e art. 10, II, "a", do ADCT.

"II – A garantia de emprego à gestante só autoriza a reintegração se esta se der durante o período de estabilidade. Do contrário, a garantia restringe-se aos salários e demais direitos correspondentes ao período de estabilidade.

"III – A empregada gestante tem direito à estabilidade provisória prevista no art. 10, inciso II, alínea 'b', do Ato das Disposições Constitucionais Transitórias, mesmo na hipótese de admissão mediante contrato por tempo determinado."

A redação anterior do inciso III da Súmula 244 do TST consagrava a ausência de estabilidade destinada à gestante na admissão mediante contrato de experiência, que é modalidade de contrato por prazo determinado. Assim, com a modificação determinada pela Resolução 185/2012 é possível concluir que até mesmo nos contratos de experiência a estabilidade provisória estará assegurada; mas pensamos que referido posicionamento não tem o condão de transformar um contrato de prazo determinado em contrato por prazo indeterminado; vale dizer: a estabilidade deverá respeitar apenas o prazo contratual, inviabilizando a despedida antes do termo final, notadamente porque a cessação do contrato de trabalho no termo final do contrato não se confunde com a despedida arbitrária ou sem justa causa, expressamente vedada pelo texto constitucional. Vale dizer: o novo entendimento do TST deve atrair a aplicação analógica do art. 1º, § 4º, da Lei 9.601/1998.

Em complemento às regras de proteção à maternidade, a Lei 9.799, de 26.5.1999, acrescentou o § 4º ao art. 392 da CLT, consagrando a possibilidade de transferência de função quando as condições de saúde o exigirem, ficando assegurada à gestante a retomada da função anterior após o retorno da licença, bem como a dispensa do horário de trabalho, pelo tempo necessário, para a realização de, no mínimo, 6 consultas médicas e demais exames complementares. Além disso, há o direito dos descansos especiais, de 30 minutos cada, para amamentação do filho até que este complete 6 meses de idade (art. 396 da CLT), em locais adequados, conforme o art. 400 da CLT, bem como o de assistência gratuita aos filhos e dependentes desde o nascimento até 5 anos de idade em creches e pré-escolas (art. 7º, XXV, da CF, com redação determinada pela Emenda Constitucional 53, de 19.12.2006), direito que deve ser assegurado pelo Estado (art. 208, IV, da CF, também com redação determinada pela Emenda Constitucional 53/2006).

Observamos que a licença-maternidade poderá ser transferida ao cônjuge ou companheiro empregado no caso de morte da genitora, conforme o art. 392-B da CLT, acrescentado pela Lei 12.873, de 24.10.2013.

Igualmente, já se concebe a licença-maternidade ao empregado que adotar ou obtiver a guarda judicial para fins de adoção, conforme o art. 392-C da CLT – também acrescentado pela lei mencionada –, deixando evidente que se trata de direito que objetiva a proteção da criança, harmonizando-se com o princípio da proteção integral de que trata o art. 227 da Constituição da República, preenchendo a lacuna legislativa, que discriminava a criança não adotada por casais heterossexuais ou adotada por homem solteiro.

Finalmente, a Lei 13.467/2017 acrescentou o art. 394-A à CLT. Os incisos do mencionado artigo apresentam hipóteses em que, sem prejuízo da remuneração, nesta incluído o valor do adicional de insalubridade, a empregada gestante ou lactante deverá ser afastada de: I – atividades consideradas insalubres em grau máximo, enquanto durar a gestação; II – atividades consideradas insalubres em grau médio ou mínimo, quando apresentar atestado de saúde, emitido por médico de confiança da mulher, que recomende o afastamento durante a gestação; e III – atividades consideradas insalubres em qualquer grau, quando apresentar atestado de saúde, emitido por médico de confiança da mulher, que recomende o afastamento durante a lactação.

Cabe à empresa pagar o adicional de insalubridade à gestante ou à lactante, efetivando-se a compensação, observado o disposto no art. 248 da Constituição, por ocasião do recolhimento das contribuições incidentes sobre a folha de salários e demais rendimentos pagos ou creditados, a qualquer título, à pessoa física que lhe preste serviço.

Quando não for possível que a gestante ou a lactante afastada exerça suas atividades em local salubre na empresa, a hipótese será considerada como gravidez de risco e ensejará a percepção de salário-maternidade, nos termos da Lei 8.213/1991, durante todo o período de afastamento.

## 6. Proteção contra a discriminação

O art. 1º da Lei 9.029/1995, com redação da Lei 13.146, de 6.7.2015, proíbe a adoção de qualquer prática discriminatória e limitativa para efeito de acesso à relação de trabalho, ou de sua manutenção, por motivo de sexo, origem, raça, cor, estado civil, situação familiar, deficiência, reabilitação profissional, idade, entre outros, ficando ressalvada a proteção destinada ao menor, nos termos do art. 7º, XXXIII, da CF.

Referida lei tipifica como crimes, com pena de detenção de um a dois anos e multa, sem prejuízo de cominação administrativa, as seguintes práticas discriminatórias: a) exigência de teste, exame, perícia, laudo, atestado, declaração ou qualquer outro procedimento relativo a esterilização ou a estado de gravidez; b) adoção de quaisquer medidas, de iniciativa patronal, que configurem indução ou instigamento à esterilização genética e promoção do controle de natalidade, salvo o aconselhamento ou planejamento familiar realizados através de instituições públicas ou privadas, submetidas às normas do Sistema Único de Saúde/SUS.

Serão sujeitos ativos do ilícito mencionado: a pessoa física do empregador, o representante legal do empregador, bem como os dirigentes de órgãos públicos e entidades das Administrações Públicas direta, indireta e fundacional da União, Estados, Distrito Federal e Municípios.

Na hipótese de extinção do contrato por ato discriminatório, nos termos da Lei 9.029/1995, o(a) empregado(a) poderá optar entre a reintegração[5] no emprego, com o consequente pagamento dos salários e demais consectários do período de afastamento, ou indenização em dobro da remuneração do período de afastamento (art. 4º da Lei 9.029/1995).

Por fim, a Lei 9.799, de 26.5.1999, acrescentou o art. 373-A à CLT, com vistas a combater a discriminação e abusos praticados contra a mulher, o qual merece transcrição e dispensa maiores comentários:

"Art. 373-A. Ressalvadas as disposições legais destinadas a corrigir as distorções que afetam o acesso da mulher ao mercado de trabalho e certas especificidades estabelecidas nos acordos trabalhistas, é vedado: I – publicar ou fazer publicar anúncio de emprego no qual haja referência ao sexo, à idade, à cor ou situação familiar, salvo quando a natureza da atividade a ser exercida, pública ou notoriamente, assim o exigir; II – recusar emprego, promoção ou motivar a dispensa do trabalho em razão de sexo, idade, cor, situação familiar ou estado de gravidez, salvo quando a natureza da atividade seja notória e publicamente incompatível; III – considerar o sexo, a idade, a cor ou situação familiar como variável determinante para fins de remuneração, formação profissional e oportunidades de ascensão profissional; IV – exigir atestado ou exame, de qualquer natureza, para comprovação de esterilidade ou gravidez, na admissão ou permanência no emprego; V – impedir o acesso ou adotar critérios subjetivos para deferimento de inscrição ou aprovação em concursos, em empresas privadas, em razão de sexo, idade, cor, situação

---

5. A Lei 9.029/1995 utiliza, inadequadamente, a expressão "readmissão". O correto é "reintegração", porque haverá contagem do tempo de afastamento e remuneração do período respectivo.

familiar ou estado de gravidez; VI – proceder o empregador ou preposto a revistas íntimas nas empregadas ou funcionárias.[6]

"Parágrafo único. O disposto neste artigo não obsta à adoção de medidas temporárias que visem ao estabelecimento das políticas de igualdade entre homens e mulheres, em particular as que se destinam a corrigir as distorções que afetam a formação profissional, o acesso ao emprego e as condições gerais de trabalho da mulher".

---

[6]. Atente-se para o fato de que referido inciso não veda a revista das mulheres, mas alude a "revistas íntimas". Pessoalmente, reputamos lamentável que o legislador tivesse que se ocupar da questão para coibir abusos dessa natureza, já que a própria Constituição Federal assegura a inviolabilidade da intimidade da pessoa humana; e não temos dúvidas em afirmar que referido dispositivo comporta aplicação analógica aos empregados do sexo masculino, por força do princípio da isonomia (art. 5º, I, da CF).

*Capítulo XXIX*
# PRESCRIÇÃO E DECADÊNCIA NO DIREITO DO TRABALHO

*1. Diferença entre prescrição e decadência. 2. A prescrição no direito do trabalho: 2.1 Prescrição parcial e prescrição total – 2.2 A renúncia da prescrição – 2.3 Causas impeditivas e suspensivas da prescrição – 2.4 Interrupção da prescrição. 3. A decadência no direito do trabalho.*

## 1. Diferença entre prescrição e decadência

*Prescrição* e *decadência* são institutos de direito material, e não de direito processual. A prescrição pode ser *extintiva*, também denominada liberatória, ou *aquisitiva*.

A *prescrição extintiva* é "a perda, pelo decurso de certo tempo, da faculdade de pleitear um direito, através da ação judicial competente".[1]

Seguindo os ensinamentos de Wilson de Souza Campos Batalha,[2] podemos afirmar que a prescrição será *extintiva* quando acarretar a perda da faculdade e será *aquisitiva* quando à perda da faculdade de alguém segue-se a aquisição de direito por outra pessoa, sendo clássico o exemplo da usucapião.[3]

A preocupação doutrinária reside na distinção entre a *prescrição extintiva* – que interessa ao direito do trabalho – e a *decadência*. Costumava-se afirmar que, enquanto a prescrição extintiva – que a partir de agora denominaremos apenas *prescrição* – fulmina o direito de ação

---

1. Ísis de Almeida, *Manual da Prescrição Trabalhista*, 2ª tir., São Paulo, LTr, 1990, p. 13.
2. Wilson de Souza Campos Batalha, *Prescrição e Decadência no Direito do Trabalho*, 2ª ed., São Paulo, LTr, 1998, p. 22.
3. A palavra "usucapião" é substantivo do gênero feminino.

e, consequentemente, o direito que ela assegura, a decadência atinge o próprio direito subjetivo.

Contudo, do ponto de vista lógico, o direito de ação é imprescritível, porquanto o que prescreve é o direito vindicado. Vale dizer, o autor da ação sempre terá direito à tutela jurisdicional, ainda que o pronunciamento seja no sentido de afirmar que a "ação" está prescrita; ou, melhor, "que o direito postulado não subsiste, pelo decurso do tempo de seu exercício".[4] Por isso, considera-se mais adequado o tratamento dado à matéria pelo Código Civil de 2002, que permite afirmar que a prescrição é a perda da exigibilidade da pretensão (art. 189).

Sabemos que alguns direitos subjetivos coincidem com o próprio ajuizamento de ação e que objetivam provocar modificação em situações jurídicas já consolidadas, mediante a interferência do Poder Judiciário. São exemplos: ação de separação e divórcio, ação de dissolução de sociedade, ação rescisória, mandado de segurança e – particularmente na esfera trabalhista – inquérito judicial para apuração de falta grave. E todos os exemplos citados estão sujeitos a prazo decadencial.

Em síntese, é possível afirmar que as ações constitutivas estão sujeitas a prazos de decadência, enquanto as ações condenatórias se sujeitam a prazos prescricionais; ou, ainda, que a decadência se caracteriza quando o direito deve ser exercido por meio de uma ação, ou seja, quando o direito de ação coincide com o próprio direito. No direito do trabalho vislumbram-se várias hipóteses de prazos decadenciais previstos em normas coletivas ou emanadas do empregador, a exemplo daqueles destinados à adesão a programa de demissão voluntária, inclusão em planos de assistência médica ou odontológica etc.

Câmara Leal,[5] na célebre obra *Da Prescrição e da Decadência*, observou, com percuciência, a distinção entre ambos os institutos, parecendo-nos oportuna a transcrição: "A decadência extingue, diretamente, o direito e, com ele, a ação que o protege; ao passo que a prescrição extingue, diretamente, a ação e, com ela, o direito que protege. A decadência tem por objeto o direito, é estabelecida em relação a este e tem por função imediata extingui-lo; a prescrição tem por objeto a ação, é estabelecida em relação a esta e tem por função imediata extingui-la. A decadência é causa direta e imediata de extinção de direitos; a prescrição só extingue mediata e indiretamente. O segundo traço diferencial va-

---

4. Wilson de Souza Campos Batalha, *Prescrição* ..., 2ª ed., p. 21.
5. *Apud* Wilson de Souza Campos Batalha, *Prescrição e Decadência no Direito do Trabalho*, cit., 2ª ed., p. 23.

mos encontrá-lo no momento de início da decadência e no momento de início da prescrição, pois, se a decadência começa a correr, como o prazo extintivo, desde o momento em que o direito nasce, a prescrição não tem o seu início com o nascimento do direito, mas só começa a correr desde o momento em que o direito é violado, ameaçado ou desrespeitado, porque nesse momento é que nasce a ação, contra a qual a prescrição se dirige. O terceiro traço diferencial manifesta-se pela diversidade de natureza do direito que se extingue; a decadência supõe um direito que, embora nascido, não se tornou efetivo pela falta de exercício; ao passo que a prescrição supõe um direito nascido e efetivo, mas que pereceu pela falta de proteção pela ação, contra a violação sofrida".

Quanto aos efeitos, Câmara Leal[6] também indica a distinção: "a) a decadência tem por efeito extinguir o direito e a prescrição extinguir a ação; b) a decadência só extingue a ação por via de consequência e a prescrição só extingue o direito também por via de consequência; c) a decadência não se suspende, nem se interrompe e só é impedida pelo exercício do direito a ela sujeito; a prescrição pode ser suspensa ou interrompida por causas preclusivas previstas pela lei; d) a decadência corre contra todos, não prevalecendo contra ela as isenções criadas pela lei em favor de certas pessoas; relativamente à prescrição, porque nela se atende somente ao fato objetivo da inércia durante um certo lapso de tempo, em nada influindo a situação das pessoas; a prescrição não corre contra todos, havendo pessoas que, por consideração de ordem especial, ficam isentas de seus efeitos; e) a decadência produz os seus efeitos extintivos de modo absoluto, pelo quê o direito decadente não pode ser utilmente invocado, nem mesmo por via de exceção; a prescrição, em certos casos, não produz os seus efeitos em relação à exceção, que pode ser invocada, sem que a prescrição lhe sirva de embaraço; f) a decadência resultante de prazo extintivo imposto pela lei não pode ser renunciada pelas partes, nem antes, nem depois de consumada; a prescrição, depois de consumada, pode ser renunciada pelo prescribente; g) a decadência decorrente de prazo legal prefixado pelo legislador pode ser conhecida pelo juiz, de ofício, independentemente de alegação das partes; a prescrição das ações patrimoniais não pode ser, *ex officio*, decretada pelo juiz".

As observações de Câmara Leal relativamente à distinção entre prescrição e decadência quanto aos efeitos encontram-se abrigadas no

6. Idem, p. 24.

atual Código Civil (Lei 10.406/2002), já que o anterior silenciava sobre a decadência e contribuía para a confusão entre os institutos, eis que tratava como prazo prescricional alguns prazos que a doutrina sempre afirmou serem decadenciais.

Com efeito, o Código Civil estabelece as hipóteses que impedem ou suspendem a prescrição (arts. 197-201), bem como aquelas que a interrompem (arts. 202-204), e veda referidas ocorrências em relação à decadência, salvo disposição legal em contrário (art. 207). Constata-se, ainda, que a decadência fixada em lei é irrenunciável (art. 209 do CC) e pode ser conhecida *ex officio* pelo juiz (art. 210 do CC). Por outro lado, a prescrição é renunciável tácita ou expressamente (art. 191 do CC), podendo ser alegada em qualquer grau de jurisdição (art. 193 do CC), e não podia ser suprida pelo juiz, *ex officio*, a menos que favorecesse o absolutamente incapaz (art. 194 do CC). Contudo, o art. 219, § 5º, do CPC, com redação da Lei 11.280/2006, determina que a prescrição seja pronunciada de ofício pelo juiz – dispositivo que nos parece absolutamente compatível com as lides que envolvem as relações de trabalho, não obstante a ausência de uniformidade na jurisprudência.

## 2. A prescrição no direito do trabalho

O art. 7º, XXIX, da Constituição da República, com a redação da Emenda Constitucional 28, de 25.5.2000, consagra idêntico tratamento da prescrição para empregados urbanos e rurais: "ação, quanto aos créditos resultantes das relações de trabalho, com prazo prescricional de 5 (cinco) anos para os trabalhadores urbanos e rurais, até o limite de 2 (dois) anos após a extinção do contrato de trabalho".

Na redação anterior do dispositivo constitucional verificávamos a inexistência da prescrição quinquenal ao empregado rural. Contudo, o empregador rural poderia obter a eficácia liberatória em relação às parcelas correspondentes a cada cinco anos, desde que comparecesse perante a Justiça do Trabalho e comprovasse a regularidade na satisfação de suas obrigações trabalhistas – um autêntico procedimento de jurisdição voluntária previsto no art. 233 da CF, e revogado pela Emenda Constitucional 28/2000.

Assim, tanto empregados urbanos quanto rurais sujeitam-se à prescrição parcial insculpida no texto constitucional, desde que se esteja no curso da relação de emprego. Extinto o contrato de trabalho, a prescrição será total quando atingido o limite de dois anos.

A Reforma Trabalhista incluiu o art. 11-A no diploma consolidado, que prevê a possibilidade da prescrição intercorrente. Trata-se da perda da exigibilidade da pretensão no curso do processo, por conta da inércia do autor, que não praticou os atos necessários para o regular andamento processual ou deixou a ação paralisada por tempo superior ao previsto em lei.

O entendimento da Súmula 114 do TST era no sentido da inaplicabilidade da prescrição intercorrente ao direito do trabalho, mas a Súmula 327 do STF se posicionava em sentido contrário. Com as recentes alterações promovidas pela Reforma Trabalhista, a Súmula do TST deverá ser cancelada.

Nos termos do art. 11-A da CLT, ocorre a prescrição intercorrente no processo do trabalho no prazo de dois anos, contados do momento em que o exequente deixa de cumprir determinação judicial no curso da execução. A declaração da prescrição intercorrente pode ser requerida ou declarada de ofício, em qualquer grau de jurisdição.

Em 24.7.2018, o TST expediu a Recomendação n. 3. Trata-se de recomendações ao juízes e desembargadores do trabalho sobre a prescrição intercorrente, sintetizadas no seguinte: a) a prescrição intercorrente somente deverá ser reconhecida após expressa intimação do exequente para cumprimento de determinação judicial no curso da execução; b) o juiz ou relator indicará, com precisão, qual a determinação deverá ser cumprida pelo exequente, com expressa cominação das consequências do descumprimento; c) o fluxo da prescrição intercorrente contar-se-á a partir do descumprimento da determinação judicial, desde que expedida após 11.11.2017, data do início da vigência da Reforma Trabalhista; d) antes de decidir sobre a ocorrência da prescrição intercorrente, o juiz ou o relator deverá conceder prazo à parte interessada para se manifestar sobre o tema; e) não correrá o prazo de prescrição intercorrente nas hipóteses em que não for localizado o devedor ou encontrados bens sobre os quais possa recair a penhora, devendo o juiz, nesses casos, suspender o processo (art. 40 da Lei 6.830/1980); e f) reconhecida a prescrição intercorrente, será promovida a extinção da execução, consoante dispõe o art. 924, V, do CPC (art. 21, da IN-TST 41/2018).

## 2.1 Prescrição parcial e prescrição total

O contrato de trabalho é modalidade de trato sucessivo, motivo pelo qual releva a discussão em torno da prescrição aplicável na hipótese de supressão de alguma vantagem ou benefício outrora reconhecido ao trabalhador.

A jurisprudência trabalhista vem discutindo a questão há muito tempo. Inicialmente houve a aprovação da Súmula 168 do Tribunal Superior do Trabalho, com a seguinte redação: "Na lesão de direito que atinja prestações periódicas, de qualquer natureza, devidas ao empregado, a prescrição é sempre parcial e se conta do vencimento de cada uma delas, e não do direito do qual se origina".

Posteriormente, em data de 25.3.1985, a mais alta Corte Trabalhista modificou a redação da Súmula 168, que acabou recebendo outra numeração. E daí a Súmula 198, cuja redação era a seguinte: "Na lesão de direito individual que atinja prestações periódicas devidas ao empregado, à exceção da que decorre de ato único do empregador, a prescrição é sempre parcial e se conta do vencimento de cada uma dessas prestações, e não da lesão do direito".

Finalmente, após inúmeras discussões e até mesmo adaptações na aplicação da Súmula 198 do Tribunal Superior do Trabalho, em virtude da prescrição quinquenal introduzida pelo atual ordenamento constitucional (5.10.1988), houve cancelamento de referido verbete em abril/1989, e a consequente aprovação da Súmula 294, com o seguinte teor: "Tratando-se de ação que envolva pedido de prestações sucessivas decorrente de alteração do pactuado, a prescrição é total, exceto quando o direito à parcela esteja também assegurado por preceito de lei" (*DJU* 14.4.1989).

Em síntese, o ato único do empregador que suprime vantagem do empregado estará sujeito à prescrição parcial (quinquenal) no curso do contrato de trabalho se referida vantagem estiver assegurada por preceito de lei, a exemplo do 13º salário, acréscimo de um terço sobre férias, adicional de transferência, entre outros – entendimento jurisprudencial que se coaduna com o art. 9º da CLT ("Serão nulos de pleno direito os atos praticados com o objetivo de desvirtuar, impedir ou fraudar a aplicação dos preceitos contidos na presente Consolidação"). Por outro lado, se o benefício provém de outra fonte normativa (regulamento de empresa, contrato de trabalho etc.) a prescrição será total após cinco anos da violação do direito, no curso da relação empregatícia, ou dois anos, após a extinção do contrato, valendo o que ocorrer primeiro. Na hipótese de pedido de diferença de complementação de aposentadoria decorrente do contrato de trabalho, a prescrição será parcial, a menos que se trate de diferenças decorrentes de verbas não recebidas no curso da relação de emprego e já alcançadas pela prescrição à época da propositura da demanda, conforme a Súmula 327 do Tribunal Superior do Trabalho, com redação atribuída pela Resolução 174/2011, publicada em 27.5.2011.

## 2.2 A renúncia da prescrição

O Código Civil de 1916 consagrava a renúncia da prescrição no art. 161: "A renúncia da prescrição pode ser expressa ou tácita, e só valerá, sendo feita, sem prejuízo de terceiros, depois que a prescrição se consumar; tácita é a renúncia, quando se presume de fatos do interessado, incompatíveis com a prescrição" – dispositivo praticamente reprisado no art. 191 do CC de 2002 (Lei 10.406/2002).

A renúncia tácita existirá quando o interessado, demandado em juízo, não a alegar, apesar da possibilidade de fazê-lo em qualquer grau de jurisdição, a teor do art. 193 do CC. No entanto, o espaço para incidência da renúncia tácita se tornou reduzido diante da possibilidade de o juiz pronunciar de ofício a prescrição, conforme preconiza o art. 219, § 5º, do CPC.

## 2.3 Causas impeditivas e suspensivas da prescrição

Na seara trabalhista verificamos uma causa impeditiva da prescrição no art. 440 da CLT, segundo o qual não corre prazo de prescrição contra o menor de 18 anos.

Além da hipótese supramencionada, podemos indicar algumas arroladas no próprio Código Civil, cuja aplicação subsidiária decorre do art. 8º do diploma consolidado. Dispõe o art. 198 do CC que não corre prescrição contra os incapazes de que trata o art. 3º do mesmo Código (menores de 16 anos; aqueles que, por enfermidade ou deficiência mental, não tiverem o necessário discernimento para a prática dos atos da vida civil; aqueles que, mesmo por causa transitória, não puderem exprimir sua vontade) e contra os ausentes do país em serviço público da União, dos Estados ou dos Municípios.

O art. 625-G da CLT consagra uma hipótese típica de suspensão da prescrição na esfera trabalhista. Segundo referido dispositivo consolidado, o prazo prescricional fica suspenso a partir da provocação da Comissão de Conciliação Prévia, recomeçando a fluir a partir da tentativa frustrada de conciliação ou após expirado o prazo de 10 dias previsto no art. 625-F do mesmo diploma legal.

O prazo prescricional suspenso volta a fluir após a cessação da causa da suspensão; vale dizer, somam-se os dois períodos.

Somos de opinião que a discussão das causas impeditivas indicadas no art. 197 do CC não tem relevância no âmbito do direito do trabalho (impossibilidade de início de contagem da prescrição entre cônjuges na constância do casamento, entre ascendentes e descendentes durante o poder familiar e entre tutelados ou curatelados e seus tutores ou curadores durante a tutela ou curatela). Isto porque é extremamente controvertida a possibilidade de contrato de trabalho entre cônjuges e, além disso, o disposto em referido dispositivo legal objetiva colocar a salvo a possibilidade de discussão de atos relacionados à vida civil, cuja discussão estaria tolhida durante o poder familiar, tutela ou curatela. Devemos, ainda, atentar para o fato de que o filho que se encontra sob poder familiar, o tutelado e o curatelado são absolutamente incapazes, restando aplicável o art. 198 do mesmo Código.

## 2.4 Interrupção da prescrição

O art. 172 do CC de 1916 já consagrava as hipóteses de interrupção da prescrição, cuja disciplina se encontra no art. 202 do CC. A diferença entre interrupção e suspensão é que nos casos de interrupção o prazo retoma a contagem inicial, não se somando o período fluído antes da causa interruptiva.

No âmbito do direito do trabalho se dá maior ênfase ao ajuizamento da ação trabalhista como causa de interrupção da prescrição. Assim dispõe a Súmula 268 do Tribunal Superior do Trabalho, com redação aprovada pela Resolução 121/2003: "A ação trabalhista, ainda que arquivada, interrompe a prescrição somente em relação aos pedidos idênticos".

A Súmula 268 do Tribunal Superior do Trabalho, com a redação supramencionada, pacificou a discussão em torno do alcance da interrupção, estabelecendo que não atinge pedidos não formulados em demanda anterior – o que se revela acertado, pois a cada pedido corresponde uma ação. No entanto, não havia consenso sobre o fato da interrupção depender ou não da citação válida, discussão que ficou superada com o art. 11, § 3º, da CLT, acrescentado pela Lei 13.467/2017, no qual resta assegurada a interrupção da prescrição trabalhista com o simples ajuizamento da demanda, ainda que em juízo incompetente. Portanto, no processo do trabalho, não se aplica o art. 240, § 1º, do CPC, segundo o qual a interrupção da prescrição ocorre pelo despacho que ordena a citação, mormente porque no processo do trabalho a citação é ato de ofício da Secretaria do juízo.

## 3. A decadência no direito do trabalho

Como bem lembra Maurício Godinho Delgado, a legislação trabalhista tende a não fixar prazos decadenciais, não sendo usual que se estabeleçam "faculdades de exercício restrito no curso do contrato de trabalho".[7] Dentre as hipóteses de prazos decadenciais fixados na legislação trabalhista é comum a lembrança daquela prevista no art. 853 da CLT, também consagrada na Súmula 403 do Supremo Tribunal Federal ("É de decadência o prazo de 30 dias para a instauração de inquérito judicial, a contar da suspensão, por falta grave, de empregado estável"). Contudo, não se pode olvidar o direito potestativo do empregado de fazer a opção retroativa pelo sistema do FGTS, quando se tratar de empregado não optante à época da promulgação da atual Constituição Federal; cujo direito expira com a cessação do contrato de trabalho – motivo pelo qual revela-se prazo nitidamente decadencial.

Além das raras hipóteses legais de prazos decadenciais, observa Maurício Godinho Delgado[8] que os regulamentos de empresa podem estabelecer prazos decadenciais para adesão a programas de dispensas ou aposentadorias incentivadas, desde que sejam prazos genéricos, fatais e não discriminatórios.

Algumas convenções e acordos coletivos chegam a estabelecer prazo para a empregada gestante comunicar seu estado de gravidez ao empregador, normalmente de 60 dias após a despedida, com vistas a reverter a situação, sob pena de perda do direito à estabilidade provisória. Tratar-se-ia de prazo decadencial, se não fosse inconstitucional, já que faz restrição ao exercício de um direito, onde a própria Constituição Federal não distingue.

---

7. Maurício Godinho Delgado, *Curso de Direito do Trabalho*, São Paulo, LTr, 2002, p. 250.

8. Idem, pp. 250-251.

*Capítulo XXX*
# O DANO MORAL
# NO DIREITO DO TRABALHO

*1. Considerações iniciais. 2. O problema da denominação. 3. Definição de dano moral. 4. Evolução histórica. 5. O dano moral e o contrato de trabalho: 5.1 Atos lesivos da honra ou boa fama – 5.2 O assédio sexual – 5.3 A despedida por justa causa sob falsa alegação de improbidade – 5.4 O acidente de trabalho – 5.5 Revistas pessoais – 5.6 O assédio moral – 5.7 Outras situações – 5.8 Dano moral na Reforma Trabalhista (Lei 13.467/2017). 6. Fixação da indenização por dano moral. 7. Responsabilidade por ato de terceiros.*

## 1. Considerações iniciais

O direito do trabalho brasileiro não se encontra alheio à possibilidade da ocorrência de dano moral nas relações de trabalho desde a aprovação da Consolidação das Leis do Trabalho, em 1943. É o que se infere do art. 482, "j" e "k", e também do art. 483, "e".

Com efeito, o diploma consolidado arrola as hipóteses de atos lesivos da honra ou boa fama praticados no serviço contra qualquer pessoa ou contra o empregador (não necessariamente no ambiente de trabalho) como passíveis de legitimar a despedida por justa causa; e as hipóteses de ato lesivo da honra ou boa fama do empregado ou pessoa de sua família praticados pelo empregador ou seus prepostos como autorizadores da rescisão indireta do contrato de trabalho.

Não estamos afirmando que as situações descritas na norma consolidada resumem todas as hipóteses de ocorrência de danos morais na relação de emprego, mas apenas realçando que a legislação trabalhista, ainda que de maneira incipiente, se ocupou do problema e tratou de cominar a possibilidade de rescisão do contrato de trabalho com ônus para o causador da ruptura contratual, a parte que incorreu nos atos lesivos à honra ou boa fama da outra.

O fato é que nos últimos anos a questão ganhou maior dimensão, com a publicação de inúmeros artigos em revistas especializadas, teses acadêmicas e livros, objetivando um estudo mais aprofundado, com vistas a melhor definir o fenômeno do dano moral e sua relação com o direito do trabalho, a possibilidade de sua indenização, preconizada na Constituição Federal de 1988 (art. 5º, V e X),[1] e sua quantificação e a questão da competência da Justiça do Trabalho para dirimir os conflitos porventura existentes em torno de referida questão.

## 2. O problema da denominação

Alguns autores que, com espírito científico e a necessária percuciência, se dedicaram ao tema promovem crítica à expressão "dano moral".

Paulo Eduardo Vieira de Oliveira, em alentado estudo,[2] prefere a expressão "dano pessoal", com base nos estudos de Limongi França, segundo o qual o direito às integridades e os direitos da personalidade são: a) direito à integridade física (à vida, ao corpo vivo, ao corpo morto, sobre o próprio corpo morto, sobre o corpo alheio vivo, sobre as partes separadas do corpo vivo, sobre as partes do corpo morto); b) direito à integridade intelectual (à liberdade de pensamento, direito pessoal de autor científico, direito pessoal de autor artístico e direito pessoal de inventor); c) direito à integridade moral (à liberdade civil, política e religiosa; à honra, à honorificência, ao recato; ao segredo pessoal, doméstico e profissional; à imagem; à identidade pessoal, familiar e social); d) direito à integridade social (direito ao convívio familiar e social, ao exercício da cidadania, à educação escolar nos diversos níveis, ao lazer etc.).

E acrescenta: "Todo dano causado com base em responsabilidade subjetiva (dolo ou culpa) ou objetiva (criação de risco), ou com a conjunção de ambas, a uma ou mais destas integridades, por um único ou múltiplos atos, assume, pelo objeto que atinge, a qualificação de 'pessoal'".[3]

Percebe-se, pelo estudo de Paulo de Oliveira, que o dano pessoal poderá envolver o dano moral *stricto sensu*, que coincide com a violação

---

1. CF, art. 5º: "V – é assegurado o direito de resposta, proporcional ao agravo, além da indenização por dano material, moral e à imagem; (...) X – são invioláveis a intimidade, a vida privada, a honra e a imagem das pessoas, assegurado o direito a indenização pelo dano material ou moral decorrente de sua violação; (...)".

2. Paulo Eduardo Vieira de Oliveira, *O Dano Pessoal no Direito do Trabalho*, São Paulo, LTr, 2002.

3. Idem, ibidem.

do direito à integridade moral, a exemplo do que ocorre com os crimes de calúnia, difamação ou injúria. Em síntese, o dano moral seria uma espécie de dano pessoal.

Rodolfo Pamplona Filho[4] também critica a expressão "dano moral", asseverando que o correto seria "dano não material".

Feitas estas considerações, torna-se importante mencionar que o diploma constitucional, ao aludir à possibilidade de indenização por dano moral, adotou a acepção ampla da expressão ("dano pessoal", no entendimento de Paulo Eduardo V. de Oliveira), pois referida indenização não objetiva tão somente a proteção da honra, mas abarca, igualmente, a inviolabilidade da intimidade, da vida privada e da imagem das pessoas (art. 5º, V e X, da CF) e não houve exclusão da pessoa jurídica.

De nossa parte, utilizaremos as expressões "dano moral" e "dano extrapatrimonial", eis que consagradas pelo uso, parecendo-nos irrelevantes, do ponto de vista prático, as digressões em sentido diverso. Além disso, a expressão "dano moral" é a que foi prestigiada pelo legislador constituinte.

## 3. Definição de dano moral

Lembra-nos Álvaro Villaça Azevedo[5] que todo patrimônio é composto de bens materiais (um imóvel, uma soma em dinheiro, um animal) e imateriais (a honra, a vida, a liberdade), e que eventual violação de um desses bens implica consequência econômica. E acrescenta: "Se o ataque se dirigir ao bem material, o dano será material, chamado pela

---

4. "(...) adotamos a expressão 'dano moral' somente por estar amplamente consagrada na doutrina e jurisprudência pátria, apesar de reconhecermos que seja tecnicamente inadequada para qualificar todas as formas de prejuízo não fixável pecuniariamente. Mesmo a expressão 'danos extrapatrimoniais', também de uso comum na linguagem jurídica, pode se tornar equívoca, principalmente se for comparada com a ideia do patrimônio moral, que abrange, entre outros bens jurídicos, a intimidade, a vida privada, a honra e a imagem da pessoa. Melhor seria utilizar-se o termo 'dano não material' para se referir a lesões do patrimônio imaterial, justamente em contraponto ao termo 'dano material', como duas faces da mesma moeda, que seriam o patrimônio jurídico da pessoa física ou jurídica" (*apud* João José Sady, "O acidente do trabalho e sua repercussão na área da responsabilidade civil após o advento da Constituição Federal/1988", *Revista do Advogado* 60/67, São Paulo, Associação dos Advogados de São Paulo, 2000).

5. Álvaro Villaça Azevedo, "Proposta de classificação da responsabilidade objetiva: pura e impura", *RDTrabalho* 100/17, Ano 26, São Paulo, Ed. RT, outubro--dezembro/2000.

doutrina de patrimonial; se ao bem imaterial, o dano será imaterial, cognominado moral".[6]

Nas palavras de Wilson Melo da Silva, dano moral "é aquele que diz respeito às lesões sofridas pelo sujeito físico ou pessoa natural (não jurídica) em seu patrimônio de valores exclusivamente ideais, vale dizer, não econômicos".[7]

Acrescenta, ainda, o autor supramencionado que "o chamado dano moral tem estreita conotação com a dor, seja ela moral ou física, jamais afetando o patrimônio econômico do lesado".[8]

Nesta mesma linha de raciocínio, o dano moral foi definido por Valdir Florindo da seguinte forma: "aquele decorrente de lesão à honra, à dor-sentimento ou física, aquele que afeta a paz interior do ser humano, enfim, ofensa que cause um mal, com fortes abalos na personalidade do indivíduo. Pode-se dizer com segurança que seu caráter é extrapatrimonial, contudo é inegável seu reflexo sobre o patrimônio. A verdade é que podemos ser lesados no que somos e não tão somente no que temos".[9]

Assinale-se, ainda, a definição de Jorge Pinheiro Castelo: "O dano moral corresponde à dor moral que uma pessoa sofre quando vê lesado um direito não patrimonial ou a função não patrimonial de um direito patrimonial (direito patrimonial com função não patrimonial)".[10]

As definições transcritas esbarram no inconveniente de não incluir a possibilidade de danos morais à pessoa jurídica. Por isso, parece-nos mais feliz e oportuna a lição de Cretella Júnior, segundo o qual o dano moral é "um desequilíbrio sofrido pelo sujeito de direito, pessoa física ou jurídica, atingida no patrimônio ou na moral, em consequência da violação da norma jurídica por fato ou ato alheio";[11] ou, ainda, a distinção promovida por Yussef Said Cahali: "Define-se o dano patrimonial como sendo aquele que afeta os bens economicamente apreciáveis que

---

6. Idem, ibidem.
7. Wilson Melo da Silva, "Dano moral", verbete in Rubens Limongi França (coord.), *Enciclopédia Saraiva do Direito*, vol. 22, São Paulo, Saraiva, 1979, p. 266.
8. Idem, ibidem.
9. Valdir Florindo, *Dano Moral e o Direito do Trabalho*, 3ª ed., São Paulo, LTr, 1999, p. 41.
10. Jorge Pinheiro Castelo, "Dano moral trabalhista – Configuração própria e autônoma, competência da Justiça do Trabalho, ações individuais para tutela de direitos morais laborais tradicionais, novas e ações civis públicas trabalhistas", *Revista do Advogado*, 1998, São Paulo, Associação dos Advogados de São Paulo, p. 96.
11. *Apud* Francisco Antônio de Oliveira, "Do dano moral", *LTr* 62/24, São Paulo, LTr, janeiro/1998.

integram o patrimônio do credor ou da vítima; por exclusão, define-se como dano moral aquele a que não correspondam as características de dano patrimonial".[12]

Alexandre de Moraes, ao comentar o inciso V do art. 5º da CF, pronunciou-se favoravelmente à possibilidade de indenização dos danos morais à pessoa jurídica: "A indenização por danos morais, portanto, terá cabimento seja em relação à pessoa física, seja em relação à pessoa jurídica e até mesmo em relação às coletividades (interesses difusos e coletivos); mesmo porque, como já estudado anteriormente, são todos titulares dos direitos e garantias fundamentais, desde que compatíveis com suas características de pessoas artificiais".[13]

A própria jurisprudência já vem se pronunciando favoravelmente à possibilidade de indenização por dano moral à pessoa jurídica, cumprindo transcrever as seguintes ementas de acórdãos: "A honra objetiva da pessoa jurídica pode ser ofendida pelo protesto indevido de título cambial, cabendo indenização pelo dano extrapatrimonial daí decorrente" (STJ, 4ª T., REsp 60.033-MG, rel. Min. Ruy Rosado de Aguiar, *DJU*, Seção I, 27.11.1995, p. 40.893);[14] "Dano moral – Pessoa jurídica – Ressarcimento. A pessoa jurídica, embora não seja titular de honra subjetiva, que se caracteriza pela dignidade, decoro e autoestima, exclusiva do ser humano, é detentora de honra objetiva, fazendo jus à indenização por dano moral sempre que o seu bom nome, reputação ou imagem forem atingidos no meio comercial por algum ato ilícito. Ademais, após a Constituição de 1988 a noção de dano moral não mais se restringe ao *pretium doloris*, abrangendo também qualquer ataque ao nome ou à imagem da pessoa física ou jurídica, com vistas a resguardar a sua credibilidade e respeitabilidade" (TJRJ, 2ª C., ACi 5.943/1994, rel. Des. Sérgio Cavalieri Filho, j. 23.2.1995, *Adcoas* 145/459).[15]

A jurisprudência colacionada reforça a lição de Maria Helena Diniz (*Revista Literária de Direito* 9/8, Ano II, janeiro-fevereiro/1996), lem-

---

12. Yussef Said Cahali, "Dano", in Rubens Limongi França (coord.), *Enciclopédia Saraiva do Direito*, vol. 22, São Paulo, Saraiva, 1979, p. 208.

13. Alexandre de Moraes, *Constituição do Brasil Interpretada e Legislação Constitucional*, São Paulo, Atlas, 2002, p. 209.

14. *Apud* Alexandre de Moraes, *Constituição do Brasil Interpretada e Legislação Constitucional*, cit.

15. *Apud* Indalécio Gomes Neto, "A jurisdição trabalhista e o dano moral", in Rita Maria Silvestre e Amauri Mascaro Nascimento (coords.), *Os Novos Paradigmas do Direito do Trabalho (Homenagem a Valentin Carrion)*, São Paulo, Saraiva, 2001, p. 512.

brada por Amauri Mascaro Nascimento,[16] segundo a qual o dano moral é "a lesão a interesses não patrimoniais de pessoa física ou jurídica provocada pelo fato lesivo". Isso porque não se confunde com a dor física ou moral, a humilhação, a redução da autoestima, entre outras, já que estas podem ou não ocorrer e traduzem consequência do dano já perpetrado.[17]

## 4. Evolução histórica

Equivocam-se os autores que afirmam a inexistência de reparação do dano extrapatrimonial na Antiguidade. Com efeito, é bem provável que a primeira manifestação de reparação do dano tenha residido na conhecida *Lei de Talião*, presente no Código de Hamurabi, na Mesopotâmia, em período anterior a 1500 a.C.

Contudo, o próprio Código de Hamurabi também estabeleceu indenizações por danos extrapatrimoniais,[18] mormente porque o dano de ordem moral não comporta reposição do lesado ao *statu quo ante*, das quais são exemplos os §§ 211 e 212:

"§ 211. Se pela agressão fez a filha de um Muskenun expelir o fruto de seu seio: pesará cinco siclos de prata. [*"Cinco siclos de prata" correspondiam a mais ou menos 40g de prata*]

"§ 212. Se essa mulher morrer, ele pesará meia mina de prata." [*"Meia mina de prata" equivale a 250g de prata*]

O próprio Valdir Florindo[19] lembra que na *Bíblia Sagrada* encontramos sinais evidentes da preocupação com a indenização por danos morais, consoante se infere do livro do Deuteronômio (22; 13-19): "Se um homem se casa com uma mulher e começa a detestá-la depois de ter tido relações com ela, acusando-a de atos vergonhosos e difamando-a publicamente, dizendo: 'Casei-me com esta mulher mas, quando me aproximei dela, descobri que não era virgem', o pai e a mãe da jovem pegarão a prova da virgindade dela e levarão a prova aos anciãos da

---

16. Amauri Mascaro Nascimento, *Iniciação ao Direito do Trabalho*, 27ª ed., São Paulo, LTr, 2001, p. 479.

17. Por outro lado, ousamos discordar da definição sugerida por Amauri Mascaro Nascimento (*Iniciação ao Direito do Trabalho*, cit., 27ª ed., p. 480: "dano moral é uma lesão que afeta um bem jurídico na esfera dos direitos de personalidade do empregado, com ou sem reflexos patrimoniais"), porquanto o dano moral também pode vitimar o empregador, por ato do empregado, notadamente quando se tratar de empregador pessoa física.

18. Cf. Valdir Florindo, *Dano Moral e o Direito do Trabalho*, cit., 3ª ed., p. 25.

19. Idem, p. 21.

cidade para que julguem o caso. Então o pai da jovem dirá aos anciãos: 'Dei minha filha como esposa a este homem, mas ele a detesta, e a está acusando de atos vergonhosos, dizendo que minha filha não era virgem. Mas aqui está a prova da virgindade da minha filha!'. E estenderá o lençol diante dos anciãos da cidade. Os anciãos da cidade pegarão o homem, mandarão castigá-lo e o multarão em 100 moedas de prata, que serão entregues ao pai da jovem, por ter sido difamada publicamente uma virgem de Israel. Além disso, ela continuará sendo mulher dele, e o marido não poderá mandá-la embora durante toda a sua vida".[20]

E, ainda, nos versículos 28 e 29 encontraremos: "Se um homem encontra uma jovem que não está prometida em casamento e a agarra e tem relações com ela e é pego em flagrante, o homem que teve relações com ela dará ao pai da jovem 50 moedas de prata, e ela ficará sendo sua mulher. Uma vez que a violentou, não poderá mandá-la embora durante toda a sua vida".[21]

Assim, revela-se absolutamente equivocada a seguinte afirmação de Francisco Antônio de Oliveira: "A dor moral, as angústias da alma e do espírito, nunca foram razão de preocupação na Antiguidade em termos ressarcitórios. E essa concepção veio até os nossos dias quando o ressarcimento da dor sofrida por pecúnia era considerado imoral e aviltante".[22]

As passagens bíblicas são prova mais do que suficiente de que a preocupação com a reparação do dano extrapatrimonial data de muitos anos antes da era cristã.

Diante destes relatos, ficamos sem uma boa explicação para a resistência de alguns setores da doutrina e da jurisprudência brasileiras em reconhecer a possibilidade de indenização por dano moral no período anterior à promulgação da Constituição Federal de 1988.

Com efeito, os arts. 76 e 159 do CC de 1916 sempre serviram de sustentáculo à possibilidade de reparação dos danos morais:

"Art. 76. Para propor ou contestar uma ação é necessário ter legítimo interesse econômico, ou moral".

"Art. 159. Aquele que, por ação ou omissão voluntária, negligência ou imprudência, violar direito, ou causar prejuízo a outrem, fica obrigado a reparar o dano."

20. *Bíblia Sagrada*, edição pastoral, São Paulo, Paulinas, abril/1990, pp. 220-221.
21. Idem, p. 221.
22. Francisco Antônio de Oliveira, "Do dano moral", cit., *LTr* 62/24.

É certo que o art. 76 do CC revogado não indica, de forma precisa e isenta de dúvidas, que se permite a possibilidade de indenização por dano moral, mas o art. 159 alude ao dever de "reparar o dano", e não distingue entre dano material e moral. Vale, portanto, a máxima já conhecida: *Ubi lex non distinguit nec nos distinguere debemus* ("onde a lei não distingue, não pode o intérprete fazer distinções").[23]

Além disso, já era possível identificar alguns dispositivos específicos no Código Civil de 1916 que estabeleciam reparação por danos extrapatrimoniais, como bem salienta Indalécio Gomes Neto:[24]

"Art. 1.547. A indenização por injúria ou calúnia consistirá na reparação do dano que delas resulte ao ofendido.

"Parágrafo único. Se este não puder provar o prejuízo material, pagar-lhe-á o ofensor o dobro da multa no grau máximo da pena criminal respectiva (art. 1.550)."

"Art. 1.548. A mulher agravada em sua honra tem direito a exigir do ofensor, se este não puder ou não quiser reparar o mal pelo casamento, um dote correspondente à sua própria condição e estado: I – se, virgem e menor, for deflorada; II – se, mulher honesta, for violentada, ou aterrada por ameaças; III – se for seduzida com promessas de casamento; IV – se for raptada."

"Art. 1.550. A indenização por ofensa à liberdade pessoal consistirá no pagamento das perdas e danos que sobrevierem ao ofendido, e no de uma soma calculada nos termos do parágrafo único do art. 1.547."

Hodiernamente a possibilidade de indenização por dano moral se encontra amplamente reconhecida, tendo em vista o assento constitucional que lhe foi reservado, nos incisos V e X do art. 5º da CF: "V – é assegurado o direito de resposta, proporcional ao agravo, além da indenização por dano material, moral ou à imagem; (...) X – são invioláveis a intimidade, a vida privada, a honra e a imagem das pessoas, assegurado o direito a indenização pelo dano material ou moral decorrente de sua violação".

E, como já afirmamos alhures, o direito a indenização por dano moral abarca a pessoa física ou jurídica – conclusão reforçada pelos estudos já realizados por renomados constitucionalistas, no sentido de que

---

23. Cf. Carlos Maximiliano, *Hermenêutica e Aplicação do Direito*, 11ª ed., Rio de Janeiro, Forense, 1990, pp. 246-247.

24. Indalécio Gomes Neto, "A jurisdição trabalhista e o dano moral", cit., in Rita Maria Silvestre e Amauri Mascaro Nascimento (coords.), *Os Novos Paradigmas do Direito do Trabalho (Homenagem a Valentin Carrion)*, p. 505.

os direitos e garantias fundamentais não são restritos à pessoa humana. Assinale-se, à guisa de exemplo, o ensinamento de Alexandre de Moraes: "Igualmente, as pessoas jurídicas são beneficiárias dos direitos e garantias individuais, pois reconhece-se às associações o direito à existência, o que de nada adiantaria se fosse possível excluí-las de todos os seus demais direitos. Dessa forma, os direitos enunciados e garantidos pela Constituição são de brasileiros, pessoas físicas e jurídicas".[25]

## 5. O dano moral e o contrato de trabalho

O contrato de trabalho, por traduzir negócio jurídico bilateral e obrigações recíprocas, pode ensejar conflitos entre os sujeitos, a exemplo do que ocorre em qualquer relação jurídica. Assim, referidos conflitos poderão implicar a ocorrência de danos materiais ou morais, os quais poderão vitimar tanto o empregado quanto o empregador.

Neste tópico vamos nos ocupar das hipóteses mais frequentes nas quais se poderá vislumbrar a ocorrência de danos morais.

### 5.1 Atos lesivos da honra ou boa fama

O art. 482, "j" e "k", da CLT consagra a possibilidade de despedida por justa causa nas hipóteses de atos lesivos da honra ou da boa fama praticados no serviço contra qualquer pessoa, ou praticadas contra o empregador e superiores hierárquicos, não se exigindo nesta última hipótese que o ato faltoso seja praticado no local de trabalho. Assinale-se que o dispositivo consolidado também consagra a despedida por justa causa nas hipóteses de ofensas físicas contra qualquer pessoa, no serviço, ou contra o empregador e superiores hierárquicos, em qualquer local, excluindo a hipótese de legítima defesa própria ou de outrem.

Por outro lado, o art. 483, "e", da CLT legitima a rescisão indireta do contrato de trabalho quando o empregador ou seus prepostos praticarem ato lesivo da honra e boa fama contra o empregado ou pessoas da família deste.

Observa-se, desde logo, que o legislador consagrou uma espécie de reciprocidade quando disciplinou a ruptura do contrato de trabalho sem ônus para uma das partes nos casos de atos lesivos da honra ou boa fama.

25. Alexandre de Moraes, *Constituição do Brasil Interpretada e Legislação Constitucional*, cit., p. 172.

Não se deve confundir os atos lesivos da honra e boa fama com os crimes contra a honra (calúnia, injúria e difamação), eis que a caracterização do ilícito penal requer observância rigorosa dos elementos do tipo, enquanto a falta disciplinar trabalhista revela modalidade genérica que poderá restar configurada mesmo nas hipóteses em que a conduta não caracteriza crime.

Com efeito, dispõe o Código Penal o seguinte:

"**Calúnia** – Art. 138. Caluniar alguém, imputando-lhe falsamente fato definido como crime:

"Pena – detenção, de 6 (seis) meses a 2 (dois) anos, e multa.

"§ 1º. Na mesma pena incorre quem, sabendo falsa a imputação, a propala ou divulga.

"§ 2º. É punível a calúnia contra os mortos.

"(...).

"**Difamação** – Art. 139. Difamar alguém, imputando-lhe fato ofensivo à sua reputação:

"Pena – detenção, de 3 (três) meses a 1 (um) ano, e multa.

"**Exceção da Verdade** – Parágrafo único. A exceção da verdade somente se admite se o ofendido é funcionário público e a ofensa é relativa ao exercício de suas funções.

"**Injúria** – Art. 140. Injuriar alguém, ofendendo-lhe a dignidade e o decoro:

"Pena – detenção, de 1 (um) a 6 (seis) meses, ou multa.

"§ 1º. O juiz pode deixar de aplicar a pena: I – quando o ofendido, de forma reprovável, provocou diretamente a injúria; II – no caso de retorsão imediata, que consista em outra injúria.

"§ 2º. Se a injúria consiste em violência ou vias de fato, que, por sua natureza ou pelo meio empregado, se considerem aviltantes:

"Pena – detenção, de 3 (três) meses a 1 (um) ano, e multa, além da pena correspondente à violência."

Constata-se que nos delitos de calúnia e difamação o objeto jurídico é a honra objetiva (a reputação, o conceito em que cada pessoa é tida),[26] enquanto na injúria o objeto jurídico é a honra subjetiva (sentimento que cada pessoa tem a respeito de seu decoro ou dignidade);[27] e todos têm

---

26. Cf. Celso Delmanto, *Código Penal Comentado*, 1ª ed., 6ª tir., Rio de Janeiro, Renovar, 1986, pp. 234 e 237.

27. Idem, p. 238.

como elemento subjetivo o dolo específico, não se admitindo a modalidade culposa.

Não temos dúvidas em afirmar que a tipificação de algum dos crimes contra a honra implicará o ato faltoso grave passível de legitimar a rescisão indireta do contrato de trabalho ou a despedida por justa causa, podendo-se cogitar do direito a indenização por danos morais em favor do ofendido.

Contudo, poderá ocorrer o ato faltoso (ato lesivo da honra ou boa fama), com todas as consequências na órbita trabalhista (inclusive indenização por danos morais), sem a configuração de crime contra a honra. Exemplifique-se com as hipóteses de gracejos e brincadeiras inconvenientes, beliscões e tapinhas nas nádegas que não sejam acompanhados de violência com aptidão para caracterizar a injúria real (art. 140, § 2º, do CP), ou práticas que tipificam outras modalidades delituosas, principalmente crimes contra os costumes e, mais modernamente, o assédio sexual, tipificado no art. 216-A, com a redação da Lei 10.224, de 15.5.2001, e que detalhamos no tópico seguinte.

*5.2 O assédio sexual*

Como bem lembra Sandra Lia Simón, "a liberdade sexual é outra das expressões do direito à intimidade e à vida privada".[28] E continua a mencionada autora: "O assédio sexual, como forma de lesar a liberdade do indivíduo, pode acontecer em quaisquer circunstâncias, mas tende a ocorrer mais nas relações onde há uma hierarquia: um indivíduo, por ter poder sobre outro, constrange-o a adotar procedimento sexual que não adotaria fora dessas circunstâncias".[29]

Em relação ao mesmo tema, assim se pronunciou Francisco Antônio de Oliveira: "Podemos definir o assédio sexual como comportamento que sugira o prazer sexual nas suas mais variadas formas. Toda e qualquer conduta de natureza sexual, ou outros comportamentos dirigidos ao sexo, que causem situação de constrangimento ou que afetem a dignidade do assediado, homem ou mulher. A conduta ofensiva poderá ser verbal, escrita, olhar lascivo, por toques e beliscões em regiões pudendas – toque em regiões que causem constrangimento ou vergonha. Poderá, ainda, ser dirigida por mímicas grotescas ou ridículas. Até mes-

28. Sandra Lia Simón, *A Proteção Constitucional da Intimidade e da Vida Privada do Empregado*, São Paulo, LTr, 2000, pp. 171-172.
29. Idem, p. 173.

mo um simples olhar poderá ser ofensivo, dependendo da carga de intenção que irradie. Não se descarta a possibilidade de o assédio sexual ser exercido em favor de terceira pessoa. O casuísmo em tais casos é numeroso".[30]

Sandra Lia Simón afirma que o grau de subordinação do empregado – aspecto típico da relação de emprego – traduz campo propício à configuração do assédio sexual, mas que pode ocorrer a situação inversa: "um indivíduo, exatamente por estar subordinado a outro, pode utilizar essa situação de 'inferioridade' para colocar seu superior hierárquico em alguma situação constrangedora, contra a sua vontade. A inversão de papéis não descaracteriza o assédio".[31]

E, na mesma linha de raciocínio, Francisco Antônio de Oliveira, seguindo as lições de Marly Cardone, afirma que "o assédio sexual poderá ocorrer de cima para baixo, *v.g.* de um chefe de serviço para um subordinado; de baixo para cima, *v.g.* de um contínuo para uma secretária; no mesmo nível hierárquico, *v.g.* entre dois escriturários".[32] E acrescenta que "a situação hierárquica poderá ter grande peso, mas, certamente, não é a única a facilitar o assédio sexual. Este poderá ocorrer do inferior para o superior mediante chantagem".[33]

Contudo, as afirmações mencionadas só eram defensáveis no período anterior à edição da Lei 10.224, de 15.5.2001 (*DOU* 16.5.2001), que acrescentou o art. 216-A ao CP, tipificando o crime de assédio sexual nos seguintes termos:

"Art. 216-A. Constranger alguém, com o intuito de obter vantagem ou favorecimento sexual, prevalecendo-se o agente da sua condição de superior hierárquico ou ascendência inerentes ao exercício de emprego, cargo ou função. Pena: detenção de 1 (um) a 2 (dois) anos."

Conclui-se, pois, que o assédio sexual pressupõe a condição de superior hierárquico ou ascendência do assediante sobre o assediado e o constrangimento da vítima, o qual se dará por meio de chantagem ou ameaça (explícita ou implícita) de lhe causar algum prejuízo no trabalho.

---

30. Francisco Antônio de Oliveira, "O assédio sexual e o dano moral", *Revista da Amatra* II/22, São Paulo, Associação dos Magistrados da Justiça do Trabalho da 2ª Região, fevereiro/2002.
31. Sandra Lia Simón, *A Proteção Constitucional da Intimidade e da Vida Privada do Empregado*, cit., p. 173.
32. Francisco Antônio de Oliveira, "O assédio sexual e o dano moral", cit., *Revista da Amatra* II/24.
33. Idem, ibidem.

Se, em vez de ameaça ou chantagem, o superior hierárquico oferece uma vantagem em troca do favor sexual, não se configura o assédio sexual, mas, quando muito, a violação sexual mediante fraude (art. 215 do CP).

Diante do disposto no art. 216-A do CP não se cogita de assédio sexual entre colegas de trabalho (mesmo nível hierárquico) ou do subordinado com o chefe, ainda que haja ameaças ou chantagem, a menos que se verifique alguma espécie de ascendência entre ambos. O fato, no entanto, poderá configurar outros delitos, a exemplo dos já mencionados no parágrafo anterior, ou até mesmo o estupro (art. 213 do CP), mas não se olvida que poderá traduzir conduta absolutamente atípica, mormente quando a vítima cede aos favores sexuais para que fatos desabonadores de sua própria conduta moral não sejam levados a público.

### 5.3 A despedida por justa causa sob falsa alegação de improbidade

A despedida por justa causa sob alegação de improbidade (art. 482, "a", da CLT) pode acarretar dano moral, notadamente quando não fica cabalmente demonstrada a prática pelo empregado ou quando fica suficientemente esclarecido que o ato foi praticado por outrem.

A pecha de "ladrão", quando absolutamente injusta, é capaz de macular a vida do trabalhador e até mesmo inviabilizar a obtenção de novo emprego, situação agravada quando não se vive numa grande metrópole brasileira, mas numa pequena cidade do Interior.

A jurisprudência trabalhista revela sensibilidade com este problema, consoante se infere da seguinte ementa de acórdão: "A par do patrimônio em sentido técnico, o indivíduo é titular de direitos integrantes de sua personalidade, não podendo conformar-se a ordem jurídica em que sejam impunemente atingidos. O só fato de ter chamado a Polícia para constranger o empregado já redundaria, por si só, em circunstância capaz de autorizar a sua condenação, quanto mais se se considerar que empresa *[sic]* provocou indevidamente a ação da Polícia, orquestrando um flagrante forjado que levou à sua prisão, por quatro dias. Tanto no direito comparado, como, *v.g.*, França e Itália, como no pátrio o direito à integridade física do obreiro gera para o empregador o dever de salvaguardar-lhe a saúde e a segurança, sendo igualmente importante assegurar-lhe a integridade moral, respeitando-lhe a dignidade. Se assim não o faz está, nos termos do art. 5º, inciso X, da CF/1988, obrigada a reparar o dano que provocou na vida atual e futura do empregado"

(TRT-17ª R., RO 5.210/1999, rela. Juíza Sônia das Dores Dionísio, j. 20.3.2001, *LTr* 65/997, agosto/2001).

## 5.4 O acidente de trabalho

O art. 7º, XXVIII, da CF consagra o direito dos empregados urbanos e rurais ao "seguro contra acidentes de trabalho, a cargo do empregador, sem excluir a indenização a que este está obrigado, quando incorrer em dolo ou culpa".

A legislação brasileira adotou, em matéria de acidente do trabalho, a teoria da responsabilidade objetiva, que é transferida ao órgão previdenciário, mediante Seguro contra Acidentes de Trabalho/SAT, que é custeado pelo empregador. Contudo, subsistirá a possibilidade de indenização do empregado a cargo exclusivo do empregador, quando incorrer em dolo ou culpa. E neste sentido temos a jurisprudência dos tribunais, a exemplo da seguinte ementa de acórdão do Superior Tribunal de Justiça: "Na ação de indenização fundada em responsabilidade civil comum (art. 159 do CC), promovida por vítima de acidente de trabalho, cumpre a esta comprovar o dolo ou culpa da empresa empregadora. Somente se cogita da responsabilidade objetiva em se tratando de reparação acidentária, assim considerada aquela devida pelo órgão previdenciário e satisfeita com recursos oriundos do recurso obrigatório, custeado pelos empregadores, que se destina exatamente a fazer face aos riscos normais da atividade econômica no que respeita ao infortúnio laboral" (4ª T., REsp 10.570-0-ES, rel. Min. Sálvio de Figueiredo, j. 17.11.1992).[34]

A caracterização da culpa ou dolo do empregador se dará nas hipóteses de descumprimento das normas de segurança do trabalho, por não proporcionar equipamentos de proteção individual e coletiva adequados, aprovados pelo Ministério do Trabalho e Emprego, e também quando não providenciar instruções e adequado treinamento para a operação das máquinas, entre outras situações.[35]

Não se cogita de culpa do empregador quando os equipamentos de proteção individual ofertados ao empregado, apesar de possuírem o Certificado de Aprovação/CA, expedido pelo Ministério do Trabalho, nos

34. *Apud* Indalécio Gomes Neto, "A jurisdição trabalhista e o dano moral", cit., in Rita Maria Silvestre e Amauri Mascaro Nascimento (coords.), *Os Novos Paradigmas do Direito do Trabalho (Homenagem a Valentin Carrion)*, p. 510.

35. Cf. Valdir Florindo, *Dano Moral e o Direito do Trabalho*, cit., 3ª ed., p. 108.

termos da NR-6,[36] apresentarem defeitos de fabricação ocultos e que sejam capazes de afetar a saúde ou a integridade física do trabalhador. No caso, o pedido de indenização deve ser formulado em face do fabricante do produto ou até mesmo do Estado, responsável pela emissão indevida do Certificado de Aprovação.

Por outro lado, a indenização de que trata o art. 7º, XXVIII, da CF, nas hipóteses de culpa ou dolo do empregado, não se restringe ao dano material (decorrente de sequelas do acidente de trabalho), mas também se aplica ao dano extrapatrimonial, objetivando compensar a dor sofrida pelo empregado, nada obstando à cumulação de ambos (danos material e moral). Contudo, será sempre necessário demonstrar o nexo causal entre a atividade laboral e o dano sofrido, bem como a existência de culpa ou dolo do empregador, que consistirá na violação do dever de cuidado da entidade patronal, à luz das obrigações que lhe são acometidas pelo ordenamento jurídico.[37] Em síntese, não cabe a invocação do art. 927, parágrafo único, do CC, que consagra a possibilidade de obrigação de reparar o dano, independentemente de culpa, quando a atividade normalmente desenvolvida pelo autor do dano implicar, por sua natureza, risco para os direitos de outrem, pois não há omissão na legislação trabalhista.[38]

## 5.5 Revistas pessoais

A doutrina e a jurisprudência majoritária entendem que são legítimas as revistas pessoais promovidas pelo empregador[39] desde que reali-

---

36. "O EPI só poderá ser comercializado ou utilizado quando possuir o Certificado de Aprovação – CA, expedido pelo Ministério do Trabalho – MTb, atendido o disposto no item 6.9.3."
Item 6.9.3. da NR-6: "Todo EPI deverá apresentar, em caracteres indeléveis e bem visíveis, o nome comercial da empresa fabricante e o número do CA".

37. Cf. João José Sady, "O acidente do trabalho e sua repercussão na área da responsabilidade civil após o advento da Constituição Federal/1988", cit., *Revista do Advogado* 60/68-69.

38. Cf. Adalberto Martins, "A responsabilidade civil do empregador e a Lei 10.406/2002", *Revista do Curso de Direito do Centro Universitário das Faculdades Metropolitanas Unidas – UniFMU* 26/133-140, Ano XVIII, 2004.

39. "A revista dos empregados vem sendo considerada pelos tribunais como um direito de fiscalização do empregador. No entanto, se se torna abusiva da dignidade do trabalhador, não encontrará acolhida nas decisões judiciais. Terá de ser moderada, respeitosa, suficiente para que os seus objetivos sejam atingidos" (Amauri Mascaro Nascimento, *Iniciação ao Direito do Trabalho*, cit., 27ª ed., p. 206).

zadas com o devido resguardo da intimidade e dignidade do trabalhador e, preferencialmente, por pessoas do mesmo sexo do revistado.

As revistas íntimas de empregados já foram objeto de acaloradas discussões, em face de abusos cometidos. A reportagem da p. 24 da revista *Veja* de 19.6.1991 bem ilustra nossa afirmação: "(...) as operárias do setor de produção da empresa fabricante de *lingerie* eram encaminhadas a cabines sem cortina, em grupos de 30, onde recebiam instruções para levantar as saias e blusas ou abaixar as calças compridas, a fim de que fossem examinadas as etiquetas das peças íntimas. Quando ocorria de estarem menstruadas, deveriam mostrar a ponta do absorvente higiênico para provar que não existiam peças escondidas no local".[40]

Diante de tais abusos, a Lei 9.799, de 26.5.1999, acrescentou o art. 373-A ao diploma consolidado, de onde extraímos a expressa proibição de revistas íntimas nas empregadas ou funcionárias: "Art. 373-A. Ressalvadas as disposições legais destinadas a corrigir as distorções que afetam o acesso da mulher ao mercado de trabalho e certas especificidades estabelecidas nos acordos trabalhistas, é vedado: (...) VI – *proceder o empregador ou preposto a revistas íntimas nas empregadas ou funcionárias*" (grifamos).

De nossa parte, entendemos que, apesar da omissão legislativa, o disposto no art. 373-A, VI, comporta aplicação analógica aos "empregados e funcionários", nada justificando o tratamento diferenciado em relação às mulheres, mormente quando se considera a isonomia apregoada na Constituição Federal (art. 5º, I).[41]

A jurisprudência, ao que parece, vem-se pronunciando favoravelmente à impossibilidade de revistas íntimas mesmo quando se trata de homem empregado, consoante se infere da notícia extraída do jornal *Tribuna do Direito*,[42] que merece transcrição:

"A 4ª Turma do Superior Tribunal de Justiça manteve decisão da Justiça Mineira determinando que a 'X' Representações de Produtos Farmacêuticos pague indenização de 15 salários-mínimos por danos

---

40. *Apud* João Oreste Dalazen, "Aspectos do dano moral trabalhista", *LTr* 64/10, São Paulo, LTr, janeiro/2000.
41. "Art. 5º. Todos são iguais perante a lei, sem distinção de qualquer natureza, garantindo-se aos brasileiros e aos estrangeiros residentes no país a inviolabilidade do direito à vida, à liberdade, à igualdade, à segurança e à propriedade, nos termos seguintes: I – homens e mulheres são iguais em direitos e obrigações, nos termos desta Constituição; (...)."
42. *Tribuna do Direito* 109/15, Ano 10, São Paulo, Jurídica MMM, maio/2002.

morais ao ex-empregado M. S. J., que trabalhava no setor de Estoque e ao final de cada jornada de trabalho era submetido a revista em que ficava despido, junto com os demais empregados do setor. J. entrou com ação contra a empresa alegando ter sido afetado em sua intimidade e honra.

"A primeira instância julgou o pedido procedente e a empresa foi condenada a pagar 80 salários-mínimos de indenização. A 'X' apelou e o Tribunal de Alçada de Minas Gerais reduziu o valor. A empresa recorreu ainda ao Superior Tribunal de Justiça alegando que a revista seria legítima e não poderia gerar qualquer reparação de dano moral porque comercializava substâncias psicotrópicas de venda controlada e medicamentos vendidos apenas com apresentação de receita médica (REsp n. 347.277)."

*5.6 O assédio moral*

A expressão "assédio moral" resume as diversas formas de perseguição no trabalho que objetivam tornar o ambiente de trabalho insuportável para o empregado.

A prática é bastante conhecida, podendo ser adotada pelo superior hierárquico frente ao subordinado ou até entre colegas ou do subordinado para com o superior.

A médica do trabalho Margarida Barreto,[43] ao promover uma pesquisa de campo para sua tese de doutoramento na Pontifícia Universidade Católica de São Paulo, com 4.718 profissionais, descobriu que 68% deles sofriam algum tipo de humilhação no trabalho várias vezes por semana, e 66% disseram que foram intimidados pelos respectivos superiores.

Na pesquisa mencionada foram relatadas as formas mais frequentes de assédio: a) transmissão de instruções confusas; b) bloqueio do andamento do trabalho do funcionário; c) atribuição de erros que o empregado não cometeu; d) o superior hierárquico ignora a presença do funcionário na presença de outras pessoas; e) pedido de urgência para tarefas irrelevantes; f) o superior critica publicamente o funcionário; g) o superior sobrecarrega o funcionário de trabalho.

Não temos dúvidas em afirmar que o assédio moral perpetrado pelo próprio empregador ou superior hierárquico enseja o direito a indeniza-

---

43. Cf. jornal *Folha de S. Paulo* 21.2.2002, caderno "Folha Equilíbrio", p. 8.

ção por dano moral, eis que atenta contra a autoestima e a dignidade do empregado; e isso se não desencadear problemas mais sérios, tais como quadro depressivo e distúrbios psicológicos.

### 5.7 Outras situações

A casuística é extremamente rica em situações que poderiam justificar uma demanda por indenização de danos morais, inclusive aquelas ocorridas após a extinção do vínculo laboral.

Podemos mencionar as seguintes hipóteses:

a) instalação de equipamentos audiovisuais (circuito interno de vídeo, televisão ou escutas) nos locais destinados exclusivamente ao lazer e repouso dos empregados, bem como nos vestiários e banheiros. Não há restrição ao uso de referidos equipamentos nos locais destinados a produção ou circulação normal de pessoas, com vistas à segurança e fiscalização dos próprios trabalhadores, desde que estes últimos tenham ciência de sua existência;

b) despedida discriminatória do empregado portador do vírus HIV ou de qualquer outra doença;

c) informações que desabonam a conduta do empregado lançadas na CTPS, vedadas pelo art. 29, § 4º, da CLT;

d) monitoramento de mensagens eletrônicas recebidas e encaminhadas pelo empregado ou dos *sites* visitados, se o empregador permite a utilização da *Internet* para fins particulares. Aliás, o procedimento pode ser tipificado como ilícito penal (art. 10 da Lei 9.262/1996).[44]

### 5.8 Dano moral na reforma trabalhista (Lei 13.467/2017)

A Reforma Trabalhista incluiu o Título II-A, denominado "Do Dano Extrapatrimonial", ao bojo da Consolidação das Leis do Trabalho, que corresponde exatamente ao dano moral. Nos termos do art. 223-B da CLT, causa "dano de natureza extrapatrimonial a ação ou omissão que ofenda a esfera moral ou existencial da pessoa física ou jurídica, as quais são as titulares exclusivas do direito à reparação". Como já se disse, o conceito de dano extrapatrimonial já era conhecido e aplicado

---

44. "Art. 10. Constitui crime realizar interceptações telefônicas, de informática ou telemática, ou qualquer quebra de segredo da justiça, sem autorização judicial ou com objetivos não autorizados em lei:
"Pena – reclusão de 2 (dois) a 4 (quatro) anos, e multa."

pelos operadores do direito como uma espécie de dano moral. A Lei 13.467/2017, no entanto, ao positivar o instituto, cometeu alguns equívocos, analisados a seguir,

O art. 223-A da CLT determina que apenas os direitos previstos no Título II-A da CLT serão aplicados na reparação de danos de natureza extrapatrimonial decorrentes das relações de trabalho. No art. 223-C da CLT reformada consta rol de direitos extrapatrimoniais das pessoas físicas, quais sejam: a honra, a imagem, a intimidade, a liberdade de ação, a autoestima, a sexualidade, a saúde, o lazer e a integridade física. Já no art. 223-D, consta o rol de direitos extrapatrimoniais da pessoa jurídica: a imagem, a marca, o nome, o segredo empresarial e o sigilo da correspondência.

Entendemos que o rol de direitos extrapatrimoniais não pode ser taxativo, mormente quando a Constituição, em seu art. 5º, X, tutela os direitos extrapatrimoniais indenizáveis e no § 2º do referido artigo está assegurado que os direitos e garantias expressos no texto constitucional não excluem outros decorrentes do regime e dos princípios por ela adotados, ou dos tratados internacionais em que o Brasil seja parte.

Sendo assim, os direitos extrapatrimoniais possuem tutela constitucional e, por determinação da própria Constituição, o rol de direitos ali expressos não é taxativo. Vale a observação de Volia Bomfim Cassar, que alerta que a Constituição prevê o direito à privacidade, direito este que não está previsto no rol supostamente taxativo da CLT reformada.[45] Seria, de fato, inconcebível defender que a Reforma Trabalhista retirou do trabalhador o direito à privacidade.

O art. 223-E da CLT determina que são "responsáveis pelo dano extrapatrimonial todos os que tenham colaborado para a ofensa ao bem jurídico tutelado, na proporção da ação ou da omissão". Esse artigo contraria o art. 932, III, do Código Civil, que determina a responsabilidade do "empregador ou comitente, por seus empregados, serviçais e prepostos, no exercício do trabalho que lhes competir, ou em razão dele". Atualmente, se um gerente, por exemplo, pratica ato lesivo à intimidade de um empregado a ele subordinado, esse empregado ingressará com ação trabalhista em face da empresa, que poderá, por sua vez, ingressar com ação civil regressiva contra o gerente. A leitura do art. 223-E, da CLT, permite a compreensão de que o empregado poderá colocar no polo passivo da ação tanto a empresa quanto o praticante do ato.

---

45. Vólia Bomfim Cassar e Leonardo Dias Borges, *Comentários à Reforma Trabalhista – De acordo com a Lei 13.467/2017 e a MP 808/2017*, 2ª ed., Rio de Janeiro, Método, 2018, p. 59.

Conforme art. 223-F da CLT, a "reparação por danos extrapatrimoniais pode ser pedida cumulativamente com a indenização por danos materiais decorrentes do mesmo ato lesivo". O texto legal não impede a cumulação de danos extrapatrimoniais. No caso de cumulação, a decisão deverá discriminar os valores das indenizações a título de danos patrimoniais e das reparações por danos de natureza extrapatrimonial. Por fim, a composição das perdas e danos, assim compreendidos os lucros cessantes e os danos emergentes, não poderá interferir na avaliação dos danos extrapatrimoniais.

No art. 223-G da CLT, o legislador reformista incluiu orientações para a apreciação do pedido de danos extrapatrimoniais, quais sejam: a) a natureza do bem jurídico tutelado; b) a intensidade do sofrimento ou da humilhação; c) a possibilidade de superação física ou psicológica; d) os reflexos pessoais e sociais da ação ou da omissão; e) a extensão e a duração dos efeitos da ofensa f) as condições em que ocorreu a ofensa ou o prejuízo moral; g) o grau de dolo ou culpa; h) a ocorrência de retratação espontânea; i) o esforço efetivo para minimizar a ofensa; j) o perdão, tácito ou expresso; k) a situação social e econômica das partes envolvidas; e l) o grau de publicidade da ofensa.

## 6. Fixação da indenização por dano moral

A determinação do valor da indenização por dano moral trabalhista sempre foi um dos aspectos mais intrincados da questão, eis que ausentes critérios objetivos na legislação.

Os autores sempre estiveram de acordo em que o valor da indenização, a ser arbitrado pelo juiz, deve levar em consideração a condição do agressor e da vítima, assim como o bem lesado, atentando para o fato de que o agressor possa suportar o pagamento da indenização sem que isso lhe acarrete a insolvência, mas que imprima o necessário conteúdo pedagógico, com vistas a impedir novas ocorrências da mesma natureza. Neste sentido, o art. 223-G da CLT, a partir da reforma trabalhista, norteia referida tarefa judicial.

O art. 1.547 do CC de 1916 costumava ser lembrado como parâmetro para fixação da indenização por dano moral,[46] não obstante destinado às hipóteses de injúria e calúnia. Outros autores defendem a aplicação

---

46. O art. 553 do CC assegura que a indenização por injúria, difamação ou calúnia consistirá na reparação do dano que delas resulte ao ofendido. No entanto, se o ofendido não puder provar o prejuízo material caberá ao juiz fixar, equitativamente, o valor da indenização, sempre atento às circunstâncias do caso.

analógica da indenização de antiguidade prevista no art. 478 da CLT, o que gera sérios inconvenientes quando se constata a ocorrência de dano moral contra empregado com pouco tempo de serviço na empresa (às vezes, menos de ano).

O art. 53 da Lei 5.250/1967 (Lei de Imprensa) dispunha que "No arbitramento da indenização em reparação do dano moral, o juiz terá em conta, notadamente: I – a intensidade do sofrimento do ofendido, a gravidade, a natureza e repercussão da ofensa e a posição social e política do ofendido; II – a intensidade do dolo ou o grau da culpa do responsável, sua situação econômica (...)".

No entanto, considerando que a lei supramencionada não foi recepcionada pela atual Constituição da República, conforme julgamento do STF na ADPF 130-7, em 6.11.2009 (rel. Min. Carlos Ayres Britto), já não estávamos autorizados a invocá-la como critério para fixação do valor da indenização.

Assim, à míngua de lei específica, e por expressa autorização do diploma consolidado (art. 8º da CLT), aplicava-se o art. 944 do atual Código Civil ("A indenização mede-se pela extensão do dano"), cabendo ao órgão judicial estabelecer o *quantum* devido, fundado em juízo de equidade, conforme parágrafo único do mesmo dispositivo legal ("se houver excessiva desproporção entre a gravidade da culpa e o dano, poderá o juiz reduzir, equitativamente, a indenização"), podendo levar em consideração a eventual culpa concorrente do ofendido (art. 945 do CC).

A Lei 13.467/2017, ao tratar do tema, buscou estabelecer parâmetros e critérios para fixação da indenização por dano moral nos quatro incisos do § 1º do art. 223-G da CLT. Foi estabelecida uma verdadeira tarifação da indenização por dano extrapatrimonial, em função do último salário contratual do ofendido, que pode ser classificado como de natureza leve (até três vezes o valor do último salário), de natureza média (até cinco vezes o último salário), de natureza grave (até 20 vezes o valor do último salário) e de natureza gravíssima (até 50 vezes o valor do último salário). Referido critério de tarifação parece-nos de constitucionalidade duvidosa, pois prestigia os trabalhadores com salários superiores em detrimento dos trabalhadores menos qualificados e com salários mais baixos, em manifesta afronta ao princípio da isonomia (art. 5º, CF). Basta imaginarmos a ocorrência de um fato que atinja a esfera extrapatrimonial de dois trabalhadores simultaneamente, sendo o dano classificado como grave, para percebermos a injustiça do critério traçado pelo legislador.

Não somos contrários à ideia da tarifação, mas entendemos que o critério trazido pela Lei 13.467/2017 não foi acertado. A Medida Provisória 808, de 14.11.2017, que acabou não convertida em Lei, propôs a substituição do indexador pelo valor máximo dos benefícios do Regime Geral de Previdência Social, que poderia não ser o mais adequado, mas deixava os trabalhadores em situação de igualdade.

### 7. Responsabilidade por ato de terceiros

A responsabilidade civil do empregador em virtude de danos causados a terceiros por seus prepostos já se encontrava prevista no Código Civil de 1916, consoante se infere da dicção dos arts. 1.521, III, e 1.522:

"Art. 1.521. São também responsáveis pela reparação civil: (...) III – o patrão, o amo ou comitente, por seus empregados, serviçais e prepostos, no exercício do trabalho que lhes competir, ou por ocasião dele (art. 1.522); (...)."

"Art. 1.522. A responsabilidade estabelecida no artigo antecedente, n. III, abrange as pessoas jurídicas, que exercerem exploração industrial."

Contudo, o reconhecimento da responsabilidade do empregador requeria a prova da culpa, nos termos do art. 1.523 do CC, exigência que, a nosso ver, restou superada com a aprovação da Consolidação das Leis do Trabalho. Isto porque o art. 2º do diploma consolidado define "empregador" como aquele que assume os riscos da atividade econômica, aspecto que se encaixa perfeitamente na hipótese de danos causados por seus empregados, e daí afirmarmos que a responsabilidade do empregador pela reparação de dano moral causado pelo superior hierárquico em relação a outro empregado é objetiva, mormente porque presumida a culpa *in eligendo* ou *in vigilando*.

Eventuais dúvidas a respeito da espécie de responsabilidade do empregador na hipótese indicada foram espancadas com a publicação do Código Civil de 2002 (Lei 10.406, de 10.1.2002), que reproduz disposições semelhantes nos arts. 932 e 933, abrigando a responsabilidade objetiva patronal:

"Art. 932. São também responsáveis pela reparação civil: (...) "III – o empregador ou comitente, por seus empregados, serviçais e prepostos, no exercício do trabalho que lhes competir, ou em razão dele; (...).

"Art. 933. As pessoas indicadas nos incisos I a V do artigo antecedente, ainda que não haja culpa de sua parte, responderão pelos atos praticados pelos terceiros ali referidos."

Quanto à possibilidade de o empregador ajuizar ação regressiva em face do causador do dano observamos repetição no Código Civil de 2002 da mesma regra prevista no Código de 1916. Só não será possível ação regressiva quando se tratar de reparação de dano causado por descendente absoluta ou relativamente incapaz.

*Capítulo XXXI*

# A FLEXIBILIZAÇÃO
# DO DIREITO DO TRABALHO

*1. Considerações iniciais. 2. Definição de flexibilização. 3. A flexibilização do direito do trabalho no Brasil. 4. A desregulamentação e a flexibilização do direito do trabalho. 5. Flexibilização na Lei 13.467/2017. 6. Considerações finais.*

## 1. Considerações iniciais

Vários autores vêm se pronunciando acerca da flexibilização (do direito do trabalho, no direito do trabalho, do contrato de trabalho, da legislação trabalhista etc.), desde a promulgação da Constituição Federal de 1988 e, certamente, inspirados por seu art. 7º, VI, XIII e XIV – não traduzindo exagero algum a afirmação de que o assunto já rendeu algumas dezenas de dissertações de Mestrado, teses de Doutoramento e trabalhos publicados (livros e artigos em revistas especializadas).

Houve tentativa de modificação do art. 618 da CLT, com a ampliação dos limites de flexibilização de direitos trabalhistas por meio de convenção ou acordo coletivo de trabalho, por intermédio do Projeto de Lei da Câmara 134/2001 (n. 5.483/2001 na Casa de origem), que foi aprovado pela Câmara dos Deputados e chegou a tramitar no Senado Federal, mas foi arquivado, ficando a ideia esquecida por mais de uma década.

O tema ganhou fôlego com a aprovação da Lei 13.467/2017 (Lei da Reforma Trabalhista), que possibilita a flexibilização de direitos trabalhistas por intermédio de convenção ou acordo coletivo e até mesmo por meio de acordo individual, quando o empregado tem diploma de nível superior e percebe salário superior ao dobro do limite máximo de benefícios do Regime Geral de Previdência Social (art. 444, parágrafo único, CLT).

É curioso observar que a maioria dos autores arrisca uma definição para a flexibilização, e que se inicia com a afirmação de que se trata de uma *teoria*,[1] um processo,[2] um *fenômeno*,[3] entre outras denominações; mas não encontramos autor algum que fizesse a perfeita distinção entre flexibilização do direito do trabalho, flexibilização do contrato de trabalho e flexibilização da legislação trabalhista, entre outros. Ao revés, iniciam falando de flexibilização das normas trabalhistas e, não mais que uma dezena de linhas abaixo, fazem menção à flexibilização do direito do trabalho e dos direitos trabalhistas, como se tudo traduzisse o mesmo conteúdo.[4]

Todavia, parece-nos pouco técnica a postura que indicamos no parágrafo anterior, a menos que se afirme que "direito do trabalho", "direitos trabalhistas", "normas trabalhistas" e "contrato de trabalho" sejam expressões sinônimas – o que é totalmente indefensável.

1. "O direito do trabalho é um ramo da Ciência do Direito muito dinâmico, que vem sendo modificado constantemente, principalmente para resolver o problema do capital e do trabalho. Para adaptar esse dinamismo à realidade laboral, surgiu uma *teoria* chamada de flexibilização dos direitos trabalhistas" (Sérgio Pinto Martins, *Direito do Trabalho*, 8ª ed., São Paulo, Atlas, 1999, p. 429 – grifamos).

2. "A expressão 'flexibilização' parece estar consagrada e indica o *processo de ajustamento* do direito do trabalho às atuais realidades da sociedade pós-industrial" (Nélson Manrich, "Limites da flexibilização das normas trabalhistas", *Revista do Advogado* 54/29, São Paulo, Associação dos Advogados de São Paulo, dezembro/1998 – grifamos).

"A flexibilização do direito do trabalho é o *processo de adaptação* de normas trabalhistas à realidade cambiante" (Octávio Bueno Magano, "A flexibilização do direito do trabalho", *Síntese Trabalhista* 116/5, Porto Alegre, Síntese, fevereiro/1999 – grifamos).

3. "A divergência doutrinária não se limita à designação da nova etapa do juslaboral. Ocorre, também, quanto ao conteúdo, isto é, ao significado que a denominação deve encerrar.

"A flexibilização, termo eleito para denominar o processo modificativo em causa, não é univocamente definida.

"A palavra é polissêmica. Diversos significados se lhe atribuem.

"Os comentadores mostram-se vacilantes e têm evitado formular definição precisa do *fenômeno*" (Rosita de Nazaré Sidrim Nassar, *Flexibilização do Direito do Trabalho*, São Paulo, LTr, 1991, p. 15 – grifamos).

4. V., por exemplo, Sérgio Pinto Martins, *Direito do Trabalho*, cit., 8ª ed., p. 429; e Rosita de Nazaré Sidrim de Nassar, *Flexibilização do Direito do Trabalho*, cit., p. 158.

Nos tópicos que seguem procuraremos estabelecer a distinção entre *flexibilização* e *desregulamentação*, bem como o real alcance da "flexibilização" que estaria autorizada constitucionalmente e, ainda, o alcance do projeto de lei mencionado alhures.

## 2. Definição de flexibilização

"Definir" traduz-se no ato de dizer o que uma coisa é, ou o que significa uma palavra.[5] É sabido que não existe unanimidade no que respeita aos diversos tipos de definição, mas é possível – com apoio em Hans Zetterberg,[6] Maria Helena Diniz[7] e Edmundo Dantes Nascimento[8] – relacionar os principais: a) *definição ostensiva*; b) *definição verbal*; c) *definição real*; d) *definição nominal*; e) *definição proposicional*.

A *definição ostensiva* é o processo pelo qual se apreende o significado de uma palavra por meio de algum outro procedimento (assinalando uma situação, por exemplo), e não por meio de outras palavras.

Valemo-nos da definição ostensiva quando afirmamos que o art. 7º, VI, da CF é uma hipótese de flexibilização, ou quando afirmamos que a lei que disciplinou o contrato de trabalho a tempo parcial seria uma hipótese de flexibilização no direito do trabalho etc.

A *definição verbal* ocorre quando se define um termo por meio de outras palavras, subdividindo-se em *semântica* e *etimológica*. São inúmeros os exemplos de definição semântica quando nos referimos à *flexibilização*; e, via de regra, é iniciada por "flexibilização é o processo (...), "flexibilização é um fenômeno que (...)" etc.

A *definição etimológica*, por sua vez, é aquela que procura a origem (étimo) da palavra. Mas nem sempre produz bom resultado, eis que as palavras mudam de significação.

A definição é *nominal* quando não nos pronunciamos sobre as proposições científicas sobre determinado termo ou fenômeno, limitando-nos a denominá-los de outra maneira.

---

5. V. Edmundo Dantes Nascimento, *Lógica Aplicada (Técnica de Persuasão)*, 4ª ed., São Paulo, Saraiva, 1991, p. 29.

6. Hans Zetterberg, *Teoría y Verificación en Sociología*, 3ª ed., Buenos Aires, Nueva Visión, 1968, pp. 37-41.

7. Maria Helena Diniz, *Conceito de Norma Jurídica como Problema de Essência*, 1ª ed., 3ª tir., São Paulo, Ed. RT, 1985, pp. 1-8.

8. Edmundo Dantes Nascimento, *Lógica Aplicada (Técnica de Persuasão)*, cit., 4ª ed., pp. 30-33.

Valem-se das definições nominais aqueles que afirmam que a flexibilização é o direito do trabalho da crise ou da emergência, que flexibilização é desregulamentação – entre outras.

A *definição real* ou *aristotélica* é aquela que procura limitar um termo através de dois atributos, quais sejam: o gênero próximo e a diferença específica.

O atributo "gênero próximo" é comum a uma classe maior, e a "diferença específica" é peculiar à classe definida.

Quando dizemos que "o homem é um animal racional" estamos utilizando a definição aristotélica, eis que "animal" é o gênero próximo e o adjetivo "racional" é a diferença específica.

Contudo, ao que nos parece, o termo "flexibilização", isoladamente considerado, não comporta uma definição aristotélica. Isto porque não pertence à terminologia jurídica; vale dizer, não pertence ao ordenamento jurídico.[9]

E, assim, para uma tentativa de utilização da definição aristotélica torna-se necessário completar a expressão "flexibilização"; daí o surgimento da "flexibilização das relações de trabalho", "flexibilização do contrato de trabalho" e "flexibilização do direito do trabalho", entre outras. E a partir daí pensarmos nos dois atributos de referida definição.[10]

Finalmente, a *definição proposicional* é aquela que estabelece a definição de um termo ou de um fenômeno em função de outros termos ou fenômenos já conhecidos. Assim, podemos dizer que "a hipotenusa de um triângulo-retângulo é igual à raiz quadrada da soma dos quadrados dos catetos". Vale dizer, a hipotenusa está definida em função dos catetos do mesmo triângulo-retângulo.

Ora, sabendo que a flexibilização pode ser uma exigência que decorre de aspectos econômicos, tecnológicos ou sociais, uma definição

---

9. A afirmação justifica-se pelo fato de que o ordenamento jurídico é constituído pelo conjunto de normas jurídicas (conforme ensinamento de Norberto Bobbio, *Teoria do Ordenamento Jurídico*, 9ª ed., Brasília, UnB, 1997, p. 19) e a expressão "flexibilização" *não se encontra em qualquer disposição legal*.

10. Vamos deixar este exercício para uma outra oportunidade, mesmo porque não estamos convencidos de que seríamos bem-sucedidos na empreitada, a despeito de ter sido mitigada a dificuldade. Afinal de contas, não podemos ignorar o fato de que nem tudo é definível. Edmundo Dantes Nascimento (*Lógica Aplicada (Técnica de Persuasão)*, cit., 4ª ed., p. 34) lembra-nos que é clássica a seguinte frase de Pascal: "Não se há de pensar em definir tudo". Esta impossibilidade ocorre quando os objetos a definir são tão simples ou tão gerais, que se tornam indefiníveis.

proposicional seria aquela que conseguisse estabelecê-la em função de referidas variáveis.

Superadas as digressões em torno das definições e sua classificação, entendemos oportuno resgatar a discussão lançada na introdução deste capítulo. A flexibilização seria uma teoria, um processo, um fenômeno, um fato jurídico?

Inicialmente, lembramos que "flexibilização" não pertence à terminologia jurídica,[11] e entendemos que "flexibilização do direito do trabalho" seja a expressão mais adequada para o nosso objeto de estudo. Isto porque a expressão "flexibilização do contrato de trabalho" representa restrição injustificada, que induz o intérprete a entendê-la como sendo as hipóteses de alteração do contrato de trabalho (e que sejam prejudiciais ao empregado); enquanto a expressão "flexibilização das relações de trabalho" abarcaria relações jurídicas alheias ao próprio direito do trabalho, e "flexibilização da legislação trabalhista" restringiria o conteúdo de nosso estudo, já que o direito do trabalho não se resume à legislação.[12]

Uma teoria científica corresponde a um sistema de enunciados, entre os quais existem relações de inferência e que satisfazem, ao menos, a exigência de consistência e de comprovação.[13]

No caso específico das teorias jurídicas, o sistema de enunciados diz respeito àquilo que está normativamente em vigor, e as inferências são aquelas para as quais aspiramos a validade normativa. A consistência diz respeito à inexistência de contradições (lógicas ou valorativas) entre os enunciados, e a comprovação corresponde a tornar mais claras as conexões jurídicas, com base nas normas jurídicas e princípios jurídicos, aos quais a teoria deve se ajustar.[14]

Constata-se, pois, que a *flexibilização do direito do trabalho* não é uma teoria. No mínimo, já é possível observar a inexistência de um sistema de enunciados; e a observação das inúmeras definições ostensivas traduz indício de que possa se aproximar de um emaranhado de ideias.

11. Isto significa afirmar que não se trata de um instituto jurídico, vale dizer, não decorre do agrupamento sistemático de normas jurídicas (v. Orlando Gomes, *Introdução ao Direito Civil*, 10ª ed., Rio de Janeiro, Forense, 1990, p. 12).

12. As leis são fontes formais do direito do trabalho, ao lado dos costumes, das normas coletivas e até mesmo do contrato de trabalho.

13. Trata-se de definição atribuída a Dreier, segundo informação de Karl Larenz (*Metodologia da Ciência do Direito*, 3ª ed., Lisboa, Fundação Calouste Gulbenkian, 1997, pp. 639-640).

14. Karl Larenz, *Metodologia da Ciência do Direito*, cit., 3ª ed., pp. 640-642.

Então, se trataria de um processo?

Ora, dentre as inúmeras acepções da palavra "processo" podemos destacar que se trata de uma *sucessão de estados ou de mudanças, seguimento, curso, marcha*[15] – o que evidencia a característica de ordenação, algo que segue em frente sem desvios ou variações, aspecto que não vislumbramos na chamada "flexibilização do direito do trabalho".

Acreditamos, igualmente, que não se trata de um fenômeno. Na acepção emprestada pelos autores que tratam a flexibilização do direito do trabalho como fenômeno encontramos a expressão como sinônima de "fato de natureza moral ou social".[16] No entanto, observamos que a *flexibilização do direito do trabalho* não é um fato de natureza social, que possa ser considerado individualmente; e menos ainda um fato de natureza moral.

Finalmente, também é possível afirmar que a *flexibilização do direito do trabalho* não é um fato jurídico, na medida em que não dá origem a direitos subjetivos, não impulsionando a criação de relações jurídicas.[17]

Na concepção de Miguel Reale,[18] *fato jurídico* é todo e qualquer fato, de ordem física ou social, que se insere numa estrutura normativa. Vale dizer, são os acontecimentos pelos quais se constituem, se modificam ou se extinguem as relações jurídicas.[19]

As inúmeras definições ostensivas que podemos encontrar em torno da expressão ("flexibilização do direito do trabalho") nos autorizam a concluir que não se trata de um fato social isoladamente considerado. Isto porque a própria flexibilização é que decorre de fatos jurídicos, mais precisamente fatos sociais (aspectos econômicos, tecnológicos etc.).

Em síntese, podemos concluir que a *flexibilização do direito do trabalho* deve ser entendida, com base na acepção do próprio termo "flexibilização" – e que é desprovido de conteúdo jurídico –, como sendo *uma expressão para designar a exigência de adaptação do direito do*

---

15. Aurélio Buarque de Holanda Ferreira, *Novo Dicionário Aurélio da Língua Portuguesa*, 2ª ed., Rio de Janeiro, Nova Fronteira, 1986, p. 1.395.
16. Idem, p. 769.
17. Maria Helena Diniz, *Compêndio de Introdução à Ciência do Direito*, 6ª ed., São Paulo, Saraiva, 1994, p. 477.
18. Miguel Reale, *Lições Preliminares de Direito*, 22ª ed., São Paulo, Saraiva, 1995, p. 198.
19. Caio Mário da Silva Pereira, *Instituições de Direito Civil*, 12ª ed., vol. I, Rio de Janeiro, Forense, 1990, p. 314.

trabalho às transformações do mundo moderno, com vistas a contemporizar a relação capital/trabalho diante das dificuldades econômicas, evolução tecnológica e outros fatores, não necessariamente com prejuízo do empregado.

A flexibilização do direito do trabalho implica a mitigação dos princípios norteadores deste ramo do Direito, tais como o princípio protetor e o princípio da irrenunciabilidade de direitos, de forma a prestigiar a autonomia da vontade dos contratantes.

Não se trata, pois, de um fato jurídico, de uma teoria ou de um fenômeno. Trata-se de expressão para designar uma exigência da sociedade moderna; e não se confunde com alterações do contrato de trabalho que possam ser prejudiciais ao empregado. Afinal de contas, o princípio da inalterabilidade do contrato de trabalho sempre contou com exceções previstas na própria legislação ordinária, e nunca se cogitou de que se tratasse de *flexibilização*.

Na verdade, a flexibilização do direito do trabalho comporta inúmeras definições ostensivas, haja vista as hipóteses legais já existentes, mas revela-se tormentosa a tentativa de uma definição real ou aristotélica. Isto porque a identificação do gênero próximo e da diferença específica depende de sabermos se estamos lidando, propriamente, com uma *teoria*, um *processo* ou um *fenômeno* – dúvida praticamente insolúvel, já que a expressão não identifica um único fato social, e tampouco implica sucessão de estados ou mudanças, tendo se tornado desgastada pelos cultores do direito do trabalho.

## 3. A flexibilização do direito do trabalho no Brasil

A doutrina trabalhista costuma indicar a crise do petróleo de 1973 como marco da tendência mundial de flexibilização do direito do trabalho. Contudo, no Brasil poucos se dão conta de que a própria Lei 5.107, de 13.9.1966, ao instituir o FGTS, representou a flexibilização da garantia de emprego, até então consagrada na Consolidação das Leis do Trabalho, após 10 anos de serviços prestados ao mesmo empregador. Trata-se de sistema introduzido no ordenamento jurídico como simples faculdade do empregado, que poderia optar pelo novo regime, mas se consolidou de forma obrigatória com a promulgação da Constituição de 1988.

O próprio art. 503 da CLT representava a possibilidade de flexibilização da remuneração do empregado, legitimando a redução salarial em até 25%, desde que existente prejuízo devidamente comprovado ou na ocorrência de força maior.

A Lei 6.019/1974, ao disciplinar o trabalho temporário, estabeleceu uma possibilidade de flexibilização quanto à forma de contratação de trabalhadores, para atender a situações específicas de substituição transitória de pessoal permanente ou acréscimo extraordinário de serviços.

A Constituição Federal de 1988, a despeito de acentuar o Constitucionalismo Social inaugurado com a Constituição de 1934, costuma ser lembrada como aquela que estabeleceu hipóteses de flexibilização, sob tutela sindical, no que respeita ao salário (art. 7º, VI) e jornadas de trabalho nos turnos ininterruptos de revezamento (art. 7º, XIV), cumprindo assinalar que a compensação de horários, também autorizada no texto constitucional (art. 7º, XIII), prescinde da negociação coletiva, quando a compensação ocorrer no mesmo mês, conforme art. 59, § 6º, CLT, com redação da Lei 13.467/2017.

Além disso, a Lei 9.601/1998 consagrou a possibilidade de contrato de trabalho por prazo determinado sem observância dos requisitos do art. 443, § 2º, da CLT; e a Medida Provisória 2.164, de 24.8.2001, estabeleceu a possibilidade do contrato de trabalho em regime de tempo parcial, ao introduzir o art. 58-A ao diploma consolidado – dois exemplos de flexibilização que se relacionam com a forma de contratação de empregados.

A medida provisória mencionada no parágrafo anterior também possibilitou a flexibilização de horários, atribuindo nova redação ao art. 59 da CLT, através daquilo que se convencionou denominar "banco de horas" – ou seja, a não exigência do pagamento de horas extras desde que haja a compensação de horários no prazo de 12 meses; e ainda a possibilidade de suspensão do contrato de trabalho para frequência do trabalhador a curso de qualificação profissional, nos termos do art. 476-A da CLT (também acrescentado pela Medida Provisória 2.164-41, de 24.8.2001).

Como podemos observar, o direito do trabalho brasileiro já vem sofrendo há alguns anos o impacto da flexibilização reclamada pelo mundo globalizado e pela força do capital. E, curiosamente, ainda não se viu o aumento na oferta do número de empregos, não sendo exagerado afirmar que o desemprego estrutural continua ganhando espaço e o trabalho informal continua prosperando.

**4. A desregulamentação e a flexibilização do direito do trabalho**

Podemos encontrar, entre as várias definições nominais para a "flexibilização do direito do trabalho", a expressão "desregulamentação".

E no presente tópico objetivamos demonstrar que são duas coisas distintas e inconfundíveis.

É sabido que o direito do trabalho é um sistema de princípios e regras destinados a disciplinar, basicamente, as relações entre empregados e empregadores.[20]

Os princípios do direito do trabalho não se confundem com os princípios gerais de Direito que lhe são aplicáveis. Em verdade, são aquelas linhas diretrizes ou postulados básicos de interpretação que inspiram o sentido das normas trabalhistas.[21]

As regras que disciplinam o direito do trabalho são as suas fontes formais – os seus meios de exteriorização. E são elas: a lei, o costume, a jurisprudência, o acordo coletivo, a convenção coletiva[22] – entre outras.

Octávio Bueno Magano afirma que "a flexibilização pode ser ainda caracterizada como desregulamentação, quer dizer, abrandamento da rigidez do direito do trabalho",[23] e que a desregulamentação também significa a opção por formas mais flexíveis de disciplina das relações de trabalho, ou seja, a substituição da lei por convenções e acordos coletivos.[24]

Contudo, por qualquer ângulo por que possamos visualizar a questão, é impossível concordar com o articulista.

Para entendermos o significado de "desregulamentação" torna-se imperiosa a pesquisa de significado em torno da expressão antônima ("regulamentação").

Eis a lição de Plácido e Silva:

"**Regulamentação**. Formado de 'regulamentar' (expedir regulamento, prescrever regras sobre forma), designa a instituição de normas ou de regras referentes ao funcionamento de certas coisas e à execução

20. Miguel Reale, *Lições Preliminares de Direito*, cit., 22ª ed., p. 346.
21. Manuel Alonso García, *Curso de Derecho del Trabajo*, 8ª ed., Barcelona, Ariel, 1982, p. 250. V. também Américo Plá Rodriguez, *Princípios de Direito do Trabalho*, São Paulo, LTr, 1978, pp. 14-15.
22. A convenção e o acordo coletivo são *negócios jurídicos* (v. Octávio Bueno Magano, *Manual de Direito do Trabalho – Direito Coletivo do Trabalho*, 2ª ed., vol. III, São Paulo, LTr, 1990, p. 135; e Amauri Mascaro Nascimento, *Direito Sindical*, São Paulo, Saraiva, 1991, pp. 329 e 358-360), e a doutrina moderna é unânime em afirmar que os negócios jurídicos são fontes formais do Direito (v. Maria Helena Diniz, *Compêndio de Introdução à Ciência do Direito*, cit., 6ª ed., pp. 293-295).
23. Octávio Bueno Magano, "A flexibilização do direito do trabalho", cit., *Síntese Trabalhista* 116/8.
24. Idem, p. 9.

de atos. Ou a disposição de forma para que se apliquem ou se cumpram medidas ou regras legais.

"A regulamentação, pois, importa na disposição ou na ordenação de regras suplementares ou subsidiárias, instituidoras, praticamente, do modo de se conduzirem as coisas, já reguladas por leis.

"Assim, a regulamentação, sem se afastar da lei, vem estabelecer a forma ou a conduta de aplicação da mesma lei. Não é, pois, de sua função instituir regra nova, de caráter substancial, nem estabelecer princípio ou regra, divergente da lei regulamentada."[25]

Assim, podemos concluir que a desregulamentação implica a ausência de regras complementares ou subsidiárias, ficando tudo à mercê da lei. E daí a impropriedade da expressão como sucedâneo de "flexibilização".

Talvez se pudesse cogitar de utilização da expressão "desregulação". Todavia, o socorro de Plácido e Silva nos conduz a resposta negativa:

"**Regulação**. De 'regular', do Latim *regulare* (dispor, ordenar), designa a série de atos e formalidades pelos quais se dispõe ou se ordena o modo de ser ou a forma para execução de alguma coisa. É, assim, a ordenação ou regração das condições impostas para a realização ou execução de alguma coisa. E, neste sentido, exprime a mesma significação de regulamentação. (...).

"Mas, juridicamente, regulação traz sentido mais amplo que regulamentação.

"A regulação não se limita à imposição de regras suplementares ou que se dispõem para cumprimento das leis ou aplicação de normas e princípios jurídicos, já instituídos.

"A regulação é a instituição de regras e princípios acerca do modo por que as coisas se devam conduzir, sem se restringir somente à forma.

"A regulamentação, para ser perfeita, somente pode referir-se à forma, sem estabelecer princípio, que já não esteja formulado na regulação da matéria, cuja ordenação vem dispor.

"Assim sendo, na regulação podem ser impostas regras regulamentares. Mas, na regulamentação, não se admitem regras, que não se mostrem distensão dos preceitos já regularmente instituídos"[26] (grifos nossos).

25. De Plácido e Silva, *Vocabulário Jurídico*, vol. IV, Rio de Janeiro, Forense, 1978, p. 1.332.
26. Idem, p. 1.331.

E, assim, a *desregulação* seria a ausência de regras e princípios que pudessem reger o direito do trabalho. Vale dizer, implicaria a quebra do sistema.

Concluímos, pois, que a "desregulamentação" jamais poderia ser a expressão adequada como sucedânea de "flexibilização do direito do trabalho". E, ainda que possamos cogitar de "desregulação", é certo que também se revela como expressão inadequada, a menos que se cogitasse de uma "desregulação estatal", a fim de prestigiar a autonomia privada (individual e coletiva).

### 5. Flexibilização na Lei 13.467/2017

Não obstante o quadro de flexibilização já existente no país, conforme item 3 deste capítulo, foi aprovada a Lei 13.467/2017, chamada de Reforma Trabalhista. Devido a essa alteração legislativa, foram incluídos os arts. 611-A e 621-B ao diploma consolidado.

O art. 611-A da CLT reformada estabelece que a convenção coletiva e o acordo coletivo de trabalho têm prevalência sobre a lei quando, entre outros, dispuserem sobre: I) pacto quanto à jornada de trabalho, observados os limites constitucionais; II) banco de horas anual; III) intervalo intrajornada, respeitado o limite mínimo de trinta minutos para jornadas superiores a seis horas; IV) adesão ao Programa Seguro-Emprego (PSE), de que trata a Lei 13.189, de 19.11.2015; V) plano de cargos, salários e funções compatíveis com a condição pessoal do empregado, bem como identificação dos cargos que se enquadram como funções de confiança; VI) regulamento empresarial; VII) representante dos trabalhadores no local de trabalho; VIII) teletrabalho, regime de sobreaviso, e trabalho intermitente; IX) remuneração por produtividade, incluídas as gorjetas percebidas pelo empregado, e remuneração por desempenho individual; X) modalidade de registro de jornada de trabalho; XI) troca do dia de feriado; XII) enquadramento do grau de insalubridade; XIII) prorrogação de jornada em ambientes insalubres, sem licença prévia das autoridades competentes do Ministério do Trabalho; XIV) prêmios de incentivo em bens ou serviços, eventualmente concedidos em programas de incentivo; XV) participação nos lucros ou resultados da empresa.

As disposições do art. 611-A da CLT traduzem aquilo que se convencionou chamar de "negociado sobre o legislado". A expressão "entre outros" contida no *caput* do referido artigo deixa clara a intenção do legislador de autorizar a flexibilização do direito do trabalho ao máximo, pois o rol exposto seria meramente exemplificativo.

De todo modo, no art. 611-B da CLT, o legislador estabelece o rol taxativo de direitos que não poderão ser suprimidos ou reduzidos, quais sejam: I) normas de identificação profissional, inclusive as anotações na Carteira de Trabalho e Previdência Social; II) seguro-desemprego, em caso de desemprego involuntário; III) valor dos depósitos mensais e da indenização rescisória do Fundo de Garantia do Tempo de Serviço (FGTS); IV) salário-mínimo; V) valor nominal do décimo terceiro salário; VI) remuneração do trabalho noturno superior à do diurno; VII) proteção do salário na forma da lei, constituindo crime sua retenção dolosa; VIII) salário-família; IX) repouso semanal remunerado; X) remuneração do serviço extraordinário superior, no mínimo, em 50% (cinquenta por cento) à do normal; XI) número de dias de férias devidas ao empregado; XII) gozo de férias anuais remuneradas com, pelo menos, um terço a mais do que o salário normal; XIII) licença-maternidade com a duração mínima de cento e vinte dias; XIV) licença-paternidade nos termos fixados em lei; XV) proteção do mercado de trabalho da mulher, mediante incentivos específicos, nos termos da lei; XVI) aviso prévio proporcional ao tempo de serviço, sendo no mínimo de trinta dias, nos termos da lei; XVII) normas de saúde, higiene e segurança do trabalho previstas em lei ou em normas regulamentadoras do Ministério do Trabalho; XVIII) adicional de remuneração para as atividades penosas, insalubres ou perigosas; XIX) aposentadoria; XX) seguro contra acidentes de trabalho, a cargo do empregador; XXI) ação, quanto aos créditos resultantes das relações de trabalho, com prazo prescricional de cinco anos para os trabalhadores urbanos e rurais, até o limite de dois anos após a extinção do contrato de trabalho; XXII) proibição de qualquer discriminação no tocante a salário e critérios de admissão do trabalhador com deficiência; XXIII) proibição de trabalho noturno, perigoso ou insalubre a menores de 18 anos e de qualquer trabalho a menores de 16 anos, salvo na condição de aprendiz, a partir de 14 anos; XXIV) medidas de proteção legal de crianças e adolescentes; XXV) igualdade de direitos entre o trabalhador com vínculo empregatício permanente e o trabalhador avulso; XXVI) liberdade de associação profissional ou sindical do trabalhador, inclusive o direito de não sofrer, sem sua expressa e prévia anuência, qualquer cobrança ou desconto salarial estabelecidos em convenção coletiva ou acordo coletivo de trabalho; XXVII) direito de greve, competindo aos trabalhadores decidir sobre a oportunidade de exercê-lo e sobre os interesses que devam por meio dele defender; XXVIII) definição legal sobre os serviços ou atividades essenciais e disposições legais sobre o atendimento das necessidades inadiáveis da comunidade em caso de greve; XXIX) tributos e outros créditos de terceiros; XXX) as disposições previstas nos arts. 373-A, 390, 392, 392-A, 394, 394-A, 395, 396 e 400 desta Consolidação.

Por fim, conforme disposição do parágrafo único do artigo em comento, "regras sobre duração do trabalho e intervalos não são consideradas como normas de saúde, higiene e segurança do trabalho para os fins do disposto" no art. 611-B da CLT.

De nossa parte, entendemos que o Brasil é um país de dimensões continentais e que a aplicação da mesma lei trabalhista a todas as distintas realidades brasileiras pode representar, em alguns casos, uma injustiça. Nesse contexto, as normas coletivas representam justamente a possibilidade de ajuste de determinadas normas trabalhistas à realidade local.

Por isso, a flexibilização não pode ser irrestrita, como previu o legislador reformista, devendo conter um motivo que a fundamenta, mesmo quando prevista em lei. Nesse contexto, a adequação de determinadas relações a uma realidade específica seria um motivo válido. Outro motivo válido seria a flexibilização temporária em tempos de crise para a preservação de empregos. É o caso do art. 7º, VI, da Constituição, pois não se cogita a possibilidade de normas coletivas reduzirem salários de maneira irrestrita. Uma flexibilização sem quaisquer desses motivos, pelo simples aumento do lucro empresarial, é nitidamente ilícita.

Por isso mesmo, entendemos que a flexibilização autorizada pelo art. 611-A da CLT deve se fundamentar na adequação a uma realidade específica ou na temporariedade de uma crise financeira empresarial, não podendo ser realizada de forma irrestrita, sob pena de violação aos princípios da irrenunciabilidade dos direitos trabalhistas e da aplicação da norma mais favorável.

Não parece, entretanto, ter sido essa a intenção do legislador, conforme os parágrafos do art. 611-A da CLT. No § 1º, deixa claro que a análise da Justiça do Trabalho em relação às normas coletivas deve se dar exclusivamente em relação aos elementos essenciais do negócio jurídico, primando pela intervenção mínima na autonomia da vontade coletiva.

No § 2º, estabelece a desnecessidade de contrapartidas, ou seja, um direito pode ser suprimido ou reduzido por norma coletiva, ainda que a lei seja mais favorável ao trabalhador e ainda que este não receba nenhum outro benefício em troca. Se, por acaso, for negociada cláusula de contrapartida em relação a determinada cláusula, se esta for anulada judicialmente, o § 4º determina que aquela deverá ser igualmente anulada, sem repetição de indébito.

O § 3º estabelece uma garantia de emprego ao trabalhador que tenha o salário ou a jornada reduzidos por norma coletiva, durante o prazo de vigência do instrumento coletivo. Trata-se de uma contrapartida específica, amparada na Lei 13.467/2017.

Por fim, o § 5º determina que os "sindicatos subscritores de convenção coletiva ou de acordo coletivo de trabalho deverão participar, como litisconsortes necessários, em ação individual ou coletiva, que tenha como objeto a anulação de cláusulas desses instrumentos".

O parágrafo único do art. 444 da CLT prevê que as hipóteses previstas no art. 611-A da CLT podem ser pactuadas por acordo individual, sem prever a necessidade de ser por escrito, com prevalência sobre a lei e sobre normas coletivas, no caso de empregado portador de diploma de nível superior e que perceba salário mensal igual ou superior a duas vezes o limite máximo dos benefícios do Regime Geral de Previdência Social.

Acreditamos que a Reforma Trabalhista, trazida com a Lei 13.467/2017, implicará discussões insípidas em torno de seu alcance nos pontos aqui abordados, e também legitima abusos em face dos trabalhadores, haja vista a inexistente representatividade de alguns sindicatos profissionais – práticas que acabariam gerando conflitos que certamente terminarão na Justiça do Trabalho. Isto sem considerar o fato de que em muitas situações a negociação poderia nem existir, sendo substituída pela imposição dos interesses da classe patronal, já que o índice de desemprego no país não é ambiente propício para a negociação em igualdade de condições.[27]

## 6. *Considerações finais*

Diante dos estudos que realizamos nos tópicos anteriores, é possível concluir que a flexibilização do direito do trabalho traduz, tão somente, uma expressão para designar a exigência de adaptação ao mundo moderno, com a quebra de rigidez deste ramo do Direito.[28] E, neste sentido, também somos levados a concluir que a "flexibilização" também ocorre em outros ramos do Direito.

---

27. Cf. Cibele Gonçalves de Bastos e Luiz Caetano de Salles, "A falácia da redução de vantagens trabalhistas como mecanismo de aumento de empregos", artigo publicado no encarte *Trabalho*, fasc. 65, p. 1.558, Decisório Trabalhista, 2002.

28. Segundo José Soares Filho, a flexibilização está ligada ao processo de globalização da economia ("Flexibilização dos direitos trabalhistas", *Revista da Anamatra* 36/63, Ano XI, Brasília, OMP Propaganda, maio/1999).

Entendemos perfeitamente defensável que a Lei 9.099/1995 (Lei dos Juizados Especiais Cíveis e Criminais), ao consagrar hipóteses de transações em processos criminais cujas infrações penais sejam de menor potencial ofensivo (e assim são consideradas as contravenções penais e os crimes a que a lei comine pena máxima não superior a um ano – art. 61 da lei mencionada), representou uma quebra da rigidez que sempre norteou o direito penal e processual penal, e daí se poder afirmar a ocorrência de flexibilização nestes ramos do direito público.

Igualmente, poderíamos afirmar que a lei que consagra os direitos decorrentes da "união estável" também externa inovação que poderia ser indicada como hipótese de flexibilização do direito civil.

Contudo, observamos que a expressão "flexibilização" é reservada, de forma praticamente unânime, ao direito do trabalho, esquecendo-se os estudiosos de que os demais ramos da Ciência Jurídica também precisam acompanhar a evolução da Humanidade, a mudança de valores etc. E talvez isto se explique pelo fato de que – como bem lembrou José Soares Filho –, "mais do que outros ramos da Ciência Jurídica, o direito do trabalho positivo precisa alterar-se, e com frequência, para adaptar-se à realidade social que ele visa a regular, ou seja, a econômica, a qual é por natureza mais dinâmica, sofrendo nas últimas décadas transformações numa velocidade incrível".[29]

Finalmente, concluímos que a Constituição Federal de 1988, ao consagrar algumas hipóteses de alterações do contrato de trabalho (incisos VI, XIII e XIV do art. 7º), não teve em mira a flexibilização do direito do trabalho. Em verdade, a atual Carta Magna trouxe instrumentos para viabilizar a modernização do direito do trabalho, sem olvidar os direitos mínimos que assegurou aos trabalhadores, e que não podem ser postergados.

A verdadeira flexibilização do Direito do Trabalho surgiu com a Lei 13.467/2017, ao modificar mais de 100 dispositivos da Consolidação das Leis do Trabalho, chamando a atenção os arts. 611-A e 611-B, que estabelecem as matérias que poderão ser objeto de negociação coletiva. E isto sem considerar a disciplina do contrato de trabalho intermitente, já estudado no Capítulo XIV deste *Manual*, que não se harmoniza com a figura clássica do contrato individual de trabalho. O tempo dirá se as reformas mencionadas atingirão o resultado almejado pelo legislador, contribuindo para mitigar o índice de desemprego e trabalho informal no País.

29. José Soares Filho, "Flexibilização dos direitos trabalhistas", cit., *Revista da Anamatra* 36/70.

## Capítulo XXXII
## ORGANIZAÇÃO SINDICAL
## E NOÇÕES DE DIREITO COLETIVO

*1. Considerações iniciais. 2. Princípios de direito coletivo do trabalho: 2.1 Princípios da livre associação e da autonomia sindical – 2.2 Princípio da autonomia privada coletiva – 2.3 Princípio da lealdade entre as partes contratantes – 2.4 Princípio da representação e participação dos trabalhadores na empresa – 2.5 Princípio da adequação das soluções dos conflitos coletivos. 3. A organização sindical: 3.1 Os sindicatos – 3.2 As federações e confederações – 3.3 As centrais sindicais.*

### 1. Considerações iniciais

Nas palavras de Maurício Godinho Delgado, "direito coletivo do trabalho é o conjunto de regras, princípios e institutos regulatórios das relações entre os seres coletivos trabalhistas: de um lado, os obreiros, representados pelas entidades sindicais, e, de outro, os seres coletivos empresariais, atuando quer isoladamente, quer através de seus sindicatos",[1] identificando, desde logo, os sindicatos e os próprios empregadores como sujeitos.[2]

Por seu turno, Octávio Bueno Magano identifica o direito coletivo do trabalho como "a parte do direito do trabalho que trata da organização sindical, da negociação coletiva e da convenção coletiva de trabalho,

---

1. Maurício Godinho Delgado, *Curso de Direito do Trabalho*, São Paulo, LTr, 2002, p. 1.300.
2. Atualmente torna-se possível identificar outros sujeitos das relações coletivas de trabalho além dos mencionados. A Lei 10.101/2000, por exemplo, ao regulamentar a participação dos empregados nos lucros ou resultados da empresa, acomete a uma comissão de trabalhadores o encargo da negociação com o empregador, sem prejuízo de que também possa se dar através de convenção ou acordo coletivo.

dos conflitos coletivos do trabalho e dos mecanismos de solução dos mesmos conflitos".[3]

Amauri Mascaro Nascimento, preferindo a denominação "direito sindical", assevera que se trata de "ramo do direito do trabalho que tem por objeto o estudo das normas e das relações jurídicas que dão forma ao modelo sindical".[4]

Em síntese, a exemplo do que ocorre com a própria definição de direito do trabalho, podemos identificar três correntes doutrinárias que se digladiam em torno da definição do direito coletivo do trabalho: a) a corrente subjetivista; b) a corrente objetivista; c) a corrente mista.

A corrente subjetivista procura estabelecer a definição com base nos sujeitos deste ramo do Direito. Os defensores da corrente objetivista traçam suas definições a partir do objeto de estudo – que, segundo Amauri Mascaro Nascimento,[5] seriam a organização sindical, a negociação coletiva e a greve.

A doutrina é praticamente unânime em afirmar que o direito coletivo do trabalho surgiu após a Revolução Industrial do século XVIII, para o quê contribuiu o desaparecimento das corporações de ofício[6] e o surgimento da chamada "questão social", consubstanciada no desequilíbrio das relações jurídicas e econômicas entre o capital e o trabalho,[7] sendo possível identificar três fases distintas em torno do direito coletivo do trabalho: a) fase de proibição; b) fase de tolerância; c) fase de reconhecimento.

Na França pode-se identificar a fase de proibição, por força da Lei *Le Chapelier*, de 1791, que proibia a coalizão de trabalhadores, e até mesmo na Revolução Francesa (1789), tendo o Código Penal de Napoleão (1810) tipificado como crime a associação de trabalhadores, o que inviabilizava a organização sindical.

A fase de tolerância iniciou-se no ano de 1824, na Grã-Bretanha, quando foram revogadas as leis que proibiam as associações de trabalha-

---

3. Octávio Bueno Magano, *Manual de Direito do Trabalho – Direito Coletivo do Trabalho*, 2ª ed., vol. III, São Paulo, LTr, 1990, p. 11.

4. Amauri Mascaro Nascimento, *Direito Sindical*, 2ª ed., São Paulo, Saraiva, 1991, p. 3. O mencionado autor defende a denominação "direito sindical", eis que valoriza o movimento sindical e também porque as relações coletivas de trabalho são ocupadas, preponderantemente, pelos sindicatos ou outras entidades sindicais.

5. Cf. Amauri Mascaro Nascimento, *Direito Sindical*, cit., 2ª ed., p. 132.

6. Cf. Carlos Henrique Bezerra Leite, *Curso de Direito do Trabalho*, 3ª ed., Curitiba, Juruá, 2000, p. 17.

7. Cf. Amauri Mascaro Nascimento, *Direito Sindical*, cit., 2ª ed., p. 22.

dores; o que foi seguido por outros países europeus e também pelos Estados Unidos da América, que, apesar de não admitirem expressamente o direito de sindicalização, passaram a tolerar a existência de sindicatos.[8]

Por último, a fase de reconhecimento costuma ser identificada com o período que se seguiu ao *Trade Unions Act* (1871) na Inglaterra, à *Lei Waldeck-Rousseau* (1884) na França, ao *Clayton Act* (1914) nos Estados Unidos da América, à Constituição do México (1917) e à Constituição de Weimar, da Alemanha (1919), onde se verifica o reconhecimento do movimento sindical pelos Estados.[9]

É certo, no entanto, que na fase de reconhecimento é possível identificar o período de reconhecimento sob controle do Estado e, finalmente, o reconhecimento com liberdade.

No Brasil as primeiras formas associativas podem ser identificadas nas corporações de ofício, que foram proibidas pela Constituição de 1824. Na sequência, tivemos a primeira disciplina legal dos sindicatos rurais (1903) e dos sindicatos urbanos (1907).

## 2. Princípios de direito coletivo do trabalho

Eduardo Lebre classifica os princípios de direito coletivo do trabalho em três grupos, quais sejam:

1) *princípios relativos à organização sindical* – (a) livre associação sindical (art. 8º, V, VII e VIII, da CF); (b) autonomia sindical (art. 8º, I e III, da CF);

2) *princípios derivados da relação coletiva de trabalho* – (a) autonomia privada coletiva (art. 8º, VI, da CF); (b) lealdade entre as partes (art. 524, "e", da CLT); c) representação e participação dos trabalhadores nas empresas (arts. 10 e 11 da CF);

3) *princípio relacionado com a atividade do Estado* – princípio da adequação das soluções dos conflitos coletivos.

### 2.1 Princípios da livre associação e da autonomia sindical

Os princípios supramencionados costumam ser identificados num único princípio, denominado "princípio da liberdade sindical", e que se

---

8. Idem, p. 25.
9. Idem, p. 26.

traduz no "direito dos trabalhadores e empregadores de não sofrerem interferências, nem dos Poderes Públicos nem de uns em relação aos outros, no processo de se organizarem, bem como o de promoverem interesses próprios ou dos grupos a que pertençam".[10]

Não há unanimidade doutrinária em relação aos aspectos que devem nortear a efetiva liberdade sindical, o que vai depender da perspectiva adotada pelo estudioso.

Alguns autores preferem atribuir maior enfoque aos seguintes aspectos: liberdade de associação, liberdade de organização, liberdade de administração, liberdade de exercícios das funções e liberdade de filiação sindical.[11] Outros acentuam os aspectos da sindicalização livre, autonomia sindical e pluralidade sindical.[12]

A sindicalização livre pressupõe o direito de constituir sindicato, bem como o de filiar-se. O art. 5º, V, da CF assegura que "ninguém será obrigado a filiar-se ou a manter-se filiado a sindicato"; e, no que respeita ao direito de sindicalização, até mesmo o servidor público civil foi contemplado, consoante se infere do art. 37, VI, da CF ("é garantido ao servidor público civil o direito à livre associação sindical").

Por sua vez, a autonomia sindical "indica a possibilidade de atuação não dos indivíduos, mas do grupo por eles organizado".[13] Nosso ordenamento jurídico não consagra a autonomia sindical em todas as possíveis dimensões, porquanto não se admite o sindicato por empresas, e sim por categoria ou profissão; e também não se admite o sindicato com base territorial inferior a um Município (art. 8º, II, da CF).

Contudo, resta consagrada a ausência de intervenção estatal para a fundação de sindicato no art. 8º, I, da CF ("a lei não poderá exigir autorização do Estado para a fundação de sindicato, ressalvado o registro no órgão competente, vedadas ao Poder Público a interferência e a intervenção na organização sindical").

Finalmente, a pluralidade não foi abrigada pelo legislador constituinte, vez que o inciso II do art. 8º da CF veda "a criação de mais de uma organização sindical, em qualquer grau, representativa de categoria profissional ou econômica, na mesma base territorial". O atual diplo-

10. Octávio Bueno Magano, *Manual de Direito do Trabalho – Direito Coletivo do Trabalho*, cit., 2ª ed., vol. III, p. 24.
11. Caso de Amauri Mascaro Nascimento, *Direito Sindical*, cit., 2ª ed., p. 114.
12. Cf. Octávio Bueno Magano, *Manual de Direito do Trabalho – Direito Coletivo do Trabalho*, cit., 2ª ed., vol. III, p. 26.
13. Idem, p. 30.

ma constitucional abriga a unicidade sindical[14] – aspecto que, segundo a maioria dos doutrinadores, autoriza a afirmação de que no Brasil a liberdade sindical não é plena,[15] na medida em que inviabiliza a ratificação da Convenção 87 da Organização Internacional do Trabalho, a qual possibilitaria aos trabalhadores o direito de constituir tantos sindicatos quanto julgassem convenientes aos próprios interesses.

## 2.2 Princípio da autonomia privada coletiva

O princípio supramencionado encontra-se consagrado no art. 8º, VI, da CF ("é obrigatória a participação dos sindicatos nas negociações coletivas de trabalho").

Amauri Mascaro Nascimento[16] identifica a autonomia privada coletiva como teoria que é confirmada pela realidade do direito sindical contemporâneo, a exemplo das centrais sindicais (Central Única dos Trabalhadores/CUT, Central Geral dos Trabalhadores/CGT e Força Sindical, por exemplo), que pairam acima do sistema confederativo, e chegam a intermediar negociações com empregadores e o próprio Governo, mas não são previstas nem autorizadas por lei.

O mesmo autor supramencionado lembra, ainda, os exemplos das associações que não têm natureza sindical, mas que também reivindicam, promovem negociações e deflagram greves.

## 2.3 Princípio da lealdade entre as partes contratantes

Referido princípio traduz a obrigação de respeito mútuo entre os entes coletivos (sindicatos, comissões de empregados), bem como o respeito à vontade da maioria que se manifesta nas assembleias-gerais, sem prejuízo da transparência e publicidade nas informações prestadas no processo de negociação coletiva (art. 524, "e", da CLT).[17]

---

14. Alguns autores preferem a expressão "unidade sindical", a exemplo de Octávio Bueno Magano (*Manual de Direito do Trabalho – Direito Coletivo do Trabalho*, cit., 2ª ed., vol. III, p. 38). A Constituição de 1934 consagrava a pluralidade sindical no art. 120.
15. Cf. Eduardo Lebre, *Direito Coletivo do Trabalho*, Porto Alegre, Síntese, 1999, p. 110; Octávio Bueno Magano, *Manual de Direito do Trabalho – Direito Coletivo do Trabalho*, cit., 2ª ed., vol. III, pp. 38-39.
16. Amauri Mascaro Nascimento, *Direito Sindical*, cit., 2ª ed., pp. 111-112.
17. Cf. Eduardo Lebre, *Direito Coletivo do Trabalho*, cit., p. 31.

## 2.4 Princípio da representação e participação dos trabalhadores na empresa

Trata-se de princípio insculpido nos arts. 10 e 11 da CF.

O art. 10 da CF assegura a participação de trabalhadores e empregadores nos colegiados dos órgãos públicos em que seus interesses profissionais ou previdenciários sejam objeto de discussão.

Por sua vez, o art. 11 do diploma constitucional assegura a eleição de um representante dos trabalhadores, nas empresas com mais de 200 empregados, com a finalidade de promover-lhes o entendimento direto com os empregadores.

## 2.5 Princípio da adequação das soluções dos conflitos coletivos

Trata-se de princípio que Maurício Godinho Delgado prefere denominar "princípio da adequação setorial negociada", que diz respeito aos mecanismos de harmonização entre fontes formais autônomas (convenções e acordos coletivos) e as fontes estatais, que são heterônomas, e que influencia sobremaneira o direito individual do trabalho.

Com efeito, convenções e acordos coletivos podem, para uma determinada categoria profissional ou parcela desta última, atribuir benefícios e vantagens não consagrados na lei. Nesta hipótese, a fonte autônoma atribui a uma determinada comunidade econômico-profissional um padrão de direitos trabalhistas superior ao padrão geral, que é atribuído à generalidade dos trabalhadores, e nenhum óbice haverá na legislação própria, notadamente quando se recorda o princípio da norma mais favorável.

A discussão ganha maior dimensão quando se admite a possibilidade de que o padrão de direitos trabalhistas, em determinado setor, possa ser inferior àquele contemplado para o padrão geral, com vistas à adequação setorial. Trata-se de questão intimamente relacionada com a flexibilização do direito do trabalho, e cujo maior exemplo se encontra na própria Constituição Federal (art. 7º, VI, XIII e XIV). Em síntese, é a norma estatal que deve limitar a atuação das convenções e acordos coletivos, com vistas à adequação setorizada.

### 3. A organização sindical

A Constituição Federal de 1988 consagra a organização sindical brasileira como um sistema confederativo, cuja autonomia não é plena perante o Estado, com representação por categoria e por profissão, reunindo, ainda, as características da unicidade e da bilateralidade.

O sistema confederativo vem sendo adotado desde 1930, e envolve a autorização legal para criação de entidades sindicais com formas previamente estabelecidas pelo legislador, e que são: sindicatos, federações e confederações.

Não se pode afirmar a autonomia absoluta da organização sindical brasileira, na medida em que, por exemplo, não se permite o sindicato por empresa ou a existência de base territorial inferior à área de um Município.

A unicidade sindical, conforme já dissemos alhures, opõe-se ao pluralismo sindical e se revela contrária ao posicionamento adotado pela própria Organização Internacional do Trabalho por meio da Convenção 87.

A bilateralidade do sistema reside no fato de que os empregadores não foram excluídos da possibilidade de associação sindical. Na verdade, a liberdade sindical também foi reconhecida aos empregadores, não obstante se reconheça que o sindicalismo no meio empresarial ainda é incipiente – aspecto que não inviabiliza as negociações coletivas que podem ser feitas diretamente com a empresa.

### 3.1 Os sindicatos

Octávio Bueno Magano leciona que "sindicato é a associação de pessoas físicas ou jurídicas, que exercem atividade profissional ou econômica, para a defesa dos respectivos interesses".[18] Trata-se de associação de base ou de primeiro grau, cuja criação depende da vontade dos interessados, não se exigindo a autorização do Estado (art. 8º, I, da CF), com a ressalva de que deve ser promovido o registro no órgão competente e se deve respeitar a base territorial mínima e a exigência constitucional da unicidade (art. 8º, II).

A defesa dos direitos e interesses da categoria compete aos sindicatos (art. 8º, III, da CF), e a estes foi atribuída a negociação coletiva (art. 8º, VI, da CF). Contudo, a negociação coletiva poderá ser feita, subsidiariamente, pela federação, na falta de sindicato na base territorial, ou pela confederação, na hipótese de inexistência da federação.

Quanto à natureza jurídica, não se têm dúvidas de que no Brasil o sindicato é pessoa jurídica de direito privado, restando superadas as

18. Octávio Bueno Magano, *Manual de Direito do Trabalho – Direito Coletivo do Trabalho*, cit., 2ª ed., vol. III, p. 83.

teorias de que pudesse se tratar de pessoa jurídica de direito público, semipúblico ou de direito social. Isto porque a liberdade sindical e a autonomia privada coletiva não se compatibilizam com natureza jurídica diversa da privada, mesmo que se trate de sindicato de servidores públicos, na medida em que o sindicato já não pode ser entendido como extensão do Estado.

A liberdade de organização dos sindicatos possibilita o elastecimento de suas funções. Além da função negocial, que é inerente ao sindicato, por força do art. 8º, III, da CF, podemos identificar a função assistencial, a função política e a função econômica.

A função negocial do sindicato dá origem ao direito paralegal, sob a forma de convenções e acordos coletivos de trabalho.

A função assistencial, outrora bastante difundida, não se encontra totalmente abandonada, e consiste na possibilidade conferida ao sindicato, por lei ou pelos seus estatutos, de prestar serviços aos representados, a exemplo da assistência médica e odontológica ou, mesmo, da assistência judiciária de que trata a Lei 5.584/1970. Um sindicato de empregadas domésticas, por exemplo, terá na função assistencial a principal atribuição, eis que absolutamente inviável a função negocial.

O sindicato também exerce função política, mas não a político-partidária, já que esta última se encontra expressamente vedada pelo art. 521, "d", da CLT. O fato é que o sindicato também é um ser político, e sua atuação no interesse dos seus representados, em nível de negociação coletiva ou de reivindicação junto ao próprio Governo, não deixa de ser política.

Finalmente, não se ignora que o art. 564 da CLT veda o exercício de atividade econômica pelo sindicato. Mas isso não significa negar sua função econômica.

O sindicato não pode exercer o comércio, não pode competir no mercado com empresas devidamente constituídas; mas não se olvida que gerencia seus próprios recursos, provenientes de suas fontes de custeio (contribuição sindical – arts. 579 e 580 da CLT, mensalidade dos sócios, descontos ou taxas assistenciais), não podendo sofrer interferência do Poder Público (art. 8º, I, da CF); e neste sentido vislumbra-se a função econômica da entidade sindical.

Sobre os recursos do sindicato, a nova redação dada ao art. 579 da CLT pela Reforma Trabalhista estabelece que o pagamento da contribuição sindical é facultativa, ao dispor que o "desconto da contribuição sindical está condicionado à autorização prévia e expressa dos que participarem de uma determinada categoria econômica ou profissional, ou de uma profissão liberal, em favor do sindicato representativo da mesma categoria ou profissão ou, inexistindo este, na conformidade do disposto no art. 591" da CLT.

## 3.2 As federações e confederações

As federações e confederações são entidades sindicais de grau superior (art. 533 da CLT). As federações são entes sindicais formados pelo agrupamento de um determinado número de sindicatos, sendo no mínimo cinco, a teor do art. 534 da CLT. As confederações são órgãos de cúpula da organização sindical, sendo formadas por, no mínimo, três federações, nos termos do art. 535 da CLT, tendo sede na Capital da República.

As federações são constituídas por Estados e, excepcionalmente, podem ser interestaduais ou nacionais. As confederações serão sempre de âmbito nacional.

As atribuições de referidas entidades sindicais de grau superior residem, basicamente, na função regulamentar, no sentido de coordenação externa das categorias, sem prejuízo da função negocial, em caráter subsidiário, conforme previsto no art. 611, § 2º, da CLT ("as federações e, na falta destas, as confederações representativas de categorias econômicas ou profissionais poderão celebrar convenções coletivas de trabalho para reger as relações das categorias a elas vinculadas, inorganizadas em sindicatos, no âmbito de suas representações").

## 3.3 As centrais sindicais

As centrais sindicais são pessoas jurídicas de direito privado compostas por organizações sindicais dos trabalhadores, mas não têm legitimidade para participar de negociações coletivas. A Lei 11.648, de 31.3.2008, dispôs sobre o reconhecimento das centrais sindicais, como entidades de representação geral dos trabalhadores, constituídas em âmbito nacional, com atribuições de coordenar a representação dos trabalhadores por meio das organizações sindicais a elas filiadas (art. 1º, I) e participar de negociações em fóruns, colegiados de órgãos públicos e demais espaços de diálogo social que possuam composição tripartite, nos quais estejam em discussão assuntos de interesse geral dos trabalhadores (art. 1º, II).

Percebe-se, pois, que a Lei 11.648/2008 não incluiu, expressamente, as centrais sindicais na organização sindical brasileira, trazendo como único resultado concreto a transferência de 10% das contribuições sindicais pagas pelos empregados para a central sindical, com a modificação do art. 589 da CLT. Vale dizer, a "Conta Especial Emprego e Salário", para onde era destinado o percentual de 20% sobre as contribuições sindicais, dividirá referido percentual com as centrais sindicais, não estabelecendo a lei supramencionada qualquer mecanismo de controle ou fiscalização para os gastos de referidas entidades.

Em síntese, a central sindical é formada apenas por sindicatos (art. 2º da Lei 11.648/2008), e não por federações ou confederações, as quais exercem função negocial em caráter subsidiário.

# BIBLIOGRAFIA

ACCIOLY, Hildebrando. *Manual de Direito Internacional Público*. 11ª ed., 3ª tir., revista por Geraldo Eulálio do Nascimento e Silva. São Paulo, Saraiva, 1980.

ACKEL FILHO, Diomar. *"Writs" Constitucionais*. São Paulo, Saraiva, 1988.

ALMEIDA, Ísis de. *Manual da Prescrição Trabalhista*. 2ª tir. São Paulo, LTr, 1990.

ALMEIDA, Renato Rua de. "Das cláusulas normativas das convenções coletivas de trabalho: conceito, eficácia e incorporação nos contratos individuais de trabalho". *LTr* 60/1.602-1.605, n. 12. São Paulo, LTr, dezembro/1996.

ALMEIDA JÚNIOR, A., e COSTA JÚNIOR, J. B. de O. *Lições de Medicina Legal*. 21ª ed. São Paulo, Cia. Editora Nacional, 1996.

ANDRADE, Dárcio Guimarães de. "Flexibilização". *Boletim Doutrina Adcoas* 5. Ano II. Rio de Janeiro, Esplanada Editora, maio/1999.

AZEVEDO, Álvaro Villaça. "Proposta de classificação da responsabilidade objetiva: pura e impura". *RDTrabalho* 100/13-37. Ano 26. São Paulo, Ed. RT, outubro-dezembro/2000.

BARROS JÚNIOR, Cássio Mesquita. "Flexibilização do direito do trabalho". *LTr* 59, n. 8. São Paulo, LTr, agosto/1995.

BARROS MONTEIRO, Washington de. *Curso de Direito Civil*. 14ª ed., vol. I. São Paulo, Saraiva, 1976.

BASTOS, Cibele Gonçalves de, e SALLES, Luiz Caetano de. "A falácia da redução de vantagens trabalhistas como mecanismo de aumento de empregos". *Trabalho* fasc. 65 (encarte). Decisório Trabalhista, 2002.

BATALHA, Wilson de Souza Campos. *Prescrição e Decadência no Direito do Trabalho*. 2ª ed. São Paulo, LTr, 1998.

BELTRAN, Ari Possidônio. *Os Impactos da Integração Econômica no Direito do Trabalho – Globalização e Direitos Sociais*. São Paulo, LTr, 1998.

BERNARDES, Hugo Gueiros. *Direito do Trabalho*. vol. I. São Paulo, LTr, 1989.

BERNARDES GIL, Vilma Dias. *As Novas Relações Trabalhistas e o Trabalho Cooperado*. São Paulo, LTr, 2002.

BEVILÁQUA, Clóvis. *Codigo Civil dos Estados Unidos do Brasil*. 3ª ed., vol. I. São Paulo, Francisco Alves, 1927.

*Bíblia Sagrada*. Edição pastoral. São Paulo, Paulinas, abril/1990.
BITTAR, Eduardo. *O Direito na Pós-modernidade*. Rio de Janeiro, Forense Universitária, 2005.
BOBBIO, Norberto. *Teoria do Ordenamento Jurídico*. 9ª ed. Brasília, UnB, 1997.
CAHALI, Yussef Said. "Dano". In FRANÇA, R. Limongi (coord.). *Enciclopédia Saraiva do Direito*. vol. 22. São Paulo, Saraiva, 1979 (p. 208).
CÂMARA LEAL, Antônio Luiz da. *Da Prescrição e da Decadência*. 4ª ed. Rio de Janeiro, Forense, 1982.
CARRION, Valentin. *Comentários à Consolidação das Leis do Trabalho*. 18ª e 19ª eds. São Paulo, Ed. RT, 1994 e 1995; 23ª e 25ª eds. São Paulo, Saraiva, 1998 e 2000.
CASSAR, Vólia Bomfim e BORGES, Leonardo Dias. *Comentários à Reforma Trabalhista – De acordo com a Lei 13.467/2017 e a MP 808/2017*. 2ª ed. Rio de Janeiro, Método, 2018.
CASTELO, Jorge Pinheiro. "Dano moral trabalhista – Configuração própria e autônoma, competência da Justiça do Trabalho, ações individuais para tutela de direitos morais laborais tradicionais, novas e ações civis públicas trabalhistas". *Revista do Advogado* 1998. São Paulo, Associação dos Advogados de São Paulo (pp. 93-106).
CATHARINO, José Martins. *Compêndio de Direito do Trabalho*. 3ª ed., vols. I e II. São Paulo, Saraiva, 1982.
_____. *Temas de Direito do Trabalho*. 2ª tir. Rio de Janeiro, Edições Trabalhistas, s/d.
CAVALCANTI, Hélio Augusto Pedroso, e MARTINS, Adalberto. *Elementos de Direito do Trabalho*. 2ª ed. Porto Alegre, Síntese, 2001.
CESARINO JÚNIOR, Antônio Ferreira. *Direito Social Brasileiro*. 6ª ed., ampliada e atualizada com a colaboração de Marly A. Cardone, vols. I e II. São Paulo, Saraiva, 1970.
CORDEIRO, António Menezes. *Manual de Direito do Trabalho*. Coimbra, Livraria Almedina, 1991.
CORRÊA, Márcia Angelim Chaves, e SALIBA, Tuffi Messias. *Insalubridade e Periculosidade – Aspectos Técnicos e Práticos*. 3ª ed. São Paulo, LTr, 1997.
COSTA, Orlando Teixeira da. *Direito Coletivo do Trabalho e Crise Econômica*. São Paulo, LTr, 1991.
COSTA JÚNIOR, J. B. de O., e ALMEIDA JÚNIOR, A. *Lições de Medicina Legal*. 21ª ed. São Paulo, Cia. Editora Nacional, 1996.
CUNHA, Maria Inês Moura Santos A. da. *Direito do Trabalho*. 1ª e 2ª eds. São Paulo, Saraiva, 1995 e 1997.

DALAZEN, João Oreste. "Aspectos do dano moral trabalhista". *LTr* 64. São Paulo, LTr, janeiro/2000.

DE LA CUEVA, Mario. *Derecho Mexicano del Trabajo*. 2ª ed., t. I. México, Librería de Porrúa Hnos. y Cía., 1943.

DE SANCTIS, Frei Antônio. *Encíclicas e Documentos Sociais – Da "Rerum Novarum" à "Octogesima Adveniens"*. vol. I. São Paulo, LTr, 1991.

DELGADO, Maurício Godinho. *Alterações Contratuais Trabalhistas*. São Paulo, LTr, 2000.

_____. *Curso de Direito do Trabalho*. São Paulo, LTr, 2002.

_____. *Introdução ao Direito do Trabalho*. 2ª ed. São Paulo, LTr, 1999.

DELMANTO, Celso. *Código Penal Comentado*. 1ª ed., 6ª tir. Rio de Janeiro, Renovar, 1986.

DEVEALI, Mario L. *El Derecho del Trabajo en su Aplicación y sus Tendencias*. t. I. Buenos Aires, Astrea, 1983.

*Diccionario Enciclopédico Hispano-Americano de Literatura, Ciencias, Artes, etc.* t. VIII. Barcelona/Nova York, Montaner y Simón/W. M. Jackson, s/d.

DINIZ, Maria Helena. *Compêndio de Introdução à Ciência do Direito*. 6ª ed. São Paulo, Saraiva, 1994.

_____. *Conceito de Norma Jurídica como Problema de Essência*. 1ª ed., 3ª tir. São Paulo, Ed. RT, 1985.

_____. *Norma Constitucional e seus Efeitos*. São Paulo, Saraiva, 1989.

*Encíclicas e Documentos Sociais – Da "Rerum Novarum" à "Octogesima Adveniens"*. Coletânea organizada e anotada por Frei Antônio De Sanctis, OFM. Cap. vol. I. São Paulo, LTr, 1991.

*Enciclopedia Universal Ilustrada Europeo-Americana*. t. XIX. Madri, Espasa--Calpe, 1989.

ENGISH, Karl. *Introdução ao Pensamento Jurídico*. 6ª ed., trad. de João Baptista Machado. Lisboa, Fundação Calouste Gulbenkian, 1988.

FARIA, José Eduardo. *Justiça e Conflito: os Juízes em face dos Novos Movimentos Sociais*. 2ª ed. São Paulo, Ed. RT, 1992.

FERRARO, Giuseppe. "Fontes autônomas e fontes heterônomas na legislação da flexibilidade". *Synthesis* 5. São Paulo, 1989.

FERREIRA, Aurélio Buarque de Holanda. *Novo Dicionário Aurélio da Língua Portuguesa*. 2ª ed. Rio de Janeiro, Nova Fronteira, 1986.

FLORINDO, Valdir. *Dano Moral e o Direito do Trabalho*. 3ª ed. São Paulo, LTr, 1999.

FRANÇA, R. Limongi (coord.). *Enciclopédia Saraiva do Direito*. vol. 22. São Paulo, Saraiva, 1979.

GARCÍA, Manuel Alonso. *Curso de Derecho del Trabajo*. 8ª ed. Barcelona, Ariel, 1982.

GIGLIO, Wagner D. *Justa Causa*. 3ª ed. São Paulo, LTr, 1992.

GOMES, Orlando. *Introdução ao Direito Civil*. 10ª ed. Rio de Janeiro, Forense, 1990.

_____, e GOTTSCHALK, Elson. *Curso de Direito do Trabalho*. 12ª ed. Rio de Janeiro, Forense, 1991.

GOMES NETO, Indalécio. "A jurisdição trabalhista e o dano moral". In: SILVESTRE, Rita Maria, e NASCIMENTO, Amauri Mascaro (coords.). *Os Novos Paradigmas do Direito do Trabalho (Homenagem a Valentin Carrion)*. São Paulo, Saraiva, 2001.

GOTTSCHALK, Elson, e GOMES, Orlando. *Curso de Direito do Trabalho*. 12ª ed. Rio de Janeiro, Forense, 1991

*Grande Dicionário Brasileiro de Medicina*. São Paulo, Maltese, s/d.

HORVATH JÚNIOR, Miguel. *Direito Previdenciário*. 7ª ed. São Paulo, Quartier Latin, 2008.

KELSEN, Hans. *Teoria Pura do Direito*. Trad. de João Baptista Machado. São Paulo, Martins Fontes, 1996.

LACERDA, Dorval. *A Falta Grave no Direito do Trabalho*. 5ª ed. Rio de Janeiro, Edições Trabalhistas, 1989.

LAMARCA, Antônio. *Contrato Individual de Trabalho*. São Paulo, Ed. RT, 1969.

_____. *Manual das Justas Causas*. 2ª ed. São Paulo, Ed. RT, 1983.

LARENZ, Karl. *Metodologia da Ciência do Direito*. 3ª ed., trad. de José Lamego. Lisboa, Fundação Calouste Gulbenkian, 1997.

LEBRE, Eduardo. *Direito Coletivo do Trabalho*. Porto Alegre, Síntese, 1999.

LEITE, Carlos Henrique Bezerra. *Curso de Direito do Trabalho*. 3ª ed. Curitiba, Juruá, 2000.

MACHADO NETO. *Compêndio de Introdução à Ciência do Direito*. 6ª ed. São Paulo, Saraiva, 1988.

MAGANO, Octávio Bueno. "A flexibilização do direito do trabalho". *Síntese Trabalhista* 116. Porto Alegre, Síntese, fevereiro/1999.

_____. *Lineamentos de Direito do Trabalho*. 2ª ed. São Paulo, LTr, 1972.

_____. *Manual de Direito do Trabalho – Parte Geral*. vol. I. 2ª ed., 3ª tir., e 4ª ed. São Paulo, LTr, 1988 e 1993.

_____. *Manual de Direito do Trabalho – Direito Coletivo do Trabalho*. vol. III. 2ª ed. São Paulo, LTr, 1990.

_____. *Manual de Direito do Trabalho – Direito Tutelar do Trabalho*. vol. IV. São Paulo, LTr, 1987.

_____. *Os Grupos de Empresas no Direito do Trabalho*. São Paulo, Ed. RT, 1979.

_____. *Primeiras Linhas de Direito do Trabalho*. 3ª ed. São Paulo, Ed. RT, 2003.

MAIA, Edna Ferreira. *Consórcio de Empregadores Rurais: Aspectos Sociais, Econômicos e Jurídicos*. Dissertação de Mestrado apresentada à Banca Examinadora da Pontifícia Universidade Católica de São Paulo (PUC/SP). São Paulo, 2002.

MANRICH, Nélson. "Limites da flexibilização das normas trabalhistas". *Revista do Advogado* 54. São Paulo, Associação dos Advogados de São Paulo, dezembro/1998.

MANUS, Pedro Paulo Teixeira. *Direito do Trabalho*. 6ª e 7ª eds. São Paulo, Atlas, 2001 e 2002.

MARANHÃO, Délio. *Direito do Trabalho*. 15ª ed. Rio de Janeiro, FGV, 1988.

_____, SÜSSEKIND, Arnaldo, e VIANNA, Segadas. *Instituições de Direito do Trabalho*. 11ª ed. e 19ª ed., atualizada por Arnaldo Süssekind e Lima Teixeira, vols. I e II. São Paulo, LTr, 1991 e 2000.

MARQUES, Fabíola. *A Equiparação Salarial por Identidade no Direito do Trabalho Brasileiro*. São Paulo, LTr, 2002.

MARTINS, Adalberto. *A Embriaguez no Direito do Trabalho*. São Paulo, LTr, 1999.

_____. *A Proteção Constitucional ao Trabalho de Crianças e Adolescentes*. São Paulo, LTr , 2002.

_____. "A responsabilidade civil do empregador e a Lei 10.406/2002". *Revista do Curso de Direito do Centro Universitário das Faculdades Metropolitanas Unidas – UniFMU*.26. Ano XVIII. 2004 (pp. 133-140).

_____. *Manual Didático de Direito Processual do Trabalho*. 6ª ed. São Paulo, Malheiros Editores, 2014.

_____, e CAVALCANTI, Hélio Augusto Pedroso. *Elementos de Direito do Trabalho*. 2ª ed. Porto Alegre, Síntese, 2001.

MARTINS, Sérgio Pinto. *Comentários à CLT*. São Paulo, Atlas, 1998.

_____. "Conflito entre norma coletiva do trabalho e legislação superveniente". *Revista do Advogado* 39. São Paulo, Associação dos Advogados de São Paulo, maio/1993.

_____. *Direito do Trabalho*. 3ª ed. São Paulo, Malheiros Editores, 1996; 8ª, 10ª e 15ª eds. São Paulo, Atlas, 1999, 2000 e 2002.

MAXIMILIANO, Carlos. *Hermenêutica e Aplicação do Direito*. 10ª e 11ª eds. Rio de Janeiro, Forense, 1988 e 1990.

MENDONÇA, Carlos Henrique de Oliveira. *Manual Objetivo de Direito Material do Trabalho*. Curitiba, Juruá, 1998.

MONTORO, André Franco. *Introdução à Ciência do Direito*. 21ª ed., refundida com a colaboração de Luiz Antônio Nunes. São Paulo, Ed. RT, 1993.

MORAES, Alexandre de. *Constituição do Brasil Interpretada e Legislação Constitucional*. São Paulo, Atlas, 2002.

MORAES FILHO, Evaristo de. *A Justa Causa na Rescisão do Contrato de Trabalho*. 3ª ed. fac-similada. São Paulo, LTr, 1996.

_____, e MORAES, Antônio Carlos Flores de. *Introdução ao Direito do Trabalho.* vol. II. Rio de Janeiro, Forense, 1956; 5ª e 8ª eds. São Paulo, LTr, 1991 e 2000.

NAGEM, Carine Murta. "Caracterização do grupo econômico justrabalhista". *LTr* 66. São Paulo, LTr, maio/2002.

NASCIMENTO, Amauri Mascaro. *Comentários às Leis Trabalhistas.* 2ª ed., vol. I. São Paulo, LTr, 1992.

_____. *Compêndio de Direito do Trabalho.* São Paulo, LTr/EDUSP, 1976.

_____. *Curso de Direito do Trabalho.* 8ª, 16ª e 17ª eds. São Paulo, Saraiva, 1989, 1999 e 2001.

_____. *Direito do Trabalho na Constituição de 1988.* São Paulo, Saraiva, 1989.

_____. *Direito Sindical.* São Paulo, Saraiva, 1991.

_____. *Iniciação ao Direito do Trabalho.* 23ª, 24ª e 27ª eds. São Paulo, LTr, 1997, 1998 e 2001.

_____. "Limites da negociação coletiva na perspectiva do projeto de flexibilização da CLT". *LTr* 65. São Paulo, LTr, dezembro/2001 (p. 1.429).

_____. *Manual do Salário.* 2ª ed. São Paulo, LTr, 1985.

_____, e SILVESTRE, Rita Maria (coords.). *Os Novos Paradigmas do Direito do Trabalho (Homenagem a Valentin Carrion).* São Paulo, Saraiva, 2001.

NASCIMENTO, Edmundo Dantes. *Lógica Aplicada (Técnica de Persuasão).* 4ª ed. São Paulo, Saraiva, 1991.

NASCIMENTO, Grasiele Augusta Ferreira. *A Proteção ao Trabalho da Criança e do Adolescente no Brasil.* Dissertação (Mestrado). Pontifícia Universidade Católica de São Paulo. São Paulo, 1997.

NASCIMENTO, Sônia A. C. Mascaro. *Flexibilização do Horário de Trabalho.* São Paulo, LTr, 2002.

NASSAR, Rosita de Nazaré Sidrim. *Flexibilização do Direito do Trabalho.* São Paulo, LTr, 1991.

NERICI, Imídeo Giuseppe. *Introdução à Lógica.* 9ª ed., 2ª reimpr. São Paulo, Nobel, 1988.

NUNES, Luiz Antônio Rizzatto. *Manual de Introdução ao Estudo do Direito.* 3ª ed. São Paulo, Saraiva, 2000.

OLIVEIRA, Francisco Antônio de. *Consolidação das Leis do Trabalho Comentada.* 2ª ed. São Paulo, Ed. RT, 2000.

_____. "Do dano moral". *LTr* 62/24-28. São Paulo, LTr, janeiro/1998.

_____. *Manual de Direito Individual e Coletivo do Trabalho.* 2ª ed., revista, atualizada, ampliada e reordenada, da obra *Direito do Trabalho em Sintonia com a Nova Constituição.* São Paulo, Ed. RT, 2000.

_____. "O assédio sexual e o dano moral". *Revista da Amatra* II. São Paulo, Associação dos Magistrados da Justiça do Trabalho da 2ª Região, fevereiro/2002.

OLIVEIRA, Oris de. "O trabalho da criança e do adolescente no setor rural". *Síntese Trabalhista* 102/151. Ano VIII, n. 102. Porto Alegre, Síntese, dezembro/1997.

OLIVEIRA, Paulo Eduardo Vieira de. *O Dano Pessoal no Direito do Trabalho*. São Paulo, LTr, 2002.

OLIVEIRA, Sebastião Geraldo de. *Proteção Jurídica à Saúde do Trabalhador*. São Paulo, LTr, 1996.

OVIEDO, Carlos García. *Tratado Elemental de Derecho Social*. 5ª ed. Madri, E.I.S.A., 1952.

PEDREIRA, Pinho. "O teletrabalho". *LTr* 64/583-587. São Paulo, LTr, maio/2000.

PEREIRA, Beatriz de Lima. "O princípio da proteção no direito do trabalho e sua dimensão civilizatória". In: *Os Novos Horizontes do Direito do Trabalho*. São Paulo, LTr, 2005.

PEREIRA, Caio Mário da Silva. *Instituições de Direito Civil*. 12ª ed., vol. I. Rio de Janeiro, Forense, 1990.

PLÁCIDO E SILVA, De. *Vocabulário Jurídico*. vol. IV. Rio de Janeiro, Forense, 1978.

PONTES DE MIRANDA, F. C. *Comentários à Constituição de 1946*. t. III. Rio de Janeiro, Borsói, 1947.

PRADO, Roberto Barreto. *Tratado de Direito do Trabalho*. 2ª ed., 2 vols. São Paulo, Ed. RT, 1971.

PROSCURCIN, Pedro. *Compêndio de Direito do Trabalho*. São Paulo, LTr, 2007.

RÁO, Vicente. *O Direito e a Vida dos Direitos*. 3ª ed., anotada e atualizada por Ovídio Rocha Barros Sandoval, vol. I. São Paulo, Ed. RT.

REALE, Miguel. *Lições Preliminares de Direito*. 22ª ed. São Paulo, Saraiva, 1995.

RODRIGUES, Sílvio. *Direito Civil*. 9ª ed., vol. I. São Paulo, Saraiva.

RODRIGUEZ, Américo Plá. *Princípios de Direito do Trabalho*. Trad. de Wagner D. Giglio. São Paulo, LTr, 1978.

ROMAR, Carla Teresa. *Alterações do Contrato de Trabalho – Função e Local*. São Paulo, LTr, 2001.

ROMITA, Arion Sayão. *Globalização da Economia e Direito do Trabalho*. São Paulo, LTr, 1997.

_____. *Sindicalismo, Economia, Estado Democrático*. São Paulo, LTr, 1993.

RUPRECHT, Alfredo J. *Os Princípios de Direito do Trabalho*. São Paulo, LTr, 1995.

RUSSOMANO, Mozart Víctor. *Comentários à CLT*. 13ª ed., vol. I. Rio de Janeiro, Forense, 1990.

_____. *O Empregado e o Empregador no Direito Brasileiro*. 6ª ed. São Paulo, LTr, 1978.

SAAD, Eduardo Gabriel. "Cooperativas de trabalho: avanço ou retrocesso?". *LTr Suplemento Trabalhista* 93. São Paulo, LTr, 1996.

_____. "Do trabalho infantil". *LTr Suplemento Trabalhista* 85/499. São Paulo, LTr, 2000.

SADY, João José. "O acidente do trabalho e sua repercussão na área da responsabilidade civil após o advento da CF/1988". *Revista do Advogado* 60/62-69. São Paulo, Associação dos Advogados de São Paulo, 2000.

SALIBA, Tuffi Messias, e CORRÊA, Márcia Angelim Chaves. *Insalubridade e Periculosidade – Aspectos Técnicos e Práticos*. 3ª ed. São Paulo, LTr, 1997.

SALLES, Luiz Caetano de, e BASTOS, Cibele Gonçalves de. "A falácia da redução de vantagens trabalhistas como mecanismo de aumento de empregos". *Trabalho* fasc. 65 (encarte). Decisório Trabalhista, 2002.

SILVA, Floriano Corrêa Vaz da. "Dano moral e o direito do trabalho". *LTr* 62/15-23. São Paulo, LTr, janeiro/1998.

SILVA, José Afonso da. *Curso de Direito Constitucional Positivo*. 38ª ed. São Paulo, Malheiros Editores, 2015.

SILVA, Wilson Melo da. "Dano moral". In: FRANÇA, R. Limongi (coord.). *Enciclopédia Saraiva do Direito*. vol. 22. São Paulo, Saraiva, 1979 (p. 266).

SILVESTRE, Rita Maria, e NASCIMENTO, Amauri Mascaro (coords.). *Os Novos Paradigmas do Direito do Trabalho (Homenagem a Valentin Carrion)*. São Paulo, Saraiva, 2001.

SIMÓN, Sandra Lia. *A Proteção Constitucional da Intimidade e da Vida Privada do Empregado*. São Paulo, LTr, 2000.

SOARES FILHO, José. "Flexibilização dos direitos trabalhistas". *Revista da Anamatra* 36 (órgão informativo da Associação Nacional dos Magistrados da Justiça do Trabalho). Ano XI. Brasília, OMP Propaganda, maio/1999.

SÜSSEKIND, Arnaldo. "A globalização da economia e o confronto entre os neoliberais e os adeptos do Estado Social". *Jornal Trabalhista* 742 (11.1.1999). Brasília, Consulex, 1999.

_____. *Convenções da OIT*. São Paulo, LTr, 1994.

_____. *Curso de Direito do Trabalho*. Rio de Janeiro, Renovar, 2002.

_____., MARANHÃO, Délio, e VIANNA, Segadas. *Instituições de Direito do Trabalho*. 11ª ed. e 19ª eds. (atualizada por Arnaldo Süssekind e Lima Teixeira), vols. I e II. São Paulo, LTr, 1991 e 2000.

TEIXEIRA, João Régis Fassbender, e ZENO, Simm. *Teoria e Prática do Direito do Trabalho*. São Paulo, Ed. RT, 1981.

VELLOSO, Caio Mário da Silva. "O Judiciário e o efeito vinculante". *Folha de S. Paulo* 4.8.1997. 1º Caderno (p. 3).

VENOSA, Sílvio de Salvo. *Novo Código Civil*. São Paulo, Atlas, 2002.

VIANNA, Segadas, MARANHÃO, Délio, e SÜSSEKIND, Arnaldo. *Instituições de Direito do Trabalho*. 11ª ed. e 19ª eds. (atualizada por Arnaldo Süssekind e Lima Teixeira), vols. I e II. São Paulo, LTr, 1991 e 2000.

ZAINAGHI, Domingos Sávio. *A Justa Causa no Direito do Trabalho*. 2ª ed. São Paulo, Malheiros Editores, 2001.

ZENO, Simm, e TEIXEIRA, João Régis Fassbender. *Teoria e Prática do Direito do Trabalho*. São Paulo, Ed. RT, 1981.

ZETTERBERG, Hans. *Teoría y Verificación en Sociología*. 3ª ed. Buenos Aires, Nueva Visión, 1968.

\* \* \*

00341

**GRÁFICA PAYM**
Tel. [11] 4392-3344
paym@graficapaym.com.br